신중국 역사의 기초 이해 및 역사중국어의 기초 향상

역사중국어 길잡이

건국시기

차성만 저

(주)백산출판사

머리말

1. 중국 역사의 이해

신중국의 경제적 역량은 현재 세계적으로 미국과 견줄 정도로 성장했다. 경제력의 증강에 따라 국제사회에서 신중국의 발언권 또한 확대되고 있다. 경제적으로 강력해진 신중국이 우리 한반도 옆에 인접하고 있어, 우리와의 관계는 더욱 밀접해졌다. 그럼에도 불구하고 우리는 신중국에 대한 전반적인 이해가 부족하다.

우리가 보통 말하는 '중국'은 공간적으로뿐만 아니라, 시간적으로도 애매모호한 개념이다. 먼저 신중국의 공간에 대한 모호함의 일례로, 신중국의 면적은 약 960만km^2이고, 한반도의 44배이며, 유럽 전체 면적에 맞먹는 규모에 달한다. 그러나 우리가 유럽을 여행지로 질문하면 국가별로, 하물며 지역별로 거명하면서, 신중국에 대해서는 그저 광범한 '중국'으로 간략하게 말한다. 이제는 '중국'이 아니라 북경시 · 산둥성 · 동북3성 등으로 구체적 지명을 호칭해야 한다. 더욱 심한 것은 시간적으로 '중국'에 대한 모호한 표현이다. 우리는 과거의 중국이든 현재의 중국이든 모두 일괄하여 '중국'이라고 칭한다. 하물며 현재의 '중화인민공화국'도 우리에게는 동일한 명칭 '중국'으로 통한다. 사실 과거의 중국에 대한 명칭도 송나라 · 명나라 · 청나라 등과 같이 구별해야 할 뿐만 아니라, 현재의 중국에 대한 명칭도 예로 '신중국' 따위로, 새로이 정립해야 할 것이다.

물론 중국에 대한 모호한 개념의 일반화는 우리가 처한 공간적 · 시간적 특수성에서 기인한 바가 클 것이고, 특히 중국적 우월주의 즉 중화사상에 알게 모르게 전염된 결과일 수도 있겠지만, 가장 중요한 것은 우리의 '중국에 대한 이해'가 절대로 부족한 점이다. 이제는 21세기이고, 새 시기에 맞도록 '중국'에 대한 새 개념들을 확립할 때이다. 이를 위해, 우리는 먼저 신중국의 역사를 파악하는 것이 필요하고, 이를 바탕으로 신중국의 현재 사회를 이해해야 한다. 이는 신중국과의 미래 관계를 준비하는 데 절대적일 것이다. 따라서 신중국의 현재 사회를 이해하기 위해서는 1949년 이후 신중국의 역사 파악이 필연적이다. 신중국의 역사는 과거의 흔적이고, 현재의 상태이며, 미래의 예시(豫示)이다. 신중국의 역사를 파악하여 신중국 사회의 이해뿐만 아니라, 한국과 신중국의 관계도 대응 · 예비할 수 있을 것이다.

이러한 신중국과의 관계를 중시하며 중국어를 학습할 때 실용적 내용으로서의 신중국 경제 · 무역 · 정치 분야뿐만 아니라, 기본적이고 필수적인 내용으로서의 신중국 역사 분야에 대한 이해가 필요하다. 이런 실용성과 필수성의 목표를 달성하기 위해, 본인은 이미 신중국의 무역 · 경제 · 정치의 이해에 관한 『무역중국어길잡이』 · 『경제중국어길잡이』 · 『정치중국어길잡이』를 펴내어, 시사중국어의 학습 기초를 다지고자 시도하였다. 이제 그 학습 내용을 역사 관련 분야로 확장하면서 신중국 역사의 기초적 이해와 역사중국어의 학습 기초를 향상시키기 위해 본서를 펴낸다.

2. 중국어의 학습 자세

사람들은 중국어가 어렵다고 말한다. 물론 한국인이 중국어에 숙달하는 것은 어렵다. 모국어가 아닌데 어찌 쉽겠는가. 하지만 1) 학습 의지가 지속적이고, 2) 학습 방법이 간편하면 중국어는 쉽게 배울 수 있다.

1) 먼저 학습 의지가 지속적이면 중국어 습득은 쉽다. 학습 의지는 학습자의 몫이다. 학습자는 중국어 숙달의 목표를 굳게 마음먹어야 한다. 굳게 먹은 마음을 꾸준히 지속해야 한다.
2) 다음으로 학습 방법이 간편하면 중국어 습득은 쉽다. 학습 방법은 교수자의 몫이다. 교수자는 중국어 숙달을 위한 지식과 정보를 친절히 제공해야 한다. 친절히 제공된 학습 방법이 어렵다는 중국어 숙달을 쉽게 만들어준다.

결론적으로 학습 의지의 견지와 학습 방법의 제공에 의해 중국어 숙달은 쉬워진다. 때문에 중국어 학습 자세는 본인의 의지에 따라 좌우되고, 중국어 학습 효과는 교재의 내용에 의해 결정된다. 교수자의 몫으로 본서의 목표는 시사중국어를 쉽게 설명할 것이다.

3. 본서의 구성 특징

본서의 대상은 중국어 초급과정을 마친 후 중급과정에 들어선 학습자이다. 본서의 내용은 신중국 역사 분야의 용어를 중심으로 한 시사성 문장에 대한 번역 학습이다. 본서의 목표는 어렵다는 시사중국어를 '문장을 짧게 나누어, 조금씩 설명해서, 쉽게 이해하는 것'이다.

1. **단어 정리**: 각 과마다 모든 단어를 정리하고 본문에 해당하는 뜻을 새겨놓았다. 비록 앞 과에서 이미 출현한 단어라고 해도 새로이 그 뜻을 정리하여 제시했다. 그러므로 사전 없이도 단어의 의미를 파악하여 본문을 번역할 수 있도록 제공했다.

2. **단문 해설**: 기다란 문단이나 문장이 아니라, 짧은 단문을 번역의 기본으로 삼았다. 또한 단문의 번역은 단문 속의 어법적인 구와 절을 자세히 짧게 나누었고, 여기에 해설을 붙이고 단문 번역의 기초로 삼았다.

3. **문장 번역**: 단문의 번역을 장문으로 결합하여 문장의 번역으로 재구성하였다. 앞서 제시한 단문 번역에 추가로 장문으로서 갖추어야 할 어법 내용을 덧붙인 의역을 실었다.

4. **읽기 훈련**: 중국어 학습에서 내용의 이해 즉 번역 이외에 또 하나 중요한 점은 머릿속에서 이해한 것을 입 밖으로 말하는 것이다. 중국어 학습의 목표는 중국어를 눈으로 · 귀로 이해하고, 손으로 · 입으로 표현하는 것이다. 우리가 실용적 외국어 학습을 최종 목표로 삼는다면, 눈으로 · 귀로 이해하고 손으로 표현하는 것을 모두 종합하여 입으로 표현하는 것이 가장 중요한 것이다.

때문에 시사중국어를 학습한다 하더라도 입 밖으로 소리 내어 표현하는 방법을 배우는 것이 중요하다. 본서는 머릿속의 이해뿐만 아니라 입 밖의 표현도 중시하여 발음을 병기해서 읽기 훈련의 기회를 제공했다.

4. 본서의 학습 방법

본서의 편집 순서는 1장 원문은 본문을 제시하고, 2장 발음은 본문의 한어병음 표기를 제시하고, 3장 해설은 문장, 한어병음, 번역문, 단어 · 구 · 절의 해설로 구성하고, 4장 번역은 본문의 번역문으로 편성하였다.

보통 글은 단어 · 구 · 절 · 문장 · 문단 · 글로 구성된다. 본서의 설명 순서는 먼저 단어 · 구 · 절의 뜻을 새기고, 다음으로 이들을 바탕으로 문장을 번역하고, 끝으로 문단의 내용으로 결합하였다. 본서는 간편한 번역과 해설을 위해 하나의 문단을 여러 문장으로 나누었다. 하나의 문장은 하나의 마침표를 단위로 나누고, 하나의 숫자 번호를 붙였다. 예로, 1)이다. 문장은 각각의 단문으로 세분되어 하나의 로마자 번호를 줬다. 예로, A)이다.

번역과 해설의 기본 단위는 하나의 단문이다. 단문에는 먼저 발음을 병기하고,

다음으로 단어에 대한 의미 그리고 구와 절에 대한 설명을 구체적으로 하였다. 번역은 직역을 우선으로 하고 의미의 순조로운 풀이를 위해 문장의 뜻을 새겨서 의역을 첨가했다.

본서의 이해력을 높이기 위한 학습 순서는 첫째 숫자 번호 예로 1)의 문장, 둘째 로마자 번호 예로 A)의 단문, 셋째 단어 · 구 · 절의 뜻, 넷째 단문의 번역, 다섯째 문장의 번역, 여섯째 발음 읽기, 일곱째 본문의 번역을 참고할 수 있다.

끝으로, 본서의 출판을 위해 (주)백산출판사 모든 구성원이 특별히 베풀어주신 배려 그리고 본서의 집필 과정에서 느낀 리빈 · 예슬 · 예람의 사랑에 깊은 감사를 드립니다. 또한 본서의 출판을 통해 예슬 · 예람의 학문에 대한 진지한 태도를 격려합니다.

2019년 5월

잠실효범재(蚕室晓凡斋)에서

범 례

1) 해설 문장의 구분 방법

① 문장 1) 2) 3) 등은 하나의 쉼표 혹은 마침표를 위주로 구분함.
② 어구 A) B) C) 등은 하나의 개사구 혹은 하나의 서술어를 위주로 구분함.

2) 문장의 뜻

문장의 번역은 직역을 위주로 하고, 뜻을 새길 경우에는 의역을 보충으로 함.

3) 기호

→는 ① 직역한 뒤에 의역을 뜻함.
② 단어나 어구의 뜻을 더욱 새겨서 사용함.

( )는 ① 괄호 속의 단어나 어구가 생략이나 첨가가 가능한 경우에 사용함.
② 한자어의 경우에는 그 한자를, 외래어의 경우에는 그 원어를 표시함.
③ 괄호 속의 내용이 단어의 의미를 더욱 구체적으로 설명하는 경우에 사용함.

〔 〕는 ① 그중 하나를 선택적으로 사용 가능할 경우를 나타냄.
② 어떤 단어나 어구를 어법적이나 내용적으로 설명할 경우에 사용함.

※는 어떤 단어나 어구를 어법 때문에 번역에서 특별히 해설할 경우에 사용함.

≒는 유사어 · 비슷한 말을 나타냄.

～는 앞의 단어 · 어구 · 문장과 동일함을 표시함.

4) 품사

대 대명사	명 명사
수 수사	형 형용사
동 동사	부 부사
개 개사	조 조사
접 접속사	양 양사
접두 접두사	접미 접미사

차 례

第一课

建国以来的历史划分（一）

第一课 建国以来的历史划分 (一)

1. 원문 创业篇

关于中华人民共和国成立以来的历史, 以往通常按照《历史决议》的表述, 划分为四个时期, 即：基本完成社会主义改造的七年·开始全面建设社会主义的十年·"文化大革命"的十年·改革开放的新时期。这些年来, 史学界首推胡绳先生提出以中共十一届三中全会为标志, 把建国以来的历史划分为两大时期, 强调这不仅是一个编写历史划分篇章的形式问题, "实质意义是要把党的十一届三中全会的历史地位突出出来"。本书赞同并采纳了这个意见, 即不是以1976年粉碎"四人帮"·结束"文化大革命"作为新时期的开始, 而是以1978年中国共产党的十一届三中全会, 作为共和国发展史上具有开辟新时期·新道路·开创新理论的开端意义的历史标识。也就是说, 1978年以后改革开放20多年的历史, 不能笼而统之地称为一个

“新时期”，它本身就有几个阶段性划分，并且与前29年划分的几个时期具有同等地位。以十一届三中全会为界把共和国史分为两大篇章，是符合历史实际的。

共和国史的阶段划分，在时间上不大好准确地标示。除1952年与1953年在前后接续上比较规整外，其他各时期在迄止年份上大都有交错情况。比如，1956年既是基本完成社会主义改造的一年，又是开始探索中国自己的建设社会主义道路的一年；1978年总体上处在徘徊中前进时期，但这一年12月召开的十一届三中全会又实现了伟大转折，开辟了历史新时期。为简明起见，本书不拟细标各个时期迄止的月份，因而不免在迄止年份上有重叠现象。这或许是当代史分期的一个特点罢。据此考虑，共和国史上编(1949~1978)的分期如下：1949~1952年为第一章：立国崛起，即实施新民主主义建国纲领，为向社会主义转变准备条件时期；1953~1956年为第二章：初创奠基，即初期工业化建设和建立社会主义基本制度时期；1956~1966年为第三章：曲折探索，即初步探索中国自己的社会主义建设道路时期；1966~1976年为第四章：艰难时世，即误入“文化大革命”歧途时期；1976~1978年为第五章：徘徊前进，这两年相对不大好处理，既不宜放在改革开放的历史新篇中来写，又不属于“文化大革命”时期的内容，本书把它单独成章。

출처: 《简明中华人民共和国史》，庞松 主编，广州：广东教育出版社，2001. pp.2-4.

2. 발음 dì yī kè jiànguó yǐlái de lìshǐ huàfēn (yī)

chuàngyè piān

guānyú zhōnghuá rénmín gònghéguó chénglì yǐlái de lìshǐ, yǐwǎng tōngcháng ànzhào ≪lìshǐ juéyì≫ de biǎoshù, huàfēn wéi sì gè shíqī, jí：jīběn wánchéng shèhuìzhǔyì gǎizào de qī nián · kāishǐ quánmiàn jiànshè shèhuìzhǔyì de shí nián · “wénhuà dàgémìng” de shí nián · gǎigé kāifàng de xīn shíqī。zhèxiē nián lái, shǐxuéjiè shǒutuī Hú Shéng xiānshēng tíchū yǐ zhōnggòng shí yī jiè sān zhōngquánhuì wéi biāozhì, bǎ jiànguó yǐlái de lìshǐ huàfēn wéi liǎng dà shíqī, qiángdiào zhè bùjǐn shì yíge biānxiě lìshǐ huàfēn piānzhāng de xíngshì wèntí, “shízhì yìyì shì yào bǎ dǎng de shí yī jiè sān zhōngquánhuì de lìshǐ dìwèi tūchū chūlái”。běn shū zàntóng bìng cǎinàle zhège yìjiàn, jí bú shì yǐ yī jiǔ qī liù nián fěnsuì “sì rén bāng” · jiéshù “wénhuà dàgémìng” zuòwéi xīn shíqī de kāishǐ, ér shì yǐ yī jiǔ qī bā nián zhōngguó gòngchǎndǎng de shí yī jiè sān zhōngquánhuì, zuòwéi gònghéguó fāzhǎnshǐ shang jùyǒu kāipì xīn shíqī · xīn dàolù · kāichuàng xīn lǐlùn de kāiduān yìyì de lìshǐ biāoshí。 yě jiù shì shuō, yī jiǔ qī bā nián yǐhòu gǎigé kāifàng èr shí duō nián de lìshǐ, bùnéng lǒngértǒngzhīdi chēngwéi yíge "xīn shíqī", tā běnshēn jiù yǒu jǐgè jiēduànxìng huàfēn, bìngqiě yǔ qián èr jiǔ nián huàfēn de jǐgè shíqī jùyǒu tóngděng dìwèi。 yǐ shí yī jiè sān zhōngquánhuì wéi jiè bǎ gònghéguó shǐ fēnwéi liǎng dà piānzhāng, shì fúhé lìshǐ shíjì de。

gònghéguó shǐ de jiēduàn huàfēn, zài shíjiān shang búdà hǎo zhǔnquèdi biāoshì。 chú yī jiǔ wǔ èr nián yǔ yī jiǔ wǔ sān nián zài qiánhòu jiēxù shang bǐjiào guīzhěng wài, qítā gè shíqī zài qìzhǐ niánfèn shang dàdōu yǒu jiāocuò qíngkuàng。 bǐrú, yī jiǔ wǔ liù nián jì shì jīběn wánchéng shèhuìzhǔyì gǎizào de yì nián, yòu shì kāishǐ tànsuǒ zhōngguó zìjǐ de jiànshè shèhuìzhǔyì dàolù de yì nián ; yī jiǔ qī bā nián zǒngtǐ shang chǔzài páihuái zhōng qiánjìn shíqī, dàn zhè yì nián shí èr yuè zhàokāi de shí yī jiè sān zhōngquánhuì yòu shíxiànle wěidà zhuǎnzhé, kāipìle lìshǐ xīn shíq ī。 wèi jiǎnmíng qǐjiàn, běn shū bù nǐ xìbiāo gègè shíqī qìzhǐ de yuèfèn, yīnér bùmiǎn zài qìzhǐ niánfèn shang yǒu chóngdié xiànxiàng。 zhè huòxǔ shì dāngdàishǐ fēnqī de yíge tèdiǎn ba。 jù cǐ kǎolǜ, gònghéguó shǐ shàngbiān (yī jiǔ sì jiǔ dào yī jiǔ qī bā) de fēnqī rúxià : yī jiǔ sì jiǔ dào yī jiǔ wǔ èr nián wéi dìyī zhāng :

lìguó juéqǐ, jí shíshī xīn mínzhǔzhǔyì jiànguó gānglǐng, wèi xiàng shèhuìzhǔyì zhuǎnbiàn zhǔnbèi tiáojiàn shíqī；yī jiǔ wǔ sān dào yī jiǔ wǔ liù nián wéi dìèr zhāng：chūchuàng diànjī, jí chūqī gōngyèhuà jiànshè hé jiànlì shèhuìzhǔyì jīběn zhìdù shíqī；yī jiǔ wǔ liù dào yī jiǔ liù liù nián wéi dìsān zhāng：qūzhé tànsuǒ, jí chūbù tànsuǒ zhōngguó zìjǐ de shèhuìzhǔyì jiànshè dàolù shíqī；yī jiǔ liù liù dào yī jiǔ qī liù nián wéi dìsì zhāng：jiānnán shíshì, jí wùrù “wénhuà dàgémìng” qítú shíqī；yī jiǔ qī liù dào yī jiǔ qī bā nián wéi dìwǔ zhāng：páihuái qiánjìn, zhè liǎng nián xiāngduì búdà hǎo chǔlǐ, jì bùyí fàng zài gǎigé kāifàng de lìshǐ xīn piān zhōng lái xiě, yòu bù shǔyú “wénhuà dàgémìng” shíqī de nèiróng, běn shū bǎ tā dāndú chéngzhāng。

3. 해설 건국 이래의 역사 구분 (일)

1) 建国以来的历史划分(一)

jiànguó yǐlái de lìshǐ huàfēn (yī)
건국 이래의 역사 구분 (일)

建国(jiànguó) : 동 건국하다. 나라를 세우다(건설하다). → 건국.
以来(yǐlái) : 1. 명 이래. 동안.
2. 명 남짓.
历史(lìshǐ) : 1. 명 역사.
2. 명 이력. 개인의 경력.
3. 명 과거의 사실.
划分(huàfēn) : 1. 명 구분. 구획. 구별.
2. 동 (전체를 여러 부분으로) 나누다. 구분〔구획〕하다.
3. 동 구별하다.
历史划分(lìshǐ huàfēn) : 역사 구분.

2) 创业篇

chuàngyè piān
창업편

创业(chuàngyè) : 동 사업을 시작하다. 창업하다. → 창업.
篇(piān) : 1. 명 (장 · 절 · 편 등으로 나눈 문장에서의) 편.
2. 명 완결된 문장. 수미가 다 갖추어진 문장.
3. 양 편. 〔일정한 형식을 갖춘 문장을 세는 단위임〕
4. 양 장. 〔종이를 세는 단위로 一篇은 2쪽에 해당함〕

3) 关于中华人民共和国成立以来的历史，以往通常按照《历史决议》的表述，划分为四个时期，即：基本完成社会主义改造的七年·开始全面建设社会主义的十年·"文化大革命"的十年·改革开放的新时期。

guānyú zhōnghuá rénmín gònghéguó chénglì yǐlái de lìshǐ, yǐwǎng tōngcháng ànzhào 《lìshǐ juéyì》 de biǎoshù, huàfēn wéi sì gè shíqī, jí : jīběn wánchéng shèhuìzhǔyì gǎizào de qī nián · kāishǐ quánmiàn jiànshè shèhuìzhǔyì de shí nián · "wénhuà dàgémìng" de shí nián · gǎigé kāifàng de xīnshíqī。

중화인민공화국 성립 이래에 관한 역사는, 과거에 보통 〈역사결의〉의 서술에 따라서, 4개 시기로 구분되고, 바로 사회주의 개조를 기본적으로 완성한 7년, 사회주의의 전면적 건설을 시작한 10년, "문화대혁명"의 10년, 개혁개방의 신시기이다.

A) 关于中华人民共和国成立以来的历史，

guānyú zhōnghuá rénmín gònghéguó chénglì yǐlái de lìshǐ,

중화인민공화국 수립 이래에 관한 역사는,

关于(guānyú)：1. 개 …에 관한. 〔어떤 사물과 관계되는 것을 이끌어 개사구를 이루어서, 수식어(뒤에 的를 덧붙여야 함.) 또는 是…的 방식에서 서술어가 됨〕

2. 개 …에 관해서〔관하여〕. 〔어떤 행위와 관계되는 것을 이끌어서 개사구를 이루어서, 부사어가 됨〕

中华(zhōnghuá)：1. 명 중화. 중국.

2. 명 중국의 옛 이름.

人民(rénmín)：명 인민. 국민.

共和国(gònghéguó)：명 공화국.

〔주권을 가진 국민이 선거를 통해 국가 원수를 선출하고, 국민이 선출한 국가 원수가 국가를 지배함. 민주적 공화국은 국민주권주의, 권력분립주의, 의회주의, 법치주의 등을 제도적으로 보장함〕

中华人民共和国(zhōnghuá rénmín gònghéguó) : 중화인민공화국(People's Republic of China. PRC. China). 약칭은 중국임.

成立(chénglì) : 1. 명동 (조직 · 기구 등을) 수립(하다). 설치(하다). 창립(하다).
2. 동 (이론 · 의견 따위가) 성립하다(되다).
3. 동 성장하여 어른이 되다.

B) 以往通常按照≪历史决议≫的表述,

yǐwǎng tōngcháng ànzhào ≪lìshǐ juéyì≫ de biǎoshù,
과거에 보통 〈역사결의〉의 서술에 따라서,

以往(yǐwǎng) : 명 과거. 이전. 이왕. 기왕.

通常(tōngcháng) : 명 보통. 통상. 일반.

按照(ànzhào) : 개 …에 따라. …에 근거하여. …에 비추어. …대로.

决议(juéyì) : 명동 결의(하다). 결정(하다).

≪历史决议(lìshǐ juéyì)≫ : 역사결의. ≪关于建国以来党的若干历史问题的决议(건국 이래 당의 몇 가지 역사문제에 관한 결의)≫의 약칭으로, 주요 내용은 중국 건국 이래 중국공산당의 중대한 역사문제 특히 문화대혁명, 모택동의 역사적 지위와 공과시비, 모택동사상의 기본 내용과 지도의의 등에 대한 총결산과 평가이고, 역사결의는 11기 3중전회 이래 중국 사정에 적합한 사회주의 현대화건설의 노선을 긍정함.

表述(biǎoshù) : 1. 동 설명하다. 서술하다. 진술하다. → 서술. 진술. 설명.
2. 명 설명(서술)한 말.

C) 划分为四个时期,

huàfēn wéi sì gè shíqī,
4개 시기로 구분되고,

划分(huàfēn) : 동 구분하다.

为(wéi)：1. 동 …으로 변(변화)하다. …이 되다.
2. 동 하다. 행하다. 만들다.
3. 동 (주로 以…为…로 쓰여) …라고 생각하다(여기다). …으로 삼다.
4. 동 …은〔이〕…이다.

划分为：…으로 구분되다.

时期(shíqī)：명 시기. 특정한(정해진) 때.

D) 即：基本完成社会主义改造的七年·开始全面建设社会主义的十年·"文化大革命"的十年·改革开放的新时期。

jí：jīběn wánchéng shèhuìzhǔyì gǎizào de qī nián · kāishǐ quánmiàn jiànshè shèhuìzhǔyì de shí nián · "wénhuà dàgémìng" de shí nián · gǎigé kāifàng de xīnshíqī。

바로 사회주의 개조를 기본적으로 완성한 7년, 사회주의의 전면적 건설을 시작한 10년, "문화대혁명"의 10년, 개혁개방의 신시기이다.

即(jí)：1. 바로 …이다. 곧 …이다. 즉 …이다.
2. 부 (…하자마자) 바로. 곧. 즉각.
3. 부 곧. 바로. 즉.
4. 부 …(하기만) 하면 바로(즉각·곧).
5. 동 다가가다. 접근하다. 가까이 가다.
6. 동 자리에 나아가다. 종사하다. 맡다.
7. 개 (당면한 상황의) 때(기회)에.

冒号(màohào)：명 콜론(colon). 문장기호'：'로, 'A：B'로 쓰여서, A와 B는 설경 관계를 나타냄. → 즉 …이다.

基本(jīběn)：1. 부 기본적으로. 대체로. 거의.
2. 명 기본. 근본.
3. 형 기본의. 기본적인. 근본적인.
4. 형 주요한. 주된. 중요한.

完成(wánchéng)：동 완성하다. (예정대로) 끝내다. 완수하다.

基本完成：기본적으로 완성하다.

社会主义(shèhuìzhǔyì)：명 사회주의.

改造(gǎizào) : 1. 명동 개조(하다).
2. 명동 개혁(하다).
3. 명동 사상 개조(를 하다).
社会主义改造 : 사회주의 개조.
年(nián) : 1. 명 년. 해.
2. 형 매년의.
3. 명 나이. 연령.
顿号(dùnhào) : 명 중간점. 문장기호 '·'로, 'A·B'로 쓰여서, A와 B는 병렬관계를 나타냄.
基本完成社会主义改造 : 사회주의 개조를 기본적으로 완성하다.
基本完成社会主义改造的七年 : 사회주의 개조를 기본적으로 완성한 7년.
开始(kāishǐ) : 1. 동 시작하다. 개시하다. 착수하다.
2. 동 시작되다.
3. 명 시작(의 단계). 처음. 개시. 착수.
全面(quánmiàn) : 1. 명 전면.
2. 형 전면적이다. 전반적이다.
建设(jiànshè) : 명동 건설(하다).
全面建设社会主义 : 사회주의를 전면적으로 건설하다. → 사회주의의 전면적 건설.
开始全面建设社会主义 : 사회주의의 전면적 건설을 시작하다.
开始全面建设社会主义的十年 : 사회주의의 전면적 건설을 시작한 10년.
文化(wénhuà) : 1. 명 문화.
2. 명 (일반 교양) 지식.
革命(gémìng) : 1. 명 혁명.
2. 동 혁명하다.
3. 형 혁명적이다.
大革命(dàgémìng) : 1. 명 대혁명.
2. 명 중국의 第一次国内革命战争(제1차 국내혁명전쟁)을 가리킴.
文化大革命(wénhuà dàgémìng) : 문화대혁명. 无产阶级文化大革命(wúchǎn jiējí wénhuà dàgémìng, 무산계급 문화대혁명)의 준말로, 1966년부터 1976년까지 중국의 최고 지도자 마오쩌둥(毛泽东, 모택동)에 의해 주도된 극좌 사회주의 운동임.
改革(gǎigé) : 명동 개혁(하다).

开放(kāifàng) : 1. 명 개방. 개화. 해제.
2. 동 (꽃이) 피다.
3. 동 (봉쇄 · 금지령 · 제한 따위를) 해제하다.
4. 동 (공항 · 항구 · 도로 따위의) 출입 · 통행을 개방하다.
5. 형 개방적이다.

新(xīn) : 1. 형 새롭다. 새로운. 신.
2. 형 새. 사용하지 않은.
3. 동 새롭게 하다. 새로워지다. 일신하다.

新时期(xīnshíqī) : 신시기. 새로운 시기. 〔특히 중화인민공화국에서는 1978년 12월 11기 3중전회 이후의 시기를 일컬음〕

4) 这些年来, 史学界首推胡绳先生提出以中共十一届三中全会为标志, 把建国以来的历史划分为两大时期, 强调这不仅是一个编写历史划分篇章的形式问题, "实质意义是要把党的十一届三中全会的历史地位突出出来"。

zhèxiē nián lái, shǐxuéjiè shǒutuī Hú Shéng xiānshēng tíchū yǐ zhōnggòng shí yī jiè sān zhōngquánhuì wéi biāozhì, bǎ jiànguó yǐlái de lìshǐ huàfēn wéi liǎng dà shíqī, qiángdiào zhè bùjǐn shì yíge biānxiě lìshǐ huàfēn piānzhāng de xíngshì wèntí, "shízhì yìyì shì yào bǎ dǎng de shí yī jiè sān zhōngquánhuì de lìshǐ dìwèi tūchū chūlái"。

수년 간, 역사학계의 일인자인 후성 선생은 중국공산당 11기 3중전회를 지표로 삼는 것을 제시하며, 건국 이래의 역사를 양대 시기로 구분하고, 이것은 역사 구분 문장을 집필하는 하나의 형식 문제인 것만은 아니고, 실질적 의의는 당의 11기 3중전회의 역사적 지위를 돌출시켜야 하는 것이라고 강조했다.

A) 这些年来, 史学界首推胡绳先生提出以中共十一届三中全会为标志,

zhèxiē nián lái, shǐxuéjiè shǒutuī Hú Shéng xiānshēng tíchū yǐ zhōnggòng shí yī jiè sān zhōngquánhuì wéi biāozhì,

수년 간, 역사학계의 일인자인 후성 선생은 중국공산당 11기 3중전회를 지표로 삼는 것을 제시하며,

这些(zhèxiē) : 대 이것들. 이런 것들. 이들. 이 사람들.

来(lái) : 1. 명 …동안. …이래.

2. 동 다른 동사 앞에 쓰여 어떤 일을 하려는 것을 나타냄.

3. 접 동사구〔개사구〕와 동사〔동사구〕 사이에 쓰여 전자가 방법 · 태도, 후자가 목적임을 나타냄.

4. 동 다른 동사나 동사구 뒤에 쓰여 온 목적을 나타냄.

5. 동 어떤 동작을 하다. 〔의미가 구체적인 동사를 대체함〕

6. 동사 뒤에 쓰여 동작의 주체가 화자에게 접근하는 추향을 나타냄.

7. 동사 뒤에 쓰여 동작의 결과를 나타냄.

年来(niánlái) : 1. 명 연래. 일년 이래.

2. 명 근년 이래.

这些年来(zhèxiē nián lái) : 수년 간. 과거 수년 사이에. 이 몇 년 동안.

史学(shǐxué) : 명 역사학. 사학.

界(jiè) : 1. 명 계. 분야. 집단. 사회.

2. 명 지경. 경계.

3. 명 범위.

史学界(shǐxuéjiè) : 역사학계. 사학계.

首推(shǒutuī) : 동 첫손으로 꼽히다. 으뜸으로 치다. 최고로 여기다. → 일인자.

胡绳(Hú Shéng) : 호승. 후성. Hu Sheng. 〔사람 이름〕

先生(xiānshēng) : 1. 명 선생. 씨. 〔성인 남자에 대한 존칭〕

2. 명 선생. 교사.

3. 명 인텔리겐치아(지식인)에 대한 호칭.

4. 명 남편. 주인. 바깥양반.

胡绳先生 : 본문의 주어로서, 서술어 提出 · 划分 · 强调를 이끌고 있음.

提出(tíchū) : 동 제기하다. 제시하다. 제출하다. 신청하다. 제의하다. 꺼내다.

史学界首推胡绳先生 : 역사학계의 일인자인 후성 선생.

以(yǐ)A…为(wéi)B… : A를 B(으)로 하다〔삼다, 보다, 여기다, 생각하다〕.

中共(zhōnggòng) : 명 중공. 中国共产党(zhōngguó gòngchǎndǎng, 중국공산당)의 준말임. 〔본래 中华人民共和国의 준말은 아니지만, 타이완 등지에서는 中共을 중화인민공화국을 지칭하는 의미로 쓰기도 함〕

届(jiè) : 1. 양 회(回). 기(期). 차(次).

2. 동 (예정된 때에) 이르다. 다다르다.

全会(quánhuì)：명 전회. 全体会议(quántǐ huìyì, 전체회의)의 준말.

中全会(zhōngquánhuì)：중전회. 中央委员会全体会议(zhōngyāng wěiyuánhuì quántǐ huìyì, 중앙위원회 전체회의)의 준말.

十一届三中全会(shí yī jiè sān zhōngquánhuì)：11기 3중전회. 중국공산당 제11기 중앙위원회 제3차 전체회의로, 1978년 12월 18일부터 22일까지 북경에서 개최됨. 전체회의의 중심 의제는 등소평의 지시에 따라 전체 당의 업무 중점을 사회주의 현대화 경제건설에 두는 것임.

标志(biāozhì)：1. 명 지표. 상징. 표지.
2. 동 명시하다. 상징하다.

以中共十一届三中全会为标志：중국공산당 11기 3중전회를 지표로 삼다.

提出以中共十一届三中全会为标志：중국공산당 11기 3중전회를 지표로 삼는 것을 제시하다.

B) 把建国以来的历史划分为两大时期,
bǎ jiànguó yǐlái de lìshǐ huàfēn wéi liǎng dà shíqī,
건국 이래의 역사를 양대 시기로 구분하고,

把(bǎ)：1. 개 …을〔를〕.〔목적어를 동사 앞으로 전치시킬 때 씀〕
2. 동 (손으로) 쥐다. 잡다.
3. 동 (어린애를 안고) 대 · 소변을 누이다.
4. 동 독점하다. 독판치다. 장악하다. 틀어쥐다.
5. 명 (기물의) 손잡이. 자루.
6. 명 (꽃 · 잎 · 과일 따위의) 줄기. 꼭지.

两大(liǎng dà)：양대. 두 가지 큰.

C) 强调这不仅是一个编写历史划分篇章的形式问题, "实质意义是要把党的十一届三中全会的历史地位突出出来"。
qiángdiào zhè bùjǐn shì yíge biānxiě lìshǐ huàfēn piānzhāng de xíngshì

wèntí, "shízhì yìyì shì yào bǎ dǎng de shí yī jiè sān zhōngquánhuì de lìshǐ dìwèi tūchū chūlái"。
이것은 역사 구분 문장을 집필하는 하나의 형식 문제인 것만은 아니고, 실질적 의의는 당의 11기 3중전회의 역사적 지위를 돌출시켜야 하는 것이라고 강조했다.

强调(qiángdiào) : 명 동 강조(하다).
不仅(bùjǐn) : 1. …만은 아니다.
2. 접 …일 뿐만 아니라.
一个(yíge) : 한 개. 하나.
编写(biānxiě) : 1. 동 집필하다. 편집하여 쓰다.
2. 동 창작하다.
篇章(piānzhāng) : 1. 명 문장. 편장.
2. 명 (추상적인 의미의) 장.
形式(xíngshì) : 명 형식. 형태.
问题(wèntí) : 1. 명 (해답 · 해석 등을 요구하는) 문제. 질문.
2. 명 (연구 · 토론하거나 해결해야 할) 문제.
3. 명 중요한 일(점).
编写历史划分篇章 : 역사 구분 문장을 집필하다.
一个编写历史划分篇章的形式问题 : 역사 구분 문장을 집필하는 하나의 형식 문제.
这不仅是一个编写历史划分篇章的形式问题 : 이것은 역사 구분 문장을 집필하는 하나의 형식 문제인 것만은 아니다.
实质(shízhì) : 명 실질. 본질.
意义(yìyì) : 1. 명 의의. 가치. 보람.
2. 명 뜻. 의미.
实质意义 : 실질적 의의.
要(yào) : 1. 동 …해야 한다. 마땅히. …해야만 한다. 〔당위를 나타냄〕
2. 동 …할 것이다. …하려고 한다. …하고야 말 것이다.
〔염원이나 굳은 의지를 나타냄〕
3. 동 …하게 되다. …하기 마련이다. 〔필연성을 나타냄〕
4. 동 …하려 하고 있다. 막 …하려 하다. …할 것이다.
〔문장 끝에 了가 와서 행동 · 사건이 장차 발생할 것을 나타냄〕
5. 동 비교하는 문장에 쓰여 강조의 뜻을 나타냄. 〔要를 생략할 수도 있음〕

6. 동 …을 (습관으로) 하다.
7. 동 필요하다. 바라다. 원하다.
8. 동 요구하다. 청구하다. 재촉하다.
9. 명 요점. 관건. 중요한 내용.
10. 형 중요하다. 귀중하다. 가장 요긴하다.
11. 접 만약. 만일. …하면.
12. 접 …하든가, 혹은 …하든가. …하든지, 아니면 …하다.
〔就와 연용하여 선택을 나타냄〕
13. 접 …하려면. 〔要와 就가 각각 앞과 뒤 구절에 쓰이며, 要가 쓰이는 구절은 하려고 하는 내용을 이야기하고, 就가 쓰이는 구절은 그 내용을 이루기 위한 조건을 나타냄〕

党(dǎng) : 1. 명 당. 정당. → 중국공산당. 중공.
2. 명 (개인의 이해 관계로 결성된) 집단. 파벌. 도당.
3. 동 편애하다. 편을 들다.

地位(dìwèi) : 1. 명 (개인이나 단체의 사회적) 위치. 지위.
2. 명 (사람이나 물건이) 차지한 자리.

历史地位 : 역사적 지위. 역사의 지위.

把党的十一届三中全会的历史地位 : 당(중국공산당)의 11기 3중전회의 역사적 지위를.

突出(tūchū) : 1. 동 돋보이게 하다. 두드러지게 하다.
2. 동 돌출하다. 툭 튀어나오다.
3. 동 돌파하다. 뚫다.
4. 형 돋보이다. 뛰어나다. 뚜렷하다. 두드러지다.

出来(chūlái) : 1. 동 (동사 뒤에 쓰여) 숨겨져 있다가 드러남을 표시함.
2. 동 (안에서 밖으로) 나오다. 출현〔발생〕하다. 생기다. 나타나다.

突出出来(tūchū chūlái) : 돌출시키다. 돋보이게 하다. 두드러지게 하다.

实质意义是要把党的十一届三中全会的历史地位突出出来 : 실질적 의의는 당의 11기 3중전회의 역사적 지위를 돌출시켜야 하는 것이다.

5) 本书赞同并采纳了这个意见, 即不是以1976年粉碎"四人帮"·结束"文化大革命"作为新时期的开始, 而是以1978年中国共产党的十一届三中全会，作为共和国发展史上具有开辟新时期·新道路·开创新理论的开端意义的历史标识。

běn shū zàntóng bìng cǎinàle zhège yìjiàn, jí bú shì yǐ yī jiǔ qī liùnián fěnsuì "sì rén bāng" · jiéshù "wénhuà dàgémìng"zuòwéi xīn shíqī de kāishǐ, ér shì yǐ yī jiǔ qī bā nián zhōngguó gòngchǎndǎng de shí yī jiè sān zhōngquánhuì, zuòwéi gònghéguó fāzhǎnshǐ shang jùyǒu kāipì xīn shíqī · xīn dàolù · kāichuàng xīn lǐlùn de kāiduān yìyì de lìshǐ biāoshí。

본서는 이 의견을 찬동하고 또 채택했으며, 바로 1976년 4인방의 분쇄와 문화대혁명의 종결을 신시기의 시작으로 삼는 것이 아니고, 1978년 중국공산당의 11기 3중전회를, 공화국 발전사에서 신시기와 신노선을 개척하고 신이론을 창립하는 발단의 의의를 구비한 역사적 지표로 삼는 것이다.

A) 本书赞同并采纳了这个意见，

běn shū zàntóng bìng cǎinàle zhège yìjiàn,

본서는 이 의견을 찬동하고 또 채택했으며,

本(běn)： 1. 형 (상대방에 대하여) 자기 쪽의. 자신의. 본.
2. 형 중심의. 중심이 되는. 주요한. 근본이 되는.
3. 형 본래(의). 원래(의).
4. 형 지금의. 현재의.
5. 명 (초목의) 뿌리나 줄기.
6. 명 (사물의) 근본. 기초. 근원.
7. 명 본전. 밑천. 원금.
8. 명 (~儿, ~子) 책. 서적.
9. 명 (~儿) 권. 〔책을 세는 단위〕
10. 동 …에 의거하다. 근거하다.

书(shū)：1. 명 책.
2. 명 글씨체.
3. 동 (글씨를) 쓰다. 기록하다. 기재하다.

本书(běn shū)：본서. 이 책.

赞同(zàntóng) : 동 찬동하다. → 찬동.

并(bìng) : 1. 접 그리고. 또. 또한. 아울러.

2. 동 (하나로) 합치다. 통합하다.

3. 동 나란히 하다. 가지런히 하다.

4. 부 같이. 함께. 동등하게.

5. 부 결코. 조금도. 전혀. 그다지. 별로. 그런 정도로.

〔不, 没(有), 无, 非, 未 등의 앞에 붙어 부정을 강조함〕

采纳(cǎinà) : 동 (의견 · 건의 등을) 받아들이다. 채택하다. 채용하다. 채납하다.

了(le) : 1. 조 동사 · 형용사 뒤에 쓰여 동작 · 변화가 이미 완료되었음을 나타냄.

2. 조 실제로 이미 발생한 동작이나 변화에 사용됨.

3. 조 예정되거나 가정적인 동작에 사용됨.

这个(zhège) : 1. 이. 이것.

2. (동사 · 형용사의 앞에 쓰여) 과장의 뜻을 나타냄.

3. 个로 셀 수 없는 것을 가리켜, 这种(이런 종류의)의 뜻을 나타냄.

意见(yìjiàn) : 1. 명 의견.

2. 명 이의(异议). 반대. 불만. 다른 주장이나 의론.

B) 即不是以1976年粉碎"四人帮" · 结束"文化大革命"作为新时期的开始,

jí bú shì yǐ yī jiǔ qī liùnián fěnsuì "sì rén bāng" · jiéshù "wénhuà dàgémìng" zuòwéi xīn shíqī de kāishǐ,

바로 1976년 4인방의 분쇄와 문화대혁명의 종결을 신시기의 시작으로 삼는 것이 아니고,

不是(búshì)A…而是(érshì)B… : A…가(이) 아니고 B…이다.

作为(zuòwéi) : 1. 동 …로 하다. …으로 삼다. …로 여기다(간주하다).

2. 동 성과를(성적을) 내다.

3. 명 소행. 행위.

4. 개 …의 신분〔자격〕으로서.

以(yǐ)A…作为(zuòwéi)B… : A을 B(으)로 하다〔삼다, 보다, 여기다, 생각하다〕.

粉碎(fěnsuì) : 동 분쇄하다. 가루로 만들다.

四人帮(sìrénbāng) : 명 4인방. 왕홍문(王洪文) · 장춘교(张春桥) · 강청(江清) · 요문원(姚文元) 등 소위 반당집단(反党集团)을 칭함.

粉碎 "四人帮" : 4인방을 분쇄하다. → 4인방의 분쇄.

结束(jiéshù) : 1. 동 끝나다. 마치다. 종결하다. 종료하다. 마무르다.
2. 명 종결. 종료.
3. 명동 결산(하다). 마감(하다).

结束 "文化大革命" : 문화대혁명을 종결하다. → 문화대혁명의 종결.

以1976年粉碎"四人帮" · 结束"文化大革命"作为新时期的开始 : 1976년 4인방의 분쇄와 문화대혁명의 종결을 신시기의 시작으로 삼다.

C) 而是以1978年中国共产党的十一届三中全会, 作为共和国发展史上具有开辟新时期 · 新道路 · 开创新理论的开端意义的历史标识。

ér shì yǐ yī jiǔ qī bā nián zhōngguó gòngchǎndǎng de shí yī jiè sān zhōngquánhuì, zuòwéi gònghéguó fāzhǎnshǐ shang jùyǒu kāipì xīn shíqī · xīn dàolù · kāichuàng xīn lǐlùn de kāiduān yìyì de lìshǐ biāoshí。

1978년 중국공산당의 11기 3중전회를, 공화국 발전사에서 신시기와 신노선을 개척하고 신이론을 창립하는 발단의 의의를 구비한 역사적 지표로 삼는 것이다.

而(ér) : 1. 접 …(하)고(도). 그리고. 〔순접을 나타냄〕
2. 접 …지만. …나. …면서. 그러나. 〔역접을 나타냄〕
3. 접 …해서. …하여. 〔목적 또는 원인을 나타내는 부분을 접속시킴〕

中国(zhōngguó) : 명 중국. 중화인민공화국.

共产党(gòngchǎndǎng) : 명 공산당. 공산주의 사회의 실현을 목표로 하고 마르크스-레닌주의를 지도지침으로 삼는 공산주의자의 정당.

中国共产党(zhōngguó gòngchǎndǎng) : 중국공산당. 약칭 중공(中共).

以1978年中国共产党的十一届三中全会 : 1978년 중국공산당의 11기 3중전회를.

发展(fāzhǎn) : 1. 명 발전. 확대.
2. 동 발전하다. 확대하다. 발전시키다.

史(shǐ) : 1. 명 사. 역사.
2. 명 사관(史官).

发展史(fāzhǎnshǐ) : 발전사. 발전역사.

上(shang)：1. 접미 어떤 분야를〔방면을, 측을〕 나타냄.
〔앞에는 개사 在, 从이 오기도 함〕
2. 접미 어떤 범위 내에 있음을 나타냄.
3. 접미 높은 곳에 있음을 나타냄.
4. 접미 물체의 겉면에 있음을 나타냄.
5. 접미 연령을 나타내는 명사 뒤에서 '…할 때'의 의미를 나타냄.

共和国发展史上：공화국 발전사 (위)에서. → 공화국 발전사에서.

具有(jùyǒu)：동 구비하다. 가지다. 〔목적어로는 주로 추상적인 것이 쓰임〕

开辟(kāipì)：1. 동 개척하다.
2. 동 (길을) 열다. 창립하다.
3. 명 개벽.

道路(dàolù)：1. 명 (추상적인 의미로도 쓰임) 노선. 도로. 길.
2. 명 진로. 일.

开辟新时期 · 新道路：신시기와 신노선을 개척하다.

开创(kāichuàng)：동 창립(창업, 창설)하다.

理论(lǐlùn)：1. 명 이론.
2. 동 의론하다. 시비를 논하다. (이치에 근거하여) 논쟁하다.

开创新理论：신이론을 창립하다.

开端(kāiduān)：명 동 발단(하다). 시작(하다).

开端意义：발단의 의의. 시작의 의의.

标识(biāoshí)：标志(biāozhì). 지표. 상징. 표지.

历史标识：역사적 지표.

共和国发展史上具有开辟新时期 · 新道路 · 开创新理论的开端意义的历史标识：공화국 발전사에서 신시기와 신노선을 개척하고 신이론을 창립하는 발단의 의의를 구비한 역사적 지표.

作为共和国发展史上具有开辟新时期 · 新道路 · 开创新理论的开端意义的历史标识：공화국 발전사에서 신시기와 신노선을 개척하고 신이론을 창립하는 발단의 의의를 구비한 역사적 지표로 삼다.

6) 也就是说, 1978年以后改革开放20多年的历史, 不能笼而统之地称为一个"新时期", 它本身就有几个阶段性划分, 并且与前29年划分的几个时期具有同等地位。

yě jiù shì shuō, yī jiǔ qī bā nián yǐhòu gǎigé kāifàng èr shí duō nián de lìshǐ, bùnéng lǒngértǒngzhīdi chēngwéi yíge "xīn shíqī", tā běnshēn jiù yǒu jǐgè jiēduànxìng huàfēn, bìngqiě yǔ qián èr jiǔ nián huàfēn de jǐgè shíqī jùyǒu tóngděng dìwèi。

바꾸어 말하면, 1978년 이후 개혁개방 20여 년의 역사는, 하나의 "신시기"로 모호하게 불릴 수 없고, 그 자체에는 바로 몇 개의 단계적인 구분이 있으며, 또한 이전의 29년과 구분되는 몇 개의 시기는 동등한 지위를 갖고 있는 것이다.

A) 也就是说,

yě jiùshì shuō,

바꾸어 말하면, … 것이다.

也(yě) : 1. 부 (…임과 동시에) …도 또한. 그리고 또. 게다가. …조차 (…하다).

2. 부 …도 (하고) …도 (하다).
〔앞뒤로 병용해서 병렬되어 있는 것을 모두 강조함〕

3. 부 (不但, 虽然, 就是, 不管, 即使 등의 접속사 · 부사와 호응하여) (…하지만, 비록 …하더라도) 또한. 그래도. 역시. 그러나.

4. 부 (호응하는 부사 · 접속사가 없이) 그래도. …해도.

5. 부 …까지도. …마저도. …이라도 모두. 〔连, 再, 一点, 의문대명사와 호응하여 어떤 사항이나 수량 따위의 극단성을 강조함〕

就(jiù) : 1. 부 이미. 벌써. 일찍이. 〔시간 · 때를 나타내는 말의 뒤에 위치함〕

2. 부 곧. 즉시. 바로. 당장. 〔아주 짧은 시간 내에 이루어짐을 나타냄〕

3. 부 (…하자마자) 곧. 바로.
〔두 개의 동작이 시간적으로 밀착되어 있음을 나타냄〕

4. 부 (…하기만 하면) 곧. 바로.
〔一…就…으로 쓰여, 두 개의 동작이 계속 행하여짐을 나타냄〕

5. 개 …에 의하면. …에 대하여. …에 관하여.

6. 동 종사하다. (일에) 나아가다. 취임하다.

就是(jiù shì) : 1. 바로 …이다.

2. 부 …뿐이다. …밖에 안 된다.

3. 조 …하면 된다. 그만이다.

〔문장 끝에 쓰여 긍정을 표시함. 대부분 了를 붙임〕

4. 부 〔상투어〕 그래 그래. 맞다 맞아.

〔단독으로 쓰여서 동의를 표시함〕

5. 접 설사 …이라도. 〔주로 뒤에 也와 호응함〕

说(shuō) : 1. 동 말하다. 이야기하다.

2. 동 설명하다. 해설하다.

3. 명 이론. 주장. 학설.

也就是说(yě jiùshì shuō) : 바꾸어(다시) 말하면 …이다.

B) 1978年以后改革开放20多年的历史，不能笼而统之地称为一个"新时期"，

yī jiǔ qī bā nián yǐhòu gǎigé kāifàng èr shí duō nián de lìshǐ, bùnéng lǒngértǒngzhīdi chēngwéi yíge "xīn shíqī",

1978년 이후 개혁개방 20여 년의 역사는, 하나의 "신시기"로 모호하게 불릴 수 없고,

以后(yǐhòu) : 명 이후. 금후.

多(duō) : 1. 수 (수량사 뒤에 쓰여) …여〔남짓〕.

2. 형 (수량이) 많다.

3. 형 많다. 여분이 있다. 〔원래의 수보다 초과하거나 증가함을 뜻함〕

4. 형 과다한. 과분한. 불필요한.

20多年 : 20여 년.

不能(bùnéng) : 1. 동 …할 수가 없다. 〔무능, 불허 뜻〕

2. 동 …해서는 안 된다. 〔금지 뜻〕.

3. 동 …일〔할〕 리가 없다. 〔가능성이나 개연성을 나타냄〕

笼(lǒng) : 1. 동 포괄하다. 싸서 넣다. 한데 뭉치다.

2. 동 덮어씌우다. 자욱하다. 뒤덮다. 웅성대다.

3. 명 상자.

笼(lóng)：1. 명 (닭 · 새 따위의) 장(桩).

2. 명 옛날의, 죄수를 가두는 형틀.

3. 명 (대오리 따위로 만든) 찜통.

统(tǒng)：1. 동 종합하다. 합계〔합산〕하다.

2. 부 모두. 다. 함께. 전부.

3. 명 계통. 사물간의 연속적인 관계.

4. 명 실마리. 단서.

5. 동 거느리다. 관할하다. 총괄하다. 통솔하다.

之(zhī)：1. 대 그. 이. 그 사람. 그것. 〔사람이나 사물을 대신하여 목적어로 쓰임〕

2. 조 …의. 〔종속 관계를 나타냄〕

3. 조 …한〔하는〕. 〔일반적 수식관계를 나타냄〕

4. 조 …이〔가〕. …의. 〔주술적 단어의 결합에 쓰여, 그 어구를 종속적 결합 관계로 전환시킴〕

5. 동 가다. 이르다.

6. 대 문장에서 뜻이 없이 문법적인 결합 관계만 나타냄.

笼而统之(lǒngértǒngzhī)：笼统(lǒngtǒng). 형 모호하다. 명확하지 않다. 두루뭉술하다. 개괄적이다.

地(di)：조 단어나 사조의 뒤에 쓰여서, 동사 · 형용사를 수식함. 〔다른 발음은 地(de)임〕

笼而统之地(lǒngértǒngzhīdi)：모호하게. 개괄적으로. 불명확하게.

称为(chēngwéi)：동 …으로 불리다. …라고 일컫다.

C) 它本身就有几个阶段性划分，并且与前29年划分的几个时期具有同等地位。

tā běnshēn jiù yǒu jǐgè jiēduànxìng huàfēn, bìngqiě yǔ qián èr jiǔ nián huàfēn de jǐgè shíqī jùyǒu tóngděng dìwèi。

그 자체에는 바로 몇 개의 단계적인 구분이 있으며, 또한 이전의 29년과 구분되는 몇 개의 시기는 동등한 지위를 갖고 있는 것이다.

它(tā) : 대 그. 저. 그것. 저것. 〔사람 이외의 것을 가리킴〕

本身(běnshēn) : 명 (사람이나 물건 · 일의) 그 자체. 그 자신.

几个(jǐgè) : 몇 개.

阶段(jiēduàn) : 명 단계. 계단.

性(xìng) : 1. 접 명사 뒤에 붙어 사상 · 감정을 나타내거나 범위 · 방식을 한정함.
2. 명 성격. 본성. 기질. 성질.
3. 명 (물질의) 성질. 성분. 성능. 특성.
4. 동 화내다.

阶段性(jiēduànxìng) : 단계적인. 단계성.

几个阶段性划分 : 몇 개의 단계적인 구분.

并且(bìngqiě) : 1. 접 또한. 그리고.
2. 접 더욱이. 그 위에.

与(yǔ) : 1. 개 …와〔과〕. …함께.
2. 접 …와〔과〕. …거나. 또는.

前(qián) : 1. 명 (시간) 이전. 그전. 전.
2. 명 (장소) 앞.
3. 동 앞으로 나아가다.
4. 명 (순서의) 앞.
5. 명 미래. 앞날.
6. 전임(前任).

与前29年划分的几个时期 : 이전의 29년과 구분되는 몇 개의 시기.

同等(tóngděng) : 형 동등하다. 같은 정도이다.

具有同等地位 : 동등한 지위를 갖고 있다.

7) 以十一届三中全会为界把共和国史分为两大篇章，是符合历史实际的。

yǐ shí yī jiè sān zhōngquánhuì wéi jiè bǎ gònghéguó shǐ fēnwéi liǎng dà piānzhāng, shì fúhé lìshǐ shíjì de 。

11기 3중전회를 경계로 삼아서 공화국사를 양대 문장으로 나누는 것이, 역사의 실제에 부합하는 것이다.

界(jiè) : 1. 명 경계(境界). 지경.

2. 명 범위.

3. 명 계. 분야. 집단. 사회.

以十一届三中全会为界 : 11기 3중전회를 경계로 삼다.

共和国史(gònghéguó shǐ) : 공화국사. 공화국역사.

分为(fēnwéi) : 통 (…으로) 나누다(나누어지다).

把共和国史分为两大篇章 : 공화국사를 양대 문장으로 나누다.

符合(fúhé) : 통 부합〔상합〕하다. (들어)맞다. 일치하다.

实际(shíjì) : 1. 명 실제.

2. 형 실제의. 실제적이다. 현실적이다.

3. 형 구체적이다.

是(shì)…的(de) : 1. 조 술어 동사의 뒤, 또는 문장 끝에 쓰여 是와 호응하면서 그 동작을 하는 사람, 또는 시간 · 장소 · 방법 따위를 강조함. (是)…的 구조에서 말의 중점은 일반적으로 그 동사가 나타내는 동작에 있는 것이 아니라, 동작의 주제 · 상황어 · 목적어 등으로 옮겨짐.

2. 조 동작을 하는 사람 · 시간 · 장소 · 방식 · 목적 등을 강조하여 설명함.

是符合历史实际的 : 역사의 실제에 부합하는 것이다.

8) 共和国史的阶段划分，在时间上不大好准确地标示。

gònghéguó shǐ de jiēduàn huàfēn, zài shíjiān shang búdà hǎo zhǔnquèdi biāoshì。

공화국사의 단계적 구분은, 시간적으로 정확하게 표시하기가 그렇게 쉽지는 않다.

在(zài) : 1. 개 …에(서). …에 있어서.

〔동작 · 행위와 유관한 조건 · 시간 · 범위 · 장소 등을 나타냄〕

2. 통 생존하다. 살아있다.

3. 통 존재하다. 있다.

4. 통 (사람이나 사물이) …에 있다. …에 놓여 있다.

5. 통 (어떤 단체에) 참가하다. 가입하다. 참여하다. 속하다.

6. 동 (어떤 직위에) 재직하고 있다. 머물러 있다. 몸담고 있다.
7. 동 …에 달려 있다. …에 있다. …에 결정된다. …에 좌지우지된다.
8. 부 마침 …하고 있다. 지금〔바로 · 한창〕…하고 있는 중이다.
9. 부 조금도 …하지 않다. 정말 …하지 않다. 결코 …하지 않다.
〔在와 所를 같이 써서 강조를 나타냄. 주로 뒤에 不가 따라옴〕

在(zài)…上(shang) : …에 있어서.

时间(shíjiān) : 1. 명 시간.
2. 명 어떤 시각과 시각의 사이. 시간. 동안.
3. 명 시각.
4. 명 틈. 여가. 시간.

在时间上 : 시간적으로.

不大(búdà) : 1. 부 그다지 …하지 않다. 그렇게 …하지는 않다.
2. 형 크지 않다.

好(hǎo) : 1. 형 …하기가 쉽다.
2. 형 …하기가 편하다.
3. 조 다. 잘. 〔동사 뒤에 쓰여 완성되었거나 잘 마무리되었음을 나타냄〕
4. 형 좋다. 훌륭하다. 선량하다. 능숙하다.
5. 형 친근하다. 사이가 좋다. 우호적이다.

不大好(búdà hǎo) : 1. …하기가 그렇게 쉽지는 않다.
2. 그다지 좋지는 않다.

准确(zhǔnquè) : 형 확실하다. 꼭 맞다. 틀림없다. 정확하다.

准确地(zhǔnquèdi) : 정확하게.

标示(biāoshì) : 동 표시하다. 명시하다.

不大好准确地标示 : 정확하게 표시하기가 그렇게 쉽지는 않다.

9) 除1952年与1953年在前后接续上比较规整外，其他各时期在迄止年份上大都有交错情况。

chú yī jiǔ wǔ èr nián yǔ yī jiǔ wǔ sān nián zài qiánhòu jiēxù shang bǐjiào guīzhěng wài, qítā gè shíqī zài qìzhǐ niánfèn shang dàdōu yǒu jiāocuò qíngkuàng。

1952년과 1953년은 전후 연속에서 비교적 정연한 것을 제외하고, 기타 각 시기는 마감연도에서 서로 맞물린 상황이 대체로 있다.

除(chú)：1. 동 제외하다.

2. 동 없애다. 제거하다.

3. 동 제(除)하다. 나누다.

外(wài)：1. 명 …이외. …밖에. …외에.

2. 명 밖. 바깥. 겉.

3. 명 형 딴 데(의). 딴 고장(의). 다른 곳(의).

4. 명 외국.

除(chú)…外(wài)：除(了)(chúle)…(以)外(yǐwài).

1. …을 제외하고는(도). …이외에는(도).
〔주로 뒷 절에 都가 따라옴〕

2. … 이외에는. 이외에도.
〔주로 뒷 절에 也·还이 따라옴〕

前后(qiánhòu)：1. 명 (어떤 시간의) 전후. 경. 쯤.

2. 명 (시간적으로) 처음부터 끝까지. 전 기간. 전후 합해서.

3. 명 앞과 뒤.

接续(jiēxù)：동 연속하다. 접속하다. 잇다. 계속하다. → 연속. 계속. 접속.

在前后接续上：전후 연속에서.

比较(bǐjiào)：1. 부 비교적.

2. 동 비교하다.

3. 개 …에 비해. …보다. 〔정도나 상태의 차이를 비교하는 데 쓰임〕

规整(guīzhěng)：1. 형 정연하다. 일정한 규격에 맞다.

2. 동 정돈하다. 정리하다.

除1952年与1953年在前后接续上比较规整外：1952년과 1953년은 전후 연속에서 비교적 정연한 것을 제외하고.

其他(qítā)：명 기타. 그 외.

各(gè)：1. 대 각자. 각기. 각. 각각.

2. 대 여러. 〔하나가 아니고 수효가 여럿임을 나타냄〕

3. 대 갖가지. 여러 가지.
〔수효가 여럿일 뿐만 아니라 서로 성질이 다름을 나타냄〕

迄(qì)：1. 동 …에(까지) 이르다.

2. 부 결국. 끝내. 줄곧. 〔未 또는 无 앞에 쓰임〕

迄今为止(qìjīnwéizhǐ)：(과거 어느 시점부터 현재에 이르기까지 모든 시간을 가리켜) 지금까지.

迄今(qìjīn)：부 지금에 이르기까지.

迄未(qìwèi)：아직까지 …않다.

止(zhǐ)：1. 동 (…까지) 끝나다. 그치다. 마감하다.

2. 동 정지하다. 멈추다. 그만두다.

3. 동 저지하다. 멈추게 하다. 정지시키다. 억제하다. 금지하다.

迄止(qìzhǐ)：마감에(까지) 이르다. → 마감(까지).

迄至(qìzhì)：부 …에 이르기까지.

年份(niánfèn)：1. 명 해. 연도.

2. 명 (경과한) 햇수. 연한.

3. 명 연령.

迄止年份(qìzhǐ niánfèn)：마감까지 연도. → 마감연도.

在迄止年份上：마감연도에서.

大都(dàdōu)：부 대체로. 대개. 대부분. 대다수.

大都(dàdū)：1. 부 대체로. 대개. 대부분.

2. 명 대도시.

3. 명 대도. 〔중국 원대(元代)의 수도로 지금의 베이징(北京)을 말함〕

交错(jiāocuò)：1. 형 (서로) 맞물린. 교차한.

2. 동 교착하다. 뒤얽히다. 교차하다. 서로 뒤섞여 엇갈리다.

情况(qíngkuàng)：명 상황. 형편. 사정.

其他各时期在迄止年份上大都有交错情况：기타 각 시기는 마감연도에서 서로 맞물린 상황이 대체로 있다.

10) 比如，1956年既是基本完成社会主义改造的一年，又是开始探索中国自己的建设社会主义道路的一年；1978年总体上处在徘徊中前进时期，但这一年12月召开的十一届三中全会又实现了伟大转折，开辟了历史新时期。

bǐrú, yī jiǔ wǔ liù nián jì shì jīběn wánchéng shèhuìzhǔyì gǎizào de yì nián, yòu shì kāishǐ tànsuǒ zhōngguó zìjǐ de jiànshè shèhuìzhǔyì dàolù de yì nián；yī jiǔ qī bā nián zǒngtǐ shang chǔzài páihuái zhōng qiánjìn shíqī,

dàn zhè yì nián shí èr yuè zhàokāi de shí yī jiè sān zhōngquánhuì yòu shíxiànle wěidà zhuǎnzhé, kāipìle lìshǐ xīn shíqī。
예컨대, 1965년은 사회주의 개조를 기본적으로 완성한 1년일 뿐만 아니라, 또한 중국 자신의 사회주의 건설 노선을 탐색하기 시작한 1년이기도 하다. 1978년은 전체적으로 배회 중 전진하는 시기에 처했고, 그러나 이 해 12월 개최된 11기 3중전회는 또한 위대한 전환을 실현했고, 역사의 신시기를 개척했다.

A) 比如, 1956年既是基本完成社会主义改造的一年, 又是开始探索中国自己的建设社会主义道路的一年；

bǐrú, yī jiǔ wǔ liù nián jì shì jīběn wánchéng shèhuìzhǔyì gǎizào de yìnián, yòu shì kāishǐ tànsuǒ zhōngguó zìjǐ de jiànshè shèhuìzhǔyì dàolù de yìnián；
예컨대, 1965년은 사회주의 개조를 기본적으로 완성한 1년일 뿐만 아니라, 또한 중국 자신의 사회주의 건설 노선을 탐색하기 시작한 1년이기도 하다.

比如(bǐrú)：접 예컨대. 가령. 만약. 비유한다면.

既(jì)：1. 접 …할 뿐만 아니라. …뿐더러. …하고.
〔又·且 등과 함께 쓰여 두 가지 상황이 함께 존재함을 나타냄〕
2. 접 (이왕) …한 바라면〔바에야〕. (기왕) …하였다면〔하였으니〕.
〔则·就·那么 등과 함께 호응하여 쓰임〕
3. 동 마치다. 끝나다. 다하다. 완료하다.
4. 부 이미. 벌써.

又(yòu)：1. 부 또. 다시. 거듭. 〔반복 또는 연속을 표시함〕
2. 부 한편. 또한. 더하여. 동시에. 〔동시적 상황을 표시함〕
3. 부 그 위에. 또한. 더하여 오히려.
〔뜻이나 일이 차츰 깊어지거나 더해져 감을 표시함〕

既(jì)A… 又(yòu)B…：A…하고 (또)B…하다. A…할 뿐만 아니라 B…(도) 하다.

基本完成社会主义改造：사회주의 개조를 기본적으로 완성하다.

基本完成社会主义改造的一年：사회주의 개조를 기본적으로 완성한 1년.

探索(tànsuǒ)：동 탐색〔탐구〕하다. 찾다.

自己(zìjǐ)：1. 대 자기. 자신.
2. 명 친한 사이. 한 집안사람. 허물없이 대하는 사람.

3. 부 스스로. 저절로.

建设社会主义道路 : 사회주의를 건설하는 노선. → 사회주의 건설 노선.

探索中国自己的建设社会主义道路 : 중국 자신의 사회주의 건설 노선을 탐색하다.

开始探索中国自己的建设社会主义道路 : 중국 자신의 사회주의 건설 노선을 탐색하기 시작하다.

开始探索中国自己的建设社会主义道路的一年 : 중국 자신의 사회주의 건설 노선을 탐색하기 시작한 1년.

B) 1978年总体上处在徘徊中前进时期,

yī jiǔ qī bā nián zǒngtǐ shang chǔzài páihuái zhōng qiánjìn shíqī,

1978년은 전체적으로 배회 중 전진하는 시기에 처했고,

总体(zǒngtǐ) : 명 총체. 전체.

总体上(zǒngtǐ shang) : 전체적으로. 총체적으로.

处(chǔ) : 1. 동 (몸이 …상태에) 처하다. 놓여 있다. 존재하다.
2. 동 살다. 거주하다. 거처하다.
3. 동 함께 지내다. 함께 생활하다. 사귀다. 교제하다. 왕래하다.

处在(chǔzài) : 동 …에 처하다. …한 상황에 놓이다.

处(chù) : 1. 명 곳. 처소. 장소. 지점.
2. 명 처. 〔어떤 기관이나 단체를 가리킴〕
3. 명 처. 〔기관의 조직 중에서 업무에 따라 나눈 단위의 하나임〕

徘徊(páihuái) : 1. 동 배회하다. 왔다 갔다 하다.
2. 동 망설이다. 주저하다. 결단을 내리지 못하다.
3. 동 물가가 변동하다.

中(zhōng) : 1. 명 중. (한)가운데. 복판. 중심. 중앙.
2. 명 중급. 중등. 중류.
3. 명 안. 속.
4. 형 불편부당하다. 치우치지 않다.
5. 형 적당하다. 적합하다.
6. 명 중국. 중화인민공화국.

前进(qiánjìn) : 명 동 전진(하다).
徘徊中前进 : 배회 중 전진하다.
徘徊中前进时期 : 배회 중 전진하는 시기.
处在徘徊中前进时期 : 배회 중 전진하는 시기에 처하다.

C) 但这一年12月召开的十一届三中全会又实现了伟大转折，开辟了历史新时期。

dàn zhè yìnián shí èr yuè zhàokāi de shí yī jiè sān zhōngquánhuì yòu shíxiànle wěidà zhuǎnzhé, kāipìle lìshǐ xīn shíqī。

그러나 이 해 12월 개최된 11기 3중전회는 또한 위대한 전환을 실현했고, 역사의 신시기를 개척했다.

但(dàn) : 1. 접 그러나. 그렇지만.
2. 부 다만. 오직.
3. 접 다만…만 한다면.

月(yuè) : 1. 명 월. 달. 〔시간의 단위〕
2. 명 달.
3. 형 매월(매달)의.
4. 명 달처럼 둥근 것.

召开(zhàokāi) : 동 (회의를) 열다. 개최하다. 소집하다.
实现(shíxiàn) : 동 실현하다. 달성하다.
伟大(wěidà) : 형 위대하다.
转折(zhuǎnzhé) : 1. 동 (사물의 발전 방향이) 바뀌다. 전환하다. → 전환.
2. 동 각설하다. 〔문장이나 말의 의미를 다른 방향으로 바꿈〕

11) 为简明起见，本书不拟细标各个时期迄止的月份，因而不免在迄止年份上有重叠现象。

wèi jiǎnmíng qǐjiàn, běn shū bù nǐ xìbiāo gègè shíqī qìzhǐ de yuèfèn, yīnér bùmiǎn zài qìzhǐ niánfèn shang yǒu chóngdié xiànxiàng。

간단명료하기 위하여, 본서는 각 시기의 마감월을 자세하게 표시하려고 하지 않고, 그래서 마감연도에서 중첩 현상이 있는 것을 면할 수 없다.

A) 为简明起见,

wèi jiǎnmíng qǐjiàn,
간단명료하기 위하여,

为(wèi)：1. 개 …을(하기) 위하여.〔목적을 나타냄〕
2. 개 …에게. …을 위하여.〔행위의 대상을 나타냄〕
3. 개 …에 대해서. …을 향하여.
4. 개 …때문에. …까닭으로.〔원인을 나타냄〕

简明(jiǎnmíng)：형 간명하다. 간단명료하다.

起见(qǐjiàn)：조 …의 견지에서. …의 목적으로. …하기 위하여.
〔반드시 为와 서로 대응하여 为…起见의 형식으로 사용됨.)

B) 本书不拟细标各个时期迄止的月份,

běn shū bù nǐ xìbiāo gègè shíqī qìzhǐ de yuèfèn,
본서는 각 시기의 마감월을 자세하게 표시하려고 하지 않고,

拟(nǐ)：1. 동 …하려 하다. …할 예정이다.
2. 동 기초(입안)하다. (잠정적으로) 계획(설계)하다.
3. 동 모방하다. 본뜨다.

细(xì)：1. 형 자세〔상세〕하다. 세밀하다. 찬찬하다. 면밀하다.
2. 형 (가공된 것이) 정교하다. 섬세하다. 정밀하다. {비유} 고급품이다.
3. 형 가늘다. (폭이) 좁다.
4. 형 (알이) 잘다. 보드랍다.
5. 형 (소리가) 약하다(가늘다).

标(biāo)：1. 동 (문자나 사물로) 나타내다. 표시하다.
2. 명 표지. 기호.
3. 명 표준. 지표.
4. 형 뛰어나다. 빼어나다.

细标(xìbiāo)：자세하게 표시하다.

不拟细标(bù nǐ xìbiāo) : 자세하게 표시하려고 하지 않다.

各个(gègè) : 형 각개(의). 각각(의). 하나하나(씩).

月份(yuèfèn) : 月份儿(yuèfènér). 명 월. 월분. 월달.

迄止的月份 : 마감에 이르는 달. → 마감월. 마감달.

各个时期迄止的月份 : 각 시기의 마감월.

C) 因而不免在迄止年份上有重叠现象。

yīnér bùmiǎn zài qìzhǐ niánfèn shang yǒu chóngdié xiànxiàng。

그래서 마감연도에서 중첩 현상이 있는 것을 면할 수 없다.

因而(yīnér) : 접 그러므로. 그래서. 그런 까닭에. 따라서. 〔결과를 나타냄〕

免(miǎn) : 1. 동 (수속 · 의무 · 처벌 따위를) 면제하다. 제거하다. 없애버리다.

2. 동 (쓸데없는 것 따위를) 피하다. 벗어나다. 모면하다. 면하다.

3. 부 …해서는 안 된다. …할 수 없다. …하는 것을 허락하지 않다.

不免(bùmiǎn) : 동 면할 수 없다. 피치 못하다. 아무리 해도 …가 되다.

重叠(chóngdié) : 동 중첩(중복)되다. → 중첩. 중복.

现象(xiànxiàng) : 명 현상.

重叠现象(chóngdié xiànxiàng) : 중첩 현상. 중복 현상.

在迄止年份上有重叠现象 : 마감연도에서 중첩 현상이 있다.

12) 这或许是当代史分期的一个特点罢。

zhè huòxǔ shì dāngdàishǐ fēnqī de yíge tèdiǎn ba。

이것은 아마도 당대사 기간 구분의 하나의 특징일 것이다.

或许(huòxǔ) : 부 아마도. 아마. 혹시. 어쩌면.

当代(dāngdài) : 1. 명 당대. 그 시대.

2. 명 중화인민공화국 건국(1949년) 이후의 시기.

当代史(dāngdàishǐ) : 명 당대사. 당대역사.

分期(fēnqī) : 통 시기를(기간을) 나누다. → 기간 구분. 시간 구분.

特点(tèdiǎn) : 명 특징. 특색. 특성.

吧(ba) : 1. 조 글 끝에 쓰여 확언을 피하고 추측의 어기를 나타냄.
〔글 중에 大约 · 大概 · 也许 · 恐怕 등 추측의 부사가 쓰임〕
2. 조 글 끝에 쓰여 상의 · 제의 · 청구 · 명령 · 독촉의 어기를 나타냄.
3. 조 글 끝에 쓰여 동의 또는 승낙의 어기를 나타냄.

罢(bà) : 1. 동 그만두다. 중지하다.
2. 동 파면하다. 면직하다.
3. 동 끝내다. 마치다. 〔주로 동사 뒤에 쓰임〕

13) 据此考虑, 共和国史上编 (1949~1978) 的分期如下 :

jù cǐ kǎolǜ, gònghéguó shǐ shàng biān (yī jiǔ sì jiǔ dào yī jiǔ qī bā) de fēnqī rúxià :

이런 고려에 근거하면, 공화국사 상편(1949~1978)의 기간구분은 다음과 같다 :

据(jù) : 1. 개 …에 근거하면. …에 따르면. …에 의하면.
2. 명 증거. 증서.
3. 동 의거하다. 근거하다. 의지하다. 믿다.
4. 동 점거하다. 점유하다. 가로채다.

此(cǐ) : 1. 대 이. 이것. 〔가까운 사물을 가리키는 지시대사〕
2. 대 이 때. 〔시간을 가리키는 대사〕
3. 대 이 곳. 〔장소를 가리키는 지시대사〕
4. 대 이에. 〔동작의 상황을 가리켜서 말하는 지시대사〕
5. 대 이렇게.

考虑(kǎolǜ) : 1. 명 고려.
2. 동 고려하다.

上(shàng) : 1. 명 위.
2. 명 형 상등(의). 상급(의). 상위(의).
3. 형 (명사 앞에 쓰여 시간이나 순서에서) 앞의. 먼저(번). 지난(번).
4. 동 오르다. 타다. 가다. 다다르다. 도착하다.

编(biān) : 1. 명 (책을 내용에 따라 나누는 단위) 편. 章(장)보다 큰 부분.
2. 명 (저작 완성된) 책.

3. 동 엮다. 짜다. 땋다. 겯다.
4. 동 편성하다. 배열하다. 조직하다.
5. 동 편집하다. 만들다.

上编(shàng biān) : 상편.

到(dào) : 1. 개 …까지. …로. …에.
〔본 문장에서는 연도의 기한을 나타내는 '~'를 의미함〕
2. 동 도착하다. 도달하다. …에 이르다(미치다). (시간 · 기간이) 되다.
3. (동사의 보어로 쓰여) …에 미치다. …에 이르다. …을 해내다.
〔동작이 목적에 도달하거나 성취된 것을 나타냄〕

如(rú) : 1. 동 …와 같다.
2. 동 …에 따르다(맞추다). …대로 하다. …따라(비추어) 하다.
3. 동 미치다. 따라가다. 필적하다. 더 낫다.
4. 동 예를 들면. 예컨대.

下(xià) : 1. 명 밑. 아래.
2. 형 저급. 하급.
3. 명 나중. 다음.
4. 명 밑으로. 아래쪽으로.
5. …아래. …하에. 〔일정한 범위 · 상황 · 조건 따위에 속함을 나타냄〕
6. 동 (높은 곳에서 낮은 곳으로) 내려가다.
7. 동 (비 · 눈 따위가) 내리다.
8. 동 (문서 · 명령 따위를) 발하다. 하달하다. 보내다.
9. 동 (…로) 가다.

如下(rúxià) : 동 다음과 같다. 아래와 같다.

14) 1949~1952年为第一章：立国崛起，即实施新民主主义建国纲领，为向社会主义转变准备条件时期；

yī jiǔ sì jiǔ dào yī jiǔ wǔ èr nián wéi dìyī zhāng : lìguó juéqǐ, jí shíshī xīn mínzhǔzhǔyì jiànguó gānglǐng, wèi xiàng shèhuìzhǔyì zhuǎnbiàn zhǔnbèi tiáojiàn shíqī ;

1949년부터 1952년은 제1장으로, 건국의 굴기이고, 즉 신민주주의 건국강령을 실시하고, 사회주의를 향한 전환을 위해 조건을 준비하는 시기이다.

A) 1949~1952年为第一章：立国崛起,

yī jiǔ sì jiǔ dào yī jiǔ wǔ èr nián wéi dìyī zhāng : lìguó juéqǐ,
1949년부터 1952년은 제1장으로, 건국의 굴기이고,

第一(dìyī)：1. ㊄ 제1. 첫째. 첫 번째. 최초. 맨 처음.
2. ㊄ 가장 중요하다. 제일이다.
章(zhāng)：1. ㊆ (가곡 · 시문 · 문장 따위의) 장. 단락.
2. ㊂ 문장.
3. ㊂ (법규 따위의) 조목. 조항.
4. ㊂ 장정. 정관. 규정.
1949~1952年为第一章：1949년부터 1952년은 제일 장이다.
立国(lìguó)：㊂㊅ 건국(하다).
崛起(juéqǐ)：1. ㊅ 굴기하다. 들고 일어나다. 궐기하다. → 굴기. 궐기.
2. ㊅ (봉우리 따위가) 우뚝 솟다.

B) 即实施新民主主义建国纲领，为向社会主义转变准备条件时期；

jí shíshī xīn mínzhǔzhǔyì jiànguó gānglǐng, wèi xiàng shèhuìzhǔyì zhuǎnbiàn zhǔnbèi tiáojiàn shíqī ;
즉 신민주주의 건국강령을 실시하고, 사회주의를 향한 전환을 위해 조건을 준비하는 시기이다.

实施(shíshī)：1. ㊅ 실시하다.
2. ㊂ 실시.
民主主义(mínzhǔzhǔyì)：㊂ 민주주의.
新民主主义(xīn mínzhǔzhǔyì)：㊂ 신민주주의.
모택동이 〈신민주주의론〉에서 제기한 정치이론으로, 중국 혁명의 과정을 민주주의 혁명과 사회주의혁명의 두 단계로 구분한다. 민주주의혁명은, 부르주아지들이 지도하는 낡은 부르주아 민주주의혁명이 아니라, 새로운 프롤레타리아트에 의하여 지도되는 신민주주의혁명이 되어야 하며, 신민주주의혁명은, 프롤레타리아트의 지도 하에 광범한 인민이 참가하여 제국주의 · 봉건주의 · 관료자본주의를 반대하는 것이고,

자본주의를 전복시키는 것을 목적으로 한 사회주의혁명의 조건을 준비하는 것이라고 주장했음.

纲领(gānglǐng) : 1. 명 강령. 대강(大纲).
2. 명 지도 원칙.

建国纲领(jiànguó gānglǐng) : 건국강령.

为(wèi) : …을(하기) 위하여. 〔목적을 나타냄〕

向(xiàng) : 1. 개 …로. …을 향하여. 〔동작의 방향을 가리킴〕
2. 개 …에. …에게. 〔행동의 대상을 가리킴〕
3. 개 …을. …로부터. …을 따라.
〔본받는 대상이나 변화시키는 원천을 가리킴〕
4. 명 방향.
5. 동 (앞을) 향하다.
6. 동 근접하다. 다가가다.

向社会主义 : 사회주의를 향해(서). 사회주의를 향하여.

转变(zhuǎnbiàn) : 1. 동 전환하다. (점점) 바뀌다. 전변하다. → 전환. 전변.
2. 동 (사상적인 면에서) 전향하다. → 전향.

向社会主义转变 : 사회주의를 향하여 전환하다. → 사회주의를 향한 전환.

为向社会主义转变 : 사회주의를 향한 전환을 위해(서).

准备(zhǔnbèi) : 1. 동 준비하다.
2. 동 …하려고 하다. …할 작정(계획)이다.

条件(tiáojiàn) : 1. 명 조건.
2. 명 (요구하는) 조건. 기준.
3. 명 (상태로서의) 조건.

准备条件 : 조건을 준비하다.

为向社会主义转变准备条件 : 사회주의를 향한 전환을 위해 조건을 준비하다.

(实施新民主主义建国纲领, 为向社会主义转变准备条件)时期 : (신민주주의 건국강령을 실시하고, 사회주의를 향한 전환을 위해 조건을 준비하는) 시기.

15) 1953~1956年为第二章 : 初创奠基, 即初期工业化建设和建立社会主义基本制度时期 ;

yī jiǔ wǔ sān dào yī jiǔ wǔ liù nián wéi dièr zhāng : chūchuàng diànjī, jí chūqī gōngyèhuà jiànshè hé jiànlì shèhuìzhǔyì jīběn zhìdù shíqī ;
1953년부터 1956년은 제2장으로, 시초의 정초이고, 즉 초기 공업화 건설과 사회주의 기본제도 수립의 시기이다.

A) 1953~1956年为第二章 : 初创奠基,
yī jiǔ wǔ sān dào yī jiǔ wǔ liù nián wéi dièr zhāng : chūchuàng diànjī,
1953년부터 1956년은 제2장으로, 시초의 정초이고,

第二(dièr) : 1 수 제2. 둘째. 두 번째.
2 수 다음.
3 수 2세(世).
初创(chūchuàng) : 1. 명 시초. 초창.
2. 동 처음(막) 창립하다.
奠基(diànjī) : 동 기초를 잡다(정하다, 닦다). 정초(定础)하다. → 정초.

B) 即初期工业化建设和建立社会主义基本制度时期 ;
jí chūqī gōngyèhuà jiànshè hé jiànlì shèhuìzhǔyì jīběn zhìdù shíqī ;
즉 초기 공업화 건설과 사회주의 기본제도 수립의 시기이다.

初期(chūqī) : 명 초기. 첫 시기.
工业化(gōngyèhuà) : 명 동 공업화(하다). 산업화(하다).
和(hé) : 1. 접 …와. …과. …고. …하고.
2. 개 …과〔와〕. …에게.
3. 형 평화롭다. 화평하다.
4. 형 부드럽다. 온화하다. 따스하다. 친절하다.
5. 형 조화롭다. 화목하다. 화애롭다. 어울리다.
建立(jiànlì) : 1. 동 수립하다. 설치하다. 설립하다. 건립하다. → 수립. 설립. 건립.
2. 동 맺다. 이루다. 형성하다. 세우다. 확립하다.

3. 동 제정하다. 세우다. 수립하다.

制度(zhìdù) : 명 제도 규칙. 규정.

建立社会主义基本制度 : 사회주의 기본제도를 수립하다. → 사회주의 기본제도(의) 수립.

(初期工业化建设和建立社会主义基本制度)时期 : (초기 공업화 건설과 사회주의 기본제도 수립의) 시기.

16) 1956~1966年为第三章 : 曲折探索, 即初步探索中国自己的社会主义建设道路时期 ;

yī jiǔ wǔ liù dào yī jiǔ liù liù nián wéi dìsān zhāng : qūzhé tànsuǒ, jí chūbù tànsuǒ zhōngguó zìjǐ de shèhuìzhǔyì jiànshè dàolù shíqī ;

1956년부터 1966년은 제3장으로, 곡절이 많은 탐색이고, 즉 중국 자신의 사회주의 건설 노선을 초보적으로 탐색하는 시기이다.

A) 1956~1966年为第三章 : 曲折探索,

yī jiǔ wǔ liù dào yī jiǔ liù liù nián wéi dìsān zhāng : qūzhé tànsuǒ,

1956년부터 1966년은 제3장으로, 곡절이 많은 탐색이고,

第三(dìsān) : 수 제3. 셋째. 세 번째.

曲折(qūzhé) : 1. 형 곡절이 많다. 복잡하다.

2. 형 굽다. 꼬불꼬불하다. 구불구불하다.

3. 명 (우여)곡절. 복잡하게 얽힌(미심쩍은) 사정. 자세한 내용.

B) 即初步探索中国自己的社会主义建设道路时期 ;

jí chūbù tànsuǒ zhōngguó zìjǐ de shèhuìzhǔyì jiànshè dàolù shíqī ;

즉 중국 자신의 사회주의 건설 노선을 초보적으로 탐색하는 시기이다.

初步(chūbù)：형 (맨 나중이나 완비된 단계가 아닌) 시작 단계의 초보적이다. 대체적이다. → 초보적으로. 대체적으로.

探索中国自己的社会主义建设道路：중국 자신의 사회주의 건설 노선을 탐색하다.

(初步探索中国自己的社会主义建设道路)时期：(중국 자신의 사회주의 건설 노선을 초보적으로 탐색하는) 시기.

17) 1966~1976年为第四章：艰难时世，即误入"文化大革命"歧途时期；

yī jiǔ liù liù dào yī jiǔ qī liù nián wéi dìsì zhāng : jiānnán shíshì, jí wùrù "wénhuà dàgémìng" qítú shíqī ;

1966년부터 1976년은 제4장으로, 힘든 시대이고, 즉 "문화대혁명"의 잘못된 길로 빠진 시기이다.

A) 1966~1976年为第四章：艰难时世，

yī jiǔ liù liù dào yī jiǔ qī liù nián wéi dìsì zhāng : jiānnán shíshì,

1966년부터 1976년은 제4장으로, 힘든 시대이고,

第四(dìsì)：수 제4. 넷째. 네 번째.

艰难(jiānnán)：형 힘들다. 곤란하다. 어렵다.

时世(shíshì)：1. 명 시대. 시세.
2. 명 목전의 사회.

B) 即误入"文化大革命"歧途时期；

jí wùrù "wénhuà dàgémìng" qítú shíqī ;

즉 "문화대혁명"의 잘못된 길로 빠진 시기이다.

误入(wùrù)：…로(에) 잘못 빠지다.

歧途(qítú)：歧路(qílù). 1. 명 잘못된 길.
2. 명 갈림길.

误入歧途(wùrù qítú)：미혹되어 잘못된 길로 들어서다. 잘못하여 옆길로 빠지다.
误入"文化大革命"歧途："문화대혁명"의 잘못된 길로 빠지다.
(误入"文化大革命"歧途)时期：("문화대혁명"의 잘못된 길로 빠진) 시기.

18) 1976~1978年为第五章：徘徊前进，这两年相对不大好处理，既不宜放在改革开放的历史新篇中来写，又不属于"文化大革命"时期的内容，本书把它单独成章。

yī jiǔ qī liù nián dào yī jiǔ qī bā nián wéi dìwǔ zhāng：páihuái qiánjìn, zhè liǎng nián xiāngduì búdà hǎo chǔlǐ, jì bùyí fàng zài gǎigé kāifàng de lìshǐ xīn piān zhōng lái xiě, yòu bù shǔyú "wénhuà dàgémìng" shíqī de nèiróng, běn shū bǎ tā dāndú chéngzhāng。
1976년부터 1978년은 제5장으로, 배회하는 전진이고, 이 2년은 처리하기가 상대적으로 그렇게 쉽지는 않고, 개혁개방 역사의 새로운 편에 놓고서 쓰기에 적당하지 않을 뿐만 아니라. 또한 "문화대혁명" 시기의 내용에 속하지도 않는다. 본서는 그것을 단독으로 문장을 이룬다.

A) 1976~1978年为第五章：徘徊前进，

yī jiǔ qī liù nián dào yī jiǔ qī bā nián wéi dìwǔ zhāng：páihuái qiánjìn,
1976년부터 1978년은 제5장으로, 배회하는 전진이고,

第五(dìwǔ)：㊟ 제5. 다섯째. 다섯 번째.
徘徊前进：배회하며 전진하다. → 배회하는 전진.

B) 这两年相对不大好处理，既不宜放在改革开放的历史新篇中来写，又不属于"文化大革命"时期的内容，

zhè liǎng nián xiāngduì búdà hǎo chǔlǐ, jì bùyí fàng zài gǎigé kāifàng de lìshǐ xīn piān zhōng lái xiě, yòu bù shǔyú "wénhuà dàgémìng" shíqī de

nèiróng,
이 2년은 처리하기가 상대적으로 그렇게 쉽지는 않고, 개혁개방 역사의 새로운 편에 놓고서 쓰기에 적당하지 않을 뿐만 아니라. 또한 "문화대혁명" 시기의 내용에 속하지도 않는다.

相对(xiāngduì)：1. 부 상대적으로. 비교적.
2. 동 서로 대립이 되다.
3. 동 상대하다.
4. 형 상대적이다.

处理(chǔlǐ)：1. 동 처리하다. (일을) 안배하다. (문제를) 해결하다.
2. 동 처벌하다. 징벌하다.
3. 동 내린 가격으로 혹은 시가로 처분하다.

不大好(búdà hǎo)：…하기가 그렇게 쉽지는 않다.

不大好处理：처리하기가 그렇게 쉽지는 않다.

这两年相对不大好处理：이 2년은 상대적으로 처리하기가 그렇게 쉽지는 않다.

既(jì)A…, 又(yòu)B…：A…하고 (또)B…하다. A…할 뿐만 아니라 B…(도) 하다.

宜(yí)：1. 동 …에 적합하다. 적절하다. 적당하다. 부합하다. 알맞다. 어울리다.
2. 동 당연하다. 마땅하다. (주로 부정형에 쓰임.)
3. 형 적합하다. 적절하다. 적당하다. 알맞다.

不宜(bùyí)：동 …하기에 적당하지 않다. …하는 것은 좋지 않다.
…하여서는 안 된다.

放(fàng)：1. 동 놓다. 두다.
2. 동 놓아 주다. 풀어 놓다. 방출하다.
3. 동 (학교나 직장이) 파하다. 놀다. 쉬다.
4. 동 거리낌 없이 하다. 제멋대로 하다. 사날 좋게 하다.
5. 동 방목하다. 놓아 먹이다.
6. 동 (먼 곳으로) 내치다. 쫓아내다. 추방하다.
7. 동 (총 따위를) 쏘다〔발사하다〕. (소리 · 빛 따위를) 발하다〔내다〕.

在(zài)…中(zhōng)：…(중)에서. …(가운데)에서.

新篇(xīn piān)：새로운 편.

改革开放的历史新篇：개혁개방 역사의 새로운 편.

放在改革开放的历史新篇中：개혁개방 역사의 새로운 편에 놓다.

来(lái) : 다른 동사 앞에 쓰여 어떤 일을 하려는 것을 나타냄. 1-4.

写(xiě) : 1. 동 글씨를 쓰다.

2. 동 글을 짓다.

3. 동 묘사하다.

放在改革开放的历史新篇中来写 : 개혁개방 역사의 새로운 편에 놓고서 쓰다.

不宜放在改革开放的历史新篇中来写 : 개혁개방 역사의 새로운 편에 놓고서 쓰기에 적당하지 않다.

既不宜放在改革开放的历史新篇中来写 : 개혁개방 역사의 새로운 편에 놓고서 쓰기에 적당하지 않을 뿐만 아니라.

属于(shǔyú) : (의 범위)에 속하다. …에 소속되다.

内容(nèiróng) : 명 내용.

“文化大革命”时期的内容 : “문화대혁명” 시기의 내용.

不属于“文化大革命”时期的内容 : “문화대혁명” 시기의 내용에 속하지 않는다.

又不属于“文化大革命”时期的内容 : 또한 “문화대혁명” 시기의 내용에 속하지도 않는다.

C) 本书把它单独成章。

běn shū bǎ tā dāndú chéngzhāng。

본서는 그것을 단독으로 문장을 이룬다.

单独(dāndú) : 단독(으로). 혼자서.

成(chéng) : 1. 동 (…으로) 되다. (…으로) 변하다. (…이) 되다.

2. 동 이루다. 완성하다. 성공하다.

3. 성사시키다. (일 따위가) 완성되도록 하다.

成章(chéngzhāng) : 1. 동 문장을 이루다.

2. 동 조리가 서다.*

4. 번역 건국 이래의 역사 구분 (일)

창업편

중화인민공화국 수립 이래에 관한 역사는 과거에 보통 〈역사결의〉의 서술에 따라서 4개 시기로 구분되고, 바로 사회주의 개조를 기본적으로 완성한 7년, 사회주의의 전면적 건설을 시작한 10년, "문화대혁명"의 10년, 개혁개방의 신시기이다. 수년 간 역사학계의 일인자인 후성 선생은 중국공산당 11기 3중전회를 지표로 삼는 것을 제시하며 건국 이래의 역사를 양대 시기로 구분하고, 이것은 역사 구분 문장을 집필하는 하나의 형식 문제인 것만은 아니고, 실질적 의의는 당의 11기 3중전회의 역사적 지위를 돌출시켜야 하는 것이라고 강조했다. 본서는 이 의견을 찬동하고 또 채택했으며, 바로 1976년 4인방의 분쇄와 문화대혁명의 종결을 신시기의 시작으로 삼는 것이 아니고, 1978년 중국공산당의 11기 3중전회를, 공화국 발전사에서 신시기와 신노선을 개척하고 신이론을 창립하는 발단의 의의를 구비한 역사적 지표로 삼는 것이다. 바꾸어 말하면, 1978년 이후 개혁개방 20여 년의 역사는 하나의 "신시기"로 모호하게 불릴 수 없고 그 자체에는 바로 몇 개의 단계적인 구분이 있으며, 또한 이전의 29년과 구분되는 몇 개의 시기는 동등한 지위를 갖고 있는 것이다. 11기 3중전회를 경계로 삼아서 공화국사를 양대 문장으로 나누는 것이 역사의 실제에 부합하는 것이다.

공화국사의 단계적 구분은 시간적으로 정확하게 표시하기가 그렇게 쉽지는 않다. 1952년과 1953년은 전후 연속에서 비교적 정연한 것을 제외하고 기타 각 시기는 마감연도에서 서로 맞물린 상황이 대체로 있다. 예컨대, 1965년은 사회주의 개조를 기본적으로 완성한 1년일 뿐만 아니라 또한 중국 자신의 사회주의 건설 노선을 탐색하기 시작한 1년이기도 하다. 1978년은 전체적으로 배회 중 전진하는 시기에 처했고, 그러나 이 해 12월 개최된 11기 3중전회는 또한 위대한 전환을 실현했고 역사의 신시기를 개척했다. 간단명료하기 위하여, 본서는 각 시기의 마감월을 자세하게 표시하려고 하지 않고, 그래서 마감연도에서 중첩 현상이 있는 것을 면할 수 없다. 이것은 아마도 당대사 기간 구분의 하나의 특징일 것이다. 이런 고려에 근거하면 공화국사 상편(1949~1978)의 기간 구분은 다음과 같다 : 1949년부터 1952년은 제1장으로 건국의 굴기이고, 즉 신민주주의 건국강령을 실시하고 사회주의를 향한 전환을 위해 조건을 준비하는 시기이다. 1953년부터 1956년은 제2장으로 시초의 정초이고, 즉 초기 공업화 건설과 사회주의 기본제도 수립의 시기이다. 1956년부터 1966년은 제3장으로 곡절이 많은 탐색이고, 즉 중국 자신의 사회주의 건설 노선을 초보적으로 탐색하는 시기이다. 1966년부터 1976년은 제4장으로 힘든 시대이고, 즉 "문화대혁명"의 잘못된 길로 빠진 시기이다. 1976년부터 1978년은 제5장으로 배회하는 전진이고, 이 2년은 처리하기가 상대적으로 그렇게 쉽지는 않고, 개혁개방 역사의 새로운 편에 놓고서 쓰기에 적당하지 않을 뿐만 아니라. 또한 "문화대혁명"시기의 내용에 속하지도 않는다. 본서는 그것을 단독으로 문장을 이룬다. *

第二课

建国以来的历史划分(二)

第二课 建国以来的历史划分(二)

1. 원문 创新篇

十一届三中全会以后的历史，归为共和国史的下编，即以邓小平为核心的第二代领导集体和以江泽民为核心的第三代领导集体承前启后·継往开来，领导全国各族人民开创改革开放和现代化建设新时期，开辟建设有中国特色社会主义道路的“创新篇”。从1978年开始至2000年，已届22年，同上编所涵盖的29年的时间长度相比较，不算过短，并且历史还在前进，下编尚待延伸。关于这段历史的篇章划分，学术界有各种不同意见。本书下编（1978~2000）取三段划分，即：1978~1982年约四年时间，为实现伟大转折的“改革发轫”时期，为第六章；1982~1992年这十年，是全面改革·扩大开放的“开创新局”时期，为第七章；1992~2000年八年多时间，是深化改革·加快发展的“与时俱进”时期，为第八章。

进入21世纪以后，共和国史当然还会有新的发展阶段，立史著述总要在篇章结构上为后续历史相应地预留余地。考虑到这部简史不要给人以刻板的教科书的印象，我们对总共八章的标题，尽量作了比较简洁·明快的概括。

一部共和国史，主要是反映中国各族人民在共产党的领导下，建立社会主义基本制度·全面进行社会主义建设和改革的基本进程和实践活动，其间取得了旧中国几千年无法比拟的辉煌成就，也伴有严重挫折和失误，最终从正确总结历史经验和教训中，开辟了改革开放和现代化建设的新时期，走上建设有中国特色社会主义的发展道路。

从反映历史的深度和广度来看，共和国史固然在一定时期包含有相当突出的政治斗争的内容，但在实际上，党领导人民进行经济建设·文化建设和促进社会进步，一直是基本的历史活动。因此，对于人民建设新国家·新社会的艰苦奋斗，应有比较全面的叙述。共和国的发展离不开具体的国际环境和时代条件，这就要求联系到世界形势和国际风云的变化来考察中国自身的发展状况，加强从外部环境条件来反映不能不受此影响的共和国史各个阶段的本然和所以然。

출처: ≪简明中华人民共和国史≫, 庞松 主编, 广州：广东教育出版社, 2001. pp.4-5.

2. 발음 dì èr kè jiànguó yǐlái de lìshǐ huàfēn (èr)

chuàngxīn piān

shí yī jiè sān zhōngquánhuì yǐhòu de lìshǐ, guīwéi gònghéguó shǐ de xiàbiān, jí yǐ Dèng Xiǎopíng wéi héxīn de dìèr dài lǐngdǎo jítǐ hé yǐ Jiāng Zémín wéi héxīn de dìsān dài lǐngdǎo jítǐ chéngqián qǐhòu · jìwǎng kāilái, lǐngdǎo quánguó gè zú rénmín kāichuàng gǎigé kāifàng hé xiàndàihuà jiànshè xīnshíqī, kāipì jiànshè yǒu zhōngguó tèsè shèhuìzhǔyì dàolù de "chuàngxīn piān"。 cóng yī jiǔ qī bā nián kāishǐ zhì èr qiān nián, yǐ jiè èr shí èr nián, tóng shàng biān suǒ hángài de èr shí jiǔ nián de shíjiān chángdù xiāng bǐjiào, búsuàn guòduǎn, bìngqiě lìshǐ hái zài qiánjìn, xià biān shàngdài yánshēn。 guānyú zhè duàn lìshǐ de piānzhāng huàfēn, xuéshùjiè yǒu gèzhǒng bùtóng yìjiàn。 běnshū xià biān (yī jiǔ qī bā dào èr qiān) qǔ sān duàn huàfēn, jí : yī jiǔ qī bā dào yī jiǔ bā èr nián yuē sì nián shíjiān, wéi shíxiàn wěidà zhuǎnzhé de "gǎigé fārèn" shíqī, wéi dìliù zhāng ; yī jiǔ bā èr dào yī jiǔ jiǔ èr nián zhè shí nián, shì quánmiàn gǎigé · kuòdà kāifàng de "kāichuàng xīnjú" shíqī, wéi dìqī zhāng ; yī jiǔ jiǔ èr dào èr qiān nián bā nián duō shíjiān, shì shēnhuà gǎigé · jiākuài fāzhǎn de "yǔshíjùjìn" shíqī, wéi dìbā zhāng。

jìnrù èr shí yī shìjì yǐhòu, gònghéguó shǐ dāngrán hái huì yǒu xīn de fāzhǎn jiēduàn, lì shǐ zhùshù zǒngyào zài piānzhāng jiégòu shang wèi hòuxù lìshǐ xiāngyìngdi yùliú yúdì。 kǎolǜdào zhè bù jiǎnshǐ búyào gěi rén yǐ kèbǎn de jiàokēshū de yìnxiàng, wǒmėn duì zǒnggòng bā zhāng de biāotí, jǐnliàng zuòle bǐjiào jiǎnjié · míngkuài de gàikuò。

yí bù gònghéguó shǐ, zhǔyào shì fǎnyìng zhōngguó gè zú rénmín zài gòngchǎndǎng de lǐngdǎo xià, jiànlì shèhuìzhǔyì jīběn zhìdù · quánmiàn jìnxíng shèhuìzhǔyì jiànshè hé gǎigé de jīběn jìnchéng hé shíjiàn huódòng, qíjiān qǔdéle jiù zhōngguó jǐ qiān nián wúfǎ bǐnǐ de huīhuáng chéngjiù, yě bànyǒu yánzhòng cuòzhé hé shīwù, zuìzhōng cóng zhèngquè zǒngjié lìshǐ jīngyàn hé jiàoxùn zhōng, kāipìle gǎigé kāifàng hé xiàndàihuà jiànshè de xīnshíqī, zǒushàng jiànshè yǒu zhōngguó tèsè shèhuìzhǔyì de fāzhǎn dàolù。

cóng fǎnyìng lìshǐ de shēndù hé guǎngdù láikàn, gònghéguó shǐ gùrán zài yídìng shíqī bāohán yǒu xiāngdāng tūchū de zhèngzhì dǒuzhēng de nèiróng, dàn zài shíjìshang, dǎng lǐngdǎo rénmín jìnxíng jīngjì jiànshè · wénhuà jiànshè hé cùjìn shèhuì jìnbù, yìzhí shì jīběn de lìshǐ huódòng。yīncǐ, duìyú rénmín jiànshè xīn guójiā · xīn shèhuì de jiānkǔ fèndǒu, yīng yǒu bǐjiào quánmiàn de xùshù。gònghéguó de fāzhǎn líbùkāi jùtǐ de guójì huánjìng hé shídài tiáojiàn, zhè jiù yāoqiú liánxìdào shìjiè xíngshì hé guójì fēngyún de biànhuà lái kǎochá zhōngguó zìshēn de fāzhǎn zhuàngkuàng, jiāqiáng cóng wàibù huánjìng tiáojiàn lái fǎnyìng bùnéng bú shòu cǐ yǐngxiǎng de gònghéguó shǐ gègè jiēduàn de běnrán hé suǒyǐrán。

3. 해설 건국 이래의 역사 구분 (이)

1) 建国以来的历史划分(二)

jiànguó yǐlái de lìshǐ huàfēn (èr)

건국 이래의 역사 구분(이)

建国(jiànguó)：동 건국하다. 나라를 세우다(건설하다). → 건국. 1-1.

以来(yǐlái)：1. 명 이래. 동안. 1-1.

2. 명 남짓.

历史(lìshǐ)：1. 명 역사. 1-1.

2. 명 이력. 개인의 경력.

3. 명 과거의 사실.

划分(huàfēn)：1. 명 구분. 구획. 구별. 1-1

2. 동 (전체를 여러 부분으로) 나누다. 구분〔구획〕하다.

3. 동 구별하다.

历史划分(lìshǐ huàfēn)：역사 구분. 1-1.

2) 创新篇

chuàngxīn piān

혁신편

创新(chuàngxīn)：1. 동 옛 것을 버리고 새 것을 창조하다. → 혁신.

2. 명 창조성. 창의성.

3. 명 새로운 생산품 또는 새로운 생산 방법의 채용을 가리킴.

篇(piān)：1. 명 (장 · 절 · 편 등으로 나눈 문장에서의) 편. 1-2.

2. 명 완결된 문장. 수미가 다 갖추어진 문장.
3. 양 편. 〔일정한 형식을 갖춘 문장을 세는 단위임〕
4. 양 장. 〔종이를 세는 단위로 一篇은 2쪽에 해당함〕

3) 十一届三中全会以后的历史，归为共和国史的下编，即以邓小平为核心的第二代领导集体和以江泽民为核心的第三代领导集体承前启后·继往开来，领导全国各族人民开创改革开放和现代化建设新时期，开辟建设有中国特色社会主义道路的"创新篇"。

shí yī jiè sān zhōngquánhuì yǐhòu de lìshǐ, guīwéi gònghéguó shǐ de xiàbiān, jí yǐ Dèng Xiǎopíng wéi héxīn de dìèr dài lǐngdǎo jítǐ hé yǐ Jiāng Zémín wéi héxīn de dìsān dài lǐngdǎo jítǐ chéngqián qǐhòu · jìwǎng kāilái, lǐngdǎo quánguó gè zú rénmín kāichuàng gǎigé kāifàng hé xiàndàihuà jiànshè xīnshíqī, kāipì jiànshè yǒu zhōngguó tèsè shèhuìzhǔyì dàolù de "chuàngxīn piān"。

11기 3중전회 이후의 역사는, 공화국사의 하편으로 귀납되고, 바로 등소평을 핵심으로 하는 제2세대 영도자집단과 강택민을 핵심으로 하는 제3세대 영도자집단이 선인을 계승하여 계속 발전시키고 과거를 계승하여 미래를 개척하면서, 전국 각 민족 국민이 개혁개방과 현대화건설의 신시기를 창업하도록 영도하고, 중국 특색의 사회주의 건설 노선을 개척하는 "혁신편"이다.

A) 十一届三中全会以后的历史，归为共和国史的下编，

shí yī jiè sān zhōngquánhuì yǐhòu de lìshǐ, guīwéi gònghéguó shǐ de xiàbiān,

11기 3중전회 이후의 역사는, 공화국사의 하편으로 귀납되고,

十一届三中全会(shí yī jiè sān zhōng quánhuì)：11기 3중전회.
중국공산당 제11기 중앙위원회 제3차 전체회의에 대한 약칭. 1-4.

以后(yǐhòu)：이후. 금후. 1-6.

归为(guīwéi)：동 (…으로) 매듭지어지다. (…으로) 귀납되다.

共和国(gònghéguó)：공화국. 1-3.

史(shǐ)：사. 역사. 1-5.

共和国史(gònghéguó shǐ)：공화국사. 공화국역사. 1-7.

编(biān)：(책을 내용에 따라 나누는 단위) 편. 章(장)보다 큰 부분. 1-13.

下编(xià biān)：하편.

B) 即以邓小平为核心的第二代领导集体和以江泽民为核心的第三代领导集体承前启后·继往开来,

jí yǐ Dèng Xiǎopíng wéi héxīn de dìèr dài lǐngdǎo jítǐ hé yǐ Jiāng Zémín wéi héxīn de dìsān dài lǐngdǎo jítǐ chéngqián qǐhòu · jìwǎng kāilái,

바로 등소평을 핵심으로 하는 제2세대 영도자집단과 강택민을 핵심으로 하는 제3세대 영도자집단이 선인을 계승하여 계속 발전시키고 과거를 계승하여 미래를 개척하면서,

即(jí)：바로 …이다. 곧 …이다. 즉 …이다. 1-3.

以(yǐ)A…为(wéi)B…：A을 B(으)로 하다〔삼다, 보다, 여기다, 생각하다〕. 1-4.

邓小平(Dèng Xiǎopíng)：등소평. 덩샤오핑. Deng Xiaoping. 1904년 8월~1997년 2월. 혁명가. 정치가. 군사전문가. 외교가. 〔사람 이름〕

核心(héxīn)：명 핵심.

代(dài)：1. 명 세대.
2. 명 대. 시대〔역사의 분기〕. 조대(朝代).
3. 명 대리(代理).
4. 동 대리하다. 대신하다.
5. 동 교체하다. 번갈아들다.

第二代(dìèr dài)：제2 세대.

领导(lǐngdǎo)：1. 명 영도자. 지도자.
2. 명 영도. 지도.
3. 명 영도력. 지도력.
4. 동 영도하다. 지도하다. 이끌고 나가다.

集体(jítǐ)：1. 명 집단. 단체.
2. 명 집단 소유제. 집단 소유제 기관(단위).

江泽民(Jiāng Zémín) : 강택민. 장 쩌민. Jiang Zemin. 1926년 8월생. 〔사람 이름〕

第三代(dìsān dài) : 제3 세대.

承前(chéngqián) : 동 앞 문장을 잇다.

承前启后(chéngqián qǐhòu) : 1. 지나간 것을 이어받아 미래의 것을 창조해 나가다.
2. 선인의 뒤를 이어받아 계속 발전시키다. → 선인을 계승하여 계속 발전시킨다.

继往开来(jìwǎng kāilái) : 1. 지난날의 사업을 계승하여 앞길을 개척하다.
2. 앞 사람의 일을 이어받아 발전시키다. → 과거를 계승하여 미래를 개척한다.

C) 领导全国各族人民开创改革开放和现代化建设新时期,
lǐngdǎo quánguó gè zú rénmín kāichuàng gǎigé kāifàng hé xiàndàihuà jiànshè xīnshíqī,
전국 각 민족 국민이 개혁개방과 현대화건설의 신시기를 창업하도록 영도하고,

A领导(lǐngdǎo) B… C… : 1. A는 B가 C하도록 영도하다.
2. A는 B를 영도하여 C하게 만들다.
영도하다. 지도하다. 이끌고 나가다.

全国(quánguó) : 명 전국.

各(gè) : 각자. 각기. 각. 각각. 여러. 1-9.

族(zú) : 1. 명 민족. 종족.
2. 명 가족. 일족.
3. 명 족.

人民(rénmín) : 국민. 인민. 1-3.

开创(kāichuàng) : 창업(창립, 창설)하다. 1-5.

改革(gǎigé) : 개혁(하다). 1-3.

开放(kāifàng) : 개방. 개화. 해제. 1-3.

现代化(xiàndàihuà) : 명 동 현대화(하다).

建设(jiànshè) : 건설(하다). 1-3.

新(xīn) : 새롭다. 새로운. 1-3.

时期(shíqī) : 시기. 특정한(정해진) 때. 1-3.
新时期(xīnshíqī) : 신시기. 1-3.
改革开放和现代化建设新时期 : 개혁개방과 현대화건설의 신시기.
领导全国各族人民开创改革开放和现代化建设新时期 :

1. 전국 각 민족 국민이 개혁 개방과 현대화건설의 신시기를 창업하도록 영도하다.
2. 전국 각 민족 국민을 영도하여 개혁개방과 현대화건설의 신시기를 창업하게 만들다.

D) 开辟建设有中国特色社会主义道路的"创新篇"。

kāipì jiànshè yǒu zhōngguó tèsè shèhuìzhǔyì dàolù de "chuàngxīn piān"。
중국 특색의 사회주의 건설 노선을 개척하는 "혁신편"이다.

开辟(kāipì) : 개척하다. 1-5.
中国(zhōngguó) : 중국. 중화인민공화국. 1-5.
特色(tèsè) : 명 특색. 특징.
社会主义(shèhuìzhǔyì) : 사회주의. 1-3.
道路(dàolù) : 노선. 도로. 길. 1-5.
有中国特色社会主义 : 중국 특색이 있는 사회주의.
建设有中国特色社会主义 : 중국 특색이 있는 사회주의를 건설하다.
建设有中国特色社会主义道路 : 중국 특색이 있는 사회주의를 건설하는 노선.
→ 중국 특색의 사회주의 건설 노선.
开辟建设有中国特色社会主义道路 : 중국 특색의 사회주의 건설 노선을 개척하다.
开辟建设有中国特色社会主义道路的"创新篇" : 중국 특색의 사회주의 건설 노선을 개척하는 "혁신편".

4) 从1978年开始至2000年, 已届22年, 同上编所涵盖的29年的时间长度相比较, 不算过短, 并且历史还在前进, 下编尚待延伸。

cóng yī jiǔ qī bā nián kāishǐ zhì èr qiān nián, yǐ jiè èr shí èr nián, tóng shàng biān suǒ hángài de èr shí jiǔ nián de shíjiān chángdù xiāng bǐjiào, búsuàn guòduǎn, bìngqiě lìshǐ hái zài qiánjìn, xià biān shàngdài yánshēn。

1978년부터 시작하여 2000년까지는 이미 22년에 이르렀고, 상편이 포함하는 29년의 시간 길이와 서로 비교하면, 지나치게 짧은 편은 아니며, 더욱이 역사는 여전히 한창 전진하고 있는 중이고, 하편은 아직 뻗어 나가기를 기다려야 한다.

A) 从1978年开始至2000年，已届22年，

cóng yī jiǔ qī bā nián kāishǐ zhì èr qiān nián, yǐ jiè èr shí èr nián,
1978년부터 시작하여 2000년까지는 이미 22년에 이르렀고,

从(cóng)：1. 개 …에서〔부터〕. 〔장소 · 시간의 출발점을 나타냄〕
2. 개 …를〔을〕. 〔장소를 나타내는 말 앞에 쓰여서, 경과를 나타냄〕
3. 부 지금까지. 여태껏. 〔부정사 앞에 쓰임〕
4. 동 좇다. …을 따르다.
5. 동 순종하다. 말을 듣다. 복종(굴복)하다.
6. 동 종사하다. 참가하다.

至(zhì)：1. 동 이르다. …까지 도달하다.
2. 동 …의 정도에 이르다. …라 한 결과에 달하다.
3. 부 제일. 지극(히).

从(cóng)A…至(zhì)B…：A부터…B까지….

年(nián)：해. 년. 1-3.

开始(kāishǐ)：시작하다. 개시하다. 착수하다. 1-3.

2000年：二零零零年(èr líng líng líng nián). 二千年(èr qiān nián). 2000년.

已(yǐ)：1. 부 이미. 벌써.
2. 동 그치다. 끝나다. 멎다.
3. 부 나중에. 다음에. 조금 후에. 얼마 후.

届(jiè)：(때에) 이르다. 다다르다. (때가) 되다. 1-4.

B) 同上编所涵盖的29年的时间长度相比较，不算过短，

tóng shàng biān suǒ hángài de èr shí jiǔ nián de shíjiān chángdù xiāng bǐjiào, búsuàn guòduǎn,
상편이 포함하는 29년의 시간 길이와 서로 비교하면, 지나치게 짧은 편은 아니며,

同(tóng) : 1. 개 …와〔과〕. 〔(같은지 다른지를) 비교하는 대상을 가리킴〕
2. 개 …와〔과〕. …와〔과〕 함께. 〔동작의 대상을 가리킴〕
3. 접 …와. …과.
〔병렬할 때 사용하되, 명사 · 대명사 · 명사화된 단어에만 쓰임〕
4. 형 동 같다. 서로 같다. (…을) 같이하다.
5. 동 …와(과) 같다.
6. 함께 (…하다). 같이 (…하다).

上编(shàng biān) : 상편. 1-13.

所(suǒ) : 1. 조 …하는. 〔관형어로 쓰이는 주술구조의 술어 앞에 쓰여, 중심어가 객체임을 나타냄〕
2. 조 …하는 바. 〔是…的 중간의 명사 · 대명사와 동사의 사이에 쓰여, 주체와 동작과의 관계를 강조함〕
3. 조 (…에 의해) …당하다. …되다. …에 의해 …하게 되다. 〔被 · 为와 함께 쓰여 피동을 나타냄〕
4. 명 장소. 곳.
5. 명 (기관이나 기타 사무실 명칭으로 쓰는) 소.

涵盖(hángài) : 동 포함하다. 포괄하다. 포용하다.

时间(shíjiān) : 시간. 어떤 시각과 시각의 사이. 시간. 동안. 1-8.

长度(chángdù) : 명 길이. 장도.

相(xiāng) : 1. 부 서로. 함께.
2. 동 (마음에 드는지 어떤지) 직접 보다. 선보다.
3. 명 외모. 생김새. 용모. 몰골.
4. 명 물체의 외관. 겉모양.
5. 명 사진.

比较(bǐjiào) : 비교하다. 1-9.

不算(búsuàn) : 1. 동 …한 편은 아니다. …이라 인정하지 않다.
2. 동 세지 않다. 헤아리지 않다. 문제로 삼지 않다.

过(guò) : 1. 부 너무. 지나치게. 과하게.
2. 명 과실. 잘못. 과오.
3. 동 방문하다. 예방하다. 문안하다. 찾아보다.
4. 동 지나다. 거치다. 경과하다.
5. 동 겪다. 경험하다. (한 시기를) 지나다. 보내다.
6. 동 (어떤 한계를) 넘다. 초과하다.

7. 동 형용사 뒤에 쓰여, 초과함을 나타냄.
8. 동 동사 뒤에 쓰여, 우월하거나 초과함을 나타냄.
〔过와 앞 동사 사이에 不나 得를 넣을 수 있음〕
9. 동 동사 뒤에 쓰여, 동작이 한계를 넘었음을 나타냄.
10. 동 동사 뒤에 쓰여, 지나갔음을 나타냄.

短(duǎn) : 1. 형 짧다. 〔공간적 · 시간적 거리의 짧음을 말함〕
2. (키가) 작다.
3. 동 결핍되다. 부족하다.

过短(guòduǎn) : 지나치게 짧다.

不算过短 : 지나치게 짧은 편은 아니다.

C) 并且历史还在前进，下编尚待延伸。

bìngqiě lìshǐ hái zài qiánjìn, xià biān shàngdài yánshēn。

더욱이 역사는 여전히 한창 전진하고 있는 중이고, 하편은 아직 뻗어 나가기를 기다려야 한다.

并且(bìngqiě) : 더욱이. 그 위에. 또한. 그리고. 1-6.

还(hái) : 1. 부 여전히. 아직. 아직도. 〔동작이나 상태가 지속됨을 나타냄〕
2. 부 더. 더욱. 〔주로 比와 함께 쓰여, 정도가 깊음을 나타냄〕
3. 부 또. 더. 〔항목 · 수량이 증가하거나 범위가 확대되는 것을 나타냄〕
4. 부 …뿐만 아니라 …도. 〔不但 · 不仅 · 不光…, 还…의 형태를 취함〕
5. 부 그만하면. 그런대로. 꽤. 비교적.
〔그런대로 만족스럽거나 괜찮은 정도를 나타냄〕
6. 부 조차. 까지도. 〔주로 반문의 어기를 띰〕
7. 부 일찍이. 벌써. 이미.
8. 부 역시. 과연. 〔어기를 강하게 함〕

在(zài) : 지금〔바로 · 한창〕 …하고 있는 중이다. 마침 …하고 있다. 1-8.

前进(qiánjìn) : 전진하다. 1-10.

尚(shàng) : 1. 부 아직. 또한. 더욱이.
2. 형 오래다.
3. 동 존중하다. 중시하다. 숭상하다.

待(dài) : 1. 동 기다리다.
2. 동 우대하다. (사람을) 대하다.
3. 동 접대하다.
4. 동 머물다. 체류하다. 체재하다.

尚待(shàngdài) : 동 아직 …를 기다려야 한다. 아직 …가 필요하다.

延伸(yánshēn) : 1. 동 뻗어 나가다. 뻗다. 연장하다.
2. 동 (의미가) 확대되다. 전의되다. (의미를) 확대시키다.

尚待延伸 : 아직 뻗어 나가기를 기다려야 하다.

5) 关于这段历史的篇章划分，学术界有各种不同意见。

guānyú zhè duàn lìshǐ de piānzhāng huàfēn, xuéshùjiè yǒu gèzhǒng bùtóng yìjiàn。

이 단락 역사의 문장 구분에 관하여, 학술계에는 여러 가지의 다른 의견이 있다.

关于(guānyú) : …에 관해서〔관하여〕. …에 관한. 1-3.

段(duàn) : 1. 양 사물이나 시간 따위의 한 구분을 나타냄. 단락. 구분.
2. 양 (가늘고 긴 물건의) 도막. 토막.
3. 양 일정한 시간 · 공간의 거리나 구간.
4. 양 사물의 한 부분.

这段历史 : 이 단락의 역사.

篇章(piānzhāng) : 문장. 편장. (추상적인 의미의) 장. 1-4.

学术(xuéshù) : 명 학술.

界(jiè) : 계. 분야. 집단. 사회. 1-4.

学术界(xuéshùjiè) : 학술계.

各种(gèzhǒng) : 형 각종(의). 여러 가지.

不同(bùtóng) : 형 같지 않다. 다르다.

意见(yìjiàn) : 의견. 이의. 다른 주장이나 의론. 1-5.

6) 本书下编（1978~2000）取三段划分，即：1978~1982年约四年时间，为实现伟大转折的“改革发轫”时期，为第六章；1982~1992年这十年，是全面改革 · 扩大开放的“开创新局”时期，为第七章；1992~2000年八年多时间，是深化改革 · 加快发展的“与时俱进”时期，为第八章。

běnshū xià biān（yī jiǔ qī bā dào èr qiān）qǔ sān duàn huàfēn, jí：yī jiǔ qī bā dào yī jiǔ bā èr nián yuē sì nián shíjiān, wéi shíxiàn wěidà zhuǎnzhé de “gǎigé fā'rèn” shíqī, wéi dìliù zhāng；yī jiǔ bā èr dào yī jiǔ jiǔ èr nián zhè shí nián, shì quánmiàn gǎigé · kuòdà kāifàng de “kāichuàng xīn jú”shíqī, wéi dìqī zhāng；yī jiǔ jiǔ èr dào èr qiān nián bā nián duō shíjiān, shì shēnhuà gǎigé · jiākuài fāzhǎn de “yǔshíjùjìn” shíqī, wéi dìbā zhāng。

본서의 하편(1978~2000)은 3단락의 구분을 취하며, 바로 1978~1982년 약 4년의 시간은 위대한 전환을 실현한 “개혁 발인”의 시기이고 제6장이며, 1982~1992년 이 10년은 전면적으로 개혁하고 개방을 확대하는 “신 형세 창업”의 시기이고 제7장이며, 1992~2000년의 8년 여 시간은, 개혁을 심화시키고, 발전을 빠르게 하는 “시대와 더불어 발전하는” 시기이고 제8장이다.

A) 本书下编（1978~2000）取三段划分，

běnshū xià biān（yī jiǔ qī bā dào èr qiān）qǔ sān duàn huàfēn,

본서의 하편(1978~2000)은 3단락의 구분을 취하며,

本(běn)：자기 쪽의. 자신의. 본. 1-5.

书(shū)： 책. 1-5.

本书(běnshū)：본서. 이 책. 1-5.

到(dào)：…까지. …로. …에.

〔본 문장에서는 연도의 기한을 나타내는 ‘~’를 나타냄〕1-13.

取(qǔ)：1. 동 취하다. 가지다. 찾다. 찾아 가지다. 받다.

2. 동 얻다. 손에 넣다. 받아들이다.

3. 동 고르다. 골라 뽑다. 선발하다.

三段划分：3단락의 구분.

B) 即：1978~1982年约四年时间, 为实现伟大转折的"改革发轫"时期, 为第六章；

jí：yī jiǔ qī bā dào yī jiǔ bā èr nián yuē sì nián shíjiān, wéi shíxiàn wěidà zhuǎnzhé de "gǎigé fārèn" shíqī, wéi dìliù zhāng；

바로 1978~1982년 약 4년의 시간은 위대한 전환을 실현한 "개혁 발인"의 시기이고 제6장이며,

即(jí)：바로 …이다. 곧 …이다. 즉 …이다. 바로. 곧. 즉. 1-3.

约(yuē)：1. 부 약. 대략. 대강.
2. 형 간단하다.
3. 동 약속하다.
4. 동 초대하다. 초청하다. 부르다.
5. 동 구속하다. 제약하다.
6. 명 약속. 계약. 협정. 조약.

为(wéi)：…은〔이〕…이다. 1-3.

实现(shíxiàn)：실현하다. 달성하다. 1-10.

伟大(wěidà)：위대하다. 1-10.

转折(zhuǎnzhé)：(사물의 발전 방향이) 바뀌다. 전환하다. → 전환. 1-10.

实现伟大转折：위대한 전환을 실현하다.

发轫(fārèn)：동 차바퀴에 괸 나무토막을 풀어서 차를 움직이게 하다.
수레가 떠나간다. 새로운 일이 발족되다(시작되다). 발인하다.

"改革发轫"时期："개혁 발인"의 시기.

实现伟大转折的"改革发轫"时期：위대한 전환을 실현한 "개혁 발인"의 시기.

第六(dìliù)：제6. 여섯째. 여섯 번째.

章(zhāng)：장. 단락. 문장. 조목. 조항. 1-14.

C) 1982~1992年这十年, 是全面改革 · 扩大开放的"开创新局"时期, 为第七章；

yī jiǔ bā èr dào yī jiǔ jiǔ èr nián zhè shí nián, shì quánmiàn gǎigé · kuòdà kāifàng de "kāichuàng xīn jú" shíqī, wéi dìqī zhāng；

1982~1992년 이 10년은 전면적으로 개혁하고 개방을 확대하는 "신 형세 창업"의 시기이고 제7장이며,

全面(quánmiàn) : 전면. 전면적이다. 전반적이다. → 전면적으로. 1-3.

全面改革 : 전면적으로 개혁하다.

扩大(kuòdà) : 동 확대하다. 넓히다.

扩大开放 : 개방을 확대하다.

局(jú) : 1. 명 형세. 형편. 정세.
2. 명 (어떤) 국면〔사건, 일〕.
3. 동 구속하다. 제한하다.
4. 명 바둑(장기)판.
5. 양 국. 바둑 · 장기 · 경기 등의 승부의 한 판.

新局 : 새로운 형세. 신 형세.

"开创新局" : 신 형세를 창업하다. → 신 형세의 창업.

"开创新局"时期 : 신 형세 창업의 시기.

第七(dìqī) : 제7. 일곱째. 일곱 번째.

D) 1992~2000年八年多时间, 是深化改革 · 加快发展的"与时俱进"时期, 为第八章。

yī jiǔ jiǔ èr dào èr qiān nián bā nián duō shíjiān, shì shēnhuà gǎigé · jiākuài fāzhǎn de "yǔshíjùjìn" shíqī, wéi dìbā zhāng。

1992~2000년의 8년 여 시간은 개혁을 심화시키고, 발전을 빠르게 하는 "시대와 더불어 발전하는" 시기이고 제8장이다.

多(duō) : (수량사 뒤에 쓰여) …여. …남짓. 1-6.

深化(shēnhuà) : 1. 동 심화하다(시키다). 더욱 깊은 단계로 진행하다(시키다).
2. 명 심화. 더욱 깊은 단계로의 진행.

深化改革 : 개혁을 심화시키다.

加快(jiākuài) : 1. 동 빠르게 하다. 속도를 올리다.
2. 동 완행(보통) 열차표를 급행 열차표로 바꾸다.

发展(fāzhǎn) : 발전. 확대. 발전하다. 확대하다. 발전시키다. 1-5.

加快发展 : 발전을 빠르게 하다.

与时俱进(yǔshíjùjìn) : 시대와 더불어 발전하다. 시대의 변화에 따라 끊임없이 발전하다.

第八(dìbā) : 제8. 여덟째. 여덟 번째.

7) 进入21世纪以后，共和国史当然还会有新的发展阶段，立史著述总要在篇章结构上为后续历史相应地预留余地。

jìnrù èr shí yī shìjì yǐhòu, gònghéguó shǐ dāngrán hái huì yǒu xīn de fāzhǎn jiēduàn, lì shǐ zhùshù zǒngyào zài piānzhāng jiégòu shang wèi hòuxù lìshǐ xiāngyìngdi yùliú yúdì。

21세기로 진입한 이후, 공화국사에는 당연히 또 새로운 발전 단계가 있을 수 있고, 역사를 쓰고 저술하는 것은 어쨌든 문장 구조에서 후속 역사를 위해 그에 알맞게 여지를 미리 남겨두어야 한다.

A) 进入21世纪以后，共和国史当然还会有新的发展阶段，

jìnrù èr shí yī shìjì yǐhòu, gònghéguó shǐ dāngrán hái huì yǒu xīn de fāzhǎn jiēduàn,

21세기로 진입한 이후, 공화국사에는 당연히 또 새로운 발전 단계가 있을 수 있고,

进入(jìnrù) : 동 (어떤 범위 또는 시기에) 들다. 진입하다.

世纪(shìjì) : 1. 명 세기.
2. 명 시대. 연대.

以后(yǐhòu) : 이후. 금후. 1-6.

当然(dāngrán) : 1. 형 당연하다. 물론이다.
2. 부 당연히. 물론.

还(hái) : 또. 더. 〔항목 · 수량이 증가하거나 범위가 확대되는 것을 나타냄〕 2-4.

会(huì) : 1. 동 …할 가능성이 있다. …할 것이다. 〔가능이나 실현을 나타냄〕
2. 동 (배워서) …할 수 있다. …할 줄 알다.

3. 동 …을 잘 하다. …에 뛰어나다〔능하다〕.
4. 동 모이다. 모으다.
5. 동 만나다.
6. 명 회. 모임. 집회. 회합.

阶段(jiēduàn) : 단계. 계단. 1-6.

B) 立史著述总要在篇章结构上为后续历史相应地预留余地。

lì shǐ zhùshù zǒngyào zài piānzhāng jiégòu shang wèi hòuxù lìshǐ xiāngyìngdi yùliú yúdì。

역사를 쓰고 저술하는 것은 어쨌든 문장 구조에서 후속 역사를 위해 그에 알맞게 여지를 미리 남겨두어야 한다.

立(lì) : 1. 동 (뜻 따위를) 세우다. 건립〔설립〕하다.
2. 동 (후계자를) 세우다. 확정하다.
3. 동 (물건을) 세우다.
4. 동 (법 · 계약 따위를) 제정하다. 체결하다. 맺다.
5. 동 서다.
6. 형 직립의.
7. 부 곧. 즉각. 즉시.

立史(lì shǐ) : 역사를 쓰다.

著述(zhùshù) : 1. 동 저술하다.
2. 명 저술.

总要(zǒngyào) : 동 아무래도(결국, 어쨌든) …해야 한다.

在(zài)…上(shang) : …에 있어서. 1-8.

结构(jiégòu) : 명 구조. 구성. 조직.

为(wèi) : …을(하기) 위하여. 〔목적을 나타냄〕
…에게. …을 위하여. 〔행위의 대상을 나타냄〕 1-11.

后续(hòuxù) : 1. 형 후속의.
2. 동 재취(再娶)하다.

相应(xiāngyìng) : 동 상응하다. 서로 맞아 어울리다. 호응하다.

相应地(xiāngyìngdi) : 그에 알맞게.

相应(xiāngyīng) : 통 응당(마땅히)…해야 한다.

预留(yùliú) : 통 미리 남겨두다. 사전에 보류하다.

余地(yúdì) : 명 여지.

预留余地 : 여지를 미리 남겨두다. 여지를 사전에 보류하다.

8) 考虑到这部简史不要给人以刻板的教科书的印象，我们对总共八章的标题，尽量作了比较简洁·明快的概括。

kǎolǜdào zhè bù jiǎnshǐ búyào gěi rén yǐ kèbǎn de jiàokēshū de yìnxiàng, wǒmen duì zǒnggòng bā zhāng de biāotí, jǐnliàng zuòle bǐjiào jiǎnjié · míngkuài de gàikuò。

이 약사가 사람에게 판에 박힌 듯한 교과서의 인상을 주지 말아야 하는 것을 고려하여, 우리는 모두 8장의 표제에 대하여, 가능한 한 비교적 간결하고 명쾌한 개괄을 했다.

A) 考虑到这部简史不要给人以刻板的教科书的印象，

kǎolǜdào zhè bù jiǎnshǐ búyào gěi rén yǐ kèbǎn de jiàokēshū de yìnxiàng,

이 약사가 사람에게 판에 박힌 듯한 교과서의 인상을 주지 말아야 하는 것을 고려하여,

考虑(kǎolǜ) : 고려하다. 1-13.

到(dào) : (동사의 보어로 쓰여) …에 미치다. …에 이르다. …을 해내다.
〔동작이 목적에 도달하거나 성취된 것을 나타냄〕 1-13.

考虑到(kǎolǜdào) : 고려하다.

部(bù) : 1. 양 서적 · 영화 따위에 쓰임.
2. 명 부분.
3. 명 부. 〔어떤 기관의 명칭 또는 기관이나 기업의 업무에 따라 나누어진 단위.〕
4. 명 군대 따위의 명령 기관 또는 그 소재지.

简史(jiǎnshǐ) : 명 간사. 약사.

不要(búyào) : 1. …하지 마라.

2. 요구하지 않다. 필요 없다. 바라지 않다.

给(gěi) : 1. 동 주다.

2. 동 뒤에 쓰여 '주다' · '바치다'의 뜻을 나타냄.

3. 개 …을(를) 위하여. 대신하여.

4. 개 …에게. …를 향하여.

5. 개 (…에게) …를 시키다. …토록 하다.

6. 개 (…에게) …을 당하다.

人(rén) : 1. 명 사람. 인간.

2. 명 (일반의) 사람. 일반인. (어느 범위 안의) 사람.

3. 명 어른. 성인.

4. 명 다른 사람. 타인. 남.

以(yǐ) : 1. 개 (给…以의 형식으로) …에게 …을 주다.

2. 개 …(으)로(써). …을 가지고. …을 근거로.

3. 개 …에 따라. …에 의해서. …대로.

4. 개 …때문에. …까닭에. …(으)로 인하여.

5. 접 …하여. …함으로써. …하기 위하여. 〔목적 · 결과를 나타냄〕

刻板(kèbǎn) : 1. 형 판에 박힌 듯하다. 융통성이 없다.

2. 동 판목에 새기다.

教科书(jiàokēshū) : 명 교과서.

印象(yìnxiàng) : 명 인상.

B) 我们对总共八章的标题, 尽量作了比较简洁 · 明快的概括。

wǒmen duì zǒnggòng bā zhāng de biāotí, jǐnliàng zuòle bǐjiào jiǎnjié · míngkuài de gàikuò。

우리는 모두 8장의 표제에 대하여, 가능한 한 비교적 간결하고 명쾌한 개괄을 했다.

对(duì) : 1. 개 …에 대하여〔관하여〕.

2. 개 …에게. …을〔를〕 향하여. …에 대하여.

3. 동 대답하다. 응답하다.

4. 동 (상)대하다. 대응하다. 대처하다. 필적하다.

5. 동 향하다. 〔항상 着을 수반함〕

6. 형 맞다. 옳다. 정확하다. 정상이다.

总共(zǒnggòng)：부 모두. 전부. 합쳐서. 도합.

标题(biāotí)：1. 명 표제.

2. 동 표제를 달다.

3. 명 헤딩(heading).

尽量(jǐnliàng)：부 가능한 한. 될 수 있는 대로. 되도록. 최대한. 마음껏. 한껏.

作(zuò)：1. 동 실행하다. 하다.

2. 동 일하다.

3. 동 만들다. 생산하다.

4. 동 …가 되다. …을 하다. …을 맡다.

5. 동 일어나다. 분발하다. 고무하다.

6. 동 글을 쓰다. 창작하다. 제작하다.

7. 동 …로 여기다〔삼다〕. …로 하다.

8. 명 작품.

了(le)：동사 · 형용사 뒤에 쓰여 동작 · 변화가 이미 완료되었음을 나타냄. 실제로 이미 발생한 동작이나 변화에 사용됨. 1-5.

比较(bǐjiào)：비교적. 1-9.

简洁(jiǎnjié)：형 (언행 또는 문장이) 간결하다.

明快(míngkuài)：1. 형 (말 · 글이) 명쾌하다. 명료하고 생동적이다.

2. 형 (성격이) 명랑하고 쾌활하다. 시원시원하다.

3. 형 (일처리가) 시원시원하다.

概括(gàikuò)：1. 동 대충 총괄하다. → 개괄.

2. 동 간단하게 요약하다.

3. 형 대략적이다. → 대략.

9) 一部共和国史，主要是反映中国各族人民在共产党的领导下，建立社会主义基本制度·全面进行社会主义建设和改革的基本进程和实践活动，其间取得了旧中国几千年无法比拟的辉煌成就，也伴有严重挫折和失误，最终从正确总结历史经验和教训中，开辟了改革开放和现代化建设的新时期，走上建设有中国特色社会主义的发展道路。

yí bù gònghéguó shǐ, zhǔyào shì fǎnyìng zhōngguó gè zú rénmín zài gòngchǎndǎng de lǐngdǎo xià, jiànlì shèhuìzhǔyì jīběn zhìdù · quánmiàn jìnxíng shèhuìzhǔyì jiànshè hé gǎigé de jīběn jìnchéng hé shíjiàn huódòng, qíjiān qǔdéle jiù zhōngguó jǐ qiān nián wúfǎ bǐnǐ de huīhuáng chéngjiù, yě bànyǒu yánzhòng cuòzhé hé shīwù, zuìzhōng cóng zhèngquè zǒngjié lìshǐ jīngyàn hé jiàoxùn zhōng, kāipìle gǎigé kāifàng hé xiàndàihuà jiànshè de xīnshíqī, zǒushàng jiànshè yǒu zhōngguó tèsè shèhuìzhǔyì de fāzhǎn dàolù。

한 부의 공화국사는, 주로 중국 각 민족 국민이 공산당의 영도 하에서, 사회주의 기본제도를 수립하고 사회주의 건설과 개혁을 전면적으로 진행하는 기본 진행과정과 실천 활동을 반영하는 것이고, 그 기간에 옛 중국 수 천년이 견주어 비교할 수 없는 휘황찬란한 성과를 얻었고, 또한 심각한 좌절과 실수를 동반했으며, 최종적으로 역사의 경험과 교훈을 정확히 총결산하는 가운데에서, 개혁개방과 현대화건설의 신시기를 개척했고, 중국 특색의 사회주의 건설의 발전노선으로 나아갔다.

A) 一部共和国史，主要是反映中国各族人民在共产党的领导下，建立社会主义基本制度·全面进行社会主义建设和改革的基本进程和实践活动，

yí bù gònghéguó shǐ, zhǔyào shì fǎnyìng zhōngguó gè zú rénmín zài gòngchǎndǎng de lǐngdǎo xià, jiànlì shèhuìzhǔyì jīběn zhìdù · quánmiàn jìnxíng shèhuìzhǔyì jiànshè hé gǎigé de jīběn jìnchéng hé shíjiàn huódòng,

한 부의 공화국사는, 주로 중국 각 민족 국민이 공산당의 영도 하에서, 사회주의 기본제도를 수립하고 사회주의 건설과 개혁을 전면적으로 진행하는 기본 진행과정과 실천 활동을 반영하는 것이고,

一部(yíbù)：1. 책 한 부. 책 한 질.
2. 영화 한 편.
3. 자동차 한 대.

主要(zhǔyào)：1. 부 주로. 대부분.
2. 형 주요하다.

主要是：주로. 대체로.

反映(fǎnyìng)：1. 명동 반영(하다, 시키다).
2. 동 (객관적 상황 또는 다른 사람의 의견 등을 상급 기관 혹은 관련 기관에) 보고하다. 전달하다. 알게 하다.

3. 동 충고하다. 비판하다.

在(zài)…下(xià) : …아래에서. …하에서.

共产党(gòngchǎndǎng) : 공산당. 1-5.

建立(jiànlì) : 수립하다. 설치하다. 설립하다. 건립하다. → 수립. 설립. 건립. 1-15.

社会主义(shèhuìzhǔyì) : 사회주의. 1-3.

基本(jīběn) : 기본의. 기본적인. 근본적인. 주요한. 주된. 중요한. 1-3.

制度(zhìdù) : 제도 규칙. 1-15.

全面(quánmiàn) : 전면. 전면적이다. 전반적이다. → 전면적으로. 1-3.

进行(jìnxíng) : 동 진행하다.

进程(jìnchéng) : 1. 명 경과. 진행과정. 추이. 코스. 발전과정. 진전.
2. 명 수속. 절차.
3. 명 여정. 노정.
4. 동 여정에 오르다. 출발하다. 떠나다.

实践(shíjiàn) : 명 동 실천(하다). 실행(하다). 이행(하다).

活动(huódòng) : 1. 동 (어떤 목적을 위해) 활동하다(행동하다). → 활동.
2. 동 활약하다. 활동하다. → 활약.
3. 동 운동하다. (몸을) 움직이다. 놀리다. → 운동.

主要是反映中国各族人民在共产党的领导下 : 주로 중국 각 민족 국민이 공산당의 영도 하에서 …하는 것을 반영하다.

建立社会主义基本制度 : 사회주의 기본제도를 수립하다.

全面进行社会主义建设和改革 : 사회주의 건설과 개혁을 전면적으로 진행하다.

基本进程和实践活动 : 기본 진행과정과 실천 활동.

建立社会主义基本制度·全面进行社会主义建设和改革的基本进程和实践活动 : 사회주의 기본제도를 수립하고 사회주의 건설과 개혁을 전면적으로 진행하는 기본 진행과정과 실천 활동.

B) 其间取得了旧中国几千年无法比拟的辉煌成就，也伴有严重挫折和失误，

qíjiān qǔdéle jiù zhōngguó jǐ qiān nián wúfǎ bǐnǐ de huīhuáng chéngjiù, yě bànyǒu yánzhòng cuòzhé hé shīwù,

그 기간에 옛 중국 수천 년이 견주어 비교할 수 없는 휘황찬란한 성과를 얻었고, 또한 심각한 좌절과 실수를 동반했으며,

其间(qíjiān) : 1. 명 그 기간. 어느 일정 기간.
2. 명 그사이.
取得(qǔdé) : 동 취득하다. 얻다. 획득하다.
旧(jiù) : 1. 형 옛날의. 과거의. 지난.
2. 형 헐다. 낡다. 오래다. 오래 되다.
3. 형 이전의. 구. 〔지금 이미 바뀐 행정 구역에 주로 쓰임〕
几(jǐ) : 수 몇. 수. 〔주로 10이하의 확실하지 않은 수를 물을 때 쓰이며, 그 이상의 수를 물을 경우에는 多少를 씀〕
无法(wúfǎ) : 1. 동 (…할) 방법이(도리가) 없다. …할 수 없다.
2. 형 무법이다. 난폭하다.
比拟(bǐnǐ) : 1. 동 비교하다. 비유하다.
2. 명 비유법. 의인법. 의태법.
3. 동 비유법을 사용하다. 의인법을 사용하다. 의태법을 사용하다.
无法比拟(wúfǎ bǐnǐ) : 견주어 비교할 수가 없다.
辉煌(huīhuáng) : 형 휘황찬란하다. 눈부시다.
成就(chéngjiù) : 1. 명 성과. 성취. 업적.
2. 동 성취하다. 완성하다. 이루다.
无法比拟的辉煌成就 : 견주어 비교할 수 없는 휘황찬란한 성과.
旧中国几千年无法比拟的辉煌成就 : 옛 중국 수천 년이 견주어 비교할 수 없는 휘황찬란한 성과.
伴有(bànyǒu) : 동 수반하다. 동반하다. 어떤 일과 더불어 생기다. 따라서 나타나다(발생하다).
严重(yánzhòng) : 형 심각하다. 중대하다. 모질다.
挫折(cuòzhé) : 1. 명 좌절. 패배. 실패.
2. 동 좌절하다. 패배하다. 실패하다.
3. 동 좌절시키다. 패배시키다.
失误(shīwù) : 동 실수를 하다. 수를 잘못 쓰다. → 실수.
也伴有严重挫折和失误 : 또한 심각한 좌절과 실수를 동반하다.

C) 最终从正确总结历史经验和教训中，开辟了改革开放和现代化建设的新时期，走上建设有中国特色社会主义的发展道路。

zuìzhōng cóng zhèngquè zǒngjié lìshǐ jīngyàn hé jiàoxùn zhōng, kāipìle gǎigé kāifàng hé xiàndàihuà jiànshè de xīnshíqī, zǒushàng jiànshè yǒu zhōngguó tèsè shèhuìzhǔyì de fāzhǎn dàolù。

최종적으로 역사의 경험과 교훈을 정확히 총결산하는 가운데에서, 개혁개방과 현대화건설의 신시기를 개척했고, 중국 특색의 사회주의 건설의 발전노선으로 나아갔다.

最终(zuìzhōng)：1. 명 맨 마지막. 최종. 최후. 궁극.
→ 마지막으로. 최종적으로. 최후로. 궁극적으로.
2. 형 맨 마지막의. 최종의. 최후의. 궁극의.

从(cóng)…中(zhōng)：…가운데에서. …가운데로부터.

正确(zhèngquè)：형 정확하다. 틀림없다. 올바르다. 옳다.

总结(zǒngjié)：1. 동 총결산하다. 총괄하다. 총화하다.
2. 동 끝내다. 끝나다. 종결하다. 완결하다.
3. 명 총결산. 총괄. 총화.

经验(jīngyàn)：1. 명 경험.
2. 동 경험하다. 겪다. 체험하다.

教训(jiàoxùn)：1. 동 교훈하다. 가르치고 타이르다. 훈계하다. 꾸짖다.
2. 명 교훈. 훈계.

走上(zǒushàng)：나아가다.

从正确总结历史经验和教训中：역사의 경험과 교훈을 정확히 총결산하는 가운데에서

开辟了改革开放和现代化建设的新时期：개혁개방과 현대화건설의 신시기를 개척했다.

建设有中国特色社会主义：중국 특색이 있는 사회주의를 건설하다.

建设有中国特色社会主义的发展道路：중국 특색이 있는 사회주의를 건설하는 발전노선. → 중국 특색의 사회주의 건설의 발전노선.

走上建设有中国特色社会主义的发展道路：중국 특색의 사회주의 건설의 발전노선으로 나아가다.

10) 从反映历史的深度和广度来看，共和国史固然在一定时期包含有相当突出的政治斗争的内容，但在实际上，党领导人民进行经济建设·文化建设和促进社会进步，一直是基本的历史活动。

cóng fǎnyìng lìshǐ de shēndù hé guǎngdù láikàn, gònghéguó shǐ gùrán zài yídìng shíqī bāohán yǒu xiāngdāng tūchū de zhèngzhì dǒuzhēng de nèiróng, dàn zài shíjìshang, dǎng lǐngdǎo rénmín jìnxíng jīngjì jiànshè · wénhuà jiànshè hé cùjìn shèhuì jìnbù, yìzhí shì jīběn de lìshǐ huódòng。

역사의 깊이와 넓이를 반영하여 보면, 공화국사는 물론 일정한 시기에 상당히 돌출하는 정치투쟁을 갖고 있는 내용을 포함하지만, 그러나 실제에 있어서, 중국공산당은 인민이 경제건설과 문화건설을 진행하고 그리고 사회진보를 촉진하도록 영도했고, (이것은) 줄곧 주요한 역사 활동이었다.

A) 从反映历史的深度和广度来看，

cóng fǎnyìng lìshǐ de shēndù hé guǎngdù láikàn,

역사의 깊이와 넓이를 반영하여 보면,

深度(shēndù)：1. 명 심도. 깊이.
2. 명 (일이나 인식의) 깊이. 정도.
3. 명 사물이 더 높은 단계로 발전하는 정도.

广度(guǎngdù)：명 넓이. 범위. 〔주로 추상적인 사물에 쓰임〕

来看(láikàn)：…에서〔하여〕 보면, …에게 있어서.

B) 共和国史固然在一定时期包含有相当突出的政治斗争的内容，

gònghéguó shǐ gùrán zài yídìng shíqī bāohán yǒu xiāngdāng tūchū de zhèngzhì dǒuzhēng de nèiróng,

공화국사는 물론 일정한 시기에 상당히 돌출하는 정치투쟁을 갖고 있는 내용을 포함하지만,

固然(gùrán)：1. 접 물론 …지만.
2. 접 물론 …거니와.

在(zài) : …에(서). …에 있어서. 〔동작 · 행위와 유관한 조건 · 시간 · 범위 · 장소 등을 나타냄〕 1-8.

一定(yídìng) : 1. 형 일정하다. 규칙적이다. 통례이다. 규정되어 있다.
2. 형 어느 정도의. 상당한. 꽤.
3. 형 고정불변의. 필연적인.
4. 형 특정한.
5. 부 반드시. 필히. 꼭.

包含(bāohán) : 1. 동 포함하다.
2. 동 참다.

相当(xiāngdāng) : 1. 부 상당히. 무척. 꽤. 퍽.
2. 형 같다. 상당하다.
3. 형 (수량 · 가치 · 조건 · 상황 등이) 엇비슷하다. 대등하다.
4. 형 적합하다. 적당하다. 합당하다. 알맞다.

突出(tūchū) : 1. 동 돌출하다. 툭 튀어나오다. 1-4.
2. 형 뚜렷하다. 두드러지다. 뛰어나다.
3. 동 두드러지게 하다. 돋보이게 하다.
4. 동 돌파하다. 뚫다.

政治(zhèngzhì) : 명 정치.

斗争(dǒuzhēng) : 1. 명동 투쟁(하다).
2. 동 분투 · 노력하다.

有相当突出的政治斗争 : 상당히 돌출하는 정치투쟁을 갖고 있다.

内容(nèiróng) : 내용. 1-18.

有相当突出的政治斗争的内容 : 상당히 돌출하는 정치투쟁을 갖고 있는 내용.

包含有相当突出的政治斗争的内容 : 상당히 돌출하는 정치투쟁을 갖고 있는 내용을 포함하다.

C) 但在实际上, 党领导人民进行经济建设 · 文化建设和促进社会进步,

dàn zài shíjìshang, dǎng lǐngdǎo rénmín jìnxíng jīngjì jiànshè · wénhuà jiànshè hé cùjìn shèhuì jìnbù,

그러나 실제에 있어서, 중국공산당은 인민이 경제건설과 문화건설을 진행하고 그리고 사회진보를 촉진하도록 영도했고,

但(dàn)：그러나. 그렇지만. 1-10.

在(zài)…上(shang)：…에 있어서. 1-8.

实际(shíjì)：실제. 1-7.

实际上(shíjìshang)：1. 부 사실상. 실제로.
2. 부 실질적으로. 본질적으로.

党(dǎng)：당. 정당. → 중국공산당. 중공. 1-4.

经济(jīngjì)：1. 명 경제.
2. 명 살림살이. 개인 생활 형편(비용).
3. 동 나라를 다스리다.

文化(wénhuà)：문화. 1-3.

促进(cùjìn)：동 촉진시키다. 촉진하다.

社会(shèhuì)：명 사회.

进步(jìnbù)：1. 명 진보.
2. 명 진보하다.
3. 형 진보적이다.

进行经济建设·文化建设和促进社会进步：경제건설과 문화건설을 진행하고 그리고 사회진보를 촉진하다.

D) 一直是基本的历史活动。

yìzhí shì jīběn de lìshǐ huódòng。

줄곧 주요한 역사 활동이었다.

一直(yìzhí)：1. 부 줄곧. 계속해서. 연속해서. 끊임없이. 내내.
2. 부 똑바로. 곧바로.
3. 부 …에 이르기까지. 〔범위를 강조함〕

基本(jīběn)：주요한. 주된. 중요한. 1-3.

一直是基本的历史活动：(위 C)의 내용은) 줄곧 주요한 역사 활동이었다.

11) 因此，对于人民建设新国家·新社会的艰苦奋斗，应有比较全面的叙述。

yīncǐ, duìyú rénmín jiànshè xīn guójiā · xīn shèhuì de jiānkǔ fèndǒu, yīng yǒu bǐjiào quánmiàn de xùshù。

그러므로, 국민이 신국가와 신사회를 건설하는 간고분투에 대해, 당연히 비교적 전면적인 서술이 있어야 한다.

因此(yīncǐ)：접 그래서. 그러므로. 이 때문에.

对于(duìyú)：1. 개 …을. …에 대해.
〔동사가 가리키는 동작·작용이 향하는 대상을 가리킴〕
2. 개 …대하여. …대해.
〔동사의 목적어가 되는 것은 주로 동작 명사로 의미상 그 동작·작용이 향하는 대상을 가리킴〕
3. 개 …에게. …에 대해.〔사태의 설명이 관련된 대상을 나타냄〕

国家(guójiā)：명 나라. 국가.

艰苦(jiānkǔ)：1. 형 간고하다. 고달프다. 힘들고 어렵다. 고생스럽다.
2. 명 간난신고.

奋斗(fèndǒu)：명동 분투(하다).

艰苦奋斗(jiānkǔ fèndǒu)：고난과 시련을 이겨내면서 있는 힘을 다하여 싸우다. 간고분투. 각고분투(하다).

人民建设新国家·新社会：국민이 신국가와 신사회를 건설하다.

人民建设新国家·新社会的艰苦奋斗：국민이 신국가와 신사회를 건설하는 간고분투.

对于人民建设新国家·新社会的艰苦奋斗：국민이 신국가와 신사회를 건설하는 간고분투에 대해.

应(yīng)：1. 동 당연히(마땅히) …해야 한다.
2. 동 응당〔생각건대〕 …일 것이다.
3. 동 응답하다. 대답하다.
4. 동 응하다. 허락하다. 인정하다.

应有(yīngyǒu)：형 응당 있어야 할. 상응하는. 합당한. 당연한.

比较(bǐjiào)：비교적. 1-9

全面(quánmiàn)：전면. 전면적이다. 전반적이다. → 전면적인. 1-3.

叙述(xùshù)：명동 진술(하다). 서술(하다). 설명(하다).

12) 共和国的发展离不开具体的国际环境和时代条件，这就要求联系到世界形势和国际风云的变化来考察中国自身的发展状况，加强从外部环境条件来反映不能不受此影响的共和国史各个阶段的本然和所以然。

gònghéguó de fāzhǎn líbùkāi jùtǐ de guójì huánjìng hé shídài tiáojiàn, zhè jiù yāoqiú liánxìdào shìjiè xíngshì hé guójì fēngyún de biànhuà lái kǎochá zhōngguó zìshēn de fāzhǎn zhuàngkuàng, jiāqiáng cóng wàibù huánjìng tiáojiàn lái fǎnyìng bùnéng bú shòu cǐ yǐngxiǎng de gònghéguó shǐ gègè jiēduàn de běnrán hé suǒyǐrán。

공화국의 발전은 구체적인 국제 환경과 시대 조건을 떠날 수 없고, 이것은 바로 세계 형세와 국제 정세의 변화에 연계되어서 중국 자신의 발전 상황을 고찰하는 것을 요구하며, 외부 환경 조건으로부터 이 영향을 아니 받을 수 없는 공화국사 각 단계의 본연과 소이연을 반영하는 것을 강화한다.

A) 共和国的发展离不开具体的国际环境和时代条件，

gònghéguó de fāzhǎn líbùkāi jùtǐ de guójì huánjìng hé shídài tiáojiàn,

공화국의 발전은 구체적인 국제 환경과 시대 조건을 떠날 수 없고,

离不开(líbùkāi)：떨어질 수 없다. 떨어지지 못하다. 그만둘 수 없다. 벗어날 수 없다. 떠날 수가 없다. 없어서는 안 된다.

具体(jùtǐ)：1. 형 구체적이다.
2. 형 특정의. 실제의.
3. 동 구체화하다.〔뒤에 到를 수반함〕

国际(guójì)：명 국제. 국가 사이.

环境(huánjìng)：1. 명 환경.
2. 명 주위 상황〔조건〕.

时代(shídài)：1. 명 (역사상의) 시대.
2. 명 (개인의 일생 중의 한) 시기. 시절.
3. 명 당시. 현대. 당대의 흐름.

条件(tiáojiàn)：조건. 1-14.

B) 这就要求联系到世界形势和国际风云的变化来考察中国自身的发展状况,

zhè jiù yāoqiú liánxìdào shìjiè xíngshì hé guójì fēngyún de biànhuà lái kǎochá zhōngguó zìshēn de fāzhǎn zhuàngkuàng,

이것은 바로 세계 형세와 국제 정세의 변화에 연계되어서 중국 자신의 발전 상황을 고찰하는 것을 요구하며,

就(jiù) : 바로. 곧. 즉시. 당장. 〔아주 짧은 시간 내에 이루어짐을 나타냄〕 1-6.

要求(yāoqiú) : 1. 동 요구하다. 요망하다.
2. 명 요구. 요망.

联系(liánxì) : 1. 명 …와 결부〔연계 · 연결 · 관계 · 연관〕되다.
2. 동 결부〔연계 · 연결 · 관계 · 연관〕하다.
3. 명 결부. 연계. 연결. 관계. 연관.
4. 명동 연락(하다).
5. 명동 관련(하다).

到(dào) : (동사의 보어로 쓰여) …에 미치다. …에 이르다. …을 해내다.
〔동작이 목적에 도달하거나 성취된 것을 나타냄〕 1-13.

联系到(liánxì dào) : …에 결부되다. …에 연계되다.

世界(shìjiè) : 1. 명 세계. 세상.
2. 명 널리 중생이 삶을 영위하는 범위, 곧 우주.
3. 명 사회의 형세 · 풍기.
4. 명 영역. 활동 범위.

形势(xíngshì) : 명 상황. 형세. 정세. 형편. 지세.

风云(fēngyún) : 1. 명 바람과 구름. 풍운.
2. 명 복잡하게 급변하는 정세.

变化(biànhuà) : 명동 변화(하다). 달라지다. 바뀌다.

来(lái) : 다른 동사 앞에 쓰여 어떤 일을 하려는 것을 나타냄.
동사구〔개사구〕와 동사〔동사구〕 사이에 쓰여 전자가 방법 · 태도, 후자가 목적임을 나타냄. 1-4.

考察(kǎochá) : 1. 동 고찰하다. 정밀히 관찰하다.
2. 동 현지 조사하다. 시찰하다.

自身(zìshēn)：명 자신. 본인.

状况(zhuàngkuàng)：명 상황. 형편. 상태.

世界形势和国际风云的变化：세계 형세와 국제 정세의 변화.

联系到世界形势和国际风云的变化：세계 형세와 국제 정세의 변화에 연계되다.

联系到世界形势和国际风云的变化来考察…：세계 형세와 국제 정세의 변화에 연계되어서 …을 고찰하다.

联系到世界形势和国际风云的变化来考察中国自身的发展状况：세계 형세와 국제정서의 변화에 연계되어서 중국 자신의 발전 상황을 고찰하다.

要求联系到世界形势和国际风云的变化来考察中国自身的发展状况：세계 형세와 국제 정세의 변화에 연계되어서 중국 자신의 발전 상황을 고찰하는 것을 요구하다.

C) 加强从外部环境条件来反映不能不受此影响的共和国史各个阶段的本然和所以然。

jiāqiáng cóng wàibù huánjìng tiáojiàn lái fǎnyìng bùnéng bú shòu cǐ yǐngxiǎng de gònghéguó shǐ gègè jiēduàn de běnrán hé suǒyǐrán。

외부 환경 조건으로부터 이 영향을 아니 받을 수 없는 공화국사 각 단계의 본연과 소이연을 반영하는 것을 강화한다.

加强(jiāqiáng)：동 강화하다. 보강하다.

外部(wàibù)：1. 명 외부. 밖. 바깥.
2. 명 표면. 겉면.

不能(bùnéng)：…할 수가 없다.〔무능, 불허 뜻〕…해서는 안 된다.〔금지 뜻〕.
…일〔할〕 리가 없다.〔가능성이나 개연성을 나타냄〕 1-6.

受(shòu)：동 받다. 받아들이다. 참다. 견디다. 당하다. 입다. 받다.

此(cǐ)：이. 이것. 1-13.

影响(yǐngxiǎng)：1. 명 영향.
2. 동 영향을 주다.

各个(gègè)：각개(의). 각각(의). 하나하나(씩). 1-11.

本然(běnrán)：1. 명 본연. 천성. 본성. 본디.
2. 형 본디의. 본연의. 타고나다. 천부하다.

所以然(suǒyǐrán)：명 소이연. 소연. 그렇게 된 까닭(연유, 이유, 원인).

从外部环境条件 : 외부 환경 조건으로부터.

不能不受此影响的 : 이 영향을 아니 받을 수 없는.

共和国史各个阶段的本然和所以然 : 공화국사 각 단계의 본연과 소이연.

不能不受此影响的共和国史各个阶段的本然和所以然 : 이 영향을 아니 받을 수 없는 공화국사 각 단계의 본연과 소이연.

来反映不能不受此影响的共和国史各个阶段的本然和所以然 : 이 영향을 아니 받을 수 없는 공화국사 각 단계의 본연과 소이연을 반영하다.

从外部环境条件来反映不能不受此影响的共和国史各个阶段的本然和所以然 : 외부 환경 조건으로부터 이 영향을 아니 받을 수 없는 공화국사 각 단계의 본연과 소이연을 반영하다.

加强从外部环境条件来反映不能不受此影响的共和国史各个阶段的本然和所以然 : 외부 환경 조건으로부터 이 영향을 아니 받을 수 없는 공화국사 각 단계의 본연과 소이연을 반영하는 것을 강화하다.*

4. 번역 건국 이래의 역사 구분 (이)

혁신편

11기 3중전회 이후의 역사는 공화국사의 하편으로 귀납되고, 바로 등소평을 핵심으로 하는 제2세대 영도자집단과 강택민을 핵심으로 하는 제3세대 영도자집단이 선인을 계승하여 계속 발전시키고 과거를 계승하여 미래를 개척하면서, 전국 각 민족 국민이 개혁개방과 현대화건설의 신시기를 창업하도록 영도하고, 중국 특색의 사회주의 건설 노선을 개척하는 "혁신편"이다. 1978년부터 시작하여 2000년까지는 이미 22년에 이르렀고, 상편이 포함하는 29년의 시간 길이와 서로 비교하면 지나치게 짧은 편은 아니며, 더욱이 역사는 여전히 한창 전진하고 있는 중이고 하편은 아직 뻗어 나가기를 기다려야 한다. 이 단락 역사의 문장 구분에 관하여 학술계에는 여러 가지의 다른 의견이 있다. 본서의 하편(1978~2000)은 3단락의 구분을 취하며 바로 1978~1982년 약 4년의 시간은 위대한 전환을 실현한 "개혁 발인"의 시기이고 제6장이며, 1982~1992년 이 10년은 전면적으로 개혁하고 개방을 확대하는 "신 형세 창업"의 시기이고 제7장이며, 1992~2000년의 8년여 시간은 개혁을 심화시키고 발전을 빠르게 하는 "시대와 더불어 발전하는" 시기이고 제8장이다.

21세기로 진입한 이후 공화국사에는 당연히 또 새로운 발전 단계가 있을 수 있고, 역사를 쓰고 저술하는 것은 어쨌든 문장 구조에서 후속 역사를 위해 그에 알맞게 여지를 미리 남겨두어야 한다. 이 약사가 사람에게 판에 박힌 듯한 교과서의 인상을 주지 말아야 하는 것을 고려하여, 우리는 모두 8장의 표제에 대하여, 가능한 한 비교적 간결하고 명쾌한 개괄을 했다.

한 부의 공화국사는 주로 중국 각 민족 국민이 공산당의 영도하에서, 사회주의 기본제도를 수립하고 사회주의 건설과 개혁을 전면적으로 진행하는 기본 진행과정과 실천 활동을 반영하는 것이고, 그 기간에 옛 중국 수천 년이 견주어 비교할 수 없는 휘황찬란한 성과를 얻었고, 또한 심각한 좌절과 실수를 동반했으며, 최종적으로 역사의 경험과 교훈을 정확히 총결산하는 가운데에서, 개혁개방과 현대화건설의 신시기를 개척했고, 중국 특색의 사회주의 건설의 발전노선으로 나아갔다.

역사의 깊이와 넓이를 반영하여 보면, 공화국사는 물론 일정한 시기에 상당히 돌출하는 정치투쟁을 갖고 있는 내용을 포함하지만, 그러나 실제에 있어서, 중국공산당은 인민이 경제건설과 문화건설을 진행하고 그리고 사회진보를 촉진하도록 영도했고, (이것은) 줄곧 주요한 역사 활동이었다. 그러므로 국민이 신국가와 신사회를 건설하는 간고분투에 대해, 당연히 비교적 전면적인 서술이 있어야 한다. 공화국의 발전은 구체적인 국제 환경과 시대 조건을 떠날 수 없고, 이것은 바로 세계 형세와 국제 정세의 변화에 연계되어서 중국 자신의 발전 상황을 고찰하는 것을 요구하며, 외부 환경 조건으로부터 이 영향을 아니 받을 수 없는 공화국사 각 단계의 본연과 소이연을 반영하는 것을 강화한다. *

第三课

中华人民共和国的成立

第三课 中华人民共和国的成立

1. 원문 开国大典

革命的根本问题是政权问题。随着中国新民主主义革命在全国范围的基本胜利，成立中华人民共和国的任务，提到了议事日程上来，中国共产党领导全国人民进行了一系列建国的准备工作。

1949年9月21日至30日，中国人民政治协商会议第一届全体会议在北平隆重举行。出席会议的代表有662人，代表着中国共产党和其他民主党派·人民团体·人民解放军·各地区·各民族以及无党派民主人士·海外华侨。会议实际执行着全国人民代表大会的职权，具有代表全国人民的性质。

第一届政治协商会议经过充分的讨论，一致通过了≪中国人民政治协商会议组织法≫·≪中华人民共和国中央人民政府组织法≫和≪中国人民政治协商会议共同纲领≫。会议还通过了下列四个决议案：(一)中华人民共和国的国都定于北平，并改名为北京；(二)中华人民共和国采用公元纪年，通过这个决议的这一年为1949年；(三)在中华人民共和国国歌未正式制定以前，以≪义勇军进行曲≫为国歌；(四)中华人民共和国国旗为五星红旗。

会议选举毛泽东为中华人民共和国中央人民政府委员会主席，陈毅等56人为中央人民政府委员会委员；选举周恩来等181人为中国人民政治协商会议第一届全国委员会委员。

中国人民政治协商会议第一届全体会议闭幕后的第二天，即1949年10月1日下午2时，中央人民政府委员会在首都北京举行第一次会议，正·副主席和委员宣布就职。会议一致决定：宣布中华人民共和国中央人民政府的成立，接受≪中国人民政治协商会议共同纲领≫为中央人民政府的施政方针，并选举林伯渠为中央人民政府委员会秘书长，任命周恩来为中央人民政府政务院总理兼外交部长，毛泽东为中央人民政府人民革命军事委员会主席，朱德为中国人民解放军总司令，沈钧儒为中央人民政府最高人民法院院长，罗荣桓为中央人民政府最高人民检察署检察长，并责成他们从速组成各政府机构，推行各项政府工作。同时决定，向各国政府宣布中央人民政府为中国唯一合法政府，中央人民政府愿与遵守平等·互利及互相尊重领土主权等项原则的任何外国政府建立外交关系。

中国共产党在新政府中切实负起了领导责任，保证了新政府的稳定性·坚强性和前进的正确性。在新成立的政府中，由于统一战线的确立，各民主党派的主要负责人·社会贤达和知名人士，同中国共产党人一道，担起了领导新中国国民经济的恢复和建设的历史重任。新中国各部门的工作迅速上正轨，适应了"恢复生产，建设新中国"的需要。

출처: 《当代中国史事略述》，杨树标 等 著，杭州：浙江人民出版社，2003. pp.1-10.

2. 발음 | dì sān kè zhōnghuá rénmín gònghéguó de chénglì

kāiguó dàdiǎn

gémìng de gēnběn wèntí shì zhèngquán wèntí。suízhe zhōngguó xīn mínzhǔzhǔyì gémìng zài quánguó fànwéi de jīběn shènglì, chénglì zhōnghuá rénmín gònghéguó de rènwu, tídàole yìshì rìchéng shànglái, zhōngguó gòngchǎndǎng lǐngdǎo quánguó rénmín jìnxíngle yíxìliè jiànguó de zhǔnbèi gōngzuò。

yī jiǔ sì jiǔ nián jiǔ yuè èr shí yī rì zhì sān shí rì, zhōngguó rénmín zhèngzhì xiéshāng huìyì dìyī jiè quántǐ huìyì zài běipíng lóngzhòng jǔxíng。chūxí huìyì de dàibiǎo yǒu liù bǎi liù shí èr rén, dàibiǎozhe zhōngguó gòngchǎndǎng hé qítā mínzhǔ dǎngpài · rénmín tuántǐ · rénmín jiěfàngjūn · gè dìqū · gè mínzú yǐjí wúdǎngpài mínzhǔ rénshì · haǐwài huáqiáo。huìyì shíjì zhíxíngzhe quánguó rénmín dàibiǎo dàhuì de zhíquán, jùyǒu dàibiǎo quánguó rénmín de xìngzhì。

dìyī jiè zhèngzhì xiéshāng huìyì jīngguò chōngfēn de tǎolùn, yízhì tōngguòle《zhōngguó rénmín zhèngzhì xiéshāng huìyì zǔzhīfǎ》·《zhōnghuá rénmín gònghéguó zhōngyāng rénmín zhèngfǔ zǔzhīfǎ》hé《zhōngguó rénmín zhèngzhì xiéshāng huìyì gòngtóng gānglǐng》。huìyì hái tōngguòle xiàliè sì gè juéyìàn：(yī) zhōnghuá rénmín gònghéguó de guódū dìngyú běipíng, bìng gǎimíng wéi běijīng；(èr) zhōnghuá rénmín gònghéguó cǎiyòng gōngyuán jìnián, tōngguò zhège juéyì de zhè yì nián wéi yī jiǔ sì jiǔ nián；(sān) zài zhōnghuá rénmín gònghéguó guógē wèi zhèngshì zhìdìng yǐqián, yǐ《yìyǒngjūn jìnxíngqū》wéi guógē；(sì) zhōnghuá rénmín gònghéguó guóqí wéi wǔ xīng hóngqí。

huìyì xuǎnjǔ Máo Zédōng wéi zhōnghuá rénmín gònghéguó zhōngyāng rénmín zhèngfǔ wěiyuánhuì zhǔxí, Chén Yì děng wǔ shí liù rén wéi zhōngyāng rénmín zhèngfǔ wěiyuánhuì wěiyuán；xuǎnjǔ Zhōu Ēnlái děng yī bǎi bā shí yī rén wéi zhōngguó rénmín zhèngzhì xiéshāng huìyì dìyī jiè quánguó wěiyuánhuì wěiyuán。

zhōngguó rénmín zhèngzhì xiéshāng huìyì dìyí jiè quántǐ huìyì bìmù hòu de dìèr tiān, jí yī jiǔ sì jiǔ nián shí yuè yī rì xiàwǔ èr shí, zhōngyāng rénmín zhèngfǔ wěiyuánhuì zài shǒudū běijīng jǔxíng dìyí cì huìyì, zhèng · fù zhǔxí hé wěiyuán xuānbù jiùzhí。huìyì yízhì juédìng：xuānbù zhōnghuá rénmín gònghéguó zhōngyāng rénmín zhèngfǔ de chénglì, jiēshòu≪zhōngguó rénmín zhèngzhì xiéshāng huìyì gòngtóng gānglǐng≫wéi zhōngyāng rénmín zhèngfǔ de shīzhèng fāngzhēn, bìng xuǎnjǔ Lín Bóqú wéi zhōngyāng rénmín zhèngfǔ wěiyuánhuì mìshūzhǎng, rènmìng Zhōu Ēnlái wéi zhōngyāng rénmín zhèngfǔ zhèngwùyuàn zǒnglǐ jiān wàijiāo bùzhǎng, Máo Zédōng wéi zhōngyāng rénmín zhèngfǔ rénmín gémìng jūnshì wěiyuánhuì zhǔxí, Zhū Dé wéi zhōngguó rénmín jiěfàngjūn zǒngsīlìng, Shěn Jūnrú wéi zhōngyāng rénmín zhèngfǔ zuìgāo rénmín fǎyuàn yuànzhǎng, Luó Rónghuán wéi zhōngyāng rénmín zhèngfǔ zuìgāo rénmín jiǎncháshǔ jiǎncházhǎng, bìng zéchéng tāmen cóngsù zǔchéng gè zhèngfǔ jīgòu, tuīxíng gèxiàng zhèngfǔ gōngzuò。tóngshí juédìng, xiàng gè guó zhèngfǔ xuānbù zhōngyāng rénmín zhèngfǔ wéi zhōngguó wéiyī héfǎ zhèngfǔ, zhōngyāng rénmín zhèngfǔ yuàn yǔ zūnshǒu píngděng · hùlì jí hùxiāng zūnzhòng lǐngtǔ zhǔquán děngxiàng yuánzé de rènhé wàiguó zhèngfǔ jiànlì wàijiāo guānxi。

zhōngguó gòngchǎndǎng zài xīn zhèngfǔ zhōng qiēshí fùqǐle lǐngdǎo zérèn, bǎozhèngle xīn zhèngfǔ de wěndìngxìng · jiānqiángxìng hé qiánjìn de zhèngquèxìng。zài xīn chénglì de zhèngfǔ zhōng, yóuyú tǒngyī zhànxiàn de quèlì, gè mínzhǔ dǎngpài de zhǔyào fùzérén · shèhuì xiándá hé zhīmíng rénshì, tóng zhōngguó gòngchǎndǎngrén yídào, dānqǐle lǐngdǎo xīn zhōngguó guómín jīngjì de huīfù hé jiànshè de lìshǐ zhòngrèn。xīn zhōngguó gè bùmén de gōngzuò xùnsù shàng zhèngguǐ, shìyīngle “huīfù shēngchǎn, jiànshè xīn zhōngguó” de xūyào。

3. 해설 중화인민공화국의 수립

1) 中华人民共和国的成立

zhōnghuá rénmín gònghéguó de chénglì
중화인민공화국의 수립

中华(zhōnghuá) : 중화. 중국. 중국의 옛 이름. 1-3.
人民(rénmín) : 인민. 국민. 1-3.
共和国(gònghéguó) : 공화국. 1-3.
中华人民共和国(zhōnghuá rénmín gònghéguó) : 중화인민공화국(People's Republic of China. PRC. China). 약칭은 중국임. 1-3.
成立(chénglì) : 수립(하다). 설치(하다). 창립(하다). 결성(하다). 1-3.

2) 开国大典

kāiguó dàdiǎn
건국 성전

开国(kāiguó) : 동 개국하다. 건국하다. → 건국. 개국.
大典(dàdiǎn) : 1. 명 큰 제전. 성전.
2. 명 큰 법전.

3) 革命的根本问题是政权问题。

gémìng de gēnběn wèntí shì zhèngquán wèntí。
혁명의 근본 문제는 정권 문제이다.

革命(gémìng)：혁명. 혁명하다. 혁명적이다. 1-3.

根本(gēnběn)：1. 명 근본. 기초.
2. 형 중요하다. 주요하다. 기본적이다. 근본적이다.
3. 부 본래. 원래. 종래. 워낙.
4. 부 시종. 전연. 도무지. 전혀. 아예. 〔부정문에 많이 사용됨〕
5. 부 근본적으로. 완전히. 철저히. 뿌리째.

问题(wèntí)：문제. 질문. 1-4.

政权(zhèngquán)：1. 명 정권.
2. 명 정권 기관. 권력 기관(기구).
3. 명 행정 기관. 정치 기구.

4) 随着中国新民主主义革命在全国范围的基本胜利，成立中华人民共和国的任务，提到了议事日程上来，中国共产党领导全国人民进行了一系列建国的准备工作。

suízhe zhōngguó xīn mínzhǔzhǔyì gémìng zài quánguó fànwéi de jīběn shènglì, chénglì zhōnghuá rénmín gònghéguó de rènwu, tídàole yìshì rìchéng shànglái, zhōngguó gòngchǎndǎng lǐngdǎo quánguó rénmín jìnxíngle yìxìliè jiànguó de zhǔnbèi gōngzuò。

중국 신민주주의 혁명의 전국 범위에서의 기본적인 승리에 따라서, 중화인민공화국 수립의 임무는 의사일정으로 올라와서 언급되었고, 중국공산당은 전국 국민이 일련의 건국 준비 업무를 진행하도록 영도했다.

A) 随着中国新民主主义革命在全国范围的基本胜利，

suízhe zhōngguó xīn mínzhǔzhǔyì gémìng zài quánguó fànwéi de jīběn shènglì,

중국 신민주주의 혁명의 전국 범위에서의 기본적인 승리에 따라서,

随着(suízhe)：1. …따라서. …뒤이어. …에 따라.
2. 즉시. 곧.

新(xīn) : 새롭다. 새로운. 신. 1-3.

新民主主义(xīn mínzhǔzhǔyì) : 신민주주의. 1-14.

在(zài) : …에(서). …에 있어서. 1-8.

全国(quánguó) : 전국. 2-3.

范围(fànwéi : 1. 명 범위.
2. 동 제한하다. 개괄하다.

基本(jīběn) : 기본의. 기본적인. 근본적인. 주요한. 주된. 중요한. 1-3.

胜利(shènglì) : 1. 명동 승리(하다).
2. 동 성공하다. 성과를 거두다.
〔문장 속에서는 주로 부사적으로 많이 쓰임〕

中国新民主主义革命在全国范围的基本胜利 : 중국의 신민주주의 혁명이 전국 범위에서 기본적으로 승리하다. → 중국 신민주주의 혁명의 전국 범위에서의 기본적인 승리.

B) 成立中华人民共和国的任务, 提到了议事日程上来,
chénglì zhōnghuá rénmín gònghéguó de rènwu, tídàole yìshì rìchéng shànglái,
중화인민공화국 수립의 임무는 의사일정으로 올라와서 언급되었고,

任务(rènwu) : 명 임무. 책무.

成立中华人民共和国 : 중화인민공화국을 수립하다.

成立中华人民共和国的任务 : 중화인민공화국을 수립하는 임무.
→ 중화인민공화국 수립의 임무.

提到(tídào) : 1. 동 말이 미치다. 언급하다〔되다〕.
2. 동 올리다. 올라가게 하다. 끌어올리다.
3. 동 (취조를 위해) 소환하다.

议事(yìshì) : 1. 명 의사.
2. 동 공무를 논의하다.

日程(rìchéng) : 명 일정.

议程(yìchéng) : 1. 명 의사일정.
2. 명 어젠다(agenda). 의제〔안건〕(목록).

提到议事日程：提到议程(tídào yìchéng), 의사일정을 언급하다.

上来(shànglái)：1. 동 (위로) 올라오다.
2. 동 (시골에서 도시로) 올라오다.
3. 동 흥분하다. 치밀다.
4. 명 동 시작(하다). 처음(하다).
5. 동 지금까지 말한 것을 총괄하다.

提到了议事日程上来：의사일정으로 올라와서 언급되었다.

C) 中国共产党领导全国人民进行了一系列建国的准备工作。

zhōngguó gòngchǎndǎng lǐngdǎo quánguó rénmín jìnxíngle yíxìliè jiànguó de zhǔnbèi gōngzuò。

중국공산당은 전국 국민이 일련의 건국 준비 업무를 진행하도록 영도했다.

共产党(gòngchǎndǎng)：공산당. 1-5.

中国共产党(zhōngguó gòngchǎndǎng)：중국공산당. 중공. 1-5.

A领导(lǐngdǎo)B…C…：1. A는 B가 C하도록 영도하다. 2-3.
2. A는 B를 영도하여 C하게 만들다.

进行(jìnxíng)：진행하다. 2-9.

系列(yíxìliè)：명 계열. 서로 관련되어 조를 이루는 사물. 시리즈.

一系列(yíxìliè)：일련의.

建国(jiànguó)：건국. 1-1.

准备(zhǔnbèi)：준비. 준비하다. 1-14.

工作(gōngzuò)：명 동 업무. 근무. 작업〔하다〕. 일〔하다〕. 노동〔하다〕. 직업.

5) 1949年9月21日至30日，中国人民政治协商会议第一届全体会议在北平隆重举行。

yī jiǔ sì jiǔ nián jiǔ yuè èr shí yī rì zhì sān shí rì, zhōngguó rénmín zhèngzhì xiéshāng huìyì dìyī jiè quántǐ huìyì zài běipíng lóngzhòng jǔxíng。

1949년 9월 21일부터 30일까지 중국인민정치협상회의 제1기 전체회의가 북경에서 성대하게 거행되었다.

至(zhì)：…까지 (도달하다). 2-4.

政治(zhèngzhì)：정치. 2-10.

协商(xiéshāng)：명 동 협상(하다). 협의(하다).

会议(huìyì)：명 회의.

中国人民政治协商会议(zhōngguó rénmín zhèngzhì xiéshāng huìyì)：중국인민정치협상회의(약칭 인민정협人民政协)는 중국 인민의 애국통일전선의 조직으로, 중국공산당이 영도하는 다당합작과 정치협상의 중요 기구이고, 중국공산당과 각 민주당파 · 무당파 민주인사 · 각 인민단체 · 각계 애국인사들이 공동으로 창립한 것이며, 국가 국정 방침과 군중생활의 중요 문제에 대해 정치협상을 진행하고, 또한 건의와 비판을 통해, 참정 · 의정 · 민주감독의 기능을 발휘함.

届(jiè)：회(回). 기(期). 차(次). 1-4.

全体(quántǐ)：1. 명 전체.
2. 명 온몸. 전신.

全体会议(quántǐ huìyì)：전체회의. 1-4.

北平(běipíng)：명 北京(북경. Beijing. 베이징)의 옛날 이름.

隆重(lóngzhòng)：1. 형 성대하다. 성대하고 장중하다. → 성대하게.
2. 형 엄숙하다. 장중하다.

举行(jǔxíng)：명 동 거행되다. 거행(하다). 개최(하다). 실시(하다).

6) 出席会议的代表有662人，代表着中国共产党和其他民主党派 · 人民团体 · 人民解放军 · 各地区 · 各民族以及无党派民主人士 · 海外华侨。

chūxí huìyì de dàibiǎo yǒu liù bǎi liù shí èr rén, dàibiǎozhe zhōngguó gòngchǎndǎng hé qítā mínzhǔ dǎngpài · rénmín tuántǐ · rénmín jiěfàngjūn · gè dìqū · gè mínzú yǐjí wúdǎngpài mínzhǔ rénshì · haǐwài huáqiáo。

회의에 출석한 대표는 662명이고, 중국공산당 및 기타 민주당파와 인민단체와 인민해방군과 각 지역과 각 민족 그리고 무당파 민주인사와 해외화교를 대표하고 있다.

出席(chūxí)：동 회의에 참가하다〔참석하다, 출석하다〕.

代表(dàibiǎo)：1. 명 대표. 대표자.
2. 동 대표하다. 대신하다. 대리하다.

有(yǒu)：1. 동 …만큼 되다. …만하다.〔계량 또는 비교를 나타냄〕
2. 동 가지고 있다. 소유하다.〔소유를 나타냄〕
3. 동 있다.〔존재를 표시함〕
4. 동 생기다. 나타나다.
〔바로 뒤 혹은 문미에 了를 주로 동반하여 발생 · 출현을 나타냄〕
5. 동 (많이) 있다.〔많거나 큰 것을 나타냄〕
6. 동 어느. 웬.〔일정하지 않은 사람 · 날짜 · 사물 등을 나타냄〕
7. 동 어떤.〔사람 · 때 · 장소의 앞에 쓰여 부분적인 것을 나타냄〕

人(rén)： 사람. →〔사람을 세는 양사로서〕명. 2-8.

有662人：662명이 있다. 662명만큼 되다. → 662명이다.

着(zhe)：1. 조 …하고 있다. …하고 있는 중이다.〔동작의 지속을 나타냄〕
2. 조 …해 있다. …한 채로 있다.
〔어느 동작이 끝난 뒤 정지 상태의 지속을 나타냄〕
3. 조 동사 또는 정도를 나타내는 형용사의 뒤에 붙어 명령이나 부탁의 어기를 강조함.
4. 조 일부 동사의 뒤에 붙어 전치사의 기능을 하게 함.
5. 조 …하면서. …한 채로.〔동사의 뒤에 붙어 뒤에 계속되는 동사의 방식 · 수단 · 완료를 나타냄〕

其他(qítā)：기타. 그 외. 1-9.

民主(mínzhǔ)：1. 명 민주.
2. 형 민주적이다.

党派(dǎngpài)：명 당파. 도당.

民主党派(mínzhǔ dǎngpài)：민주 당파. 중국공산당의 영도를 받아, 인민민주통일전선에 참여한 부르주아 계급의 성격을 띤 정당으로, 중국국민당혁명위원회(中国国民党革命委员会) · 중국민주동맹(中国民主同盟) · 중국민주건국회(中国民主建国会) · 중국민주촉진회(中国民主促进会) · 중국농공민주당(中国农工民主党) · 중국치공당(中国致公党) · 타이완민주자치동맹(台湾民主自治同盟)과 구삼학사(九三学社) 등이 이에 속함.

团体(tuántǐ)：명 단체.

解放(jiěfàng)：1. 동 해방하다. 자유롭게 되다. 속박에서 벗어나다. → 해방.

2. 동 타도된 간부의 죄명을 취소하여 다시 임직하게 하다.

军(jūn) : 1. 명 군대.

2. 명 군단. 〔군대의 편제 단위로, 师(사단)보다 한 급 위임〕

3. 동 진을 치다. 주둔하다. 진주하다.

人民解放军(rénmín jiěfàngjūn) : 명 중국 인민해방군. 중화인민공화국 군대의 공식 명칭.

各(gè) : 각자. 각기. 각. 각각. 1-9.

地区(dìqū) : 1. 명 지구. 지역.

2. 명 독립하지 못한 지역(식민지).

3. 명 지구. 〔중국의 성이나 자치구가 설립한 행정구역으로, 약간의 현이나 시를 포함함〕

民族(mínzú) : 명 민족.

以及(yǐjí) : 1. 접 및 그리고. 아울러.

2. 접 …까지.

A和B · C · D以及E · F의 구성 관계 : A 및 B와 C와 D 그리고 E와 F이다. A, B, C, D, E, F의 구성 요소는, A가 한 성질의 구성 요소이고, B, C, D가 두 번째 성질의 구성 요소이고, E, F는 세 번째 성질의 구성 요소로, 즉 (A)와 (B, C, D)와 (E, F) 세 가지 성질의 구성 요소로 된 것을 병렬한 것이며, (B, C, D)는 B와 C와 D가 각각 동격으로 병렬관계이고, (E, F)는 E와 F가 각각 동격으로 병렬관계임.

无党派(wúdǎngpài) : 명 무당파.

人士(rénshì) : 명 인사. 명망 있는 사람.

海外(haǐwài) : 명 해외. 외국. 국외.

华侨(huáqiáo) : 명 화교.

7) 会议实际执行着全国人民代表大会的职权，具有代表全国人民的性质。

huìyì shíjì zhíxíngzhe quánguó rénmín dàibiǎo dàhuì de zhíquán, jùyǒu dàibiǎo quánguó rénmín de xìngzhì。

회의는 전국인민대표대회의 직권을 실제적으로 집행하고 있고, 전국 국민을 대표하는 성질을 구비한다.

实际(shíjì) : 실제의. 실제적이다. 현실적이다. → 실제적으로. 현실적으로. 1-7.

执行(zhíxíng) : 명 동 집행(하다). 실행(하다). 실시(하다).

大会(dàhuì) : 1. 명 대회.
2. 명 총회.
3. 명 (국가 기관이나 단체가 개최하는) 전체 회의.

全国人民代表大会(quánguó rénmín dàibiǎo dàhuì) : 전국인민대표대회이고, 중국 최고의 국가권력기관으로서 입법권을 행사하며, 약칭은 全国人大(전국인대)이고, 상설기관은 전국인민대표대회상무위원회임.

职权(zhíquán) : 명 직권.

具有(jùyǒu) : 구비하다. 가지다. 1-5.

性质(xìngzhì) : 명 천성. 성질. 성격.

8) 第一届政治协商会议经过充分的讨论，一致通过了≪中国人民政治协商会议组织法≫·≪中华人民共和国中央人民政府组织法≫和≪中国人民政治协商会议共同纲领≫。

dìyī jiè zhèngzhì xiéshāng huìyì jīngguò chōngfēn de tǎolùn, yízhì tōngguòle ≪zhōngguó rénmín zhèngzhì xiéshāng huìyì zǔzhīfǎ≫ · ≪zhōnghuá rénmín gònghéguó zhōngyāng rénmín zhèngfǔ zǔzhīfǎ≫ hé ≪zhōngguó rénmín zhèngzhì xiéshāng huìyì gòngtóng gānglǐng≫。

제1기 정치협상회의는 충분한 토론을 거쳐서, ≪중국인민정치협상회의 조직법≫과 ≪중화인민공화국 중앙인민정부 조직법≫과 ≪중국인민정치협상회의 공동강령≫을 만장일치로 통과했다.

第一(dìyī) : 제1. 첫째. 첫 번째. 최초. 맨 처음. 1-14.

政治(zhèngzhì) : 정치. 2-10.

经过(jīngguò) : 1. 동 (장소 · 시간 · 동작을) 경과하다. 거치다. 지나다. 통과하다.
2. 동 경험하다. 체험하다.
3. 명 과정. 경력.

充分(chōngfēn) : 1. 형 충분하다. 〔주로 추상적인 사물에 쓰임〕
2. 부 충분히. 완전히. 십분.

讨论(tǎolùn) : 명동 토론(하다).

一致(yízhì) : 명형 일치(하다). → (만장)일치로.

通过(tōngguò) : 1. 동 (의안 등이) 통과되다. 채택되다. 가결되다.
2. 동 (한쪽에서 다른 한쪽으로) 건너가다. 지나가다. 통과하다.

组织(zǔzhī) : 1. 명동 조직(하다). 구성(하다). 결성(하다).
2. 명 조직. 〔날실과 씨실로 짠 천의 짜임새〕
3. 명 조직. 〔같은 기능과 구조를 가진 세포의 모임〕

法(fǎ) : 1. 명 법.
2. 명 방법. 방식.
3. 명 표준. 모범.

组织法(zǔzhīfǎ) : 명 조직법.

中央(zhōngyāng) : 1. 명 중앙. 가운데. 중심. 한복판.
2. 명 정부의 최고 기관. 중앙정부. 〔지방정부에 대하여 칭함〕
3. 명 중앙위원회의 약칭. 중앙.

政府(zhèngfǔ) : 1. 명 정부.
2. 명 관청.

共同(gòngtóng) : 1. 형 공동의. 공통의.
2. 부 함께. 다같이.

纲领(gānglǐng) : 강령. 대강(大纲). 1-14.

9) 会议还通过了下列四个决议案：(一)中华人民共和国的国都定于北平，并改名为北京；(二)中华人民共和国采用公元纪年，通过这个决议的这一年为1949年；(三)在中华人民共和国国歌未正式制定以前，以≪义勇军进行曲≫为国歌；(四)中华人民共和国国旗为五星红旗。

huìyì hái tōngguòle xiàliè sì gè juéyìàn : (yī) zhōnghuá rénmín gònghéguó de guódū dìngyú běipíng, bìng gǎimíng wéi běijīng ; (èr) zhōnghuá rénmín gònghéguó cǎiyòng gōngyuán jìnián, tōngguò zhège juéyì de zhè yì nián wéi yī jiǔ sì jiǔ nián ; (sān) zài zhōnghuá rénmín gònghéguó guógē wèi zhèngshì zhìdìng yǐqián, yǐ ≪yìyǒngjūn jìnxíngqū≫wéi guógē ; (sì)

zhōnghuá rénmín gònghéguó guóqí wéi wǔ xīng hóngqí。
회의는 다음에 열거하는 4개 결의안을 또 통과했다. (1) 중화인민공화국의 수도는 북평에 정하고, 그리고 북경으로 개명한다. (2) 중화인민공화국은 서력기원을 채용하고, 이 결의를 통과한 이 해는 1949년이다. (3) 중화인민공화국 국가가 아직 정식으로 제정하기 이전에, ≪의용군행진곡≫을 국가로 삼는다. (4) 중화인민공화국의 국기는 오성홍기이다.

A) 会议还通过了下列四个决议案：

huìyì hái tōngguòle xiàliè sì gè juéyìàn：
회의는 다음에 열거하는 4개 결의안을 또 통과했다.

还(hái)：또. 더. 2-4.
下列(xiàliè)：동 다음에 열거하다. 하기(下记)하다.
决议(juéyì)：결의(하다). 결정(하다). 1-3.
案(àn)：1. 명 (계획 · 방법 또는 기타 건의를 제출한) 문서.
2. 명 공문서나 기록.
3. 명 장방형의 탁자, 또는 탁자 대신으로 쓰이는 긴 나무판.
4. 명 (법률상의) 사건. (정치상의) 사변.
决议案(juéyìàn)：명 결의안.

B) (一)中华人民共和国的国都定于北平，并改名为北京；

(yī) zhōnghuá rénmín gònghéguó de guódū dìngyú běipíng, bìng gǎimíng wéi běijīng；
(1) 중화인민공화국의 수도는 북평에 정하고, 그리고 북경으로 개명한다.

国都(guódū)：명 수도.
定(dìng)：1. 동 정하다. 결정하다. 확정시키다.
2. 동 주문하다. 예약하다.

3. 동 안정되다. 진정되다. 가라앉다.
4. 동 안정시키다. 안정되다.
5. 형 이미 확정된. 변하지 않는. 고칠 수 없는. 움직일 수 없는.

于(yú) : 1. 개 …에. …에서. 〔장소나 시간을 나타냄〕
2. 개 …에. …에게. 〔방향이나 대상을 나타냄〕
3. 개 …에. …에게. 〔동작의 방향을 표시함〕
4. 개 …부터. …에서. 〔원인 · 이유 · 근거를 표시함〕
5. 개 …보다 (더). 〔비교를 표시함〕
6. 개 …에(로). …까지. 〔동작의 귀착점을 표시함〕

定于(dìngyú) : 1. 동 …에 정하다.
2. 동 (…에) 예정하다.
3. 동 (…에 의하여) 정하다.

并(bìng) : 그리고. 또. 또한. 아울러. 1-5.

改名(gǎimíng) : 명 동 개명(하다).

为(wéi) : …으로 변(변화)하다. …이 되다. 1-3.

改名为(gǎimíng wéi) : …으로 개명하다.

北京(běijīng) : 명 베이징. 북경. Beijing.

C) (二)中华人民共和国采用公元纪年，通过这个决议的这一年为1949年；

(èr) zhōnghuá rénmín gònghéguó cǎiyòng gōngyuán jìnián, tōngguò zhège juéyì de zhè yì nián wéi yī jiǔ sì jiǔ nián ;

(2) 중화인민공화국은 서력기원을 채용하고, 이 결의를 통과한 이 해는 1949년이다.

采用(cǎiyòng) : 동 채용하다.

公元(gōngyuán) : 명 서기. 서력기원.

纪年(jìnián) : 1. 명 일정한 기원으로부터 계산한 햇수. 기년.
2. 명 연대순에 의한 역사 편찬법의 하나.
3. 동 연대를 기록하다.

公元纪年(gōngyuán jìnián) : 그리스도 기원. 서력기원.

这一年(zhèyìnián) : 이 해. 이 연도.

为(wéi) : …은〔이〕 …이다. 1-3.

D) (三) 在中华人民共和国国歌未正式制定以前，以≪义勇军进行曲≫为国歌；

(sān) zài zhōnghuá rénmín gònghéguó guógē wèi zhèngshì zhìdìng yǐqián, yǐ ≪yìyǒngjūn jìnxíngqū≫wéi guógē ;

(3) 중화인민공화국 국가가 아직 정식으로 제정하기 이전에, ≪의용군행진곡≫을 국가로 삼는다.

国歌(guógē)：명 나라를 대표상징하는 노래. 국가.

未(wèi)：1. 부 아직 (…하지 않다).

2. 부 …이 아니다. 〔부정을 나타냄〕

3. 대 문장 끝에 쓰여 의문을 나타냄.

4. 명 미. 12지지(地支)의 여덟째.

5. 명 미시(未时). 〔오후 1시부터 3시까지의 시각〕

正式(zhèngshì)：1. 형 정식의. 공식의. → 정식으로.

2. 부 확실히. 분명히. 정말.

制定(zhìdìng)：동 (법규 · 계획 등을) 제정하다. 만들다. 세우다.

未正式制定：아직 정식으로 제정하지 않다.

以前(yǐqián)：명 이전.

在(zài)…以前(yǐqián)：… 이전에.

在…未正式制定以前：… 아직 정식으로 제정하기 이전에.

以(yǐ)A…为(wéi)B…：A를 B(으)로 하다〔삼다, 보다, 여기다, 생각하다〕. 1-4.

义勇(yìyǒng)：1. 형 의를 위하여 일어나는 용기가 있다.

2. 명 의용. 정의를 위하여 일어나는 용기.

义勇军(yìyǒngjūn)：명 의용군.

曲(qǔ)：1. 명 노래. 가곡. 곡조. 가락.

2. 명 악보. 멜로디.

3. 명 곡. 〔일종의 운문 형식으로 원나라 때에 성행했음〕

曲(qū)：1. 형 굽다. 곧지 않다. 구부러지다.

2. 형 공정하지 않다. 불합리하다. 도리에 맞지 않다.

3. 형 정직하지 않다. 바르지 않다.

进行曲(jìnxíngqǔ)：명 행진곡.

E) (四) 中华人民共和国国旗为五星红旗。

(sì) zhōnghuá rénmín gònghéguó guóqí wéi wǔ xīng hóngqí。

(4) 중화인민공화국의 국기는 오성홍기이다.

国旗(guóqí)：명 국기.

为(wéi)：…은〔이〕…이다. 1-3.

星(xīng)：1. 명 (지구 · 달 · 태양 따위를 제외한) 별.
2. 명 (빛을 발하거나 반사하는) 천체(天体).
3. 명 별. 별 모양의 것. 장군(将军) 표지(직위).
4. 명 (연예계 · 스포츠 따위의) 스타.

红旗(hóngqí)：1. 명 적기(赤旗). 〔프롤레타리아 혁명 · 공산주의의 상징임〕
2. 명 시합의 우승자에게 주는 붉은 기. 우승기.
3. 명 선진적인 것 · 사상이 전향적인 것의 표시.

10) 会议选举毛泽东为中华人民共和国中央人民政府委员会主席，陈毅等56人为中央人民政府委员会委员；选举周恩来等181人为中国人民政治协商会议第一届全国委员会委员。

huìyì xuǎnjǔ Máo Zédōng wéi zhōnghuá rénmín gònghéguó zhōngyāng rénmín zhèngfǔ wěiyuánhuì zhǔxí, Chén Yì děng wǔ shí liù rén wéi zhōngyāng rénmín zhèngfǔ wěiyuánhuì wěiyuán ; xuǎnjǔ Zhōu Ēnlái děng yī bǎi bā shí yī rén wéi zhōngguó rénmín zhèngzhì xiéshāng huìyì dìyī jiè quánguó wěiyuánhuì wěiyuán。

회의는 모택동을 중화인민공화국 중앙인민정부위원회 주석으로, 진의 등 56명을 중앙인민정부위원회 위원으로 선출했고, 주은래 등 181명을 중국인민정치협상회의 제1기 전국위원회 위원으로 선출했다.

A) 会议选举毛泽东为中华人民共和国中央人民政府委员会主席，陈毅等56人为中央人民政府委员会委员；

huìyì xuǎnjǔ Máo Zédōng wéi zhōnghuá rénmín gònghéguó zhōngyāng rénmín zhèngfǔ wěiyuánhuì zhǔxí, Chén Yì děng wǔ shí liù rén wéi zhōngyāng rénmín zhèngfǔ wěiyuánhuì wěiyuán ;
회의는 모택동을 중화인민공화국 중앙인민정부위원회 주석으로, 진의 등 56명을 중앙인민정부위원회 위원으로 선출했고,

选举(xuǎnjǔ) : 명 동 선출(하다). 선거(하다).

毛泽东(Máo Zédōng) : 모택동. 마오쩌둥. Mao Zedong. 〔사람 이름〕
1893년 12월 26일-1976년 9월 9일. 중국 공산주의 혁명가.

为(wéi) : …으로 삼다. …로〔라고〕 생각하다〔여기다〕. 1-3.

选举A…为B… : A를 선출하여 B로 삼다. A를 B로 선출하다.

委员会(wěiyuánhuì) : 명 위원회.

主席(zhǔxí) : 1. 명 (회의 따위의) 의장.
2. 명 주석. 위원장.
3. 명 (연회에서) 주인의 자리.

陈毅(Chén Yì) : 진의. 천이. Chen Yi. 〔사람 이름〕

等(děng) : 1. 조 등. 따위.
2. 동 기다리다.
3. 동 (…할 때까지) 기다리다. 〔시간이나 조건을 나타냄〕
4. 명 등급.
5. 양 종류.
6. 형 (정도 또는 수량이) 대등하다. 같다.

委员(wěiyuán) : 명 위원.

B) 选举周恩来等181人为中国人民政治协商会议第一届全国委员会委员。

xuǎnjǔ Zhōu Ēnlái děng yī bǎi bā shí yī rén wéi zhōngguó rénmín zhèngzhì xiéshāng huìyì dìyī jiè quánguó wěiyuánhuì wěiyuán。
주은래 등 181명을 중국인민정치협상회의 제1기 전국위원회 위원으로 선출했다.

周恩来(Zhōu Ēnlái) : 주은래. 저우언라이. Zhou Enlai. 〔사람 이름〕
1898년 3월 5일-1976년 1월 8일. 중국 공산주의 혁명가.

11) 中国人民政治协商会议第一届全体会议闭幕后的第二天，即1949年10月1日下午2时，中央人民政府委员会在首都北京举行第一次会议，正·副主席和委员宣布就职。

zhōngguó rénmín zhèngzhì xiéshāng huìyì dìyí jiè quántǐ huìyì bìmù hòu de dìèr tiān, jí yī jiǔ sì jiǔ nián shí yuè yī rì xiàwǔ èr shí, zhōngyāng rénmín zhèngfǔ wěiyuánhuì zài shǒudū běijīng jǔxíng dìyí cì huìyì, zhèng · fù zhǔxí hé wěiyuán xuānbù jiùzhí。

중국인민정치협상회의 제1기 전체회의가 폐막된 후 다음날 즉 1949년 10월1일 오후 2시에, 중앙인민정부 위원회가 수도 북경에서 제1차 회의를 거행했고, 정·부 주석과 위원이 취임을 선언했다.

A) 中国人民政治协商会议第一届全体会议闭幕后的第二天，即1949年10月1日下午2时，

zhōngguó rénmín zhèngzhì xiéshāng huìyì dìyí jiè quántǐ huìyì bìmù hòu de dìèr tiān, jí yī jiǔ sì jiǔ nián shí yuè yī rì xiàwǔ èr shí,

중국인민정치협상회의 제1기 전체회의가 폐막된 후 다음날 즉 1949년 10월1일 오후 2시에,

闭幕(bìmù)：명 동 폐막(하다).

后(hòu)：1. 명 뒤. 후.
2. 명 (시간상으로) 뒤. 후. 이후. 다음. 장래. 나중.
3. 명 순서의 뒤.

第二(dìèr)：제2. 둘째. 두 번째. 1-15.

天(tiān)：1. 명 하루. 날. 일.
2. 명 낮.
3. 명 하늘. 천공.
4. 명 계절. 시절.
5. 명 기후. 날씨.
6. 명 하느님. 하늘.
7. 명 하늘. 천국. 천당. 천계. 낙원.
8. 명 꼭대기 부분.

9. 부 가장. 몹시. 대단히.

第二天(dìèr tiān) : 1. 명 이튿날. 다음날. 익일.

2. 이틀째.

即(jí) : 곧. 바로. 즉. 1-3.

月(yuè) : 월. 달. 1-10.

日(rì) : 1. 명 (특정한) 날. 일.

2. 명 해. 태양.

3. 명 낮.

4. 명 하루. 날.

5. 명 때. 철.

6. 부 나날이. 하루하루. 매일.

下午(xiàwǔ) : 명 오후. 하오.

时(shí) : 1. 명 시. 〔하루를 구분하는 시각의 단위〕

2. 명 때. 시대. 시기. 〔비교적 긴 시간 단위를 가리킴〕

3. 명 (정해진) 시간.

4. 명 계절. 철.

5. 명 기회. 알맞은 때.

6. 명 일정한 때.

7. 명 형 당대(의). 현대(의). 현재(의). 당시(의).

8. 부 종종. 때때로. 자주.

9. 부 때로. 이따금. 〔주로 时…时…의 형태를 취함〕

B) 中央人民政府委员会在首都北京举行第一次会议,

zhōngyāng rénmín zhèngfǔ wěiyuánhuì zài shǒudū běijīng jǔxíng dìyí cì huìyì,

중앙인민정부 위원회가 수도 북경에서 제1차 회의를 거행했고,

首都(shǒudū) : 명 수도.

次(cì) : 1. 양 차례. 번. 회.

2. 동 버금가다.

3. 형 두 번째의. 제2의

4. 명 순서.

C) 正·副主席和委员宣布就职。

zhèng · fù zhǔxí hé wěiyuán xuānbù jiùzhí。
정·부 주석과 위원이 취임을 선언했다.

正(zhèng) : 1. 부 마침. 한창. 바야흐로. …하고 있다.
〔동작의 진행 또는 상태의 지속을 나타냄〕
2. 부 마침. 꼭. 딱. 바로.
3. 형 곧다. 바르다. 똑바르다.
4. 형 (위치가) 중간의. 한가운데의.
5. 형 (시각이) 정각이다.
6. 동 바르게 하다. 바로잡다. 고치다. 비뚤어지지 않게 하다.
7. 명 형 플러스(의). 정(의). 정수(의).

副(fù) : 1. 형 부.
2. 명 보조 직무를 담당하는 사람.
3. 형 부대적인. 부수적인.
4. 동 들어맞다. 적합하다. 부합하다.
5. 양 조. 벌. 쌍.〔한 벌 또는 한 쌍으로 되어 있는 물건에 쓰임〕
6. 양 얼굴 표정을 나타낼 때 쓰임.

宣布(xuānbù) : 동 선언하다. 선포하다. 공표하다. 발표하다.

就职(jiùzhí) : 1. 동 (정식으로) 취임하다.〔비교적 높은 직위를 가리킴〕→ 취임.
2. 동 취직하다.

12) 会议一致决定：宣布中华人民共和国中央人民政府的成立，接受《中国人民政治协商会议共同纲领》为中央人民政府的施政方针，并选举林伯渠为中央人民政府委员会秘书长，任命周恩来为中央人民政府政务院总理兼外交部长，毛泽东为中央人民政府人民革命军事委员会主席，朱德为中国人民解放军总司令，沈钧儒为中央人民政府最高人民法院院长，罗荣桓为中央人民政府最高人民检察署检察长，并责成他们从速组成各政府机构，推行各项政府工作。

huìyì yízhì juédìng : xuānbù zhōnghuá rénmín gònghéguó zhōngyāng rénmín zhèngfǔ de chénglì, jiēshòu≪zhōngguó rénmín zhèngzhì xiéshāng huìyì gòngtóng gānglǐng≫wéi zhōngyāng rénmín zhèngfǔ de shīzhèng fāngzhēn, bìng xuǎnjǔ Lín Bóqú wéi zhōngyāng rénmín zhèngfǔ wěiyuánhuì mìshūzhǎng, rènmìng Zhōu Ēnlái wéi zhōngyāng rénmín zhèngfǔ zhèngwùyuàn zǒnglǐ jiān wàijiāo bùzhǎng, Máo Zédōng wéi zhōngyāng rénmín zhèngfǔ rénmín gémìng jūnshì wěiyuánhuì zhǔxí, Zhū Dé wéi zhōngguó rénmín jiěfàngjūn zǒngsīlìng, Shěn Jūnrú wéi zhōngyāng rénmín zhèngfǔ zuìgāo rénmín fǎyuàn yuànzhǎng, Luó Rónghuán wéi zhōngyāng rénmín zhèngfǔ zuìgāo rénmín jiǎncháshǔ jiǎncházhǎng, bìng zéchéng tāmen cóngsù zǔchéng gè zhèngfǔ jīgòu, tuīxíng gè xiàng zhèngfǔ gōngzuò。

회의는 만장일치로 다음 사항을 결정했다. 즉. 중화인민공화국 중앙인민정부의 수립을 선포했고, ≪중국인민정치협상회의 공동강령≫을 중앙인민정부의 시정 방침으로 수용했고, 또한 임백거를 중앙인민정부위원회 비서장으로 선출했고, 주은래를 중앙인민정부 정무원 총리 겸 외교부 장관으로, 모택동을 중앙인민정부 인민혁명군사위원회 주석으로, 주덕을 중국인민해방군 총사령관으로, 심균유를 중앙인민정부 최고인민법원 원장으로, 나영환을 중앙인민정부 최고인민검찰서 검찰장으로 임명했고, 그리고 그들이 각 정부기구를 시급히 구성하고, 각종 정부 업무를 추진하도록 일임했다.

A) 会议一致决定：

huìyì yízhì juédìng :

회의는 만장일치로 다음 사항을 결정했다. 즉 ….

决定(juédìng) : 1. 동 (정책 · 생각 따위를) 결정하다. 결심하다.
2. 명 결정. 결정 사항.
3. 동 규정하다. 결정하다. 좌우하다.

会议一致决定… : 회의는 만장일치로 …을 결정했다. → 회의는 만장일치로 다음 사항을 결정했다. 즉 ….

※ 본 문장의 시제는 모두 과거형이다. 왜냐하면, 회의가 결정한 내용은 모두 과거의 사실이기 때문이다.

B) 宣布中华人民共和国中央人民政府的成立，

xuānbù zhōnghuá rénmín gònghéguó zhōngyāng rénmín zhèngfǔ de chénglì,

중화인민공화국 중앙인민정부의 수립을 선포했고,

C) 接受≪中国人民政治协商会议共同纲领≫为中央人民政府的施政方针，

jiēshòu≪zhōngguó rénmín zhèngzhì xiéshāng huìyì gòngtóng gānglǐng≫ wéi zhōngyāng rénmín zhèngfǔ de shīzhèng fāngzhēn,

≪중국인민정치협상회의 공동강령≫을 중앙인민정부의 시정 방침으로 수용했고,

接受(jiēshòu)：동 받아들이다. 수용하다. 받다. 수락하다. 접수하다. 영수하다.

施政(shīzhèng)：명 동 시정(하다).

方针(fāngzhēn)：명 방침.

施政方针(shīzhèng fāngzhēn)：시정 방침.

D) 并选举林伯渠为中央人民政府委员会秘书长，

bìng xuǎnjǔ Lín Bóqú wéi zhōngyāng rénmín zhèngfǔ wěiyuánhuì mìshūzhǎng,

또한 임백거를 중앙인민정부위원회 비서장으로 선출했고,

林伯渠(Lín Bóqú)：임백거. 린보취. Lin Boqu. 〔사람 이름〕

秘书长(mìshūzhǎng)：1. 명 비서장.
2. 명 (유엔) 사무총장.

E) 任命周恩来为中央人民政府政务院总理兼外交部长，毛泽东为中央人民政府人民革命军事委员会主席，朱德为中国人民解放军总司令，沈钧儒为中央人民政府最高人民法院院长，罗荣桓为中央

人民政府最高人民检察署检察长,

rènmìng Zhōu Ēnlái wéi zhōngyāng rénmín zhèngfǔ zhèngwùyuàn zǒnglǐ jiān wàijiāo bùzhǎng, Máo Zédōng wéi zhōngyāng rénmín zhèngfǔ rénmín gémìng jūnshì wěiyuánhuì zhǔxí, Zhū Dé wéi zhōngguó rénmín jiěfàngjūn zǒngsīlìng, Shěn Jūnrú wéi zhōngyāng rénmín zhèngfǔ zuìgāo rénmín fǎyuàn yuànzhǎng, Luó Rónghuán wéi zhōngyāng rénmín zhèngfǔ zuìgāo rénmín jiǎncháshǔ jiǎncházhǎng,

주은래를 중앙인민정부 정무원 총리 겸 외교부 장관으로, 모택동을 중앙인민정부 인민혁명군사위원회 주석으로, 주덕을 중국인민해방군 총사령관으로, 심균유를 중앙인민정부 최고인민법원 원장으로, 나영환을 중앙인민정부 최고인민검찰서 검찰장으로 임명했고,

任命(rènmìng) : 명 동 임명(하다).

政务院(zhèngwùyuàn) : 명 정무원. 〔중국에서 인민대표대회(人民代表大会)가 성립되기 이전의 국가 정무의 최고 집행 기관〕

总理(zǒnglǐ) : 1. 명 총리.
2. 동 명 전체를 관리하다. 또는 관리하는 사람.

兼(jiān) : 1. 동 겸하다. 동시에 하다. → 겸.
2. 두 배의. 곱절의.

外交(wàijiāo) : 명 외교.

外交部(wàijiāobù) : 명 외교부. 외무부.

部长(bùzhǎng) : 1. 명 (중앙 정부의) 장관. 대신.
2. 명 (부서의) 부장.

外交部长(wàijiāo bùzhǎng) : 외교부 장관. 외무부 장관.

任命周恩来为中央人民政府政务院总理兼外交部长 : 주은래를 중앙인민정부 정무원 총리 겸 외교부 장관으로 임명하다.

军事(jūnshì) : 명 군사. 군대 · 전쟁 따위에 관한 일.

朱德(Zhū Dé) : 주덕. 주더. Zhu De. 〔사람 이름〕

总司令(zǒngsīlìng) : 명 총사령관.

沈钧儒(Shěn Jūnrú) : 심균유. 션쥔루. Shen Junru. 〔사람 이름〕

最高(zuìgāo) : 형 가장 높다. 최고이다.

法院(fǎyuàn) : 명 법원.

院长(yuànzhǎng)：1. 명 원장.
2. 명 병원 원장.
3. 명 단과 대학 학장.
4. 명 대신. 장관.

罗荣桓(Luó Rónghuán)：나영환. 뤄룽환. Luo Ronghuan. 〔사람 이름〕

检察(jiǎnchá)：1. 동 점검하여 고찰하다(살피다).
2. 동 검찰하다. 범죄 사실을 수사하다.
3. 명 검사. 검찰관.

署(shǔ)：1. 명 관공서. 관아. 관청.
2. 명동 배치(하다). 배속(하다).
3. 동 (직무를) 임시 대행하다.
4. 동 서명하다. 사인하다. 기명하다.

检察署(jiǎncháshǔ)：명 검찰서.

检察长(jiǎncházhǎng)：명 검찰장.

F) 并责成他们从速组成各政府机构, 推行各项政府工作。

bìng zéchéng tāmen cóngsù zǔchéng gè zhèngfǔ jīgòu, tuīxíng gèxiàng zhèngfǔ gōngzuò。

그리고 그들이 각 정부기구를 시급히 구성하고, 각종 정부 업무를 추진하도록 일임했다.

责成(zéchéng)：동 일임하다. 책임지고 완성하게 하다. 책임을 지우다.

从速(cóngsù)：부동 속히 (하다). 되도록 빨리 (하다). 시급히 (처리하다).

组成(zǔchéng)：동 구성하다. 조직하다. 결성하다.

机构(jīgòu)：1. 명 기구. 기관 · 단체 등의 사업 단위.
2. 명 기관 · 단체 등의 내부 조직.
3. 명 기구. 기계의 내부 구조나 장치.

他们从速组成各政府机构：그들이 각 정부기구를 시급히 구성하다.

推行(tuīxíng)：동 추진하다. 밀고 나아가다. 보급하다. 널리 시행하다.

项(xiàng)：1. 양 가지. 항. 조목. 조항. 단위.
2. 명 목(덜미).

3. 명 돈. 금액. 비용. 경비.

各项(gèxiàng)：각종. 여러 가지.

推行各项政府工作： 각종 정부 업무를 추진하다.

他们从速组成各政府机构, 推行各项政府工作：그들이 각 정부기구를 시급히 구성하고, 각종 정부 업무를 추진하다.

责成他们从速组成各政府机构, 推行各项政府工作：그들이 각 정부기구를 시급히 구성하고, 각종 정부 업무를 추진하도록 일임하다.

13) 同时决定, 向各国政府宣布中央人民政府为中国唯一合法政府, 中央人民政府愿与遵守平等·互利及互相尊重领土主权等项原则的任何外国政府建立外交关系。

tóngshí juédìng, xiàng gè guó zhèngfǔ xuānbù zhōngyāng rénmín zhèngfǔ wéi zhōngguó wéiyī héfǎ zhèngfǔ, zhōngyāng rénmín zhèngfǔ yuàn yǔ zūnshǒu píngděng · hùlì jí hùxiāng zūnzhòng lǐngtǔ zhǔquán děng xiàng yuánzé de rènhé wàiguó zhèngfǔ jiànlì wàijiāo guānxi。

동시에, 각국 정부에게 중앙인민정부가 중국의 유일한 합법 정부라고 선포하고, 중앙인민정부는 평등과 호혜 및 영토주권의 상호 존중 같은 류의 원칙을 준수하는 어떠한 외국정부와도 외교관계를 수립하기를 희망한다고 결정했다.

A) 同时决定,

tóngshí juédìng,

동시에 …를 결정했다. → 동시에 결정하기를, ….

同时(tóngshí)：1. 명 동시. 같은 시기.

2. 접 동시에. 또한. 게다가. 나아가.

B) 向各国政府宣布中央人民政府为中国唯一合法政府,

xiàng gèguó zhèngfǔ xuānbù zhōngyāng rénmín zhèngfǔ wéi zhōngguó wéiyī héfǎ zhèngfǔ,

각국 정부에게 중앙인민정부가 중국의 유일한 합법 정부라고 선포하고,

向(xiàng) : …에. …에게. …로. …을 향하여. 1-14.

各国(gèguó) : 명 각국.

向各国政府 : 각국 정부에게. 각국 정부를 향해.

唯一(wéiyī) : 형 유일한. 하나밖에 없는.

合法(héfǎ) : 형 법에 맞다. 합법적이다.

中央人民政府为中国唯一合法政府 : 중앙인민정부가 중국의 유일한 합법 정부이다.

宣布中央人民政府为中国唯一合法政府 : 중앙인민정부가 중국의 유일한 합법 정부이라고 선포하다.

C) 中央人民政府愿与遵守平等·互利及互相尊重领土主权等项原则的任何外国政府建立外交关系。

zhōngyāng rénmín zhèngfǔ yuàn yǔ zūnshǒu píngděng · hùlì jí hùxiāng zūnzhòng lǐngtǔ zhǔquán děngxiàng yuánzé de rènhé wàiguó zhèngfǔ jiànlì wàijiāo guānxi。

중앙인민정부는 평등과 호혜 및 영토주권의 상호 존중 같은 류의 원칙을 준수하는 어떠한 외국정부와도 외교관계를 수립하기를 희망하다.

愿(yuàn) : 1. 동 원하다. 바라다. 희망하다.
2. 명 희망. 소원. 염원. 바람.
3. 형 성실하고 신중하다.

与(yǔ) : …와〔과〕. …함께. 1-6.

遵守(zūnshǒu) : 동 준수하다. 지키다.

平等(píngděng) : 1. 명 형 평등(하다). 대등(하다).
2. 동 동일한(평등한) 대우를 받다.

互利(hùlì) : 1. 명 상호 이익. 호혜.
2. 동 서로 이익을 주다.

及(jí) : 1. 접 및. 와. 과. 〔단어와 단어군을 병렬하여 접속시킬 때 사용됨〕
2. 동 (도)달하다. 이르다. 미치다.
3. 동 (비교해서) 미치다. 비교되다. 따라가다. 좇아가다.
4. 동 제 시간에 가닿다(대다).

互相(hùxiāng)：부 서로. 상호.
尊重(zūnzhòng)：1. 동 존중하다. 중시하다.
2. 형 엄숙하고 무게가 있다. 점잖다.
领土(lǐngtǔ)：명 영토. 국토.
主权(zhǔquán)：명 주권.
领土主权：영토주권.
互相尊重领土主权：영토주권을 상호 존중하다. → 영토주권의 상호 존중.
等项(děngxiàng)：等类(děnglèi). 조 같은 류.
原则(yuánzé)：명 원칙.
任何(rènhé)：대 어떠한 (…라도). 〔흔히 都와 호응하여 쓰임〕
外国(wàiguó)：명 외국.
建立(jiànlì)：수립하다. 설립하다. 건립하다. 맺다. 1-15.
关系(guānxi)：1. 명 (사물 사이의) 관계. 관련.
2. 동 …와 관계하다〔되다〕. 관련되다. 〔주로 到와 함께 사용됨〕
3. 명 (서로 관련된 것 사이의) 영향. 중요성.
建立外交关系：외교관계를 수립하다.
平等 · 互利及互相尊重领土主权等项：평등과 호혜 및 영토주권의 상호 존중 같은 류.
平等 · 互利及互相尊重领土主权等项原则：평등과 호혜 및 영토주권의 상호 존중 같은 류의 원칙.
遵守平等 · 互利及互相尊重领土主权等项原则：평등과 호혜 및 영토주권의 상호 존중 같은 류의 원칙을 준수하다.
遵守平等 · 互利及互相尊重领土主权等项原则的任何外国政府：평등과 호혜 및 영토 주권의 상호 존중 같은 류의 원칙을 준수하는 어떠한 외국정부.
与遵守平等 · 互利及互相尊重领土主权等项原则的任何外国政府：평등과 호혜 및 영토주권의 상호 존중 같은 류의 원칙을 준수하는 어떠한 외국정부와라도.
与遵守平等 · 互利及互相尊重领土主权等项原则的任何外国政府建立外交关系：평등과 호혜 및 영토주권의 상호 존중 같은 류의 원칙을 준수하는 어떠한 외국정부와라도 외교관계를 수립하다.
中央人民政府愿(与遵守平等 · 互利及互相尊重领土主权等项原则的任何外国政府建立外交关系)：중앙인민정부는 (평등과 호혜 및 영토주권의 상호 존중 같은 류의 원칙을 준수하는 어떠한 외국정부와라도 외교관계를 수립하기)를 희망하다.

14) 中国共产党在新政府中切实负起了领导责任，保证了新政府的稳定性・坚强性和前进的正确性。

zhōngguó gòngchǎndǎng zài xīn zhèngfǔ zhōng qiēshí fùqǐle lǐngdǎo zérèn, bǎozhèngle xīn zhèngfǔ de wěndìngxìng・jiānqiángxìng hé qiánjìn de zhèngquèxìng。

중국공산당은 새 정부에서 영도의 책임을 착실히 짊어졌고, 새 정부의 안정성・견고성과 전진의 정확성을 보증했다.

在(zài)…中(zhōng)：…(중)에서. …(가운데)에서. 1-18.

切实(qiēshí)：형 착실〔성실, 진실〕하다. 실용〔실제, 현실, 효과〕적이다. 알맞다.

负(fù)：1. 동 (짐 따위를) 지다. 메다.
2. 명동 임무(를 맡다). 책임(을 지다).
3. 동 등지다. 뒤에 두다. 의지하다.

起(qǐ)：1. 동사 뒤에 붙어 동작이 아래에서 위로 향하는 것을 나타내는 방향보어로 쓰임.
2. 동사 뒤에 붙어 할 수 있는가 없는가 하는 뜻을 나타내는 가능보어로 쓰임.
3. 동 시작하다.〔주로 从・由・打・自 등과 함께 쓰임〕
4. 동 (…하기) 시작하다.〔다른 동사 뒤에 붙어 동작의 개시를 나타내는 보어 역할을 함. 주로 从・由 등과 함께 쓰임〕
5. 동 일어서다. 일어나다. 몸을 일으키다.
6. 동 본래의 장소를 떠나다. 이동하다.
7. 동 물체가 아래에서 위로 올라가다.
8. 동 발생하다. 생기다. 일으키다. 흥기하다.
9. 동 기안〔기초〕하다. 초안하다.

负起(fùqǐ)：(책임을) 짊어지다.

领导(lǐngdǎo)：영도. 지도. 영도력. 지도력. 2-3.

责任(zérèn)：명 책임.

领导责任：영도의 책임. 지도의 책임.

保证(bǎozhèng)：1. 동 담보하다. 보증하다. 확보하다.
2. 명 보증. 확보. 담보(물).

稳定(wěndìng)：1. 형 안정적이다. 안정하다. 가라앉다. 변동이 없다.
2. 동 안정시키다. 가라앉히다.
3. 명 안정.

性(xìng)：〔명사 뒤에 붙어 사상 · 감정을 나타내거나 범위 · 방식을 한정함〕 성격. 본성. 성질. 특성. 1-6.

稳定性(wěndìngxìng)：안정성.

坚强(jiānqiáng)：1. 형 굳세다. 굳고 강하다. 꿋꿋하다. 완강〔강경 · 견고〕하다.
2. 동 공고히 하다. 견고히 하다. 강화하다.

坚强性(jiānqiángxìng)：견고성. 꿋꿋함.

前进(qiánjìn)：전진(하다). 1-10.

正确(zhèngquè)：정확하다. 틀림없다. 올바르다. 옳다. 2-9.

正确性(zhèngquèxìng)：정확성.

15) 在新成立的政府中，由于统一战线的确立，各民主党派的主要负责人·社会贤达和知名人士，同中国共产党人一道，担起了领导新中国国民经济的恢复和建设的历史重任。

zài xīn chénglì de zhèngfǔ zhōng, yóuyú tǒngyī zhànxiàn de quèlì, gè mínzhǔ dǎngpài de zhǔyào fùzérén · shèhuì xiándá hé zhīmíng rénshì, tóng zhōngguó gòngchǎndǎngrén yídào, dānqǐle lǐngdǎo xīn zhōngguó guómín jīngjì de huīfù hé jiànshè de lìshǐ zhòngrèn。

새로 수립된 정부에서 통일전선의 확립으로 인하여 각 민주당파의 주요 책임자 · 사회적 지도인사와 저명인사들은 중국공산당원과 함께 신중국의 국민경제의 회복과 건설을 영도하는 역사적 중임을 짊어졌다.

新成立的政府：새로 수립된 정부.

由于(yóuyú)：1. 개 …때문에. …로 인하여. …로 말미암아. 〔보통 글의 첫머리에 와서 바로 다음의 구절로 이어지는 구절의 원인을 표시함〕
2. 동 …에 의하다. …에 기초하다.
3. 접 …때문에. …에 인하여.

统一(tǒngyī)：1. 동 통일하다. 하나로 일치되다.
2. 명 통일.
3. 형 통일된. 단일한.

战线(zhànxiàn)：명 전선.

确立(quèlì)：명동 확립(하다).

主要(zhǔyào) : 주요한. 2-9.

负责(fùzé) : 1. 동 책임이 있다. 책임을 지다.
2. 형 책임감이 강하다.
3. 동 담보하다. 보장하다.

负责人(fùzérén) : 명 책임자.

社会(shèhuì) : 사회. 2-10.

贤达(xiándá) : 명 현명하고 사리에 통달한 사람. 재능 · 덕행 · 성망을 겸비한 사람.

社会贤达(shèhuì xiándá) : 명 사회적 지도인사. 사회의 지도적 인사.

知名(zhīmíng) : 형 지명하다. 유명하다. 저명하다. 〔주로 사람에게 쓰임〕

知名人士(zhīmíngrénshì) : 저명인사. 유명인사.

同(tóng) : …와〔과〕. …와〔과〕 함께. 2-4.

人(rén) : (어느 범위 안의) 사람. (일반의) 사람. 일반인. 2-8.

中国共产党人(zhōngguó gòngchǎndǎng rén) : 중국공산당의 사람들. → 중국공산당원.

一道(yídào) : 1. 부 같이. 함께.
2. 부 하는 김에. 겸하여. 계제에.

担(dān) : 1. 동 (멜대로) 메다. 지다.
2. 동 (책임이나 일을) 맡다. 담당하다.

担(dàn) : 1. 명 짐.
2. 명 책임.

担起(dānqǐ) : 짊어지다.

新中国(xīn zhōngguó) : 신중국. 새로운 중국. 새 중국. 〔특히 중화인민공화국 수립(1949년 10월) 이후의 중국을 일컬음. 이전의 중국은 旧中国(구중국)이라고 함〕

国民(guómín) : 명 국민.

经济(jīngjì) : 경제. 2-10.

国民经济(guómín jīngjì) : 국민경제. 경제활동 전체를 국가단위로 하여 종합적으로 파악한 것.

恢复(huīfù) : 동 회복하다(되다). 원래대로 돌아오다. 되찾다. → 회복.

建设(jiànshè) : 건설(하다). 1-3.

历史(lìshǐ) : 역사. 1-1.

重任(zhòngrèn) : 명 중임. 중책.

历史重任：역사적 중임.

领导新中国国民经济的恢复和建设：신중국의 국민경제의 회복과 건설을 영도하다.

领导新中国国民经济的恢复和建设的历史重任：신중국의 국민경제의 회복과 건설을 영도하는 역사적 중임.

担起了领导新中国国民经济的恢复和建设的历史重任：신중국의 국민경제의 회복과 건설을 영도하는 역사적 중임을 짊어졌다.

16) 新中国各部门的工作迅速上正轨，适应了“恢复生产，建设新中国”的需要。

xīn zhōngguó gè bùmén de gōngzuò xùnsù shàng zhèngguǐ, shìyīngle “huīfù shēngchǎn, jiànshè xīn zhōngguó” de xūyào。

신중국 각 부문의 업무가 신속히 정상 궤도에 오르고, “생산 회복, 신중국 건설”의 수요에 적응했다.

部门(bùmén)：명 부문. 부(部). 분과.

迅速(xùnsù)：형 신속하다. 급속하다. 재빠르다. 날래다. → 신속히. 빠르게.

上(shàng)：오르다. 타다. 가다. 다다르다. 도착하다. 1-13.

正轨(zhèngguǐ)：1. 명 정상적인 궤도. 정상 궤도.
2. 명 올바른 길. 정도. 상궤. 바른길.

适应(shìyīng)：1. 명동 (…에) 적응(하다). (…에) 부응(하다)
2. 형 적합하다. 적당하다. 알맞다.

生产(shēngchǎn)：명동 생산(하다). 출산(하다). 몸풀다. 해산(하다).

恢复生产：생산을 회복시키다. → 생산 회복.

建设新中国： 신중국을 건설하다. → 신중국 건설.

需要(xūyào)：1. 명 수요. 필요. 요구. 욕구.
2. 동 요구되다. 필요로 하다.
3. 동 …해야 한다. *

4. 번역 중화인민공화국의 수립

건국 성전

혁명의 근본 문제는 정권 문제이다. 중국 신민주주의 혁명의 전국 범위에서의 기본적인 승리에 따라서 중화인민공화국 수립의 임무는 의사일정으로 올라와서 언급되었고, 중국공산당은 전국 국민이 일련의 건국 준비 업무를 진행하도록 영도했다.

1949년 9월 21일부터 30일까지 중국인민정치협상회의 제1기 전체회의가 북경에서 성대하게 거행되었다. 회의에 출석한 대표는 662명이고, 중국공산당 및 기타 민주당파와 인민단체와 인민해방군과 각 지역과 각 민족 그리고 무당파 민주인사와 해외화교를 대표하고 있다. 회의는 전국인민대표대회의 직권을 실제적으로 집행하고 있고, 전국 국민을 대표하는 성질을 구비한다.

제1기 정치협상회의는 충분한 토론을 거쳐서, ≪중국인민정치협상회의 조직법≫과 ≪중화인민공화국 중앙인민정부 조직법≫과 ≪중국인민정치협상회의 공동강령≫을 만장일치로 통과했다. 회의는 다음에 열거하는 4개 결의안을 또 통과했다. (1)중화인민공화국의 수도는 북평에 정하고, 그리고 북경으로 개명한다. (2)중화인민공화국은 서력기원을 채용하고, 이 결의를 통과한 이 해는 1949년이다. (3)중화인민공화국 국가가 아직 정식으로 제정하기 이전에 ≪의용군행진곡≫을 국가로 삼는다. (4)중화인민공화국의 국기는 오성홍기이다.

회의는 모택동을 중화인민공화국 중앙인민정부위원회 주석으로, 진의 등 56명을 중앙인민정부위원회 위원으로 선출했고, 주은래 등 181명을 중국인민정치협상회의 제1기 전국위원회 위원으로 선출했다.

중국인민정치협상회의 제1기 전체회의가 폐막된 후 다음날 즉 1949년 10월1일 오후 2시에 중앙인민정부 위원회가 수도 북경에서 제1차 회의를 거행했고, 정·부 주석과 위원이 취임을 선언했다. 회의는 만장일치로 다음 사항을 결정했다. 즉 중화인민공화국 중앙인민정부의 수립을 선포했고, ≪중국인민정치협상회의 공동강령≫을 중앙인민정부의 시정 방침으로 수용했고, 또한 임백거를 중앙인민정부위원회 비서장으로 선출했고, 주은래를 중앙인민정부 정무원 총리 겸 외교부 장관으로, 모택동을 중앙인민정부 인민혁명군사위원회 주석으로, 주덕을 중국인민해방군 총사령관으로, 심균유를 중앙인민정부 최고인민법원 원장으로, 나영환을 중앙인민정부 최고인민검찰서 검찰장으로 임명했고, 그리고 그들이 각 정부기구를 시급히 구성하고, 각종 정부 업무를 추진하도록 일임했다. 동시에 각국 정부에게 중앙인민정부가 중국의 유일한 합법 정부라고 선포하고, 중앙인민정부는 평등과 호혜 및 영토주권의 상호 존중 같은 류의 원칙을 준수하는 어떠한 외국정부와도 외교관계를 수립하기를 희망한다고 결정했다.

중국공산당은 새 정부에서 영도의 책임을 착실히 짊어졌고, 새 정부의 안정성·견고성과 전진의 정확성을 보증했다. 새로 수립된 정부에서 통일전선의 확립으로 인하여 각 민주당파의 주요 책임자·사회적 지도인사와 저명인사들은 중국공산당원과 함께 신중국의 국민경제의 회복과 건설을 영도하는 역사적 중임을 짊어졌다. 신중국 각 부문의 업무가 신속히 정상 궤도에 오르고 "생산 회복, 신중국 건설"의 수요에 적응했다. *

第四课

土地制度的改革

第四课 土地制度的改革

1. 원문 新解放区的土地改革

按照中共七届三中全会的部署，在进行抗美援朝战争的条件下，国内有领导·有计划·有秩序地在新解放区开展了大规模的土地改革运动。这是一场涉及几亿人口的深刻的社会变革。新中国成立时，全国已在约有1.19亿农业人口的老解放区完成了土地改革。而在约有2.9亿农业人口的新解放区和待解放地区，经过近十余年来的抗日战争和人民解放战争，地主土地所有制占支配地位的基本状况并未改变。从新解放区和待解放地区总的情况来看，农村中全部出租土地占60%~70%。中农·贫农和雇农虽然耕种着农村中90%的土地，但他们只对一部分土地有所有权，而对大部分土地却没有所有权，所承受的地租剥削是沉重的。

1950年6月，经中共七届三中全会，一届政协二次会议讨论和同意土地改革法(草案)后，《中华人民共和国土地改革法》 正式公布实行，为在中国彻底废除封建土地制度做了立法上的重要准备。土地改革是最后消灭封建剥削制度的深刻社会变革，在中国延续两千多年的封建剥削制度，绝不会凭着一纸法令而自动改变。建国后，虽然一部分中小地主和开明士伸因大势所趋，表示愿意服从土改法令，但就大多数地主来说，仍企图维护原来的统治地位和阶级利益，采取多种手法对抗土地改革。因此，建国后的土地改革，仍然是一场尖锐复杂的阶级斗争。

按照中央的统一部署，1950年冬至1951年春，新区的土地改革首先是在条件已经或基本成熟的华北·华东·中南·西北约1.28亿农业人口的地区展开；1951年冬至1952年春，在上述四个大区和西南约1.1亿农业人口的地区进行；1952年冬至1953年春，在中南·西南·西北剩余的约3000万农业人口的地区进行。

从1950年冬到1952年底，除新疆·西藏等少数民族地区及尚待解放的台湾省以外，土地制度的改革已在全国范围内基本完成。在大约2.7亿农业人口的新解放区，加上老解放区，全国有3亿多无地少地的农民，无偿地获得约7亿亩(合4700万公顷)土地和大量生产资料，免除了过去每年向地主交纳350亿公顷以上粮食的苛重地租。

总的来说，由于有全国性人民民主政权的有利条件，有民主革命时期积累的成熟经验，有比较完善的法律·法规和政策为依据，建国后这次历史上最大规模的土地改革运动进行得比较顺利。

출처: 《简明中华人民共和国史》，庞松 主编，广州：广东教育出版社，2001. pp.30-36.

2. 발음 dì sì kè tǔdì zhìdù de gǎigé

xīn jiěfàngqū de tǔdì gǎigé

ànzhào zhōnggòng qī jiè sān zhōngquánhuì de bùshǔ, zài jìnxíng kàngměi yuáncháo zhànzhēng de tiáojiàn xià, guónèi yǒu lǐngdǎo · yǒu jìhuà · yǒu zhìxùdi zài xīn jiěfàngqū kāizhǎnle dàguīmó de tǔdì gǎigé yùndòng。zhè shì yìchǎng shèjí jǐ yì rénkǒu de shēnkè de shèhuì biàngé。xīn zhōngguó chénglì shí, quánguó yǐ zài yuē yǒu yī diǎn yī jiǔ yì nóngyè rénkǒu de lǎo jiěfàngqū wánchéngle tǔdì gǎigé。ér zài yuē yǒu èr diǎn jiǔ yì nóngyè rénkǒu de xīn jiěfàngqū hé dài jiěfàng dìqū, jīngguò jìn shí yú niánlái de kàngrì zhànzhēng hé rénmín jiěfàng zhànzhēng, dìzhǔ tǔdì suǒyǒuzhì zhān zhīpèi dìwèi de jīběn zhuàngkuàng bìng wèi gǎibiàn。cóng xīn jiěfàngqū hé dài jiěfàng dìqū zǒng de qíngkuàng láikàn, nóngcūn zhōng quánbù chūzū tǔdì zhān bǎifēnzhī liù shí dào bǎifēnzhī qī shí。zhōngnóng · pínnóng hé gùnóng suīrán gēngzhǒngzhe nóngcūn zhōng bǎifēnzhī jiǔ shí de tǔdì, dàn tāmen zhǐ duì yíbùfen tǔdì yǒu suǒyǒuquán, ér duì dàbùfen tǔdì què méiyǒu suǒyǒuquán, suǒ chéngshòu de dìzū bōxuē shì chénzhòng de。

yī jiǔ wǔ líng nián liù yuè, jīng zhōnggòng qī jiè sān zhōngquánhuì, yī jiè zhèngxié èr cì huìyì tǎolùn hé tóngyì tǔdì gǎigéfǎ (cǎo`àn) hòu, ≪zhōnghuá rénmín gònghéguó tǔdì gǎigéfǎ≫ zhèngshì gōngbù shíxíng, wèi zài zhōngguó chèdǐ fèichú fēngjiàn tǔdì zhìdù zuòle lìfǎ shang de zhòngyào zhǔnbèi。tǔdì gǎigé shì zuìhòu xiāomiè fēngjiàn bōxuē zhìdù de shēnkè shèhuì biàngé, zài zhōngguó yánxù liǎng qiān duō nián de fēngjiàn bōxuē zhìdù, juébùhuì píngzhe yì zhǐ fǎlìng ér zìdòng gǎibiàn。jiànguó hòu, suīrán yíbùfen zhōngxiǎo dìzhǔ hé kāimíng shìshēn yīn dàshì suǒ qū, biǎoshì yuànyì fúcóng tǔgǎi fǎlìng, dàn jiù dàduōshù dìzhǔ láishuō, réng qǐtú wéihù yuánlái de tǒngzhì dìwèi hé jiējí lìyì, cǎiqǔ duōzhǒng shǒufǎ duìkàng tǔdì gǎigé。yīncǐ, jiànguó hòu de tǔdì gǎigé, réngrán shì yìchǎng jiānruì fùzá de jiējí dǒuzhēng。

ànzhào zhōngyāng de tǒngyī bùshǔ, yī jiǔ wǔ líng nián dōng zhì yī jiǔ wǔ yī nián chūn, xīnqū de tǔdì gǎigé shǒuxiān shì zài tiáojiàn yǐjīng huò jīběn chéngshú de huáběi · huádōng · zhōngnán · xīběi yuē yī diǎn èr bā yì nóngyè rénkǒu de dìqū zhǎnkāi ; yī jiǔ wǔ yī nián dōng zhì yī jiǔ wǔ èr nián chūn, zài shàngshù sì gè dàqū hé xīnán yuē yī diǎn yī yì nóngyè rénkǒu de dìqū jìnxíng ; yī jiǔ wǔ èr nián dōng zhì yī jiǔ wǔ sān nián chūn, zài zhōngnán · xīnán · xīběi shèngyú de yuē sān qiān wàn nóngyè rénkǒu de dìqū jìnxíng。

cóng yī jiǔ wǔ líng nián dōng dào yī jiǔ wǔ èr nián dǐ, chú xīnjiāng · xīzàng děng shǎoshù mínzú dìqū jí shàngdài jiěfàng de táiwān shěng yǐwài, tǔdì zhìdù de gǎigé yǐ zài quánguó fànwéi nèi jīběn wánchéng。 zài dàyuē èr diǎn qī yì nóngyè rénkǒu de xīn jiěfàngqū, jiāshàng lǎo jiěfàngqū, quánguó yǒu sān yì duō wúdì shǎodì de nóngmín, wúchángdi huòdé yuē qī yì mǔ (hé sì qiān qī bǎi wàn gōngqǐng) tǔdì hé dàliàng shēngchǎn zīliào, miǎnchúle guòqù měinián xiàng dìzhǔ jiāonà sān bǎi wǔ shí yì gōngqǐng yǐshàng liángshí de kēzhòng dìzū。

zǒngde láishuō, yóuyú yǒu quánguóxìng rénmín mínzhǔ zhèngquán de yǒulì tiáojiàn, yǒu mínzhǔ gémìng shíqī jīlèi de chéngshú jīngyàn, yǒu bǐjiào wánshàn de fǎlǜ · fǎguī hé zhèngcè wéi yījù, jiànguó hòu zhè cì lìshǐ shàng zuìdà guīmó de tǔdì gǎigé yùndòng jìnxíng de bǐjiào shùnlì。

3. 해설 토지제도의 개혁

1) 土地制度的改革

tǔdì zhìdù de gǎigé
토지제도의 개혁

土地(tǔdì) : 1. 명 땅. 토지. 농토. 전답.
2. 명 영토. 국토.
3. 명 맨땅. 노출된 지면.
制度(zhìdù) : 제도 규칙. 규정. 1-15.
改革(gǎigé) : 개혁(하다). 1-3.

2) 新解放区的土地改革

xīn jiěfàngqū de tǔdì gǎigé
신해방구의 토지개혁

新(xīn) : 새. 새로운. 1-3.
解放(jiěfàng) : 해방하다. 자유롭게 되다. 속박에서 벗어나다. → 해방. 3-6.
区(qū) : 1. 명 지역. 지구. 지대.
2. 명 구별. 분별.
3. 명 구. 구역. 〔행정 구역 단위〕
4. 동 나누다. 구분하다. 구별하다.
解放区(jiěfàngqū) : 명 해방구. 항일전쟁 및 국공내전 시기에 홍군(红军)에 의하여 해방된 지구. 〔시기의 전후에 따라 新解放区(신해방구)와 老解放区(구해방구)로 불림〕

新解放区(xīn jiěfàngqū) : 신해방구. 1949년 신중국 수립 이후, 해방군의 승리와 진군에 따라, 양자강 이남의 광대한 영토가 해방되었고, 이들 지역이 신해방구로 불린다. 신강유오이자치구 · 서장자치구 등 소수민족지구 및 대만성은 제외됨.

3) 按照中共七届三中全会的部署，在进行抗美援朝战争的条件下，国内有领导 · 有计划 · 有秩序地在新解放区开展了大规模的土地改革运动。

ànzhào zhōnggòng qī jiè sān zhōngquánhuì de bùshǔ, zài jìnxíng kàngměi yuáncháo zhànzhēng de tiáojiàn xià, guónèi yǒu lǐngdǎo · yǒu jìhuà · yǒu zhìxùdi zài xīn jiěfàngqū kāizhǎnle dàguīmó de tǔdì gǎigé yùndòng。
중국공산당 제7기 제3차 중앙위원회 전체회의(중공 7기 3중전회)의 배치에 따라, 항미원조전쟁을 진행하는 조건 하에서, 국내는 영도 하에서, 계획적으로, 질서 있게 신해방구에서 대규모의 토지개혁운동을 전개했다.

A) 按照中共七届三中全会的部署，

ànzhào zhōnggòng qī jiè sān zhōngquánhuì de bùshǔ,
중국공산당 제7기 제3차 중앙위원회 전체회의(중공 7기 3중전회)의 배치에 따라,

按照(ànzhào) : …에 따라. …에 근거하여. …에 비추어. …대로. 1-3.

中共(zhōnggòng) : 中国共产党(zhōngguó gòngchǎndǎng, 중국공산당)의 준말임. 1-4.

届(jiè) : 회. 기. 차. 1-4.

中全会(zhōngquánhuì) : 중전회. 中央委员会全体会议(zhōngyāng wěiyuánhuì quántǐ huìyì, 중앙위원회 전체회의)의 약칭. 1-4.

中共七届三中全会 : 중국공산당 제7기 중앙위원회 제3차 전체회의. 중공 7기 3중전회(1950년 6월 6일~6월 9일).

部署(bùshǔ) : 명 동 배치(하다). (인력 · 임무 등을) 안배(하다).

B) 在进行抗美援朝战争的条件下,

zài jìnxíng kàngměi yuáncháo zhànzhēng de tiáojiàn xià,

항미원조전쟁을 진행하는 조건하에서,

在(zài)…下(xia) : … 아래에서. … 하에서. 2-9.

进行(jìnxíng) : 진행하다. 2-9.

抗(kàng) : 1. 동 저항하다. 대항하다. 막다. 싸우다.
2. 동 거절하다. 거스르다. 항거하다.
3. 동 맞서다. 대등하다. 필적하다.

美(měi) : 1. 명 미국(美国).
2. 명 미주(美洲).
3. 형 아름답다. 곱다. 예쁘다.
4. 동 아름답게 하다. 예쁘게 되다.
5. 형 만족하다. 즐겁다. 좋다. 훌륭하다.
6. 형 맛있다. 좋다.

抗美(kàngměi) : 미국에 저항하다. 항미.

援(yuán) : 1. 동 돕다. 원조하다.
2. 동 손으로 끌어당기다. 손에 쥐다.
3. 동 인용하다. 전례대로 하다.

朝(cháo) : 1. 명 朝鲜民主主义人民共和国(북한)의 약칭인 朝鲜(cháoxiān, 北朝鲜 : běi cháoxiān)을 칭함.
2. 명 조정.
3. 명 왕조. (임금의) 재위 기간.
4. 동 참배하다.
5. 동 …으로 향하다. 〔반드시 목적어를 가짐〕
6. 개 …을 향하여.

援朝(yuáncháo) : 북한을 원조하다.

战争(zhànzhēng) : 명 전쟁.

抗美援朝战争(kàngměi yuáncháo zhànzhēng) : 명 항미원조전쟁. 〔한국전쟁(1950년 6월~1953년 7월)을 중화인민공화국에서 이르는 단어임〕

进行抗美援朝战争 : 항미원조전쟁을 진행하다.

条件(tiáojiàn)：조건. 기준. 1-14.

C) 国内有领导·有计划·有秩序地在新解放区开展了大规模的土地改革运动。

guónèi yǒu lǐngdǎo · yǒu jìhuà · yǒu zhìxùdi zài xīn jiěfàngqū kāizhǎnle dàguīmó de tǔdì gǎigé yùndòng。

국내는 영도 하에서, 계획적으로, 질서 있게 신해방구에서 대규모의 토지개혁운동을 전개했다.

国内(guónèi)：명 국내.

有(yǒu)：있다.〔존재를 표시함〕3-6.

领导(lǐngdǎo)：영도(하다). 지도(하다). 이끌고 나가다. 2-3.

有领导：영도가 있다.

有领导地(yǒu lǐngdǎodi)：영도력(지도력)을 지니고. 지도(영도) 하에서.

计划(jìhuà)：명 동 계획(하다).

有计划：계획이 있다.

有计划地(yǒu jìhuádi)：계획적으로.

秩序(zhìxù)：명 질서. 순서.

有秩序：질서가 있다.

地(di)：조 단어나 사조의 뒤에 쓰여서, 동사·형용사를 수식함.
〔다른 발음은 地(de)임〕1-6.

有领导·有计划·有秩序地：영도 하에서, 계획적으로, 질서 있게.

在(zài)：…에(서). …에 있어서. 1-8.

开展(kāizhǎn)：1. 동 넓히다(확대하다). 전개하다. 벌리다. 펼치다.
2. 명 전개. 발전.
3. 형 명랑하다. 쾌활하다. 낙관적이다.

大规模(dàguīmó)：1. 형 대규모의.
2. 부 대규모로.

运动(yùndòng)：1. 명 운동.
2. 명 스포츠. 체육.

3. 동 운동하다.

土地改革运动(tǔdì gǎigé yùndòng) : 토지개혁운동.

4) 这是一场涉及几亿人口的深刻的社会变革。

zhè shì yìchǎng shèjí jǐ yì rénkǒu de shēnkè de shèhuì biàngé。

이것은 수억 명 인구와 관련된 심각한 한 차례의 사회변혁이다.

场(chǎng) : 1. 양 일의 경과 · 자연 현상 따위의 횟수를 세는 말. 번, 차례.
2. 명 장소.
3. 명 무대.
4. 명 (활동의) 장(범위).
5. 명 평탄한 공터. 마당. 〔주로 곡식을 말리는 곳〕
6. 명 장. 시장. 장터.

一场(yìchǎng) : 한 번. 1회. 한 차례. 한 판. 한 게임. 한마당. 한바탕.

涉及(shèjí) : 동 (힘 · 작용 따위가) (…에 · 와) 관련되다. 미치다. 언급하다.

几(jǐ) : 몇. 수. 〔주로 10 이하의 확실하지 않은 수를 물을 때 쓰이며, 그 이상의 수를 물을 경우에는 多少를 씀〕 2-9.

亿(yì) : 수 억.

人口(rénkǒu) : 1. 명 인구.
2. 명 식구. 가족수.
3. 명 인신(人身).
4. 명 사람의 입.

涉及几亿人口 : 수억 명 인구와 관련되다.

深刻(shēnkè) : 1. 형 상태나 정도가 매우 깊고 중대하다. 심각하다.
2. 형 핵심을 찌르다. 본질을 파악하다.
3. 형 준엄하고 모질다.

社会(shèhuì) : 사회. 2-10.

变革(biàngé) : 명동 변혁(하다). 개변(하다).

一场社会变革 : 한 차례의 사회 변혁.

5) 新中国成立时，全国已在约有1．19亿农业人口的老解放区完成了土地改革。

xīn zhōngguó chénglì shí, quánguó yǐ zài yuē yǒu yī diǎn yī jiǔ yì nóngyè rénkǒu de lǎo jiěfàngqū wánchéngle tǔdì gǎigé。

신중국 수립 때에, 전국은 이미 약 1억 1천9백만 명 농업인구가 있는 구해방구에서 토지개혁을 완성했다.

A) 新中国成立时，

xīn zhōngguó chénglì shí,

신중국 수립 때에,

中国(zhōngguó)：중국. 중화인민공화국. 1-5.

新中国(xīn zhōngguó)：신중국. 3-15.

成立(chénglì)：수립하다(되다). 설치하다(되다). 창립하다(되다). → 수립. 1-3.

时(shí)：때. 시대. 시기. 〔비교적 긴 시간 단위를 가리킴〕 3-11.

B) 全国已在约有1．19亿农业人口的老解放区完成了土地改革。

quánguó yǐ zài yuē yǒu yī diǎn yī jiǔ yì nóngyè rénkǒu de lǎo jiěfàngqū wánchéngle tǔdì gǎigé。

전국은 이미 약 1억 1천9백만 명 농업인구가 있는 구해방구에서 토지개혁을 완성했다.

全国(quánguó)：전국. 2-3.

已(yǐ)：이미. 벌써. 2-4.

约(yuē)：약. 대략. 대강. 2-6.

有(yǒu)：…만큼 되다. …만하다. 〔계량 또는 비교를 나타냄〕 → …이 있다. 3-6.

1.19亿(yī diǎn yī jiǔ yì)：1억 1천9백만.

点(diǎn)：1. 명 소수점.
2. 명 수학 점.
3. 명 (액체의) 방울.
4. 명 작은 얼룩(반점).
5. 명 한자의 자획의 하나인 점.
6. 양 가지. 〔사항에 쓰임〕
7. 동 점을 찍다.

农业(nóngyè)：명 농업.

有1.19亿农业人口：1억 1천9백만 명 농업인구가 있다.

老(lǎo)：1. 형 오래된. 예부터의. 구.
2. 형 늙다. 나이 먹다. 나이가 들다. 노.
3. 형 낡은. 구식의. 시대에 뒤떨어진. 구.
4. 명 노인.
5. 동 죽다. 돌아가시다. 〔주로 노인의 죽음을 가리키며, 반드시 뒤에 了를 결합하여 씀〕
6. 부 오래. 오래도록.

老解放区(lǎo jiěfàngqū)：구해방구. 1949년 신중국 수립 이전에 해방된 섬서성(陕西省)·감숙성(甘肃省)·영하성(宁夏省)과 화동(华东)지구·동북(东北)지구 등 지역임.

完成(wánchéng)：완성하다. (예정대로) 끝내다. 완수하다. 1-3.

6) 而在约有2.9亿农业人口的新解放区和待解放地区，经过近十余年来的抗日战争和人民解放战争，地主土地所有制占支配地位的基本状况并未改变。

ér zài yuē yǒu èr diǎn jiǔ yì nóngyè rénkǒu de xīn jiěfàngqū hé dài jiěfàng dìqū, jīngguò jìn shí yú niánlái de kàngrì zhànzhēng hé rénmín jiěfàng zhànzhēng, dìzhǔ tǔdì suǒyǒuzhì zhān zhīpèi dìwèi de jīběn zhuàngkuàng bìng wèi gǎibiàn。

그러나 약 2억 9천만 명 농업인구가 있는 신해방구와 해방을 기다리는 지역에서, 근 10여 년 동안의 항일전쟁과 인민해방전쟁을 경과하며, 지주의 토지소유제가 지배지위를 점하는 기본 상황은 결코 변한 적이 없었다.

A) 而在约有2.9亿农业人口的新解放区和待解放地区,

ér zài yuē yǒu èr diǎn jiǔ yì nóngyè rénkǒu de xīn jiěfàngqū hé dài jiěfàng dìqū,

그러나 약 2억 9천만 명 농업인구가 있는 신해방구와 해방을 기다리는 지역에서,

而(ér) : 그러나. 그리고. 1-5.

和(hé) : …와. …과. …고. …하고. 1-15.

待(dài) : 기다리다. 2-4.

待解放 : 해방을 기다리다.

地区(dìqū) : 지구. 지역. 3-6.

待解放地区 : 해방을 기다리는 지역.

B) 经过近十余年来的抗日战争和人民解放战争,

jīngguò jìn shí yú niánlái de kàngrì zhànzhēng hé rénmín jiěfàng zhànzhēng,

근 10여 년 동안의 항일전쟁과 인민해방전쟁을 경과하며,

经过(jīngguò) : 경과하다. 거치다. 지나다. 통과하다. 3-8.

近(jìn) : 1. 형 가깝다. 근.
2. 동 가까이하다. 접근하다. 근접하다.
3. 형 (모양 · 성격 따위가) 비슷하다. 유사하다. 근사하다.
4. 형 (사이가) 친하다〔가깝다〕. (관계가) 밀접하다.
5. 형 (이해하기에) 쉽다. 천근(浅近)하다. 비근(卑近)하다.

余(yú) : 1. …여〔남짓〕.
2. 대 나.
3. 동 남기다. 남다.
4. 여분. 나머지.

年(nián) : 해. 년. 1-3.

来(lái) : …동안. …이래. 1-4.

近十余年来：근 10여 년 동안.

抗日(kàngrì)：일본에 저항하다. 항일.

抗日战争(kàngrì zhànzhēng)：항일전쟁. 1937년 7월부터 1945년 8월까지의 중일 전쟁을 칭함.

人民(rénmín)：인민. 국민. 1-3.

人民解放战争(rénmín jiěfàng zhànzhēng)：인민해방전쟁. 항일전쟁 이후 1945년 8월부터 1949년 9월까지 국민당과 공산당 사이에 벌어진 국공내전을 칭함.

C) 地主土地所有制占支配地位的基本状况并未改变。

dìzhǔ tǔdì suǒyǒuzhì zhān zhīpèi dìwèi de jīběn zhuàngkuàng bìng wèi gǎibiàn。

지주의 토지소유제가 지배지위를 점하는 기본 상황은 결코 변한 적이 없었다.

地主(dìzhǔ)：1. 명 지주.
2. 명 (타향에서 온 사람에 대한) 본지방 사람. 본토인.

所有制(suǒyǒuzhì)：명 소유제.

土地所有制：토지소유제.

占(zhàn)：1. 동 차지하다. 점령(점거)하다.
2. 동 (어떤 지위나 어떤 상황에) 처하다. 차지하다.
3. 동 읊조리다.

占(zhān)：동 점치다.

支配(zhīpèi)：1. 명동 지배(하다). 지도(하다).
2. 명동 안배(하다). 배치(하다). 분배(하다). 할당(하다).

地位(dìwèi)：위치. 지위. 차지한 자리. 1-4.

地主土地所有制占支配地位：지주의 토지소유제가 지배지위를 점하다.

基本(jīběn)：기본. 근본. 기본적인. 근본적인. 주요한. 주된. 기본적으로. 1-3.

状况(zhuàngkuàng)：상황. 형편. 상태. 2-12.

并(bìng)：결코. 조금도. 전혀. 그다지. 별로. 그리고. 또. 또한. 아울러. 1-5.

未(wèi)：아직 (…하지 않다). 3-9.

并未(bìngwèi)：부 결코(아직) …한 적이 없다.

改变(gǎibiàn) : 1. 동 변하다. 바뀌다. 달라지다.
2. 동 바꾸다. 변경하다. 고치다.
3. 명 변화. 개변.

并未改变 : 결코 변한 적이 없었다.

7) 从新解放区和待解放地区总的情况来看，农村中全部出租土地占60%~70%。

cóng xīn jiěfàngqū hé dài jiěfàng dìqū zǒng de qíngkuàng láikàn, nóngcūn zhōng quánbù chūzū tǔdì zhān bǎifēnzhī liù shí dào bǎifēnzhī qī shí。

신해방구와 해방을 기다리는 지역의 총체적인 상황에서 보면, 농촌 가운데 전부 임대토지는 60%~70%를 차지했다.

A) 从新解放区和待解放地区总的情况来看,

cóng xīn jiěfàngqū hé dài jiěfàng dìqū zǒng de qíngkuàng láikàn,

신해방구와 해방을 기다리는 지역의 총체적인 상황에서 보면,

从(cóng) : …에서〔부터〕. 〔장소 · 시간의 출발점을 나타냄〕 2-4.

总(zǒng) : 1. 형 총. 전부의. 전면적인. 전체의. 전반적인.
2. 형 총괄적인. 주요한. 우두머리의. 지도적인.
3. 동 총괄하다. 종합하다. 모으다. 모아서 묶다. 합치다.
4. 부 대체로. 대개. 전체적으로 보아.
5. 부 늘. 줄곧. 언제나. 내내.
6. 부 필경. 아무튼. 아무래도. 결국. 좌우간. 어쨌든.
7. 부 반드시. 예외 없이. 절대로. 전연.

总的(zǒngde) : 형 전반적인. 일반적인. 전체적인. 총체적인. 전체의.

情况(qíngkuàng) : 상황. 형편. 사정. 1-9.

来看(láikàn) : …에서〔하여〕 보면, …에게 있어서. 2-10.

B) 农村中全部出租土地占60%~70%。

nóngcūn zhōng quánbù chūzū tǔdì zhān bǎifēnzhī liù shí dào bǎifēnzhī qī shí。

농촌 가운데 전부 임대토지는 60%~70%를 차지했다.

农村(nóngcūn)：명 농촌.

中(zhōng)：중. (한)가운데. 복판. 중심. 중앙. 1-10.

全部(quánbù)：명부형 전부(의).

出租(chūzū)：1. 동 세주다. 세놓다. 임대하다.〔남에게 일정한 세를 받기로 하고 집이나 물건 따위를 빌려주는 것〕
2. 동 조세를 내다.

出租土地(chūzū tǔdì)：임대토지.

百分之(bǎifēnzhī)：퍼센트. 백분율. %(백분율을 나타내는 기호).

到(dào)：…까지. …로. …에.
〔본 문장에서는 숫자의 범위를 나타내는 '~'를 의미함〕1-13.

8) 中农·贫农和雇农虽然耕种着农村中90%的土地，但他们只对一部分土地有所有权，而对大部分土地却没有所有权，所承受的地租剥削是沉重的。

zhōngnóng·pínnóng hé gùnóng suīrán gēngzhǒngzhe nóngcūn zhōng bǎifēnzhī jiǔ shí de tǔdì, dàn tāmen zhǐ duì yíbùfen tǔdì yǒu suǒyǒuquán, ér duì dàbùfen tǔdì què méiyǒu suǒyǒuquán, suǒ chéngshòu de dìzū bōxuē shì chénzhòng de。

중농·빈농과 고용농은 비록 농촌 중 90%의 토지를 경작하고 있을지라도, 그러나 그들은 단지 일부분 토지에 대해 소유권이 있을 뿐이고, 그러나 대부분 토지에 대하여 오히려 소유권은 없고, 감당하는 지세 착취는 심각한 것이다.

A) 中农·贫农和雇农虽然耕种着农村中90%的土地, 但他们只对一部分土地有所有权,

zhōngnóng · pínnóng hé gùnóng suīrán gēngzhǒngzhe nóngcūn zhōng bǎifēnzhī jiǔ shí de tǔdì, dàn tāmen zhǐ duì yíbùfen tǔdì yǒu suǒyǒuquán,
중농 · 빈농과 고용농은 비록 농촌 중 90%의 토지를 경작하고 있을지라도, 그러나 그들은 단지 일부분 토지에 대해 소유권이 있을 뿐이고,

中农(zhōngnóng) : 명 중농. 〔중간 정도의 규모로 짓는 농사. 또는 그런 농가나 농민. 사람도 부리면서 주인 본인도 함께 농사일을 함〕

贫农(pínnóng) : 명 빈농. 〔가난한 농가나 농민〕

雇农(gùnóng) : 명 고용농. 고농. 고용살이하는 농민.

虽然(suīrán) : 접 비록 …일지라도(하지만). 설령 …일지라도. 〔흔히 可是 · 但是 · 却是 등과 어울려 쓰임〕

耕种(gēngzhǒng) : 동 땅을 갈고 파종하다. 경작하다.

着(zhe) : …하고 있다. …하고 있는 중이다. …한 채로. …한 채로 있다. 3-6.

但(dàn) : 그러나. 그렇지만. 다만. 오직. 1-10.

他们(tāmen) : 대 그들. 그(저) 사람들.

只(zhǐ) :
1. 부 단지. 다만. 오직. 겨우. 한갓.
2. 부 오직(단지) …밖에 없다. 오직 …하여야만. 〔명사 앞에 놓여 사물의 수량을 제한함〕
3. 접 그러나. 다만.
4. 형 단독의. 단일의. 단 하나의. 홀.
5. 양 쪽. 짝. 〔쌍을 이루는 물건의 하나를 세는 단위〕
6. 양 마리. 〔주로 금수를 세는 단위〕

对(duì) : …에 대하여〔관하여〕. 2-8.

一部分(yíbùfen) :
1. 명 일부분.
2. 일부의.

所有权(suǒyǒuquán) : 명 소유권.

B) 而对大部分土地却没有所有权，所承受的地租剥削是沉重的。

ér duì dàbùfen tǔdì què méiyǒu suǒyǒuquán, suǒ chéngshòu de dìzū bōxuē shì chénzhòng de。

그러나 대부분 토지에 대하여 오히려 소유권은 없고, 감당하는 지세 착취는 심각한 것이다.

大部分(dàbùfen)：1. 명 대부분.
2. 부 대부분. 거의 다.

却(què)：1. 부 오히려. 도리어. 반대로. 그러나.
2. 부 그러나. …이기도 하지만. 〔虽然과 호응하여 사용됨〕
3. 부 뜻밖에. 의외로.
4. 부 결국. 도대체.
5. 동 후퇴하다. 물러나다. 뒷걸음치다.
6. 동 물러나게 하다. 퇴각시키다. 물리치다.
7. 동 사절하다. 거절하다.

所(suǒ)：…하는. 〔관형어로 쓰이는 주술구조의 술어 앞에 쓰여, 중심어가 객체임을 나타냄〕 2-4.

承受(chéngshòu)：1. 동 감당하다. 접수하다. 이겨 내다.
2. 동 (재산이나 권리 따위를) 이어받다. 계승하다.
3. 동 인수하다. 승낙하다.
4. 동 받다. 입다.

所承受的：감당하는.

租(zū)：1. 동 임차하다. 세내다. 빌(리)다.
2. 동 빌려 주다. 임대하다. 세놓다. 빌리다.
3. 명 세. 임대료.

地租(dìzū)：경 지세.

剥削(bōxuē)：명동 착취(하다).

沉重(chénzhòng)：1. 형 (무게 · 기분 · 부담 따위가) 무겁다.
2. 형 (병 · 죄 따위가) 심각하다. 중대하다.

9) 1950年6月，经中共七届三中全会，一届政协二次会议讨论和同意土地改革法(草案)后，≪中华人民共和国土地改革法≫正式公布实行，为在中国彻底废除封建土地制度做了立法上的重要准备。

yī jiǔ wǔ líng nián liù yuè, jīng zhōnggòng qī jiè sān zhōngquánhuì, yī jiè zhèngxié èr cì huìyì tǎolùn hé tóngyì tǔdì gǎigéfǎ (cǎo`àn) hòu, ≪zhōnghuá rénmín gònghéguó tǔdì gǎigéfǎ≫zhèngshì gōngbù shíxíng, wèi zài zhōngguó chèdǐ fèichú fēngjiàn tǔdì zhìdù zuòle lìfǎ shang de zhòngyào zhǔnbèi。

1950년 6월 중공 7기 3중전회를 통해, 1기 정협 2차 회의는 토지개혁법(초안)을 토론하고 동의한 이후, ≪중화인민공화국 토지개혁법≫은 정식으로 공포되고 실행되어, 중국에서 봉건토지제도를 철저히 폐지하기 위하여 입법상의 중요 준비를 했다.

A) 1950年6月，经中共七届三中全会，一届政协二次会议讨论和同意土地改革法(草案)后，

yī jiǔ wǔ líng nián liù yuè, jīng zhōnggòng qī jiè sān zhōngquánhuì, yī jiè zhèngxié èr cì huìyì tǎolùn hé tóngyì tǔdì gǎigéfǎ (cǎo`àn) hòu,

1950년 6월 중공 7기 3중전회를 통해, 1기 정협 2차 회의는 토지개혁법(초안)을 토론하고 동의한 이후,

经(jīng)：1. 개 (사람의 손 · 처리 · 가공 따위를) 거치다. 통하다.
2. 동 경과하다. 지나다. 통과하다.
3. 동 경험하다. 겪다. 체험하다.
4. 동 버티다. 견디다. 이겨 내다.
5. 동 경영하다. 다스리다. 관리하다.
6. 형 영구불변이다. 정상적이다. 보통이다. 통상적이다.
7. 명 방직 (직물의) 날실.
8. 명 경. 경맥.
9. 명 경도. 경선.
10. 명 원칙. 상도. 변하지 않는 규칙.

政协(zhèngxié)：中国人民政治协商会议(중국인민정치협상회의)의 준말. 정협. 3-5.

次(cì)：차례. 번. 회. 3-11.

会议(huìyì)：회의. 3-5.

二次会议：2차 회의.

讨论(tǎolùn)：토론(하다). 3-8.

同意(tóngyì)：명 동 동의(하다). 승인(하다). 찬성(하다).

法(fǎ)：법. 방법. 방식. 3-8.

土地改革法(tǔdì gǎigéfǎ)：토지개혁법.

草案(cǎo`àn)：명 초안.

后(hòu)：뒤. 후. 이후. 다음. 장래. 나중. 3-11.

B) ≪中华人民共和国土地改革法≫正式公布实行, 为在中国彻底废除封建土地制度做了立法上的重要准备。

≪zhōnghuá rénmín gònghéguó tǔdì gǎigéfǎ≫zhèngshì gōngbù shíxíng, wèi zài zhōngguó chèdǐ fèichú fēngjiàn tǔdì zhìdù zuòle lìfǎ shang de zhòngyào zhǔnbèi。

≪중화인민공화국 토지개혁법≫은 정식으로 공포되고 실행되어, 중국에서 봉건토지제도를 철저히 폐지하기 위하여 입법상의 중요 준비를 했다.

中华人民共和国(zhōnghuá rénmín gònghéguó)：중화인민공화국(People's Republic of China. PRC. China). 약칭은 중국임. 1-3.

中华人民共和国土地改革法(zhōnghuá rénmín gònghéguó tǔdì gǎigéfǎ)：중화인민공화국 토지개혁법.

正式(zhèngshì)：정식의. 공식의. → 정식으로. 3-9.

公布(gōngbù)：동 공포하다. 공표하다. → 공포되다.

实行(shíxíng)：동 실행하다. → 실행되다.

正式公布实行：정식으로 공포되고 실행되다.

为(wèi)：…을(하기) 위하여. …에게. …을 위하여. 1-11.

彻底(chèdǐ)：1. 형 부 철저하다(히). 투철하다(히).

2. 동 철저히 하다.

废除(fèichú) : 동 (법령 · 제도 · 조약 따위를) 취소하다. 폐지하다. 폐기하다.

封建(fēngjiàn) : 1. 명 봉건(제도).
2. 형 봉건적이다.

封建土地制度(fēngjiàn tǔdì zhìdù) : 봉건토지제도.

做(zuò) : 1. 동 하다. 일하다. 종사하다. 활동하다.
2. 동 제조하다. 만들다. 짓다.
3. 동 (글을) 짓다(쓰다).
4. 동 …가〔이〕 되다. …노릇을 하다. 맡다. 담당하다.

立法(lìfǎ) : 동 입법하다. 법률을 제정하다. → 입법.

上(shang) : 어떤 분야를〔방면을, 측을〕 나타냄. 어떤 범위 내에 있음을 나타냄. 1-5.

立法上(lìfǎ shàng) : 입법상. 입법적인(으로).

重要(zhòngyào) : 형 중요하다.

准备(zhǔnbèi) : 준비(하다). 1-14.

10) 土地改革是最后消灭封建剥削制度的深刻社会变革, 在中国延续两千多年的封建剥削制度, 绝不会凭着一纸法令而自动改变。

tǔdì gǎigé shì zuìhòu xiāomiè fēngjiàn bōxuē zhìdù de shēnkè shèhuì biàngé, zài zhōngguó yánxù liǎng qiān duō nián de fēngjiàn bōxuē zhìdù, juébùhuì píngzhe yī zhǐ fǎling ér zìdòng gǎibiàn。

토지개혁은 봉건 착취 제도를 최후에 소멸시키는 심각한 사회변혁이고, 중국에서 2천여 년을 계속한 봉건 착취 제도는 절대로 한 장의 법령에 의거하여 자연적으로 변하지 않을 것이다.

A) 土地改革是最后消灭封建剥削制度的深刻社会变革,

tǔdì gǎigé shì zuìhòu xiāomiè fēngjiàn bōxuē zhìdù de shēnkè shèhuì biàngé,

토지개혁은 봉건 착취 제도를 최후에 소멸시키는 심각한 사회변혁이고,

最后(zuìhòu) : 명 최후. 맨 마지막.

消灭(xiāomiè) : 1. 동 소멸하다. 없어지다. 멸망하다.
2. 동 없애다. 멸하다. 소멸시키다.

B) 在中国延续两千多年的封建剥削制度，绝不会凭着一纸法令而自动改变。

zài zhōngguó yánxù liǎng qiān duō nián de fēngjiàn bōxuē zhìdù, juébùhuì píngzhe yì zhǐ fǎlìng ér zìdòng gǎibiàn。

중국에서 2천여 년을 계속한 봉건 착취 제도는 절대로 한 장의 법령에 의거하여 자연적으로 변하지 않을 것이다.

延续(yánxù) : 명 동 계속(하다). 연장(하다).

多(duō) : (수량사 뒤에 쓰여) …여〔남짓〕. 1-6.

在中国延续两千多年 : 중국에서 2천여 년을 계속하다.

绝(jué) : 1. 부 절대로. 결코. 〔주로 부정사 앞에 쓰임〕
2. 부 극히. 매우. 몹시.
3. 동 끊다. 단절하다.
4. 동 다하다. 끝나다.
5. 형 막히다. 막다르다.

绝不(juébù) : 부 절대(결코) …하지 않다. 조금도 …하지 않다.

会(huì) : …할 가능성이 있다. …할 것이다. 〔가능이나 실현을 나타냄〕 2-7.

绝不会(jué bùhuì) : 절대로(결코) …할 가능성이 없다(…하지 않을 것이다).

凭着(píngzhe) : 개 …에 의거하여. …에 근거하여.

纸(zhǐ) : 1. 양 장. 매. 통. 〔편지 · 문서의 장수를 세는 단위〕
2. 명 종이.

一纸 : 한 장. 한 통.

法令(fǎlìng) : 명 법령.

凭着一纸法令 : 한 장의 법령에 의거하여.

而(ér) : …해서. …하여. 〔목적 또는 원인을 나타내는 부분을 접속시킴〕 1-5.

自动(zìdòng) : 1. 형 인위적인 힘을 더하지 않은. 자연적인. → 자연적으로.
2. 부 자발적으로. 주체적으로.
3. 형 (기계에 의한) 자동적인.

11) 建国后，虽然一部分中小地主和开明士伸因大势所趋，表示愿意服从土改法令，但就大多数地主来说，仍企图维护原来的统治地位和阶级利益，采取多种手法对抗土地改革。

jiànguó hòu, suīrán yíbùfen zhōngxiǎo dìzhǔ hé kāimíng shìshēn yīn dàshì suǒ qū, biǎoshì yuànyì fúcóng tǔgǎi fǎlìng, dàn jiù dàduōshù dìzhǔ láishuō, réng qǐtú wéihù yuánlái de tǒngzhì dìwèi hé jiējí lìyì, cǎiqǔ duōzhǒng shǒufǎ duìkàng tǔdì gǎigé。

건국 이후, 비록 일부분의 중소 지주와 개명한 지역유지는 대세의 향방으로 인하여. 토지개혁법령에 대한 복종에 동의함을 표명했지만, 그러나 대다수 지주에 대해 말하자면, 여전히 원래 통치지위와 계급이익의 유지를 기도하며, 다양한 수법을 채택하여 토지개혁에 대항했다.

A) 建国后，虽然一部分中小地主和开明士伸因大势所趋，表示愿意服从土改法令，

jiànguó hòu, suīrán yíbùfen zhōngxiǎo dìzhǔ hé kāimíng shìshēn yīn dàshì suǒ qū, biǎoshì yuànyì fúcóng tǔgǎi fǎlìng,

건국 이후, 비록 일부분의 중소 지주와 개명한 지역유지는 대세의 향방으로 인하여. 토지개혁법령에 대한 복종에 동의함을 표명했지만,

建国(jiànguó)：건국(하다). 1-1.

中小(zhōngxiǎo)：중소.

开明(kāimíng)：형 깨어 있다. 개명하다. (사상이 완고하지 않고) 진보적이다.

士伸(shìshēn)：1. 명 지방의 재산가나 권력가. → 지역유지.
2. 명 신사.

因(yīn)：1. 접 …때문에. …으로 인하여. …한 까닭으로.
2. 개 …의 소개로. …를 거쳐서. …에 의하여.
3. 동 (전례에) 따르다. (옛 것을) 그대로 좇다. 답습하다. 이어받다.
4. 동 의거하다. 근거하다. 의지하다.
5. 명 연유. 까닭. 원인. 이유.

大势(dàshì)：1. 명 대세. 〔주로 정치의 형세를 가리킴〕

2. 명 대략의 상황.
3. 명 큰 권세.

所(suǒ) : …하는 바.〔是…的 중간의 명사 · 대명사와 동사의 사이에 쓰여, 주체와 동작과의 관계를 강조함〕2-4.

趋(qū) : 1. 동 어떤 방향으로 향해 가다. 쏠리다. 향하다.
2. 동 빨리 가다.
3. 동 거위나 뱀이 목을 내밀어 사람을 물다.

大势所趋(dàshì suǒ qū) : 대세의 향방〔흐름〕

因大势所趋 : 대세의 향방으로 인하여.

表示(biǎoshì) : 1. 동 나타내다(표시하다). 표명하다.
2. 동 가리키다. 의미하다. 지시하다.
3. 명 (감정이나 기분을 나타내는) 언동. 표정.

愿意(yuànyì) : 1. 동 동의하다.
2. 동 희망하다.
3. 동 …하기를 바라다.

服从(fúcóng) : 1. 명동 복종(하다).
2. 명동 종속(하다).

土改(tǔgǎi) : 토지개혁.

土改法令(tǔgǎi fǎlìng) : 토지개혁법령.

服从土改法令 : 토지개혁법령에 복종하다. → 토지개혁법령에 대한 복종.

愿意服从土改法令 : 토지개혁법령에 대한 복종에 동의하다.

表示愿意服从土改法令 : 토지개혁법령에 대한 복종에 동의함을 표명하다.

B) 但就大多数地主来说，仍企图维护原来的统治地位和阶级利益，采取多种手法对抗土地改革。

dàn jiù dàduōshù dìzhǔ láishuō, réng qǐtú wéihù yuánlái de tǒngzhì dìwèi hé jiējí lìyì, cǎiqǔ duōzhǒng shǒufǎ duìkàng tǔdì gǎigé。

그러나 대다수 지주에 대해 말하자면, 여전히 원래 통치지위와 계급이익의 유지를 기도하며, 다양한 수법을 채택하여 토지개혁에 대항했다.

就(jiù) : …에 의하면. …에 대하여. …에 관하여. 1-6.

大多数(dàduōshù) : 명 대다수.

来说(láishuō) : …으로 말할 것 같으면, …으로 말하자면.

仍(réng) : 1. 부 아직도. 여전히.
2. 동 (그대로) 따르다. 인하다. 인습하다.
3. 형 빈번하다.

企图(qǐtú) : 명동 의도(하다). 기도(하다).

维护(wéihù) : 동 지키다. 유지하고 보호하다. 옹호(수호)하다.

原来(yuánlái) : 1. 명부 원래. 본래.
2. 부 알고 보니. 〔실제 상황을 알아냈음을 나타냄〕
3. 형 원래의. 본래의.

统治(tǒngzhì) : 명동 통치(하다). 지배(하다).

阶级(jiējí) : 1. 명 계급.
2. 명 층계. 계단.
3. 명 관직의 등급.

利益(lìyì) : 명 이익. 이득.

维护原来的统治地位和阶级利益 : 원래의 통치지위와 계급이익을 유지하다.
→ 원래 통치지위와 계급이익의 유지.

企图维护原来的统治地位和阶级利益 : 원래 통치지위와 계급이익의 유지를 기도하다.

采取(cǎiqǔ) : 동 (방침 · 수단 · 태도 따위를) 채용하다. 채택하다. 취하다.

多种(duōzhǒng) : 형 여러 가지. 다양한.

手法(shǒufǎ) : 1. 명 (문학 · 예술 작품의) 기교. 기법. 수법.
2. 명 술수. 수작. 술책. 잔꾀. 잔머리. 잔재주.

对抗(duìkàng) : 명동 대항(하다). 반항(하다).

12) 因此, 建国后的土地改革, 仍然是一场尖锐复杂的阶级斗争。

yīncǐ, jiànguó hòu de tǔdì gǎigé, réngrán shì yìchǎng jiānruì fùzá de jiējí dǒuzhēng。

그러므로 건국 이후의 토지개혁은 여전히 첨예하고 복잡한 한 차례의 계급투쟁이었다.

因此(yīncǐ) : 그래서. 그러므로. 이 때문에. 2-11.

仍然(réngrán) : 부 변함 없이. 여전히. 아직도. 원래대로.

尖锐(jiānruì) : 1. 형 (상황이나 사태 따위가) 날카롭고 격하다. 첨예하다.
2. 형 (끝이) 뾰족하고 날카롭다.
3. 형 (객관적 사물에 대한 인식이) 예리하다. 예민하다.
4. 형 (음성이) 날카롭고 귀에 거슬리다.

杂(fùzá) : 형 복잡하다.

斗争(dǒuzhēng) : 투쟁(하다). 2-10.

13) 按照中央的统一部署，1950年冬至1951年春，新区的土地改革首先是在条件已经或基本成熟的华北·华东·中南·西北约1.28亿农业人口的地区展开；

ànzhào zhōngyāng de tǒngyī bùshǔ, yī jiǔ wǔ líng nián dōng zhì yī jiǔ wǔ yī nián chūn, xīnqū de tǔdì gǎigé shǒuxiān shì zài tiáojiàn yǐjīng huò jīběn chéngshú de huáběi · huádōng · zhōngnán · xīběi yuē yī diǎn èr bā yì nóngyè rénkǒu de dìqū zhǎnkāi ;

중앙위원회의 통일된 배치에 따라, 1950년 겨울부터 1951년 봄까지, 신해방구의 토지개혁은 우선적으로 조건이 이미 혹은 기본적으로 성숙한 화북지구 · 화동지구 · 중남지구 · 서북지구의 약 1억 2천8백만 명 농업인구의 지구에서 전개되었고,

A) 按照中央的统一部署，

ànzhào zhōngyāng de tǒngyī bùshǔ,

중앙위원회의 통일된 배치에 따라,

中央(zhōngyāng) : (중국공산당) 중앙위원회의 약칭. 중앙. 3-8.

统一(tǒngyī) : 통일된. 단일한. 3-15.

B) 1950年冬至1951年春，新区的土地改革首先是在条件已经或基本成熟的华北·华东·中南·西北约1.28亿农业人口的地区展开；

yī jiǔ wǔ líng nián dōng zhì yī jiǔ wǔ yī nián chūn, xīnqū de tǔdì gǎigé shǒuxiān shì zài tiáojiàn yǐjīng huò jīběn chéngshú de huáběi · huádōng · zhōngnán · xīběi yuē yī diǎn èr bā yì nóngyè rénkǒu de dìqū zhǎnkāi；

1950년 겨울부터 1951년 봄까지, 신해방구의 토지개혁은 우선적으로 조건이 이미 혹은 기본적으로 성숙한 화북지구 · 화동지구 · 중남지구 · 서북지구의 약 1억 2천8백만 명 농업인구의 지구에서 전개되었고,

冬(dōng)：명 겨울.

至(zhì)：이르다. …까지 도달하다. 2-4.

春(chūn)：1. 명 봄. 봄철.
2. 명 생기.
3. 명 정욕. 색정.

新区(xīnqū)：명 新解放区(신해방구)의 준말.

首先(shǒuxiān)：1. 명 맨 먼저. 우선. 무엇보다 먼저.
2. 명 첫째. 〔열거하는 경우에 쓰임〕
3. 동 남보다 앞서다. 선두를 달리다.

是(shì)：동 확실히. 바로. 〔형용사 · 동사성 술어 앞에서 강한 긍정을 나타냄〕

首先是：우선. 우선적으로.

已经(yǐjīng)：부 이미. 벌써.

或(huò)：1. 접 혹은. 또는. 그렇지 않으면.
2. 부 혹시. 아마. 어쩌면.
3. 대 어떤 사람. 아무개. 혹자. 모인.

成熟(chéngshú)：1. 동 성숙하다. (과일 · 곡식 따위가) 익다(여물다).
2. 동 성숙하다. 적당한 시기 · 정도에 이르다.
3. 동 기술이 숙달(숙련)되다.

条件已经或基本成熟：조건이 이미 혹은 기본적으로 성숙하다.

华北(huáběi)：명 화북지구. 화베이. 〔중국의 북부지방으로, 허베이(河北, 하북)성 · 산시(山西, 산서)성 · 베이징(北京, 북경)시 · 톈진(天津, 천진)시 · 네이멍구(内蒙

古, 내몽고)자치구 동부 등 지역을 칭함〕

华东(huádōng) : 명 화동지구. 화둥. 〔중국의 동부지방으로, 산둥(山东, 산동)성 · 장쑤(江苏, 강소)성 · 안후이(安徽, 안휘)성 · 저장(浙江, 절강)성 · 장시(江西, 강서)성 · 푸젠(福建, 복건)성 · 상하이(上海, 상해)시 등 지역을 칭함. 현재 타이완(台湾, 대만)성은 별도로 칭함〕

中南(zhōngnán) : 명 중남지구. 중난. 〔허난(河南, 하남)성 · 후베이(湖北, 호북)성 · 후난(湖南, 호남)성 · 광둥(广东, 광동)성 · 하이난(海南, 해남)성 · 광시장족(广西壮族, 광서장족)자치구 등 지역을 칭함. 현재 샹깡(香港特别行政区, 홍콩) · 아오먼(澳门特别行政区, 마카오)는 별도로 칭함〕

西北(xīběi) : 명 서북지구. 시베이. 〔샨시(陕西, 섬서)성 · 간쑤(甘肃, 감숙)성 · 칭하이(青海, 청해)성 · 닝샤후이족(宁夏回族, 영하회족)자치구 · 신장웨이우얼(新疆维吾尔, 신강유오이)자치구 · 네이멍구(内蒙古, 내몽고)자치구 등 지역을 칭함〕

展开(zhǎnkāi) : 1. 동 펴다. 펼치다. 넓히다. 벌리다.
2. 동 전개하다. 전개되다.

14) 1951年冬至1952年春, 在上述四个大区和西南约1.1亿农业人口的地区进行;

yī jiǔ wǔ yī nián dōng zhì yī jiǔ wǔ èr nián chūn, zài shàngshù sì gè dàqū hé xīnán yuē yī diǎn yī yì nóngyè rénkǒu de dìqū jìnxíng;
1951년 겨울부터 1952년 봄까지, 상술한 4개 대행정구 및 서남지구의 약 1억 1천만 명 농업인구의 지구에서 진행되었고,

上述(shàngshù) : 동 위에서 말하다. 상술하다. → 상술한.

大区(dàqū) : 大行政区(dà xíngzhèngqū). 대행정구. 중국은 건국 초기에 전국을 6개 대행정구 즉 동북지구 · 화북지구 · 화동지구 · 중남지구 · 서북지국 · 서남지구로 구획하여 통치함.

西南(xīnán) : 명 서남지구. 시난. 〔쓰촨(四川, 사천)성 · 윈난(云南, 운남)성 · 구이저우(贵州, 귀주)성 · 충칭(重庆, 중경)시 · 티베트(西藏, 서장)자치구 등 지역을 칭함〕

15) 1952年冬至1953年春，在中南·西南·西北剩余的约3000万农业人口的地区进行。

yī jiǔ wǔ èr nián dōng zhì yī jiǔ wǔ sān nián chūn, zài zhōngnán · xīnán · xīběi shèngyú de yuē sān qiān wàn nóngyè rénkǒu de dìqū jìnxíng。

1952년 겨울부터 1953년 봄까지, 중남지구 · 서남지구 · 서북지구 나머지의 약 3천만 명 농업인구의 지구에서 진행되었다.

剩余(shèngyú)：명 잉여. 나머지.

万(wàn)：1. 수 만.
2. 형 매우 많은.
3. 부 (긍정문에서) 대단히. 매우. (부정문에서) 전혀. 절대로.

16) 从1950年冬到1952年底，除新疆·西藏等少数民族地区及尚待解放的台湾省以外，土地制度的改革已在全国范围内基本完成。

cóng yī jiǔ wǔ líng nián dōng dào yī jiǔ wǔ èr nián dǐ, chú xīnjiāng · xīzàng děng shǎoshù mínzú dìqū jí shàngdài jiěfàng de táiwān shěng yǐwài, tǔdì zhìdù de gǎigé yǐ zài quánguó fànwéi nèi jīběn wánchéng。

1950년 겨울부터 1952년 말까지, 신강유오이자치구 · 서장자치구 등 소수민족지구 및 아직 해방을 기다려야 하는 대만성을 제외하고, 토지제도의 개혁은 이미 전국 범위에서 기본적으로 완성되었다.

A) 从1950年冬到1952年底，除新疆·西藏等少数民族地区及尚待解放的台湾省以外，

cóng yī jiǔ wǔ líng nián dōng dào yī jiǔ wǔ èr nián dǐ, chú xīnjiāng · xīzàng děng shǎoshù mínzú dìqū jí shàngdài jiěfàng de táiwān shěng yǐwài,

1950년 겨울부터 1952년 말까지, 신강유오이자치구 · 서장자치구 등 소수민족지구 및 아직 해방을 기다려야 하는 대만성을 제외하고,

底(dǐ)：1. 명 말. 끝.
2. 명 밑. 바닥.
3. 명 속사정. 속내. 내막. 내정. 저의.
4. 명 기초. 토대. 소질. 소양.
5. 명 원고. 초안.
6. 명 (직물이나 도안 따위의) (밑)바탕.

除(chú)…以外(yǐwài)：1. …을 제외하고는(도). …이외에는(도).
〔주로 뒷 절에 都가 따라옴〕
2. … 이외에는, 이외에도.
〔주로 뒷 절에 也·还이 따라옴〕 1-9.

新疆(xīnjiāng)：명 신장. 신강. 新疆维吾尔自治区(신장웨이우얼자치구, 신강유오이자치구).

西藏(xīzàng)：명 시장. 서장. 티베트(Tibet). 西藏自治区(시장자치구, 서장자치구).

等(děng)：등. 따위. 3-10.

少数(shǎoshù)：명 소수. 적은 수.

少数民族(shǎoshù mínzú)：명 소수민족. 〔중국에서는 주체민족인 한족(汉族)을 제외한 다른 민족을 말하는데, 즉 苗族(먀오족)·维吾尔族(웨이우얼족)·蒙古族(멍구족) 등 55개의 법정 소수민족이 있으며, 중국 총인구의 약 8. 5%와 중국 총면적의 약 64. 2%를 차지하고 있음〕

及(jí)：및. 와. 과. 3-13.

尚(shàng)：아직. 또한. 더욱이. 2-4.

尚待(shàngdài)：아직 …가 필요하다. 아직 …를 기다려야 한다. 2-4.

尚待解放：아직 해방을 기다려야 한다.

台湾(táiwān)：명 대만. 타이완.

省(shěng)：1. 명 성. 〔중국의 최상급 지방행정단위〕
2. 명 성 소재지인 省会(성도)의 준말.
3. 동 아끼다. 절약하다.
4. 동 덜다. 줄이다.
5. 동 빼다. 생략하다.

省(shǐng)：1. 동 반성하다. 성찰하다. 돌이켜보다.
2. 동 찾아보다. (주로 부모의) 안부를 묻다.
3. 동 깨닫다. 알다.

B) 土地制度的改革已在全国范围内基本完成。

tǔdì zhìdù de gǎigé yǐ zài quánguó fànwéi nèi jīběn wánchéng。
토지제도의 개혁은 이미 전국 범위에서 기본적으로 완성되었다.

在(zài)…内(nèi)：… (안)에서.
范围(fànwéi)：범위. 3-4.

17) 在大约2.7亿农业人口的新解放区，加上老解放区，全国有3亿多无地少地的农民，无偿地获得约7亿亩(合4700万公顷)土地和大量生产资料，免除了过去每年向地主交纳350亿公顷以上粮食的苛重地租。

zài dàyuē èr diǎn qī yì nóngyè rénkǒu de xīn jiěfàngqū, jiāshàng lǎo jiěfàngqū, quánguó yǒu sān yì duō wúdì shǎodì de nóngmín, wúchángdi huòdé yuē qī yì mǔ (hé sì qiān qī bǎi wàn gōngqǐng) tǔdì hé dàliáng shēngchǎn zīliào, miǎnchúle guòqù měinián xiàng dìzhǔ jiāonà sān bǎi wǔ shí yì gōngqǐng yǐshàng liángshí de kēzhòng dìzū。
대략 2억 7천만 명 농업인구의 신해방구에서, 그 위에 구해방구에서, 땅이 없고 · 적은 전국의 3억여 명 농민은 무상으로 약 7억 묘(4,700만 헥타르에 상당함) 토지와 대량 생산수단을 획득했고, 과거에 매년 지주에게 350억 헥타르 이상의 양식을 납부하는 가혹한 지세를 면했다.

A) 在大约2.7亿农业人口的新解放区，加上老解放区，

zài dàyuē èr diǎn qī yì nóngyè rénkǒu de xīn jiěfàngqū, jiāshàng lǎo jiěfàngqū,
대략 2억 7천만 명 농업인구의 신해방구에서, 그 위에 구해방구에서,

大约(dàyuē)：1. 부 대략. 대강. 얼추.
2. 부 아마. 다분히. 대개는.

加上(jiāshàng)：1. 접 그 위에. 게다가.
2. 동 더하다. 첨가하다.

B) 全国有3亿多无地少地的农民，无偿地获得约7亿亩(合4700万公顷)土地和大量生产资料，免除了过去每年向地主交纳350亿公顷以上粮食的苛重地租。

quánguó yǒu sān yì duō wúdì shǎodì de nóngmín, wúchángdi huòdé yuē qī yì mǔ (hé sì qiān qī bǎi wàn gōngqǐng) tǔdì hé dàliàng shēngchǎn zīliào, miǎnchúle guòqù měinián xiàng dìzhǔ jiāonà sān bǎi wǔ shí yì gōngqǐng yǐshàng liángshí de kēzhòng dìzū。

땅이 없고 · 적은 전국의 3억여 명 농민은 무상으로 약 7억 묘(4,700만 헥타르에 상당함) 토지와 대량 생산수단을 획득했고, 과거에 매년 지주에게 350억 헥타르 이상의 양식을 납부하는 가혹한 지세를 면했다.

全国(quánguó)：전국. 전국적으로. 2-3.
无地(wú dì)：땅이 없다.
无地(wúdì)：동 몸 둘 곳이 없다. 어쩔 줄 모르다.
少地(shǎo dì)：땅이 적다.
无地少地的农民：땅이 없고, 땅이 적은 농민.
有3亿多：3억여 명에 달하다. → 3억여 명이 있다.
无地少地的农民：땅이 없고 · 땅이 적은 농민.
全国有3亿多无地少地的农民：전국적으로 3억여 명에 달하는 땅이 없고 · 땅이 적은 농민. → 땅이 없고 · 적은 전국의 3억여 명 농민.
无偿地(wúchángdi)：무상으로. 공짜로.
获得(huòdé)：동 획득하다. 얻다. 〔주로 추상적인 것에 쓰임〕
亩(mǔ)：양 묘. (중국식) 토지 면적의 단위. 〔10(市)分을 1(市)亩로 하고, 100(市)亩를 1顷(2만여 평)으로 함. 1(市)亩는 약 666. 7제곱미터임〕
合(hé)：1. 동 (…에) 상당하다. 해당하다. 맞먹다.
2. 동 감다. 다물다. 덮다. 닫다.
3. 동 합치다. 모으다.
4. 형 온. 전부의. 모든.

公顷(gōngqǐng)：양 헥타르(hectare. ha). 1ha=10,000 평방미터=15묘.

约7亿亩(合4700万公顷)：약 7억 묘(4,700만 헥타르에 상당함).

大量(dàliàng)：1. 명형부 대량(의, 으로). 다량(의, 으로).
2. 형 도량이 넓다. 관대하다.
3. 형 주량이 세다.

生产资料(shēngchǎn zīliào)：명 생산수단.

免除(miǎnchú)：1. 동 면하다. 막다. 피하다.
2. 동 면제하다.
3. 동 제거하다.

过去(guòqù)：1. 명 과거.
2. 동 지나가다. 〔화자나 서술 대상이 있는 시점이나 지점을 거쳐 지나감〕
3. 동 죽다. 〔뒤에 了가 따름〕

每年(měinián)：1. 명부 매년. 해마다.
2. 명 왕년. 지난 해.

向(xiàng)：…에게. …에. …로. …을 향하여. 1-14.

交纳(jiāonà)：동 (세금 · 회비 따위를) 납부하다. 내다. 불입하다.

以上(yǐshàng)：1. 명 이상.
2. 명 이상(의 말한 것). 상기(상술)한 것.

粮食(liángshí)：명 양식. 식량. 〔곡류 · 두류 · 구근류 등 식용 식품의 총칭〕

过去每年向地主交纳350亿公顷以上粮食：과거에 매년 지주에게 350억 헥타르 이상의 양식을 납부하다.

苛重(kēzhòng)：형 (세금 따위가) 가혹하고 과중하다.

18) 总的来说，由于有全国性人民民主政权的有利条件，有民主革命时期积累的成熟经验， 有比较完善的法律 · 法规和政策为依据，建国后这次历史上最大规模的土地改革运动进行得比较顺利。

zǒngde láishuō, yóuyú yǒu quánguóxìng rénmín mínzhǔ zhèngquán de yǒulì tiáojiàn, yǒu mínzhǔ gémìng shíqī jīlèi de chéngshú jīngyàn, yǒu bǐjiào wánshàn de fǎlǜ · fǎguī hé zhèngcè wéi yījù, jiànguó hòu zhè cì lìshǐ shàng zuìdà guīmó de tǔdì gǎigé yùndòng jìnxíng dé bǐjiào shùnlì。

총체적으로 말하자면, 전국적인 인민민주정권의 유리한 조건이 있고, 민주혁명시기에 누적된 성숙한 경험이 있고, 비교적 완벽한 법률 · 법규와 정책을 근거로 삼는 것이 있기 때문에, 건국 이후 역사상 최대 규모의 이번 토지개혁운동은 비교적 순조롭게 진행되었다.

A) 总的来说，由于有全国性人民民主政权的有利条件，有民主革命时期积累的成熟经验，有比较完善的法律 · 法规和政策为依据，

zǒngde láishuō, yóuyú yǒu quánguóxìng rénmín mínzhǔ zhèngquán de yǒulì tiáojiàn, yǒu mínzhǔ gémìng shíqī jīlèi de chéngshú jīngyàn, yǒu bǐjiào wánshàn de fǎlǜ · fǎguī hé zhèngcè wéi yījù,

총체적으로 말하자면, 전국적인 인민민주정권의 유리한 조건이 있고, 민주혁명시기에 누적된 성숙한 경험이 있고, 비교적 완벽한 법률 · 법규와 정책을 근거로 삼는 것이 있기 때문에,

总的来说(zǒngde láishuō) : 전체적으로 말하면. 전반적으로 말하면. 총체적으로 말하자면.

由于(yóuyú) : …때문에. …로 인하여. …로 말미암아. 〔보통 글의 첫머리에 와서 바로 다음의 구절로 이어지는 구절의 원인을 표시함〕 3-15.

由于有… : … 있기 때문에.

全国性(quánguóxìng) : 형 전국적인.

民主(mínzhǔ) : 민주. 민주적인. 3-6.

政权(zhèngquán) : 정권. 정권 기구. 3-3.

有利(yǒulì) : 형 유리(유익)하다.

有全国性人民民主政权的有利条件 : 전국적인 인민민주정권의 유리한 조건이 있다.

革命(gémìng) : 혁명. 1-3.

时期(shíqī) : 시기. 특정한(정해진) 때. 1-3.

积累(jīlèi) : 1. 동 (조금씩) 쌓(이)다. 누적하다(되다). 축적하다(되다).
2. 명 축적.
3. 명 (자본의) 축적. 적립금. 〔국민소득 중에서 확대재생산에 쓰이는 부분〕

经验(jīngyàn) : 경험(하다). 2-9.

有民主革命时期积累的成熟经验：민주혁명시기에 누적된 성숙한 경험이 있다.

比较(bǐjiào)：비교적. 비교하다. …보다. 1-9.

完善(wánshàn)：1. 동 완비하다. 완벽하게〔완전하게〕 하다〔만들다〕.
2. 형 완벽하다. 완전하다. 나무랄 데가 없다. 완선하다.

法律(fǎlǜ)：명 법률.

法规(fǎguī)：명 법규.

政策(zhèngcè)：명 정책.

依据(yījù)：1. 명 근거. 바탕. 증거. 기초.
2. 동 의거하다. 근거로 하다.

为(wéi)：(주로 以…为…로 쓰여) …라고 생각하다(여기다). …으로 삼다. 1-3.

比较完善的法律 · 法规和政策为依据：비교적 완벽한 법률 · 법규와 정책을 근거로 삼다.

有比较完善的法律 · 法规和政策为依据：비교적 완벽한 법률 · 법규와 정책을 근거로 삼는 것이 있다.

B) 建国后这次历史上最大规模的土地改革运动进行得比较顺利。
jiànguó hòu zhè cì lìshǐ shàng zuìdà guīmó de tǔdì gǎigé yùndòng jìnxíng de bǐjiào shùnli。
건국 이후 역사상 최대 규모의 이번 토지개혁운동은 비교적 순조롭게 진행되었다.

历史(lìshǐ)：역사. 1-1.

最大(zuìdà)：형 제일(가장) 크다. 최대이다.

规模(guīmó)：명 규모.

这次历史上最大规模的土地改革运动：이번 역사상 최대 규모의 토지개혁운동.
→ 역사상 최대 규모의 이번 토지개혁운동.

得(de)：1. 조 동사나 형용사의 뒤에 쓰여, 결과나 정도를 표시하는 보어를 연결시키는 역할을 함.
2. 조 동사 뒤에 쓰여 가능을 나타냄.
3. 조 동사와 보어의 가운데 쓰여 가능을 나타냄.

顺利(shùnlì)：형 순조롭다.

进行得比较顺利：비교적 순조롭게 진행되다.*

4. 번역 토지제도의 개혁

신해방구의 토지개혁

중국공산당 제7기 제3차 중앙위원회 전체회의(중공 7기 3중전회)의 배치에 따라 항미원조전쟁을 진행하는 조건 하에서, 국내는 영도하에서 계획적으로, 질서 있게 신해방구에서 대규모의 토지개혁운동을 전개했다. 이것은 수억 명 인구와 관련된 심각한 한 차례의 사회변혁이다. 신중국 수립 때에, 전국은 이미 약 1억 1천9백만 명 농업인구가 있는 구해방구에서 토지개혁을 완성했다. 그러나 약 2억 9천만 명 농업인구가 있는 신해방구와 해방을 기다리는 지역에서 근 10여 년 동안의 항일전쟁과 인민해방전쟁을 경과하며, 지주의 토지소유제가 지배지위를 점하는 기본 상황은 결코 변한 적이 없었다. 신해방구와 해방을 기다리는 지역의 총체적인 상황에서 보면 농촌 가운데 전부 임대토지는 60%~70%를 차지했다. 중농 · 빈농과 고용농은 비록 농촌 중 90%의 토지를 경작하고 있을지라도 그러나 그들은 단지 일부분 토지에 대해 소유권이 있을 뿐이고, 그러나 대부분 토지에 대하여 오히려 소유권은 없고 감당하는 지세 착취는 심각한 것이다.

1950년 6월 중공 7기 3중전회를 통해 1기 정협 2차 회의는 토지개혁법(초안)을 토론하고 동의한 이후, ≪중화인민공화국 토지개혁법≫은 정식으로 공포되고 실행되어 중국에서 봉건토지제도를 철저히 폐지하기 위하여 입법상의 중요 준비를 했다. 토지개혁은 봉건 착취 제도를 최후에 소멸시키는 심각한 사회변혁이고, 중국에서 2천여 년을 계속한 봉건 착취 제도는 절대로 한 장의 법령에 의거하여 자연적으로 변하지 않을 것이다. 건국 이후, 비록 일부분의 중소 지주와 개명한 지역 유지는 대세의 향방으로 인하여 토지개혁법령에 대한 복종에 동의함을 표명했지만, 그러나 대다수 지주에 대해 말하자면, 여전히 원래 통치지위와 계급이익의 유지를 기도하며 다양한 수법을 채택하여 토지개혁에 대항했다. 그러므로 건국 이후의 토지개혁은 여전히 첨예하고 복잡한 한 차례의 계급투쟁이었다.

중앙위원회의 통일된 배치에 따라 1950년 겨울부터 1951년 봄까지, 신해방구의 토지개혁은 우선적으로 조건이 이미 혹은 기본적으로 성숙한 화북지구 · 화동지구 · 중남지구 · 서북지구의 약 1억 2천 8백만 명 농업인구의 지구에서 전개되었고, 1951년 겨울부터 1952년 봄까지, 상술한 4개 대행정구 및 서남지구의 약 1억 1천만 명 농업인구의 지구에서 진행되었고, 1952년 겨울부터 1953년 봄까지, 중남지구 · 서남지구 · 서북지구 나머지의 약 3천만 명 농업인구의 지구에서 진행되었다.

1950년 겨울부터 1952년 말까지, 신강유오이자치구 · 서장자치구 등 소수민족지구 및 아직 해방을 기다려야 하는 대만성을 제외하고 토지제도의 개혁은 이미 전국 범위에서 기본적으로 완성되었다. 대략 2억 7천만 명 농업인구의 신해방구에서 그 위에 구해방구에서, 땅이 없고 · 적은 전국의 3억여 명 농민은 무상으로 약 7억 묘(4,700만 헥타르에 상당함) 토지와 대량 생산수단을 획득했고, 과거에 매년 지주에게 350억 헥타르 이상의 양식을 납부하는 가혹한 지세를 면했다.

총체적으로 말하자면, 전국적인 인민민주정권의 유리한 조건이 있고 민주혁명시기에 누적된 성숙한 경험이 있고 비교적 완벽한 법률 · 법규와 정책을 근거로 삼는 것이 있기 때문에, 건국 이후 역사상 최대 규모의 이번 토지개혁운동은 비교적 순조롭게 진행되었다. *

第五课

国民经济的迅速恢复

第五课 国民经济的迅速恢复

1. 원문 农工业生产的完全恢

新中国成立后，我们面临的是一副破败不堪的经济状况：工业基础非常薄弱，生产规模狭小，技术装备很差，更没有自己的重工业基础，所需机器设备和许多重要原料都依赖进口。此外，工业内部结构畸形，地区分布不合理，主要集中在东北和东南沿海地区的少数城市。素称"以农立国"的中国，几乎没有现代化农业，农业生产长期停滞不前，加上连年战争的破坏，农业生产日趋衰落。

在恢国民经济的过程中，党和政府首先把重点放在了农业上面，因为恢农业是工业恢和发展的前提。在农业方面，政府主要在兴修农田水利·推广农业生产技术·提供贷款·防治病虫害等方面采取了措施。三年中，用于水利建设的投资共约7亿元，占预算内基本建设总投资的10%。一共兴建了大小渠道14万条。

在农业技术方面，领导农民开展群众性的技术改革工作，推广新式农具，提倡合理密植和深耕细作，以提高农业生产的单位面积产量。在财政经济方面，发放大批农业贷款，实施合理的价格政策和收购政策，大量发展供销合作社，实行合理负担的税收政策和丰产奖励政策。此外，还领导广大农民进行了大规模的病虫害防治工作，三年来在5.4亿余亩耕地上，进行了防治病虫害的斗争，减少农产损失折成粮食约达300亿斤以上。

工业方面，在恢和发展工业生产的过程中，党和政府优先发展社会主义国营工业，并根据统筹兼顾的方针，帮助资本主义工业和手工业恢生产。同时，有重点地发展钢铁工业·燃料工业和机器制造业。

工业生产的恢和发展，使国民经济生产构成发生了很大变化。1952年与1949年相比，工业总产值(包括手工业)在工农业总产值中的比重由30.1%上升到41.5%，其中现代工业产值由17%上升到26.7%，重工业产值在工业总产值中的比重由26.6%上升到35.6%，其中钢铁工业和机械制造业发展最快，在工业总产值中的比重分别由1.8%上升到4.9%，由1.7%上升到5.2%。这些成果表明，建国初期，我们贯彻的是优先发展重工业的方针，重工业在工业中的比重，和旧中国相比已有了显著的提高。

工农业生产的完全恢·财政收支的完全平衡·金融物价的完全稳定，标志着我国的经济状况已获得基本好转，提前完成了党的七届三中全会提出的任务，并为1953年开始有计划大规模的经济建设和全面改造非社会主义经济创造了必要的物质基础。

출처: 《当代中国史事略述》, 杨树标 等 著, 杭州：浙江人民出版社, 2003. pp.135-139.

2. 발음 dì wǔ kè guómín jīngjì de xùnsù huīfù

nónggōngyè shēngchǎn de wánquán huīfù

xīn zhōngguó chénglì hòu, wǒmėn miànlín de shì yífù pòbài bùkān de jīngjì zhuàngkuàng : gōngyè jīchǔ fēicháng bóruò, shēngchǎn guīmó xiáxiǎo, jìshù zhuāngbèi hěn chà, gèng méiyǒu zìjǐ de zhònggōngyè jīchǔ, suǒ xū jīqì shèbèi hé xǔduō zhòngyào yuánliào dōu yīlài jìnkǒu。cǐwài, gōngyè nèibù jiégòu jīxíng, dìqū fēnbù bùhélǐ, zhǔyào jízhōng zài dōngběi hé dōngnán yánhaǐ dìqū de shǎoshù chéngshì。sùchēng “yǐ nóng lìguó” de zhōngguó, jǐhū méiyǒu xiàndàihuà nóngyè, nóngyè shēngchǎn chángqī tíngzhì bùqián, jiāshàng liánnián zhànzhēng de pòhuài, nóngyè shēngchǎn rìqū shuāiluò。

zài huīfù guómín jīngjì de guòchéng zhōng, dǎng hé zhèngfǔ shǒuxiān bǎ zhòngdiǎn fàngzàile nóngyè shàngmiàn, yīnwéi huīfù nóngyè shì gōngyè huīfù hé fāzhǎn de qiántí。zài nóngyè fāngmiàn, zhèngfǔ zhǔyào zài xīngxiū nóngtián shuǐlì · tuīguǎng nóngyè shēngchǎn jìshù · tígōng dàikuǎn · fángzhì bìngchónghài děng fāngmiàn cǎiqǔle cuòshī。sān nián zhōng, yòngyú shuǐlì jiànshè de tóuzī gòng yuē qī yì yuán。zhàn yùsuàn nèi jīběn jiànshè zǒngtóuzī de bǎifēnzhī shí。yígòng xīngjiànle dàxiǎo qúdào shí sì wàn tiáo。

zài nóngyè jìshù fāngmiàn, lǐngdǎo nóngmín kāizhǎn qúnzhòngxìng de jìshù gǎigé gōngzuò, tuīguǎng xīnshì nóngjù, tíchàng hélǐ mìzhí hé shēn gēng xì zuò, yǐ tígāo nóngyè shēngchǎn de dānwèi miànjī chǎnliàng。zài cáizhèng jīngjì fāngmiàn, fāfàng dàpī nóngyè dàikuǎn, shíshī hélǐ de jiàgé zhèngcè hé shōugòu zhèngcè, dàliàng fāzhǎn gōngxiāo hézuòshè, shíxíng hélǐ fùdān de shuìshōu zhèngcè hé fēngchǎn jiǎnglì zhèngcè。cǐwài, hái lǐngdǎo guǎngdà nóngmín jìnxíngle dàguīmó de bìngchónghài fángzhì gōngzuò, sān nián lái zài wǔ diǎn sì yì yú mǔ gēngdì shang, jìnxíngle fángzhì bìngchónghài de dǒuzhēng, jiǎnshǎo nóngchǎn sǔnshī zhéchéng liángshí yuē dá sān qiān yì jīn yǐshàng。

gōngyè fāngmiàn, zài huīfù hé fāzhǎn gōngyè shēngchǎn de guòchéng zhōng, dǎng hé zhèngfǔ yōuxiān fāzhǎn shèhuìzhǔyì guóyíng gōngyè, bìng gēnjù tǒngchóu jiāngù de fāngzhēn, bāngzhù zīběnzhǔyì gōngyè hé shǒugōngyè huīfù shēngchǎn。

tóngshí, yǒuzhòngdiǎndi fāzhǎn gāngtiě gōngyè · ránliào gōngyè hé jīqì zhìzàoyè。

gōngyè shēngchǎn de huīfù hé fāzhǎn, shǐ guómín jīngjì shēngchǎn gòuchéng fāshēngle hěndà biànhuà。yī jiǔ wǔ èr nián yǔ yī jiǔ sì jiǔ nián xiāngbǐ, gōngyè zǒngchǎnzhí (bāokuò shǒugōngyè) zài gōngnóngyè zǒngchǎnzhí zhōng de bǐzhòng yóu bǎifēnzhī sān shí diǎn yī shàngshēng dào bǎifēnzhī sì shí yī diǎn wǔ, qízhōng xiàndài gōngyè chǎnzhí yóu bǎifēnzhī shí qī shàngshēng dào bǎifēnzhī èr shí liù diǎn qī, zhònggōngyè chǎnzhí zài gōngyè zǒngchǎnzhí zhōng de bǐzhòng yóu bǎifēnzhī èr shí liù diǎn liù shàngshēng dào bǎifēnzhī sān shí wǔ diǎn liù, qízhōng gāngtiě gōngyè hé jīxiè zhìzàoyè fāzhǎn zuìkuài, zài gōngyè zǒngchǎnzhí zhōng de bǐzhòng fēnbié yóu bǎifēnzhī yī diǎn bā shàngshēng dào bǎifēnzhī sì diǎn jiǔ, yóu bǎifēnzhī yī diǎn qī shàngshēng dào bǎifēnzhī wǔ diǎn èr。zhèxiē chéngguǒ biǎomíng, jiànguó chūqī, wǒmen guànchè de shì yōuxiān fāzhǎn zhònggōngyè de fāngzhēn, zhònggōngyè zài gōngyè zhōng de bǐzhòng, hé jiù zhōngguó xiāngbǐ yǐ yǒule xiǎnzhù de tígāo。

gōngnóngyè shēngchǎn de wánquán huīfù · cáizhèng shōuzhī de wánquán pínghéng · jīnróng wùjià de wánquán wěndìng, biāozhìzhuó wǒguó de jīngjì zhuàngkuàng yǐ huòdé jīběn hǎozhuǎn, tíqián wánquánle dǎng de qī jiè sān zhōngquánhuì tíchū de rènwu, bìng wèi yī jiǔ wǔ sān nián kāishǐ yǒu jìhuà dàguīmó de jīngjì jiànshè hé quánmiàn gǎizào fēi shèhuìzhǔyì jīngjì chuàngzàole bìyào de wùzhì jīchǔ。

3. 해설 국민경제의 신속한 회복

1) 国民经济的迅速恢

guómín jīngjì de xùnsù huīfù
국민경제의 신속한 회복

国民(guómín) : 국민. 3-15.
经济(jīngjì) : 경제. 2-10.
国民经济(guómín jīngjì) : 국민경제. 경제활동 전체를 국가단위로 하여 종합적으로 파악한 것. 3-15.
迅速(xùnsù) : 신속하다. 급속하다. 재빠르다. 날래다. 3-16.
恢(huīfù) : 회복(하다). 3-15.

2) 农工业生产的完全恢

nónggōngyè shēngchǎn de wánquán huīfù
농공업 생산의 완전한 회복

农工业(nónggōngyè) : 농업과 공업. 농공업.
生产(shēngchǎn) : 생산(하다). 출산(하다). 몸풀다. 해산(하다). 3-16.
完全(wánquán) : 1. 형 완전하다. 충분하다.
2. 부 완전히. 전혀. 전적으로. 참으로. 절대로. 아주. 전부.

3) 新中国成立后, 我们面临的是一副破败不堪的经济状况 : 工业基础非常薄弱, 生产规模狭小, 技术装备很差, 更没有自己的重工业基础，所需机器设备和许多重要原料都依赖进口。

xīn zhōngguó chénglì hòu, wǒmen miànlín de shì yífù pòbài bùkān de jīngjì zhuàngkuàng : gōngyè jīchǔ fēicháng bóruò, shēngchǎn guīmó xiáxiǎo, jìshù zhuāngbèi hěn chà, gèng méiyǒu zìjǐ de zhònggōngyè jīchǔ, suǒ xū jīqì shèbèi hé xǔduō zhòngyào yuánliào dōu yīlài jìnkǒu。

신중국 수립 이후, 우리가 직면한 것은 심하게 망가진 경제 상황이다. 즉 공업 기초는 매우 박약하고, 생산 규모는 작고, 기술 장비는 매우 부족하며, 더욱이 자신의 중공업 기초가 없고, 필요한 기계 설비와 허다한 중요 원료를 모두 수입에 의존했다.

A) 新中国成立后，我们面临的是一副破败不堪的经济状况：

xīn zhōngguó chénglì hòu, wǒmen miànlín de shì yífù pòbài bùkān de jīngjì zhuàngkuàng :

신중국 수립 후, 우리가 직면한 것은 심하게 망가진 경제 상황이다. 즉 …이다.

新(xīn)：새롭다. 새로운. 1-3.

中国(zhōngguó)： 중국. 중화인민공화국. 1-5.

新中国：신중국. 3-15.

成立(chénglì)：수립하다. 수립되다. 1-3.

后(hòu)：뒤. 후. 이후. 3-11.

我们(wǒmen)：㊁ 우리(들).

面临(miànlín)：㊂ (문제 · 상황에) 직면하다. 당면하다. 앞에 놓여 있다.

副(fù)：조. 벌. 쌍. 〔한 벌 또는 한 쌍으로 되어 있는 물건에 쓰임〕 3-11.

一副(yífù)：한 조. 한 벌. → 하나의.

破败(pòbài)：1. ㊂ 무너지다. 퇴락하다.
2. ㊂ 실패하다. 파탄하다.

不堪(bùkān)：1. ㊂ 견딜 수 없다. 참을 수 없다.
2. ㊂ …할 수 없다. 〔대개 좋지 않거나 불유쾌한 방면에 쓰임〕
3. ㊅ 심하다. 〔부정적 의미의 낱말 뒤에 쓰여 정도가 심함을 나타냄〕
4. ㊅ 몹시 나쁘다.

破败不堪(pòbài bùkān) : 심하게 망가지다. 심하게 부서지다.

状况(zhuàngkuàng) : 상황. 형편. 상태. 2-12.

一副破败不堪的经济状况 : 하나의 심하게 망가진 경제 상황. → 심하게 망가진 경제 상황.

冒号(màohào) : 명 콜론(colon). 문장기호' : '로, 'A : B'로 쓰여서, A와 B는 설명 관계를 나타냄. → 즉 …이다. 1-3.

分号(fēnhào) : 명 세미콜론(semicolon). 문장기호' ; '로, 'A ; B'로 쓰여서, A와 B는 병렬관계를 나타냄.

B) 工业基础非常薄弱, 生产规模狭小, 技术装备很差, 更没有自己的重工业基础, 所需机器设备和许多重要原料都依赖进口。

gōngyè jīchǔ fēicháng bóruò, shēngchǎn guīmó xiáxiǎo, jìshù zhuāngbèi hěn chà, gèng méiyǒu zìjǐ de zhònggōngyè jīchǔ, suǒ xū jīqì shèbèi hé xǔduō zhòngyào yuánliào dōu yīlài jìnkǒu。

공업 기초는 매우 박약하고, 생산 규모는 작고, 기술 장비는 매우 부족하며, 더욱이 자신의 중공업 기초가 없고, 필요한 기계 설비와 허다한 중요 원료를 모두 수입에 의존했다.

工业(gōngyè) : 명 공업.

基础(jīchǔ) : 1. 명 (건축물의) 토대. 기초.
2. 명 기초. 기반.
3. 명 하부 구조.

非常(fēicháng) : 1. 형 예사롭지 않은. 비상한. 비정상적인. 특별한.
2. 부 대단히. 심히.
3. 명 돌발적인 재난.

薄弱(bóruò) : 형 박약하다.

规模(guīmó) : 규모. 4-18.

狭小(xiáxiǎo) : 형 좁고 작다. (범위나 도량 등이) 협소하다.

技术(jìshù) : 1. 명 기술.
2. 명 기술 장비.

装备(zhuāngbèi)：명동 장비(하다). 장치(하다). 설비(하다). 설치(하다).

很(hěn)：1. 부 매우. 아주. 대단히. 잘. 몹시. 퍽. 정말.
2. 형용사의 뒤에 得와 함께 쓰여 정도가 매우 높음을 나타냄.

差(chà)：1. 형 부족하다. 모자라다.
2. 형 다르다. 차이가 나다.
3. 형 나쁘다. 좋지 않다. 표준에 못 미치다. 못하다.

差(chā)：1. 명 차이. 상이점.
2. 명 수의 차.
3. 명 착오. 실수. 잘못.

更(gèng)：1. 부 더욱. 더욱이. 일층 더.
2. 부 다시. 또. 되풀이해서. 또한.

更(gēng)：1. 동 바꾸다. 고치다.
2. 동 경험하다.
3. 동 변상하다. 상환하다.

没有(méiyǒu)：1. 동 없다. 가지고(갖추고) 있지 않다. 〔소유의 부정을 나타냄〕
2. 동 없다. 〔존재의 부정을 나타냄. 시간 · 장소를 표시하는 말은 앞에, 의미상의 주어는 뒤에 옴〕
3. 동 (谁 · 哪个 따위의 앞에 쓰여) (아무도〔누구도〕) …않다.
4. 동 …만 못하다. …에 못 미치다.
5. 동 (시간상으로) …이 못 되다〔안 되다〕.

自己(zìjǐ)：자신. 자기. 1-10.

重工业(zhònggōngyè)：명 중공업.

所(suǒ)：…하는. 〔관형어로 쓰이는 주술구조의 술어 앞에 쓰여, 중심어가 객체임을 나타냄〕 2-4.

需(xū)：1. 동 필요로 하다. 요구되다.
2. 명 필수품. 수요.

所需：필요한.

机器(jīqì)：1. 명 기계. 기기.
2. 명 기구. 기관. 조직.
3. 형 (성미가) 변덕스럽다. (성격이) 괴상하다. 〔비웃는 뜻으로 쓰임〕
4. 명 사고. 두뇌.

设备(shèbèi)：1. 동 갖추다. 설비하다.
2. 명 설비. 시설.

3. 명 동 사전 준비(를 하다).

许多(xǔduō) : 1. 형 대단히 많은. 허다한.

2. 형 좋다. 상당하다. 〔주로 형용사 뒤에 쓰여 보어로써 꽤 · 퍽 · 상당히 등의 뜻을 나타냄〕

重要(zhòngyào) : 중요하다. 4-9.

原料(yuánliào) : 1. 명 원료. 감.

2. 명 소재.

所需机器设备和许多重要原料 : 필요한 기계 설비와 허다한 중요 원료.

都(dōu) : 1. 부 모두. 다.

2. 부 是와 연용해서 이유를 설명함.

3. 부 심지어. …조차도. …까지도. 〔连과 연결되어 쓰일 경우가 많음〕

4. 부 이미. 벌써.

5. 부 (그럼에도 불구하고) 아직.

依赖(yīlài) : 1. 동 의지하다. 기대다.

2. 동 의존하다. 불가분의 관계이다.

进口(jìnkǒu) : 1. 명 동 수입(하다).

2. 동 입항하다.

4) 此外，工业内部结构畸形，地区分布不合理，主要集中在东北和东南沿海地区的少数城市。

cǐwài, gōngyè nèibù jiégòu jīxíng, dìqū fēnbù bùhélǐ, zhǔyào jízhōng zài dōngběi hé dōngnán yánhaǐ dìqū de shǎoshù chéngshì。

이 밖에 공업의 내부 구조는 기형적이며, 지역의 분포는 불합리적이고, 주로 동북 지구와 동남연해지구의 소수 도시에 집중되었다.

此外(cǐwài) : 이 밖에. 이 이외.

内部(nèibù) : 명 내부.

结构(jiégòu) : 구조. 구성. 조직. 2-7.

畸形(jīxíng) : 1. 형 기형적인. 비정상적인.

2. 명 기형.

地区(dìqū) : 지역. 지구. 3-6.

分布(fēnbù)：동 분포하다. 널려 있다.

合理(hélǐ)：형 도리에 맞다. 합리적이다.

不合理(bùhélǐ)：형 불합리하다.

主要(zhǔyào)：주로. 대부분. 2-9.

集中(jízhōng)：1. 동 집중하다. 모으다.
2. 동 모이다. 집결하다. 집중되다.
3. 동 집약하다.
4. 동 중앙집권화하다.

在(zài)：…에(서). …에 있어서. 1-8.

东北(dōngběi)：1. 명 중국동북〔둥베이〕지방. 〔랴오닝(辽宁, 요령)성 · 지린(吉林, 길림)성 · 헤이룽장(黑龙江, 흑룡강)성의 3성 및 네이멍구(内蒙古, 내몽고)자치구의 동부를 포함함〕
2. 명 동북간의 방향.

东南(dōngnán)：1. 명 중국의 동남연해지구. 〔상하이(上海, 상해)시 · 장쑤(江苏, 강소)성 · 저장(浙江, 절강)성 · 푸젠(福建, 복건)성 · 타이완(台湾, 대만)성 등을 포함함〕
2. 명 동남 방향.

沿海(yánhaǐ)：1. 명 연해. 바닷가 근처 지방.
2. 바다에 연하다.

少数(shǎoshù)：소수. 적은 수. 4-16.

城市(chéngshì)：명 도시.

5) 素称"以农立国"的中国，几乎没有现代化农业，农业生产长期停滞不前，加上连年战争的破坏，农业生产日趋衰落。

sùchēng "yǐ nóng lìguó" de zhōngguó, jīhū méiyǒu xiàndàihuà nóngyè, nóngyè shēngchǎn chángqī tíngzhì bùqián, jiāshàng liánnián zhànzhēng de pòhuài, nóngyè shēngchǎn rìqū shuāiluò。

"농업입국"으로 곧잘 일컬어지는 중국은 거의 현대화농업이 없고, 농업 생산이 장기적으로 정체되어 앞으로 나가지 못하고, 여러 해 계속하는 전쟁의 파괴를 더하며, 농업 생산이 날로 쇠퇴했다.

A) 素称"以农立国"的中国，几乎没有现代化农业，

sùchēng "yǐ nóng lìguó" de zhōngguó, jīhū méiyǒu xiàndàihuà nóngyè,

"농업입국"으로 곧잘 일컬어지는 중국은 거의 현대화 농업이 없고,

素称(sùchēng)：동 …로 잘 알려져 있다.…로 곧잘 일컬어지다.

以(yǐ)：…(으)로(써). …을 가지고. …을 근거로. 2-8.

农(nóng)：명 농업. 농민.

立(lì)：세우다. 건립〔설립〕하다. 제정하다. 2-7.

国(guó)：1. 명 국가. 나라.

2. 명 자기 나라. 본국. 자국.

3. 형 국내 최고의.

立国(lìguó)：건국(하다). 1-14.

以农立国(yǐ nóng lìguó)：농업입국. 농업으로 나라를 번영하게 함.

几乎(jīhū)：1. 부 거의.

2. 부 하마터면.

现代化(xiàndàihuà)：현대화(하다). 2-3.

农业(nóngyè)：농업. 4-5.

现代化农业：현대화된 농업. 현대화 농업.

B) 农业生产长期停滞不前，加上连年战争的破坏，农业生产日趋衰落。

nóngyè shēngchǎn chángqī tíngzhì bùqián, jiāshàng liánnián zhànzhēng de pòhuài, nóngyè shēngchǎn rìqū shuāiluò。

농업 생산이 장기적으로 정체되어 앞으로 나가지 못하고, 여러 해 계속하는 전쟁의 파괴를 더하며, 농업 생산이 날로 쇠퇴했다.

长期(chángqī)：명 장기. 긴 시간. → 장기적으로.

停滞(tíngzhì)：1. 동 정체하다(되다). 침체하다(되다).

2. 동 판매가 부진한 제품의 생산을 중지하다.

停滞不前(tíngzhìbùqián)：정체되어 앞으로 나가지 못하다.

加上(jiāshàng)：더하다. 그 위에. 게다가. 4-17.

连年(liánnián)：명 연년. 여러 해 계속(하다).
战争(zhànzhēng)：전쟁. 4-3.
破坏(pòhuài)：1. 동 (건축물 따위를) 파괴하다. → 파괴.
2. 동 (명예나 위신을) 훼손하다. 손해를 입히다. → 훼손.
3. 동 (사회 제도 · 풍속 · 습관 따위를) 타파하다. 변혁시키다.
日趋(rìqū)：부 날로. 나날이. 더더욱.
衰落(shuāiluò)：동 쇠퇴하다. 쇠락하다(되다). 쇠해지다. 몰락하다. 영락하다.

6) 在恢国民经济的过程中，党和政府首先把重点放在了农业上面，因为恢农业是工业恢和发展的前提。

zài huīfù guómín jīngjì de guòchéng zhōng, dǎng hé zhèngfǔ shǒuxiān bǎ zhòngdiǎn fàngzàile nóngyè shàngmiàn, yīnwéi huīfù nóngyè shì gōngyè huīfù hé fāzhǎn de qiántí。

국민경제를 회복하는 과정에서, 중공과 정부는 우선적으로 중점을 농업의 위에 두었고, 왜냐하면 농업 회복은 공업의 회복과 발전의 전제이기 때문이다.

A) 在恢国民经济的过程中，党和政府首先把重点放在了农业上面，

zài huīfù guómín jīngjì de guòchéng zhōng, dǎng hé zhèngfǔ shǒuxiān bǎ zhòngdiǎn fàngzàile nóngyè shàngmiàn,

국민경제를 회복하는 과정에서, 중공과 정부는 우선적으로 중점을 농업의 위에 두었고,

在(zài)…中(zhōng)：…(중)에서. …(가운데)에서. 1-18.
中(zhōng)：중. (한)가운데. 복판. 중심. 중앙. 1-10.
恢(huīfù)：회복(하다). 회복시키다. 3-15.
过程(guòchéng)：명 과정.
党(dǎng)：당. 중국공산당. 중공. 1-4.
政府(zhèngfǔ)：정부. 3-8.
首先(shǒuxiān)：1. 명 맨 먼저. 우선. 무엇보다 먼저. → 우선적으로.

2. 명 첫째. 〔열거하는 경우에 쓰임〕

3. 동 남보다 앞서다. 선두를 달리다.

把(bǎ) : …을〔를〕. 〔목적어를 동사 앞으로 전치시킬 때 씀〕 1-4.

重点(zhòngdiǎn) : 1. 명 중점. 중요한 점. 중시해야 할 점. 〔부사어로도 쓰임〕

2. 명 중점. 지렛대가 물체를 떠받치는 점.

放在(fàngzài) : …에 놓다(두다).

上面(shàngmiàn) : 위. 윗면.

放在农业上面 : 농업의 위에 두다.

B) 因为恢农业是工业恢和发展的前提。

yīnwéi huīfù nóngyè shì gōngyè huīfù hé fāzhǎn de qiántí。

왜냐하면 농업 회복은 공업의 회복과 발전의 전제이기 때문이다.

因为(yīnwéi) : 1. 접 왜냐하면 (…때문이다). 〔원인이나 이유를 나중에 말할 경우〕

2. 접 …때문에. …에 의하여. 〔원인이나 이유를 먼저 말할 경우〕

恢农业 : 농업을 회복시키다. → 농업(의) 회복.

发展(fāzhǎn) : 발전(하다). 1-5.

前提(qiántí) : 1. 명 전제.

2. 명 선결 조건. 전제 조건.

7) 在农业方面, 政府主要在兴修农田水利 · 推广农业生产技术 · 提供贷款 · 防治病虫害等方面采取了措施。

zài nóngyè fāngmiàn, zhèngfǔ zhǔyào zài xīngxiū nóngtián shuǐlì · tuīguǎng nóngyè shēngchǎn jìshù · tígōng dàikuǎn · fángzhì bìngchónghài děng fāngmiàn cǎiqǔle cuòshī。

농업 분야에서, 정부는 주로 농경지 수리의 공사 · 농업 생산 기술의 보급 · 대출금의 제공 · 병충해의 예방퇴치 등 분야에서 조치를 채택했다.

方面(fāngmiàn) : 1. 명 방면. 방향. 측면. 측. 쪽.

2. 명 분야. 영역.

在(zài)…方面(fāngmiàn)：…분야에서. …영역에서. …방면에서.
主要(zhǔyào)：주로. 대부분. 주요한. 2-9.
兴修(xīngxiū)：[동] 공사를 일으키다. 공사하다. 부설하다. 건설하다. 건조하다.
农田(nóngtián)：[명] 농경지. 농토.
水利(shuǐlì)：1. [명] 수리.
2. [명] 수리공사.
兴修农田水利：농경지 수리를 공사하다. → 농경지 수리의 공사.
推广(tuīguǎng)：[동] 널리 보급하다. 확충(확대)하다. 일반화하다.
推广农业生产技术：농업 생산 기술을 보급하다. → 농업 생산 기술의 보급.
提供(tígōng)：[동] 제공하다.
贷款(dàikuǎn)：1. [명] 대출금. 대부금. 대여금. 차관.
2. [동] 대부하다. 대출하다. 차입하다.
提供贷款：대출금을 제공하다. → 대출금의 제공.
防治(fángzhì)：[명][동] 예방치료(퇴치)(하다).
病虫害(bìngchónghài)：[명] 병충해.
防治病虫害：병충해를 예방퇴치하다. → 병충해의 예방퇴치.
等(děng)：등 따위. 3-10.
采取(cǎiqǔ)：채택하다. 채용하다. 취하다. 4-11.
措施(cuòshī)：[명][동] 조치(하다). 대책. 시책(을 행하다).

8) 三年中，用于水利建设的投资共约7亿元，占预算内基本建设总投资的10%。

sān nián zhōng, yòngyú shuǐlì jiànshè de tóuzī gòng yuē qī yì yuán。zhàn yùsuàn nèi jīběn jiànshè zǒngtóuzī de bǎifēnzhī shí。
3년 중에. 수리 건설에 쓰인 투자금은 모두 약 인민폐 7억 원이고, 예산 내 기본건설 총투자의 10%를 차지했다.

三年中：3년 중에. 3년 가운데에.
用于(yòngyú)：[동] …에 쓰다.
建设(jiànshè)：건설(하다). 1-3.
用于水利建设：수리 건설에 쓰이다.

投资(tóuzī) : 1. 명 투자(금).
2. 동 투자하다.

共(gòng) : 1. 부 전부. 모두. 도합.
2. 부 함께. 같이. 공동으로.
3. 형 공통의. 같은. 동일한.
4. 동 함께(같이) 하다. 공유하다.

约(yuē) : 약. 대략. 대강. 2-6.

亿(yì) : 억. 4-4.

元(yuán) : 1. 양 원. 위안. 〔중국에서의 화폐 단위. 人民币(rénmínbì, 인민폐)에서는 圆(yuán)을 쓰고, 구두어에서는 보통 块(kuài)를 씀. 또한 외국 화폐에도 元으로 표시하는 경우가 있음〕
2. 명 형 처음(의). 시작(의). 첫째(의).
3. 명 형 으뜸(의). 제일(의). 우두머리(의). 첫째(가는).
4. 형 주요한. 근본적인. 기초적인.

7亿元 : 인민폐 7억 원. 런민비 7억 위안.

占(zhàn) : 차지하다. 점령(점거)하다. 4-6.

预算(yùsuàn) : 1. 명 동 예산(하다).
2. 명 동 사전 계산(하다). 예기(하다).

内(nèi) : 1. 명 안. 안쪽. 속. 내부.
2. 명 처 또는 처가의 친척.
3. 명 내실. 궁중.

基本(jīběn) : 기본의. 기본적인. 근본적인. 주요한. 주된. 중요한. 1-3.

基本建设(jīběn jiànshè) : 명 기본 건설. 〔국민경제의 각 부문에 있어서 고정 자산을 증가시키기 위한 건설. 구어에서는 왕왕 공장 · 주택의 신축을 가리킴〕

总(zǒng) : 총. 전부의. 전면적인. 전체의. 전반적인. 4-7.

总投资(zǒngtóuzī) : 총투자.

百分之(bǎifēnzhī) : 퍼센트. 백분율. %(백분율을 나타내는 기호). 4-7.

9) 一共兴建了大小渠道14万条。

yígòng xīngjiànle dàxiǎo qúdào shí sì wàn tiáo。

크고 작은 관개 수로 14만 개를 모두 건설했다.

一共(yígòng) : 명 부 합계. 전부. 모두.

兴建(xīngjiàn) : 동 건설하다. 창설하다. 건축하다. 〔대규모의 건설을 가리킴〕

大小(dàxiǎo) : 1. 명 큰 것과 작은 것. 대소.
2. 명 어른과 아이.
3. 명 (친족 간의) 존비 · 상하.
4. 명 크기.
5. 부 아무튼. 어쨌든.

渠道(qúdào) : 1. 명 관개 수로. 수로.
2. 명 방법. 경로. 루트.

条(tiáo) : 1. 양 가락. 가닥. 줄기. 항목. 조목. 개. 〔가늘고 긴 것을 세는 양사〕
2. 명 가늘고 긴 나뭇가지.
3. 명 폭이 좁고 긴 것(물건). 가늘고 긴 것. 작은 종이 조각.
4. 명 가늘고 긴 선(무늬).
5. 명 조. 조목. 항목으로 나눈 것.

10) 在农业技术方面，领导农民开展群众性的技术改革工作，推广新式农具，提倡合理密植和深耕细作，以提高农业生产的单位面积产量。

zài nóngyè jìshù fāngmiàn, lǐngdǎo nóngmín kāizhǎn qúnzhòngxìng de jìshù gǎigé gōngzuò, tuīguǎng xīnshì nóngjù, tíchàng hélǐ mìzhí hé shēn gēng xì zuò, yǐ tígāo nóngyè shēngchǎn de dānwèi miànjī chǎnliàng。

농업 기술 분야에서, 농민이 대중적인 기술 개혁 업무를 전개하도록 영도하고, 신형의 농기구를 보급하고, 합리적으로 밀식하고 깊이 갈고 정성껏 가꾸는 것을 제창하여, 이로써 농업 생산의 단위면적의 생산량을 제고했다.

A) 在农业技术方面，领导农民开展群众性的技术改革工作，推广新式农具，提倡合理密植和深耕细作，

zài nóngyè jìshù fāngmiàn, lǐngdǎo nóngmín kāizhǎn qúnzhòngxìng de jìshù gǎigé gōngzuò, tuīguǎng xīnshì nóngjù, tíchàng hélǐ mìzhí hé shēn gēng xì zuò,

농업 기술 분야에서, 농민이 대중적인 기술 개혁 업무를 전개하도록 영도하고, 신형의 농기구를 보급하고, 합리적으로 밀식하고 깊이 갈고 정성껏 가꾸는 것을 제창하여,

领导(lǐngdǎo) : 영도하다. 지도하다. 이끌고 나가다. 2-3.
A领导(lǐngdǎo) B… C… : 1. A는 B가 C하도록 영도하다.
2. A는 B를 영도하여 C하게 만들다.
农民(nóngmín) : 명 농민.
开展(kāizhǎn) : 전개하다. 펼치다. 확대하다. 4-3.
群众(qúnzhòng) : 1. 명 군중. 민중. 대중.
2. 명 비공산당원. 일반 대중. 비당원. 간부가 아닌 자.
性(xìng) : 명사 뒤에 붙어 사상 · 감정을 나타내거나 범위 · 방식을 한정함. 1-6.
群众性(qúnzhòngxìng) : 명 대중성. 대중적.
改革(gǎigé) : 개혁(하다). 1-3.
工作(gōngzuò) : 업무. 근무. 작업〔하다〕. 일〔하다〕. 노동〔하다〕. 직업. 3-4.
新式(xīnshì) : 명 형 신식(의). 신형(의).
农具(nóngjù) : 명 농기구.
提倡(tíchàng) : 동 제창하다.
密植(mìzhí) : 1. 동 밀식하다. 빽빽하게 심다.
2. 명 밀식.
合理密植(hélǐ mìzhí) : 합리적으로 밀식하다.
深耕细作(shēn gēng xì zuò) : 깊이 갈고 정성껏 가꾸다.
浅耕粗作(qiǎn gēng cū zuò) : 얕게 갈고 대충 가꾸다.

B) 以提高农业生产的单位面积产量。

yǐ tígāo nóngyè shēngchǎn de dānwèi miànjī chǎnliàng。
이로써 농업 생산의 단위면적의 생산량을 제고했다.

以(yǐ) : 이로써. …하여. …함으로써. …하기 위하여. 〔목적 · 결과를 나타냄〕 2-8.
提高(tígāo) : 명 동 제고(하다). 향상(시키다). 고양(하다). 높이다. 끌어올리다.

单位(dānwèi) : 1. 명 단위.
2. 명 (단체 · 기관 등의) 단위(부문).
3. 명 집채. 독채.

面积(miànjī) : 명 면적.

单位面积(dānwèi miànjī) : 단위 면적.

产量(chǎnliàng) : 명 생산량.

11) 在财政经济方面，发放大批农业贷款，实施合理的价格政策和收购政策，大量发展供销合作社，实行合理负担的税收政策和丰产奖励政策。

zài cáizhèng jīngjì fāngmiàn, fāfàng dàpī nóngyè dàikuǎn, shíshī hélǐ de jiàgé zhèngcè hé shōugòu zhèngcè, dàliàng fāzhǎn gōngxiāo hézuòshè, shíxíng hélǐ fùdān de shuìshōu zhèngcè hé fēngchǎn jiǎnglì zhèngcè。

재정 경제 분야에서, 대량의 농업 대출금을 방출하고, 합리적인 가격정책과 수매정책을 실시하고, 공급판매합작사를 대량으로 발전시키고, 합리적으로 부담하는 세수정책과 풍부한 장려정책을 실행했다.

财政(cáizhèng) : 명 재정.

发放(fāfàng) : 명 (정부나 기구 등이) 돈이나 물자를 방출하다.

大批(dàpī) : 형 부 대량의. 대량으로.

实施(shíshī) : 실시. 실시하다. 1-14.

价格(jiàgé) : 명 가격.

政策(zhèngcè) : 정책. 4-18.

收购(shōugòu) : 1. 명 수매. 구입. 구매. 조달.
2. 동 사들이다. 수매하다. (대량으로) 구입하다.

大量(dàliàng) : 대량(의, 으로). 다량(의, 으로). 4-17.

供销(gōngxiāo) : 1. 명 공급과 판매. 〔생산도구와 소모품을 공급하고 제품을 판매하는 순수 상업 활동을 가리킴〕
2. 供销合作社의 약칭.
3. 동 공급과 판매를 하다.

合作社(hézuòshè)：명 합작사. 협동조합.

供销合作社(gōngxiāo hézuòshè)：공급판매합작사. 〔농촌에서의 생산과 생활 수요를 만족시키기 위해 설립된 상업기구. 주로 생산도구와 생필품을 판매하고, 농산품과 부업 상품을 구매함〕

实行(shíxíng)：실행하다. 실행. 4-9.

负担(fùdān)：명동 부담(하다). 책임(지다).

税收(shuìshōu)：명 세수. 세수입.

丰产(fēngchǎn)：명 풍작. → 풍부한.

奖励(jiǎnglì)：명동 장려(하다). 표창(하다). 칭찬(하다).

12) 此外，还领导广大农民进行了大规模的病虫害防治工作，三年来在5.4亿余亩耕地上，进行了防治病虫害的斗争，减少农产损失折成粮食约达300亿斤以上。

cǐwài, hái lǐngdǎo guǎngdà nóngmín jìnxíngle dàguīmó de bìngchónghài fángzhì gōngzuò, sān nián lái zài wǔ diǎn sì yì yú mǔ gēngdì shang, jìnxíngle fángzhì bìngchónghài de dǒuzhēng, jiǎnshǎo nóngchǎn sǔnshī zhéchéng liángshí yuē dá sān qiān yì jīn yǐshàng。

이 밖에, 또 많은 농민이 대규모의 병충해 예방퇴치 작업을 진행하도록 영도했고, 3년 동안 5억 4천만여 묘의 경작지에서, 병충해 예방퇴치의 투쟁을 진행했고, 농업생산 손실의 감소는 양식으로 환산하여 300억 근 이상에 대략 달했다.

A) 此外，还领导广大农民进行了大规模的病虫害防治工作，

cǐwài, hái lǐngdǎo guǎngdà nóngmín jìnxíngle dàguīmó de bìngchónghài fángzhì gōngzuò,

이 밖에, 또 많은 농민이 대규모의 병충해 예방퇴치 작업을 진행하도록 영도했고,

还(hái)：또. 더. 〔항목 · 수량이 증가하거나 범위가 확대되는 것을 나타냄〕 2-4.

广大(guǎngdà)：1. 형 (면적 · 공간이) 넓다.
2. 형 (범위 · 규모가) 크다. 광범하다.
3. 형 (사람 수가) 많다.

进行(jìnxíng)：진행하다. 2-9.

大规模(dàguīmó)：대규모의 4-3.

B) 三年来在5. 4亿余亩耕地上, 进行了防治病虫害的斗争, 减少农产损失折成粮食约达300亿斤以上。

sān nián lái zài wǔ diǎn sì yì yú mǔ gēngdì shang, jìnxíngle fángzhì bìngchónghài de dǒuzhēng, jiǎnshǎo nóngchǎn sǔnshī zhéchéng liángshí yuē dá sān qiān yì jīn yǐshàng。

3년 동안 5억 4천만여 묘의 경작지에서, 병충해 예방퇴치의 투쟁을 진행했고, 농업 생산 손실의 감소는 양식으로 환산하여 300억 근 이상에 대략 달했다.

来(lái)：…동안. …이래. 1-4.

三年来：3년 동안.

在(zài)…上(shang)：…에 있어서. 1-8.

点(diǎn)：소수점. 4-5.

亿(yì)：억. 4-4.

余(yú)：…여〔남짓〕. 4-6.

亩(mǔ)：묘. (중국식) 토지 면적의 단위. 〔1(市)亩는 약 666. 7제곱미터임〕 4-17.

耕地(gēngdì)：1. 명 경작지. 경지.
2. 동 토지를 갈다.

防治病虫害：병충해를 예방퇴치하다. → 병충해 예방퇴치.

斗争(dǒuzhēng)：투쟁. 투쟁하다. 2-10.

减少(jiǎnshǎo)：동 감소하다. 적게 하다. 적어지다. 덜다. 줄(이)다.

农产(nóngchǎn)：农业生产(농업생산)의 준말.

损失(sǔnshī)：명 동 손실(하다). 손해(보다).

折(zhé)：1. 동 환산하다.
2. 동 깎다. 할인하다. 에누리하다.
3. 동 꺾다. 끊다. 부러뜨리다.
4. 동 손해 보다. 밑지다. 손실을 입다. 타격을 받다.
5. 동 굽히다. 굴하다. 구부리다.

折成(zhéchéng)：…으로 환산하다.

粮食(liángshí)：양식. 식량. 4-17.

约(yuē)：약. 대략. 대강. 2-6.

达(dá)：1. 동 달하다. 도달하다. 이르다. 달성하다.
2. 동 통하다. 가 닿다.
3. 동 통달하다. 정통하다.
4. 동 전달하다. 알리다.

约达：대략 …에 달하다.

斤(jīn)：1. 양 근. 무게의 단위. 〔1(市)斤은 10(市)两, 약 500그램. 옛날, 1斤은 16两, 596. 816그램〕
2. 접미 斤으로 셀 수 있는 단음절어 뒤에 붙어 총칭이 되도록 하는 말.
3. 명 도끼.

以上(yǐshàng)：이상. 4-17.

减少农产损失：농업생산의 손실을 감소하다. → 농업생산 손실의 감소.

折成粮食：양식으로 환산하다.

约达300亿斤以上：300억 근 이상에 대략 달하다.

减少农产损失折成粮食约达300亿斤以上：농업생산 손실의 감소는 양식으로 환산하여 300억 근 이상에 대략 달하다.

13) 工业方面，在恢和发展工业生产的过程中，党和政府优先发展社会主义国营工业，并根据统筹兼顾的方针，帮助资本主义工业和手工业恢生产。

gōngyè fāngmiàn, zài huīfù hé fāzhǎn gōngyè shēngchǎn de guòchéng zhōng, dǎng hé zhèngfǔ yōuxiān fāzhǎn shèhuìzhǔyì guóyíng gōngyè, bìng gēnjù tǒngchóu jiāngù de fāngzhēn, bāngzhù zīběnzhǔyì gōngyè hé shǒugōngyè huīfù shēngchǎn。

공업 분야는 공업 생산의 회복과 발전의 과정에서, 중공과 정부가 사회주의 국영 공업을 우선적으로 발전시켰고, 또한 전반적으로 계획하고 골고루 고려하는 방침에 근거하여, 자본주의 공업과 수공업이 생산을 회복하는 것을 도왔다.

A) 工业方面，在恢和发展工业生产的过程中，

gōngyè fāngmiàn, zài huīfù hé fāzhǎn gōngyè shēngchǎn de guòchéng zhōng,

공업 분야는 공업 생산의 회복과 발전의 과정에서,

恢和发展工业生产：공업 생산을 회복하고 발전시키다. → 공업 생산의 회복과 발전.

B) 党和政府优先发展社会主义国营工业，

dǎng hé zhèngfǔ yōuxiān fāzhǎn shèhuìzhǔyì guóyíng gōngyè,

중공과 정부가 사회주의 국영 공업을 우선적으로 발전시켰고,

优先(yōuxiān)：1. 동 우선하다. → 우선적으로.
2. 명 우선.

社会主义(shèhuìzhǔyì)：사회주의. 1-3.

国营(guóyíng)：명 국영.

C) 并根据统筹兼顾的方针，帮助资本主义工业和手工业恢生产。

bìng gēnjù tǒngchóu jiāngù de fāngzhēn, bāngzhù zīběnzhǔyì gōngyè hé shǒugōngyè huīfù shēngchǎn。

또한 전반적으로 계획하고 골고루 고려하는 방침에 근거하여, 자본주의 공업과 수공업이 생산을 회복하는 것을 도왔다.

并(bìng)：그리고. 또. 또한. 아울러. 1-5.

根据(gēnjù)：1. 동 근거하다. 의거하다. 따르다. → …에 근거하여. …에 의하면.
2. 명 근거.

统筹(tǒngchóu)：동 전반적으로 계획하다. 전면적인 계획을 세우다.

兼顾(jiāngù)：동 골고루(겸하여) 고려하다. 고루(아울러) 돌보다.

统筹兼顾(tǒngchóu jiāngù)：여러 방면의 일을 통일적으로 계획하고 돌보다.

方针(fāngzhēn) : 방침. 3-12.

帮助(bāngzhù) : 1. 통 돕다. 원조하다. 보좌하다.
2. 명 도움. 원조. 보조. 충고.

资本主义(zīběnzhǔyì) : 명 자본주의.

手工业(shǒugōngyè) : 명 수공업.

14) 同时，有重点地发展钢铁工业·燃料工业和机器制造业。
tóngshí, yǒuzhòngdiǎndi fāzhǎn gāngtiě gōngyè · ránliào gōngyè hé jīqì zhìzàoyè。
동시에 강철공업과 연료공업 및 기계제조업을 중점적으로 발전시켰다.

同时(tóngshí) : 동시에. 또한. 게다가. 나아가. 3-13.

有(yǒu) : (많이) 있다. 〔강조의 뜻을 나타냄〕 3-6.

地(di) : 단어나 사조의 뒤에 쓰여서, 동사 · 형용사를 수식함.
〔다른 발음은 地(de)임〕 1-6.

有重点(地)((yǒuzhòngdiǎn(di)) : 중점적으로.

有重点地发展… : …을 중점적으로 발전시키다.

钢铁(gāngtiě) : 1. 명 강철.
2. 명 강과 철.
3. 형 굳은. 강한.

燃料(ránliào) : 명 연료.

制造业(zhìzàoyè) : 명 제조업.

15) 工业生产的恢和发展，使国民经济生产构成发生了很大变化。
gōngyè shēngchǎn de huīfù hé fāzhǎn, shǐ guómín jīngjì shēngchǎn gòuchéng fāshēngle hěndà biànhuà。
공업 생산의 회복과 발전은 국민경제 생산의 구성으로 하여금 커다란 변화를 발생하게 만들었다.

使(shǐ)：1. 동 (…하여금) …하게 만들다. (…에게) …하게 하다. …시키다.
2. 동 파견하다. 사람을 보내다.
3. 동 쓰다. 사용하다. 써 버리다.
构成(gòuchéng)：명동 구성(하다). 형성(하다).
发生(fāshēng)：1. 동 발생하다. 생기다.
2. 동 왕성하게 되다.
3. 명 (생물의) 개체발생.
很大(hěndà)：커다랗다. 매우 크다.
变化(biànhuà)：변화(하다). 달라지다. 바뀌다. 2-12.

16) 1952年与1949年相比，工业总产值(包括手工业)在工农业总产值中的比重由30.1%上升到41.5%，其中现代工业产值由17%上升到26.7%，重工业产值在工业总产值中的比重由26.6%上升到35.6%，其中钢铁工业和机械制造业发展最快，在工业总产值中的比重分别由1.8%上升到4.9%，由1.7%上升到5.2%。

yī jiǔ wǔ èr nián yǔ yī jiǔ sì jiǔ nián xiāngbǐ, gōngyè zǒngchǎnzhí (bāokuò shǒugōngyè) zài gōngnóngyè zǒngchǎnzhí zhōng de bǐzhòng yóu bǎifēnzhī sān shí diǎn yī shàngshēng dào bǎifēnzhī sì shí yī diǎn wǔ, qízhōng xiàndài gōngyè chǎnzhí yóu bǎifēnzhī shí qī shàngshēng dào bǎifēnzhī èr shí liù diǎn qī, zhònggōngyè chǎnzhí zài gōngyè zǒngchǎnzhí zhōng de bǐzhòng yóu bǎifēnzhī èr shí liù diǎn liù shàngshēng dào bǎifēnzhī sān shí wǔ diǎn liù, qízhōng gāngtiě gōngyè hé jīxiè zhìzàoyè fāzhǎn zuìkuài, zài gōngyè zǒngchǎnzhí zhōng de bǐzhòng fēnbié yóu bǎifēnzhī yī diǎn bā shàngshēng dào bǎifēnzhī sì diǎn jiǔ, yóu bǎifēnzhī yī diǎn qī shàngshēng dào bǎifēnzhī wǔ diǎn èr。

1952년은 1949년과 비교하여, 공업 총생산액(수공업을 포함함)의 농공업 총생산액 중에서의 비중이 30.1%에서 41.5%로 상승했고, 그 중에 현대 공업 생산액은 17%에서 26.7%로 상승했고, 중공업 생산액의 공업 총생산액 중에서의 비중이 26.6%에서 35.6%로 상승했고, 그 중에 철강공업과 기계제조업의 발전이 가장 빠르고, 공업 총생산액 중에서의 비중은 각각 1.8%에서 4.9%로 상승했고, 1.7%에서 5.2%로 상승했다.

A) 1952年与1949年相比,

yī jiǔ wǔ èr nián yǔ yī jiǔ sì jiǔ nián xiāngbǐ,

1952년은 1949년과 비교하여,

年(nián) : 년. 해. 1-3.

与(yǔ) : …와〔과〕. …함께. 1-6.

相比(xiāngbǐ) : 동 비교하다.

B) 工业总产值(包括手工业)在工农业总产值中的比重由30.1%上升到41.5%,

gōngyè zǒngchǎnzhí (bāokuò shǒugōngyè) zài gōngnóngyè zǒngchǎnzhí zhōng de bǐzhòng yóu bǎifēnzhī sān shí diǎn yī shàngshēng dào bǎifēnzhī sì shí yī diǎn wǔ,

공업 총생산액(수공업을 포함함)의 농공업 총생산액 중에서의 비중이 30.1%에서 41.5%로 상승했고,

总(zǒng) : 총. 전부의. 전면적인. 전체의. 전반적인. 4-7.

产值(chǎnzhí) : 명 생산액. 생산고.

总产值(zǒngchǎnzhí) : 명 총생산액.

包括(bāokuò) : 동 포함하다. 포괄하다. 일괄하다.

工农业(gōngnóngyè) : 명 농공업. 〔농업과 공업을 아울러 이르는 말〕

比重(bǐzhòng) : 명 비중.

由(yóu) : 1. 개 …으로부터. …에서. 〔기점을 나타냄〕
2. 개 …이〔가〕. …께서. 〔동작의 주체를 나타냄〕
3. 개 …으로. …으로부터. …에서. …에 의해. 〔근거를 나타냄〕
4. 명 원인. 이유. 유래.
5. 동 …때문이다. …에 말미암다. …에 기인되다.
6. 동 경과하다. 경유하다. 지나가다. 통과하다.
7. 동 복종하다. 따르다. …대로 하다.

百分之(bǎifēnzhī) : 퍼센트. 백분율. %(백분율을 나타내는 기호). 4-7.
上升(shàngshēng) : 1. 동 상승하다. 올라가다.
2. 동 (등급 · 정도 · 수량 따위가) 향상하다. 증가하다.
到(dào) : …까지. …로. …에. 1-13.

C) 其中现代工业产值由17%上升到26.7%,

qízhōng xiàndài gōngyè chǎnzhí yóu bǎifēnzhī shí qī shàngshēng dào bǎifēnzhī èr shí liù diǎn qī,
그 중에 현다 공업 생산액은 17%에서 26.7%로 상승했고,

其中(qízhōng) : 그 중. 그 속.
现代(xiàndài) : 1. 명 현대.
2. 명 현대. 〔중국의 역사 구분에는 대체로 5 · 4운동 이후 현재까지의 시기를 가리킴〕

D) 重工业产值在工业总产值中的比重由26.6%上升到35.6%,

zhònggōngyè chǎnzhí zài gōngyè zǒngchǎnzhí zhōng de bǐzhòng yóu bǎifēnzhī èr shí liù diǎn liù shàngshēng dào bǎifēnzhī sān shí wǔ diǎn liù,
중공업 생산액의 공업 총생산액 중에서의 비중이 26.6%에서 35.6%로 상승했고,

E) 其中钢铁工业和机械制造业发展最快, 在工业总产值中的比重分别由1.8%上升到4.9%, 由1.7%上升到5.2%。

qízhōng gāngtiě gōngyè hé jīxiè zhìzàoyè fāzhǎn zuìkuài, zài gōngyè zǒngchǎnzhí zhōng de bǐzhòng fēnbié yóu bǎifēnzhī yī diǎn bā shàngshēng dào bǎifēnzhī sì diǎn jiǔ, yóu bǎifēnzhī yī diǎn qī shàngshēng dào bǎifēnzhī wǔ diǎn èr。
그 중에 철강공업과 기계제조업의 발전이 가장 빠르고, 공업 총생산액 중에서의 비중은 각각 1.8%에서 4.9%로 상승했고, 1.7%에서 5.2%로 상승했다.

机械(jīxiè)：1. 명 기계. 기계 장치.
2. 형 기계적이다. 융통성이 없다.

最快(zuìkuài)：가장 빠르다.

分别(fēnbié)：1. 부 각각. 따로따로.
2. 동 헤어지다. 이별하다.
3. 명 동 구별(하다). 식별(하다).
4. 명 다름. 차이. 차별.

17) 这些成果表明，建国初期，我们贯彻的是优先发展重工业的方针，重工业在工业中的比重，和旧中国相比已有了显著的提高。

zhèxiē chéngguǒ biǎomíng, jiànguó chūqī, wǒmen guànchè de shì yōuxiān fāzhǎn zhònggōngyè de fāngzhēn, zhònggōngyè zài gōngyè zhōng de bǐzhòng, hé jiù zhōngguó xiāngbǐ yǐ yǒule xiǎnzhù de tígāo。

이들 성과는, 건국 초기에 우리가 관철한 것이 중공업을 우선적으로 발전시키는 방침이고, 중공업의 공업 중에서의 비중이 옛 중국과 비교하여 이미 현저한 향상이 생겼다고 표명했다.

A) 这些成果表明，建国初期，我们贯彻的是优先发展重工业的方针，

zhèxiē chéngguǒ biǎomíng, jiànguó chūqī, wǒmen guànchè de shì yōuxiān fāzhǎn zhònggōngyè de fāngzhēn,

이들 성과는, 건국 초기에 우리가 관철한 것이 중공업을 우선적으로 발전시키는 방침이고, …라고 표명했다.

这些(zhèxiē)：이런 것들. 이것들. 이들. 1-4.

成果(chéngguǒ)：명 성과. (일의) 수확.

表明(biǎomíng)：동 표명하다. 분명하게 보이다(나타내다).

这些成果表明…：이들 성과는 …라고 표명하다. → 이들 성과의 표명에 의하면.

建国(jiànguó)：건국. 건국하다. 1-1.

初期(chūqī)：초기. 첫 시기. 1-15.

贯彻(guànchè) : 동 (방침 · 정책 · 정신 따위를) 관철하다. 철저히 실행하다.
优先发展重工业 : 중공업을 우선적으로 발전시키다.

B) 重工业在工业中的比重，和旧中国相比已有了显著的提高。

zhònggōngyè zài gōngyè zhōng de bǐzhòng, hé jiù zhōngguó xiāngbǐ yǐ yǒule xiǎnzhù de tígāo。

중공업의 공업 중에서의 비중이 옛 중국과 비교하여 이미 현저한 향상이 생겼다.

旧(jiù) : 옛날의. 과거의. 지난. 구. 2-9.
已(yǐ) : 이미. 벌써. 2-4.
有了(yǒule) : 1. 생겼다. 있게 되었다. 나타났다.
2. 있다! 찾아냈다.
3. 그렇다!
显著(xiǎnzhù) : 형 현저하다. 뚜렷하다. 두드러지다.

18) 工农业生产的完全恢 · 财政收支的完全平衡 · 金融物价的完全稳定，标志着我国的经济状况已获得基本好转，提前完成了党的七届三中全会提出的任务，并为1953年开始有计划大规模的经济建设和全面改造非社会主义经济创造了必要的物质基础。

gōngnóngyè shēngchǎn de wánquán huīfù · cáizhèng shōuzhī de wánquán pínghéng · jīnróng wùjià de wánquán wěndìng, biāozhìzhe wǒguó de jīngjì zhuàngkuàng yǐ huòdé jīběn hǎozhuǎn, tíqián wánquánle dǎng de qī jiè sān zhōngquánhuì tíchū de rènwu, bìng wèi yī jiǔ wǔ sān nián kāishǐ yǒu jìhuà dàguīmó de jīngjì jiànshè hé quánmiàn gǎizào fēi shèhuìzhǔyì jīngjì chuàngzàole bìyào de wùzhì jīchǔ。

농공업 생산의 완전한 회복 · 재정 수지의 완전한 평형 · 금융 물가의 완전한 안정 등은, 우리 나라의 경제 상황이 이미 기본적인 호전을 획득했고, 중공의 7기 3중 전회가 제시한 임무를 조기에 완성했다고 상징하고 있으며, 또한 1953년 계획적이고 대규모적인 경제건설을 개시하고 비사회주의 경제를 전면적으로 개조하기 위해 필요한 물질 기초를 창조했다.

A) 工农业生产的完全恢 · 财政收支的完全平衡 · 金融物价的完全稳定,

gōngnóngyè shēngchǎn de wánquán huīfù · cáizhèng shōuzhī de wánquán pínghéng · jīnróng wùjià de wánquán wěndìng,

농공업 생산의 완전한 회복 · 재정 수지의 완전한 평형 · 금융 물가의 완전한 안정 등은,

收支(shōuzhī) : 명 수지. 수입과 지출.

平衡(pínghéng) : 1. 명 평형. 균형.

2. 동 평형되게 하다. 균형 있게 하다.

金融(jīnróng) : 명 금융.

物价(wùjià) : 명 물가.

稳定(wěndìng) : 안정. 안정적이다. 안정하다. 3-14.

B) 标志着我国的经济状况已获得基本好转, 提前完成了党的七届三中全会提出的任务,

biāozhìzhe wǒguó de jīngjì zhuàngkuàng yǐ huòdé jīběn hǎozhuǎn, tíqián wánquánle dǎng de qī jiè sān zhōngquánhuì tíchū de rènwu,

우리 나라의 경제 상황이 이미 기본적인 호전을 획득했고, 중공의 7기 3중전회가 제시한 임무를 조기에 완성했다고 상징하고 있으며,

标志(biāozhì) : 상징하다. 명시하다. 지표. 상징. 1-4.

着(zhe) : …하고 있다. …하고 있는 중이다. …한 채로. …한 채로 있다. 3-6.

标志着(biāozhìzhe) : 상징하고 있다. 상징하고 있는 중이다. 상징한 채로 있다.

状况(zhuàngkuàng) : 상황. 형편. 상태. 2-12.

获得(huòdé) : 획득하다. 얻다. 4-17.

基本(jīběn) : 기본적인. 근본적인. 기본의. 1-3.

好转(hǎozhuǎn) : 명 동 호전(되다).

提前(tíqián) : 1. 동 (예정된 시간이나 기한을) 앞당기다.

2. 명 조기.

完成(wánchéng) : 완성하다. 완수하다. 1-3.

提前完成了 : 조기에 완성했다.

届(jiè) : 회. 기. 차. 1-4

中全会(zhōngquánhuì) : 중전회. 中央委员会全体会议(zhōngyāng wěiyuánhuì quántǐ huìyì, 중앙위원회 전체회의)의 준말. 1-4.

七届三中全会(qī jiè sān zhōngquánhuì) : 7기 3중전회. 중국공산당 제7기 중앙위원회 제3차 전체회의로, 1950년 6월 6일부터 9일까지 북경에서 개최됨.
7기 3중전회는 신중국 초기 개최된 가장 중요한 회의로서, 경제회복시기 3년간의 중공 업무에 관한 중요 정책과 행동강령을 규정함.

提出(tíchū) : 제시하다. 제출하다. 신청하다. 제의하다. 제기하다. 꺼내다. 1-4.

任务(rènwu) : 임무. 책무. 3-4.

C) 并为1953年开始有计划大规模的经济建设和全面改造非社会主义经济创造了必要的物质基础。

bìng wèi yī jiǔ wǔ sān nián kāishǐ yǒu jìhuà dàguīmó de jīngjì jiànshè hé quánmiàn gǎizào fēi shèhuìzhǔyì jīngjì chuàngzàole bìyào de wùzhì jīchǔ。

또한 1953년 계획적이고 대규모적인 경제건설을 개시하고 비사회주의 경제를 전면적으로 개조하기 위해 필요한 물질 기초를 창조했다.

为(wèi) : …을(하기) 위하여. …하기 위해(서). [목적을 나타냄] 1-11.

开始(kāishǐ) : 시작하다. 시작되다. 시작. 1-3.

计划(jìhuà) : 계획(하다). 4-3

有计划(yǒu jìhuà) : 계획이 있다. 계획적인.

大规模(dàguīmó) : 대규모의. 대규모적인. 4-3.

有计划大规模的经济建设 : 계획이 있고 대규모적인 경제건설. → 계획적이고 대규모적인 경제건설.

全面(quánmiàn) : 전면적으로. 전반적으로. 1-3.

改造(gǎizào) : 개조하다. 개조. 1-3.

非(fēi) : 1. 동 …이 아니다. → 비.
2. 동 …에 맞지 않다.

3. 통 그르다고 여기다. 옳지 않다고 여기다. 반대하다. 비난하다.
4. 명 과실. 잘못. 악행.

非社会主义(fēi shèhuìzhǔyì) : 비사회주의.

创造(chuàngzào) : 통 창조하다. 발명하다. 만들다.

必要(bìyào) : 명 형 필요(로)(하다).

物质(wùzhì) : 명 물질. *

4. 번역 국민경제의 신속한 회복

농공업 생산의 완전한 회복

신중국 수립 이후, 우리가 직면한 것은 심하게 망가진 경제 상황이다. 즉 공업 기초는 매우 박약하고, 생산 규모는 작고, 기술 장비는 매우 부족하며, 더욱이 자신의 중공업 기초가 없고, 필요한 기계 설비와 허다한 중요 원료를 모두 수입에 의존했다. 이 밖에 공업의 내부 구조는 기형적이며, 지역의 분포는 불합리적이고, 주로 동북지구와 동남연해지구의 소수 도시에 집중되었다. "농업입국"으로 곧잘 일컬어지는 중국은 거의 현대화 농업이 없고, 농업 생산이 장기적으로 정체되어 앞으로 나가지 못하고, 여러 해 계속하는 전쟁의 파괴를 더하며, 농업 생산이 날로 쇠퇴했다.

국민경제를 회복하는 과정에서 중공과 정부는 우선적으로 중점을 농업의 위에 두었고, 왜냐하면 농업 회복은 공업의 회복과 발전의 전제이기 때문이다. 농업 분야에서, 정부는 주로 농경지 수리의 공사 · 농업 생산 기술의 보급 · 대출금의 제공 · 병충해의 예방퇴치 등 분야에서 조치를 채택했다. 3년 중에 수리 건설에 쓰인 투자금은 모두 약 인민폐 7억 원이고, 예산 내 기본건설 총투자의 10%를 차지했다. 크고 작은 관개 수로 14만 개를 모두 건설했다.

농업 기술 분야에서 농민이 대중적인 기술 개혁 업무를 전개하도록 영도하고, 신형의 농기구를 보급하고, 합리적으로 밀식하고 깊이 갈고 정성껏 가꾸는 것을 제창하여, 이로써 농업 생산의 단위면적의 생산량을 제고했다. 재정 경제 분야에서, 대량의 농업 대출금을 방출하고, 합리적인 가격정책과 수매정책을 실시하고, 공급판매합작사를 대량으로 발전시키고, 합리적으로 부담하는 세수정책과 풍부한 장려정책을 실행했다. 이 밖에 또 많은 농민이 대규모의 병충해 예방퇴치 작업을 진행하도록 영도했고, 3년 동안 5억 4천만 여 묘의 경작지에서 병충해 예방퇴치의 투쟁을 진행했고, 농업생산 손실의 감소는 양식으로 환산하여 300억 근 이상에 대략 달했다.

공업 분야는 공업 생산의 회복과 발전의 과정에서 중공과 정부가 사회주의 국영 공업을 우선적으로 발전시켰고, 또한 전반적으로 계획하고 골고루 고려하는 방침에 근거하여, 자본주의 공업과 수공업이 생산을 회복하는 것을 도왔다. 동시에 강철공업과 연료공업 및 기계제조업을 중점적으로 발전시켰다.

공업 생산의 회복과 발전은 국민경제 생산의 구성으로 하여금 커다란 변화를 발생하게 만들었다. 1952년은 1949년과 비교하여 공업 총생산액(수공업을 포함함)의 농공업 총생산액 중에서의 비중이 30.1%에서 41.5%로 상승했고, 그 중에 현대 공업 생산액은 17%에서 26.7%로 상승했고, 중공업 생산액의 공업 총생산액 중에서의 비중이 26.6%에서 35.6%로 상승했고, 그 중에 철강공업과 기계제조업의 발전이 가장 빠르고, 공업 총생산액 중에서의 비중은 각각 1.8%에서 4.9%로 상승했고, 1.7%에서 5.2%로 상승했다. 이들 성과는, 건국 초기에 우리가 관철한 것이 중공업을 우선적으로 발전시키는 방침이고, 중공업의 공업 중에서의 비중이 옛 중국과 비교하여 이미 현저한 향상이 생겼다고 표명했다.

농공업 생산의 완전한 회복 · 재정 수지의 완전한 평형 · 금융 물가의 완전한 안정 등은, 우리 나라의 경제 상황이 이미 기본적인 호전을 획득했고, 중공의 7기 3중전회가 제시한 임무를 조기에 완성했다고 상징하고 있으며, 또한 1953년 계획적이고 대규모적인 경제건설을 개시하고 비사회주의 경제를 전면적으로 개조하기 위해 필요한 물질 기초를 창조했다. *

第六课

过渡时期总路线的提出

第六课 过渡时期总路线的提出

1. 원문 实现社会主义工业化

从1953年起，我国开始实行"三年准备 · 十年计划经济建设"的第二步发展战略。为此，中国共产党提出党和国家在过渡时期的总路线。中华人民共和国的历史发展，进入了以实现社会主义工业化为目标的大规模经济建设，并逐步完成对农业 · 手工业 · 资本主义工商业的社会主义改造的过渡时期。

到1952年底，国民经济的全面恢复和社会经济结构的变化，在现实生活中导致出现一些新的情况和新的问题。工业的恢复和发展，要求粮食等主要农产品有较大的增长，而土改后农民个体经济扩大再生产的能力却十分有限。国家实行工业化，要集中调配有限的财力 · 物力资源，保证重点工业建设，而私人资本主义经济生产的盲目性却不能适应这一要求。这样，在国营经济同私人资本主义经济·个体经济之间，就不可能避免地发生矛盾和冲突。

1952年9月，毛泽东在中共中央书记处会议上提出：我们现在就要开始用10~15年的时间基本上完成到社会主义的过渡。

11月，毛泽东在中央会议上进一步明确说，要消灭资产阶级，消灭资本主义工商业：但要分步骤，一是要消灭，一是还要扶持一下。

预计经过一两个五年计划建设，私营工业的比重将降到10%一下，而且只能依赖国家供给原料·销售其成品，并纳入国家计划轨道。届时即可将这部分私人工业收归国家经济。同时，准备在10~15年内将多数农民组织在农业生产合作社内，基本上实现农业的集体化。这是党的最高领导层对过渡时期总路线的初步酝酿。

从总路线规定的任务来看，社会主义工业化与社会主义改造是同时并举·齐头并进的。其中，国家工业化处于主体地位；对个体农业·手工业的改造和对资本主义工商业的改造，是主体任务的“两翼”。在主体与两翼之间，在改造个体经济与改造私营经济之间，是彼此联系·相互促进和相互制约的。这体现了发展生产力和变革生产关系相统一的辩证关系。从当时对社会主义的认识出发，党强调过渡时期总路线的实质，就是“使生产资料的社会主义所有制成为我国国家和社会的唯一的经济基础”，因而在实践指导上更注重生产关系的变革。当时设想，工业化和社会主义改造将经过一个相当长的时间逐步实现，估计需要3个五年计划的时间，加上头3年恢复时期，共18年。

출처: 《简明中华人民共和国史》，庞松 主编，广州：广东教育出版社，2001. pp.74-78.

2. 발음 dì liù kè guòdù shíqī zǒnglùxiàn de tíchū

shíxiàn shèhuìzhǔyì gōngyèhuà

cóng yī jiǔ wǔ sān nián qǐ, wǒguó kāishǐ shíxíng “sān nián zhǔnbèi · shí nián jìhuà jīngjì jiànshè” de dìèr bù fāzhǎn zhànlüè。 wèicǐ, zhōngguó gòngchǎndǎng tíchū dǎng hé guójiā zài guòdù shíqī de zǒnglùxiàn。 zhōnghuá rénmín gònghéguó de lìshǐ fāzhǎn, jìnrùle yǐ shíxiàn shèhuìzhǔyì gōngyèhuà wéi mùbiāo de dàguīmó jīngjì jiànshè, bìng zhúbù wánchéng duì nóngyè · shǒugōngyè · zīběnzhǔyì gōngshāngyè de shèhuìzhǔyì gǎizào de guòdù shíqī。

dào yī jiǔ wǔ èr nián dǐ, guómín jīngjì de quánmiàn huīfù hé shèhuì jīngjì jiégòu de biànhuà, zài xiànshí shēnghuó zhōng dǎozhì chūxiàn yìxiē xīn de qíngkuàng hé xīn de wèntí。 gōngyè de huīfù hé fāzhǎn, yāoqiú liángshí děng zhǔyào nóngchǎnpǐn yǒu jiàodà de zēngzhǎng, ér tǔgǎi hòu nóngmín gètǐ jīngjì kuòdà zàishēngchǎn de nénglì què shífēn yǒuxiàn。 guójiā shíxíng gōngyèhuà, yào jízhōng diàopèi yǒuxiàn de cáilì · wùlì zīyuán, bǎozhèng zhòngdiǎn gōngyè jiànshè, ér sīrén zīběnzhǔyì jīngjì shēngchǎn de mángmùxìng què bùnéng shìyīng zhèyī yāoqiú。 zhèyàng, zài guóyíng jīngjì tóng sīrén zīběnzhǔyì jīngjì · gètǐ jīngjì zhījiān, jiù bùkěnéng bímiǎndi fāshēng máodùn hé chōngtū。

yī jiǔ wǔ èr nián jiǔ yuè, Máo Zédōng zài zhōnggòng zhōngyāng shūjìchù huìyì shàng tíchū：wǒmen xiànzài jiù yào kāishǐ yòng shí dào shí wǔ nián de shíjiān jīběnshàng wánchéng dào shèhuìzhǔyì de guòdù。

shí yī yuè, Máo Zédōng zài zhōngyāng huìyì shàng jìnyíbù míngquè shuō, yào xiāomiè zīchǎn jiējí, xiāomiè zīběnzhǔyì gōngshāngyè：dàn yào fēn bùzhòu, yī shì yào xiāomiè, yī shì hái yào fúchí yíxià。

yùjì jīngguò yìliǎnggè wǔ nián jìhuà jiànshè, sīyíng gōngyè de bǐzhòng jiāng jiàngdào bǎifēnzhī shí yǐxià, érqiě zhǐnéng yīlài guójiā gōngjǐ yuánliào · xiāoshòu qí chéngpǐn, bìng nàrù guójiā jìhuà guǐdào。 jièshí jíkě jiāng zhè bùfen sīrén gōngyè shōuguī guójiā jīngjì。 tóngshí, zhǔnbèi zài shí dào shí wǔ niánnèi jiāng duōshù nóngmín zǔzhī zài nóngyè shēngchǎn hézuòshè nèi, jīběnshàng shíxiàn nóngyè de jítǐhuà。 zhè shì dǎng de zuìgāo lǐngdǎocéng duì guòdù shíqī zǒnglùxiàn de chūbù yùnniàng。

cóng zǒnglùxiàn guīdìng de rènwu láikàn, shèhuìzhǔyì gōngyèhuà yǔ shèhuìzhǔyì gǎizào shì tóngshí bìngjǔ · qítóu bìngjìn de。 qízhōng, guójiā gōngyèhuà chǔyú zhǔtǐ dìwèi ; duì gètǐ nóngyè · shǒugōngyè de gǎizào hé duì zīběnzhǔyì gōngshāngyè de gǎizào, shì zhǔtǐ rènwu de “liǎngyì”。 zài zhǔtǐ yǔ liǎngyì zhījiān, zài gǎizào gètǐ jīngjì yǔ gǎizào sīyíng jīngjì zhījiān, shì bǐcǐ liánxì · xiānghù cùjìn hé xiānghù zhìyuē de。 zhè tǐxiànle fāzhǎn shēngchǎnlì hé biàngé shēngchǎn guānxi xiāng tǒngyī de biànzhèng guānxi。 cóng dāngshí duì shèhuìzhǔyì de rènshí chūfā, dǎng qiángdiào guòdù shíqī zǒnglùxiàn de shízhì, jiùshì “shǐ shēngchǎn zīliào de shèhuìzhǔyì suǒyǒuzhì chéngwéi wǒguó guójiā hé shèhuì de wéiyī de jīngjì jīchǔ”, yīnér zài shíjiàn zhǐdǎoshang gèng zhùzhòng shēngchǎn guānxi de biàngé。 dāngshí shèxiǎng, gōngyèhuà hé shèhuìzhǔyì gǎizào jiāng jīngguò yíge xiāngdāng cháng de shíjiān zhúbù shíxiàn, gūjì xūyào sān gè wǔ nián jìhuà de shíjiān, jiāshàng tóu sān nián huīfù shíqī, gòng shí bā nián。

3. 해설 과도시기 총노선의 제기

1) 过渡时期总路线的提出

guòdù shíqī zǒnglùxiàn de tíchū

과도시기 총노선의 제기

过渡(guòdù)：1. 명 과도.

2. 동 넘다. 건너다. 이행하다. 과도하다.

时期(shíqī)：시기. 특정한(정해진) 때. 1-3.

总(zǒng)：총. 전부의. 전면적인. 전체의. 전반적인. 4-7.

路线(lùxiàn)：1. 명 원칙. 방침. 계획. 방법. 노선.

2. 명 (철도 따위의) 노선.

3. 명 노정. 여정.

总路线(zǒnglùxiàn)：1. 명 (역사상 일정한 기간에 제정한 각 방면의 활동을 지도하는) 기본적 방침과 준칙.

2. 명 총노선. 〔모택동이 1952년 제창한 자본주의에서 사회주의에 이르는 과도기의 기본적인 방침〕

3. 명 총노선. 〔모택동이 제정하여 1958년 5월의 제8차 당대회 2차 회의에서 통과된 사회주의건설을 위한 전반적인 정책으로, '사회주의건설총노선'이라고 칭함〕

提出(tíchū)：제기(하다). 제시(하다). 제출(하다). 신청하다. 제의하다. 1-4.

2) 实现社会主义工业化

shíxiàn shèhuìzhǔyì gōngyèhuà

사회주의 공업화의 실현

实现(shíxiàn) : 실현(하다). 달성(하다). 1-10.

社会主义(shèhuìzhǔyì) : 사회주의. 1-3.

工业化(gōngyèhuà) : 공업화(하다). 산업화(하다). 1-15.

实现社会主义工业化 : 사회주의 공업화를 실현하다. → 사회주의 공업화의 실현.

3) 从1953年起，我国开始实行"三年准备 · 十年计划经济建设"的第二步发展战略。

cóng yī jiǔ wǔ sān nián qǐ, wǒguó kāishǐ shíxíng "sān nián zhǔnbèi · shí nián jihuà jīngjì jiànshè" de dìèr bù fāzhǎn zhànlüè。

1953년부터, 우리 나라는 "3년 준비와 10년 계획의 경제건설"의 제2 단계 발전전략을 실행하기 시작했다.

从(cóng) : …에서〔부터〕. 〔장소 · 시간의 출발점을 나타냄〕 2-4.

年(nián) : 년. 해. 1-3.

起(qǐ) : 시작하다. 〔주로 从 · 由 · 打 · 自 등과 함께 쓰임〕 3-14.

我国(wǒguó) : 우리 나라.

开始(kāishǐ) : 시작하다(되다). 개시하다. 착수하다. 1-3.

实行(shíxíng) : 실행하다. → 실행되다. 4-9.

准备(zhǔnbèi) : 준비(하다). 1-14.

计划(jìhuà) : 계획(하다). 4-3.

经济(jīngjì) : 경제. 2-10.

建设(jiànshè) : 건설(하다). 1-3.

第二(dìèr) : 제2. 둘째. 두 번째. 1-15.

步(bù) : 1. 명 (일의 진행되는) 단계. 순서.
2. 명 걸음. 보폭.
3. 명 상태. 지경. 정도. 형편.
4. 동 걷다.

第二步(dìèr bù) : 제2 단계.

发展(fāzhǎn) : 발전. 발전하다. 발전시키다. 1-5.

战略(zhànlüè) : 명 전략.

4) 为此，中国共产党提出党和国家在过渡时期的总路线。

wèicǐ, zhōngguó gòngchǎndǎng tíchū dǎng hé guójiā zài guòdù shíqī de zǒnglùxiàn。

이 때문에, 중국공산당은 중공과 국가의 과도시기에서의 총노선을 제기했다.

为此(wèicǐ)：접 이 때문에. 그런 까닭에.

中国(zhōngguó)：중국. 중화인민공화국. 1-5.

共产党(gòngchǎndǎng)：공산당. 1-5.

中国共产党(zhōngguó gòngchǎndǎng)：중국공산당. 약칭 중공. 1-5.

党(dǎng)：당. 정당. → 중국공산당. 중공. 1-4.

国家(guójiā)：국가. 나라. 2-11.

在(zài)：…에(서). …에 있어서. 1-8.

党和国家在过渡时期的总路线：중공과 국가의 과도시기에서의 총노선.

5) 中华人民共和国的历史发展，进入了以实现社会主义工业化为目标的大规模经济建设，并逐步完成对农业·手工业·资本主义工商业的社会主义改造的过渡时期。

zhōnghuá rénmín gònghéguó de lìshǐ fāzhǎn, jìnrùle yǐ shíxiàn shèhuìzhǔyì gōngyèhuà wéi mùbiāo de dàguīmó jīngjì jiànshè, bìng zhúbù wánchéng duì nóngyè · shǒugōngyè · zīběnzhǔyì gōngshāngyè de shèhuìzhǔyì gǎizào de guòdù shíqī。

중화인민공화국의 역사 발전은 사회주의 공업화의 실현을 목표로 삼는 대규모 경제건설에 진입했고, 또한 농업 · 수공업 · 자본주의상공업에 대한 사회주의 개조의 과도시기를 점진적으로 완성했다.

A) 中华人民共和国的历史发展，进入了以实现社会主义工业化为目标的大规模经济建设，

zhōnghuá rénmín gònghéguó de lìshǐ fāzhǎn, jìnrùle yǐ shíxiàn shèhuìzhǔyì gōngyèhuà wéi mùbiāo de dàguīmó jīngjì jiànshè,
중화인민공화국의 역사 발전은 사회주의 공업화의 실현을 목표로 삼는 대규모 경제건설에 진입했고,

中华(zhōnghuá)：중화. 중국. 1-3.
人民(rénmín)：인민. 국민. 1-3.
共和国(gònghéguó)：공화국. 1-3.
中华人民共和国(zhōnghuá rénmín gònghéguó)：중화인민공화국. 중국. 1-3.
历史(lìshǐ)：역사. 1-1.
进入(jìnrù)：(어떤 범위 또는 시기에) 들다(진입하다). 2-7.
以(yǐ)A…为(wéi)B…：A를 B(으)로 하다〔삼다, 보다, 여기다, 생각하다〕. 1-4.
目标(mùbiāo)：1. 명 목표.
2. 명 목적물. 표적.
以实现社会主义工业化为目标：사회주의 공업화의 실현을 목표로 삼다.
以实现社会主义工业化为目标的大规模经济建设：사회주의 공업화의 실현을 목표로 삼는 대규모 경제건설.
进入了以实现社会主义工业化为目标的大规模经济建设：사회주의 공업화의 실현을 목표로 삼는 대규모 경제건설에 진입했다.

B) 并逐步完成对农业·手工业·资本主义工商业的社会主义改造的过渡时期。
bìng zhúbù wánchéng duì nóngyè · shǒugōngyè · zīběnzhǔyì gōngshāngyè de shèhuìzhǔyì gǎizào de guòdù shíqī。
또한 농업 · 수공업 · 자본주의상공업에 대한 사회주의 개조의 과도시기를 점진적으로 완성했다.

并(bìng)：그리고. 또. 또한. 아울러. 1-5.
逐步(zhúbù)：부 한 걸음 한 걸음. 차츰차츰. 점진적으로. 점차로.
完成(wánchéng)：완성(하다). 1-3.

对(duì)：…에 대하여〔관하여〕. 2-8.

农业(nóngyè)：농업. 4-5.

手工业(shǒugōngyè)：수공업. 5-13.

资本主义(zīběnzhǔyì)：자본주의. 5-13.

工商业(gōngshāngyè)：명 상공업.

改造(gǎizào)：개조(하다). 1-3.

对农业 · 手工业 · 资本主义工商业的社会主义改造：농업 · 수공업 · 자본주의 상공업에 대한 사회주의 개조.

对农业 · 手工业 · 资本主义工商业的社会主义改造的过渡时期：농업 · 수공업 · 자본주의상공업에 대한 사회주의 개조의 과도시기.

6) 到1952年底. 国民经济的全面恢和社会经济结构的变化, 在现实生活中导致出现一些新的情况和新的问题。

dào yī jiǔ wǔ èr nián dǐ, guómín jīngjì de quánmiàn huīfù hé shèhuì jīngjì jiégòu de biànhuà, zài xiànshí shēnghuó zhōng dǎozhì chūxiàn yìxiē xīn de qíngkuàng hé xīn de wèntí。

1952년 말에 이르러, 국민경제의 전면적 회복과 사회 · 경제 구조의 변화는 현실 생활 중에서 약간의 새로운 상황과 새로운 문제의 출현을 초래했다.

到(dào)：…에 이르다(미치다). (시간 · 기간이) 되다. 도착하다. 도달하다. 1-13.

底(dǐ)：말. 끝. 4-16.

国民(guómín)：국민. 3-15.

国民经济(guómín jīngjì)：국민경제. 3-15.

全面(quánmiàn)：전면적이다. 전반적이다. 1-3.

恢(huīfù)：회복. 회복하다(되다). 3-15.

社会(shèhuì)：사회. 2-10.

结构(jiégòu)：구조. 구성. 조직. 2-7.

变化(biànhuà)：변화(하다). 달라지다. 바뀌다. 2-12.

在(zài)…中(zhōng)：…(중)에서. …(가운데)에서. 1-18.

现实(xiànshí)：1. 명 현실.
2. 형 현실적이다.
生活(shēnghuó)：1. 명동 생활(하다).
2. 동 생존하다.
3. 명 생계. 살림. 생활수준.
导致(dǎozhì)：동 야기하다. (어떤 사태를) 초래하다(가져오다).
出现(chūxiàn)：1. 동 출현하다. 출현시키다.
2. 동 만들어 내다. 생산해 내다.
一些(yìxiē)：1. 약간. 조금. 얼마간(의).
2. 여러 번. 여러 가지. 〔한 종류와 1회에 그치지 않는 경우를 나타냄〕
新(xīn)：새로운. 1-3.
情况(qíngkuàng)：상황. 형편. 사정. 1-9.
问题(wèntí)：문제. 1-4.
一些新的情况和新的问题：약간의 새로운 상황과 새로운 문제.
出现一些新的情况和新的问题：약간의 새로운 상황과 새로운 문제를 출현시키다. 약간의 새로운 상황과 새로운 문제가 출현하다. → 약간의 새로운 상황과 새로운 문제의 출현.
导致出现一些新的情况和新的问题：약간의 새로운 상황과 새로운 문제의 출현을 초래하다.

7) 工业的恢和发展，要求粮食等主要农产品有较大的增长，而土改后农民个体经济扩大再生产的能力却十分有限。

gōngyè de huīfù hé fāzhǎn, yāoqiú liángshí děng zhǔyào nóngchǎnpǐn yǒu jiàodà de zēngzhǎng, ér tǔgǎi hòu nóngmín gètǐ jīngjì kuòdà zàishēngchǎn de nénglì què shífēn yǒuxiàn。

공업의 회복과 발전은 식량 등 주요 농산품에는 비교적 커다란 증가가 있기를 요구하였으나, 그러나 토지개혁 이후 농민 개인경제의 확대재생산의 능력은 도리어 매우 한계가 있었다.

A) 工业的恢和发展，要求粮食等主要农产品有较大的增长，

gōngyè de huīfù hé fāzhǎn, yāoqiú liángshí děng zhǔyào nóngchǎnpǐn yǒu jiàodà de zēngzhǎng,

공업의 회복과 발전은 식량 등 주요 농산품에는 비교적 커다란 증가가 있기를 요구하였으나,

工业(gōngyè)：공업. 5-3.

要求(yāoqiú)：요구(하다). 요망(하다). 2-12.

粮食(liángshí)：식량. 양식. 4-17.

等(děng)：등. 따위. 3-10.

主要(zhǔyào)：주요하다. 주로. 2-9.

农产品(nóngchǎnpǐn)：㉢ 농산물.

有(yǒu)：있다.〔존재를 표시함〕3-6.

较大(jiàodà)：비교적 크다.

增长(zēngzhǎng)：㉪ 늘어나다. 높아지다. 증가하다. 신장하다. → 증가. 신장.

粮食等主要农产品有较大的增长：양식 등 주요 농산품에는 비교적 커다란 증가가 있다.

要求粮食等主要农产品有较大的增长：양식 등 주요 농산품에는 비교적 커다란 증가가 있기를 요구하다.

B) 而土改后农民个体经济扩大再生产的能力却十分有限。

ér tǔgǎi hòu nóngmín gètǐ jīngjì kuòdà zàishēngchǎn de nénglì què shífēn yǒuxiàn。

그러나 토지개혁 이후 농민 개인경제의 확대재생산의 능력은 도리어 매우 한계가 있었다.

而(ér)：그러나. 그리고. …하여. 1-5.

※ 而의 사용 기준: 7) 의 본문에서 A)와 B)는 접속사 而에 의해 연결되어 있으나, A)와 B)의 내용이 역접 관계이므로, 순접 관계를 나타내는 '그리고'가 아니라, '그러

나'를 사용함.

土改(tǔgǎi)：토지개혁. 4-11.

后(hòu)：후. 뒤. 3-11.

农民(nóngmín)：농민. 5-10.

个体(gètǐ)：명 개체. 개인. 인간. 개물.

个体经济(gètǐ jīngjì)：명 개인경제. 〔개인을 주체로 하는 사경제〕

扩大(kuòdà)：확대하다. 넓히다. 2-6.

再(zài)：1. 부 다시. 재. 〔동작이 일정한 기간 후에 장차 나타날 것을 가리킴〕

2. 부 재차. 또. 〔같은 동작 · 행위의 중복이나 계속을 나타내며, 주로 아직 실현되지 않거나 지속성 동작 · 행위를 가리킴〕

3. 부 …하고 나서. …한 뒤〔후〕에. 〔동작이 장차 다른 동작이 끝난 후에 나타남을 가리킴〕

4. 동 다시 나타나다. 계속되다.

5. 수 두 번. 두 번째.

生产(shēngchǎn)：생산(하다). 3-16.

再生产(zàishēngchǎn)：명 동 재생산(하다).

扩大再生产(kuòdà zàishēngchǎn)：명 확대재생산.

能力(nénglì)：명 능력. 역량.

却(què)：오히려. 도리어. 반대로. 그러나. 4-8.

十分(shífēn)：부 십분. 매우. 대단히. 충분히.

有限(yǒuxiàn)：1. 형 유한하다. 한계가 있다. → 제한적이다.

2. 형 수량이 많지 않다. 정도가 높지 않다.

8) 国家实行工业化, 要集中调配有限的财力 · 物力资源, 保证重点工业建设, 而私人资本主义经济生产的盲目性却不能适应这一要求。

guójiā shíxíng gōngyèhuà, yào jízhōng diàopèi yǒuxiàn de cáilì · wùlì zīyuán, bǎozhèng zhòngdiǎn gōngyè jiànshè, ér sīrén zīběnzhǔyì jīngjì shēngchǎn de mángmùxìng què bùnéng shìyīng zhèyī yāoqiú。

국가의 공업화 실행은 한계가 있는 재원 · 물자 자원을 이동시켜 배치하고, 주요 공업의 건설을 확보하는 데 집중해야 하지만, 그러나 개인 자본주의 경제 생산의 맹목성은 오히려 이 요구에 적응할 수가 없었다.

A) 国家实行工业化，要集中调配有限的财力 · 物力资源，保证重点工业建设，

guójiā shíxíng gōngyèhuà, yào jízhōng diàopèi yǒuxiàn de cáilì · wùlì zīyuán, bǎozhèng zhòngdiǎn gōngyè jiànshè,

국가의 공업화 실행은 한계가 있는 재원 · 물자 자원을 이동시켜 배치하고, 주요 공업의 건설을 확보하는 데 집중해야 하지만,

国家实行工业化 : 국가가 공업화를 실행하다. → 국가의 공업화 실행.

要(yào) : …해야 한다. 마땅히. …해야만 한다. 1-4.

集中(jízhōng) : 집중하다(되다). 모으다. 5-4.

调配(diàopèi) : 1. 동 이동시켜 배치하다. 할당하다.
2. 명 이전 배치. 할당. 지시. 분배.

调配(tiáopèi) : 1. 동 (안료 · 약물 따위를) 고루 섞다. 배합하다.
2. 동 고루 배치하다. 안배하다.

财力(cáilì) : 명 재원. 재력.

物力(wùlì) : 명 물자. 물력.

资源(zīyuán) : 명 자원. 천연자원.

保证(bǎozhèng) : 확보하다. 담보하다. 보증하다. 3-14.

重点(zhòngdiǎn) : 중점. 중요한 점. 중시해야 할 점. 〔부사어로도 쓰임〕 5-6.

重点工业(zhòngdiǎn gōngyè) : 주요 공업. 주요 산업.

有限的财力 · 物力资源 : 제한적인 재원 · 물자 자원.

调配有限的财力 · 物力资源 : 제한적인 재원 · 물자 자원을 이동시켜 배치하다.

保证重点工业建设 : 주요 공업의 건설을 확보하다.

调配有限的财力 · 物力资源，保证重点工业建设 : 제한적인 재원 · 물자 자원을 이동시켜 배치하고, 주요 공업의 건설을 확보하다.

集中调配有限的财力 · 物力资源，保证重点工业建设 : 제한적인 재원 · 물자 자원을 이동시켜 배치하고, 주요 공업의 건설을 확보하는 데 집중하다.

要集中调配有限的财力 · 物力资源，保证重点工业建设 : 제한적인 재원 · 물자 자원을 이동시켜 배치하고, 주요 공업의 건설을 확보하는 데 집중해야 한다.

B) 而私人资本主义经济生产的盲目性却不能适应这一要求。

ér sīrén zīběnzhǔyì jīngjì shēngchǎn de mángmùxìng què bùnéng shìyīng zhèyī yāoqiú。

그러나 개인 자본주의 경제 생산의 맹목성은 오히려 이 요구에 적응할 수가 없었다.

而(ér)：그러나.〔역접 관계〕1-5.

私人(sīrén)：1. 명 개인. 민간.
2. 명 개인과 개인 사이.
3. 명 연고자.

私人资本主义经济(sīrénzīběnzhǔyìjīngjì)：개인 자본주의 경제.〔국가 자본주의 경제와 대조하여 쓰는 말〕

盲目性(mángmùxìng)：명 맹목성. 무비판성.

不能(bùnéng)：…할 수가 없다. …일〔할〕리가 없다. 1-6.

适应(shìyīng)：(…에) 적응(하다). (…에) 부응(하다) 3-16.

这一(zhèyī)：1. 이. 이 하나의.
2. 이와 같이. 이렇게.

9) 这样，在国营经济同私人资本主义经济·个体经济之间，就不可能避免地发生矛盾和冲突。

zhèyàng, zài guóyíng jīngjì tóng sīrén zīběnzhǔyì jīngjì · gètǐ jīngjì zhījiān, jiù bùkěnéng bímiǎndi fāshēng máodùn hé chōngtū。

이와 같이, 국영경제와 개인 자본주의 경제 · 개인경제의 사이에서, 바로 모순과 충돌이 피해서 발생할 리가 없었다.

这样(zhèyàng)：대 이렇다. 이와 같다. 이렇게. 이래서.

之间(zhījiān)：사이.

在(zài)…之间(zhījiān)：…의 사이에서.

国营(guóyíng)：국영. 5-13.

同(tóng)：…와. …과. 2-4.
就(jiù)：곧. 즉시. 바로. 당장. 1-6.
不可能(bùkěnéng)：1. …할 리(가) 없다.
2. 불가능하다.
避免(bímiǎn)：동 피하다. 모면하다.
地(di)：단어나 사조의 뒤에 쓰여서, 동사 · 형용사를 수식함.
〔다른 발음은 地(de)임〕 1-6.
避免地(bímiǎndi)：피해서. 모면해서.
发生(fāshēng)：발생하다. 생기다. 5-15.
矛盾(máodùn)：1. 명동 모순(되다).
2. 명 창과 방패.
冲突(chōngtū)：1. 명동 충돌(하다).
2. 동 모순되다. 겹치다.

10) 1952年9月， 毛泽东在中共中央书记处会议上提出：我们现在就要开始用10~15年的时间基本上完成到社会主义的过渡。

yī jiǔ wǔ èr nián jiǔ yuè, Máo Zédōng zài zhōnggòng zhōngyāng shūjìchù huìyì shàng tíchū：wǒmen xiànzài jiù yào kāishǐ yòng shí dào shí wǔ nián de shíjiān jīběnshàng wánchéng dào shèhuìzhǔyì de guòdù。

1952년 9월, 모택동은 중국공산당 중앙위원회 서기처 회의에서, 우리는 현재 바로 10~15년의 시간으로써 사회주의에로의 과도를 대체로 완성하는 것을 시작해야 한다고 제기했다.

A) 1952年9月，毛泽东在中共中央书记处会议上提出：

yī jiǔ wǔ èr nián jiǔ yuè, Máo Zédōng zài zhōnggòng zhōngyāng shūjìchù huìyì shàng tíchū：

1952년 9월, 모택동은 중국공산당 중앙위원회 서기처 회의에서 …라고 제기했다.

月(yuè) : 월. 달. 1-10.

毛泽东(Máo Zédōng) : 모택동. 마오쩌둥. Mao Zedong. 3-10.

在(zài)… 上(shàng) : …에서. …에 있어서. 1-8.

中共(zhōnggòng) : 중공. 중국공산당. 1-4.

中央(zhōngyāng) : 중앙위원회의 약칭. 중앙. 3-8.

书记(shūjì) : 1. 명 서기. 〔정당이나 단체의 각 조직의 책임자〕
2. 명 옛날, 문서의 처리와 초록을 맡은 사람.
3. 명 문자. 문장. 서적.

处(chù) : 1. 명 곳. 처소. 장소. 지점.
2. 명 처. 〔어떤 기관이나 단체를 가리킴〕
3. 명 처. 〔기관의 조직 중에서 업무에 따라 나눈 단위의 하나. 일반적으로 科(과)보다는 높고 局(국)보다는 낮음〕
4. 명 점. 곳. 부분. 방면.

处(chǔ) : 처. 곳. 처소. 장소. 1-10.

中共中央书记处(zhōnggòng zhōngyāng shūjìchù) : 중국공산당 중앙위원회 서기처. 중공중앙서기처로 불리고, 서기처(书记处, shūjìchù)로 약칭하며, 중국공산당 중앙정치국과 그 상무위원회의 일상 업무를 책임지고 처리함.

会议(huìyì) : 회의 3-5.

B) 我们现在就要开始用10~15年的时间基本上完成到社会主义的过渡。

wǒmén xiànzài jiù yào kāishǐ yòng shí dào shí wǔ nián de shíjiān jīběnshàng wánchéng dào shèhuìzhǔyì de guòdù。

우리는 현재 바로 10~15년의 시간으로써 사회주의에로의 과도를 대체로 완성하는 것을 시작해야 한다.

我们(wǒmén) : 우리(들). 5-3.

现在(xiànzài) : 1. 명 지금. 이제. 현재.
2. 부 당장. 바로. 〔일이 확실히 나타나 있다는 뜻〕
3. 동 지금 존재하다.

用(yòng) : 1. 개 …으로(써).

2. 동 쓰다. 사용하다. 고용(임용)하다.
3. 명 비용.
4. 명 쓸모. 용도. 효용. 효율. 공능.

时间(shíjiān)：시간. 1-8.

基本(jīběn)：기본. 근본. 1-3.

上(shàng)：위. 상급. 상위. 앞의. 먼저(번). 1-13.

上(shang)：어떤 범위 내에 있음을 나타냄. 어떤 분야를〔방면을〕 나타냄. 1-5.

基本上(jīběnshàng)：1. 부 대체로. 거의. 기본적으로. 근본적으로.
2. 부 주로.

到(dào)：…에. …로. …까지. 1-13.

用10~15年的时间：10~15년의 시간으로써.

到社会主义的过渡：사회주의에로의 과도.

基本上完成到社会主义的过渡：사회주의에로의 과도를 대체로 완성하다.

用10~15年的时间基本上完成到社会主义的过渡：10~15년의 시간으로써 사회주의에로의 과도를 대체로 완성하다. → 10~15년의 시간으로써 사회주의에로의 과도를 대체로 완성하는 것.

开始用10~15年的时间基本上完成到社会主义的过渡：10~15년의 시간으로써 사회주의에로의 과도를 대체로 완성하는 것을 시작하다.

要开始用10~15年的时间基本上完成到社会主义的过渡：10~15년의 시간으로써 사회주의에로의 과도를 대체로 완성하는 것을 시작해야 한다.

11) 11月，毛泽东在中央会议上进一步明确说，要消灭资产阶级，消灭资本主义工商业：但要分步骤，一是要消灭，一是还要扶持一下。

shí yī yuè, Máo Zédōng zài zhōngyāng huìyì shàng jìnyíbù míngquè shuō, yào xiāomiè zīchǎn jiējí, xiāomiè zīběnzhǔyì gōngshāngyè：dàn yào fēn bùzhòu, yī shì yào xiāomiè, yī shì hái yào fúchí yíxià。

11월, 모택동은 중앙위원회 회의에서 더한층 명확히 자산계급을 소멸시키고, 자본주의상공업을 소멸시켜야 한다고 말했고, 그러나 단계를 나누어야 하며, 하나는 소멸해야 하고, 하나는 여전히 잠시 부축해야 한다.

A) 11月，毛泽东在中央会议上进一步明确说，要消灭资产阶级，消灭资本主义工商业：

shí yī yuè, Máo Zédōng zài zhōngyāng huìyì shàng jìnyíbù míngquè shuō, yào xiāomiè zīchǎn jiējí, xiāomiè zīběnzhǔyì gōngshāngyè：

11월, 모택동은 중앙위원회 회의에서 더한층 명확히 자산계급을 소멸시키고, 자본주의상공업을 소멸시켜야 한다고 말했고,

进一步(jìnyíbù)：진일보하다. 한 걸음 나아가다. → 더한층. 가일층. 추가로.

明确(míngquè)：1. 형 명확하다. → 명확하게.

2. 동 명확하게 하다.

说(shuō)：말하다. 설명하다. 1-6.

消灭(xiāomiè)：소멸하다. 없어지다. 소멸시키다. 없애다. 4-10.

资产(zīchǎn)：명 자산. 재산.

阶级(jiējí)：계급. 4-11.

资产阶级(zīchǎn jiējí)：명 자산계급. 유산계급. 자본(가)계급. 부르주아지.

B) 但要分步骤，一是要消灭，一是还要扶持一下。

dàn yào fēn bùzhòu, yī shì yào xiāomiè, yī shì hái yào fúchí yíxià。

그러나 단계를 나누어야 하며, 하나는 소멸해야 하고, 하나는 여전히 잠시 부축해야 한다.

但(dàn)：그러나. 그렇지만. 1-10.

分(fēn)：1. 동 나누다. 가르다. 분류하다. 구분하다.

2. 동 분배하다. 할당하다. 배당하다.

3. 동 분별하다. 가리다. 식별하다. 분간하다.

步骤(bùzhòu)：명 (일 진행의) 순서. 절차. 차례. 단계.

骤(zhòu)：1. 동 (말이) 빨리 달리다. 질주하다.

2. 형 갑작스럽다. 급속하다.

3. 부 돌연히. 홀연히. 갑자기.

分步骤(fēn bùzhòu) : 단계별(로).

要分步骤 : 단계를 나누어야 한다.

还(hái) : 여전히. 아직. 아직도. 2-4.

扶持(fúchí) : 1. 동 부축하다. 지지하다. 부조하다.
2. 동 돕다. 보살피다.

一下(yíxià) : 1. 명 잠시. 잠깐. 〔지속의 의미를 갖는 동사의 보어로 쓰임〕
2. 한 번. 1회. 〔동사 뒤에 놓여 '좀 …해 보다'라는 뜻으로 쓰임〕
3. 부 돌연. 단번. 일시. 〔부사어적으로 쓰여 짧은 시간을 나타냄〕
4. 부 금방. 금새. 단시간에. 단번에.
5. 양 시험삼아 해보다. 좀 …하다. 한번 …하다.
〔동사 뒤에 보어로 쓰임〕

12) 预计经过一两个五年计划建设, 私营工业的比重将降到10%一下, 而且只能依赖国家供给原料 · 销售其成品, 并纳入国家计划轨道。

yùjì jīngguò yìliǎnggè wǔ nián jìhuà jiànshè, sīyíng gōngyè de bǐzhòng jiāng jiàngdào bǎifēnzhī shí yǐxià, érqiě zhǐnéng yīlài guójiā gōngjǐ yuánliào · xiāoshòu qí chéngpǐn, bìng nàrù guójiā jìhuà guǐdào。

한두 번의 5개년 계획 건설을 경과하는 것을 예상하면, 민영 공업의 비중은 장차 10% 이하로 떨어질 것이고, 게다가 오직 국가의 원료 공급과 제품 판매에 의존하고, 또한 국가 계획의 궤도에 오를 수 있을 뿐이다.

A) 预计经过一两个五年计划建设, 私营工业的比重将降到10%一下,

yùjì jīngguò yìliǎnggè wǔ nián jìhuà jiànshè, sīyíng gōngyè de bǐzhòng jiāng jiàngdào bǎifēnzhī shí yǐxià,

한두 번의 5개년 계획 건설을 경과하는 것을 예상하면, 민영 공업의 비중은 장차 10% 이하로 떨어질 것이고,

预计(yùjì) : 1. 동 미리 어림하다. 예상하다. 전망하다.
2. 명 사전 계산. 예상.

经过(jīngguò) : 경과하다. 거치다. 경험하다. 경력. 3-8.

一两个(yìliǎnggè) : 한둘. 한두. 일이. 1·2.

五年计划(wǔ nián jìhuà) : (경제개발) 5개년 계획.

一两个五年计划建设 : 한두 번의 5개년 계획 건설.

经过一两个五年计划建设 : 한두 번의 5개년 계획 건설을 경과하다. → 한두 번의 5개년 계획 건설의 경과.

预计经过一两个五年计划建设 : 한두 번의 5개년 계획 건설의 경과를 예상하면,

私营(sīyíng) : 명동 사영(하다). → 민영.

比重(bǐzhòng) : 비중. 5-16.

将(jiāng) : 1. 부 장차. 막. 곧.
2. 부 방금. 막.
3. 개 …을. …를. 〔把처럼 목적어를 동사 앞에 전치시킬 때 쓰임〕
4. 개 …으로(써). 〔주로 성어나 방언에서 쓰임〕
5. 동 부축하다. 돕다. 부조하다.
6. 동 거느리다. 데리다.
7. 동 가지다. 쥐다. 들다.

降(jiàng) : 1. 동 떨어지다. 내리다.
2. 동 내리게 하다. 내리다. 떨어뜨리다.

降(xiáng) : 1. 동 굴복하다. 항복하다. 투항하다.
2. 동 굴복시키다. 길들이다. 제압하다. (해충 따위를) 구제하다.

降到(jiàngdào) : …로 떨어지다.

百分之(bǎifēnzhī) : 퍼센트. 백분율. %(백분율을 나타내는 기호). 4-7.

以下(yǐxià) : 1. 명 이하. 어느 한도의 아래.
2. 명 그 다음(의 말).

B) 而且只能依赖国家供给原料·销售其成品, 并纳入国家计划轨道。

érqiě zhǐnéng yīlài guójiā gōngjǐ yuánliào · xiāoshòu qí chéngpǐn, bìng nàrù guójiā jìhuà guǐdào。

게다가 오직 국가의 원료 공급과 제품 판매에 의존하고, 또한 국가 계획의 궤도에 오를 수 있을 뿐이다.

而且(érqiě) : 접 게다가. …뿐만 아니라. 또한.
〔앞에 왕왕 不但이나 不仅 등이 있어서 이것과 호응함〕
只能(zhǐnéng) : 오직(단지, 다만, 겨우, 기껏해야) …할 수 있을 뿐이다.
依赖(yīlài) : 의지하다. 기대다. 의존하다. 5-3.
供给(gōngjǐ) : 명 동 공급(하다). 급여(하다).
原料(yuánliào) : 원료. 감. 5-3.
销售(xiāoshòu) : 동 팔다. 판매하다. 매출하다.
成品(chéngpǐn) : 명 제품. 완성품. 완제품.
国家供给原料 · 销售其成品 : 국가가 원료를 공급하고 그 제품을 판매하다. → 국가의 원료 공급과 제품 판매.
依赖国家供给原料 · 销售其成品 : 국가의 원료 공급과 제품 판매에 의존하다.
纳入(nàrù) : 동 받아 넣다. 들어서다. (궤도에) 올리다(오르다).
轨道(guǐdào) : 1. 명 궤도. 선로.
2. 명 공전 궤도.
3. 명 (행동상의) 규칙. 범위.
纳入国家计划轨道 : 국가 계획의 궤도에 오르다.
只能依赖国家供给原料 · 销售其成品, 并纳入国家计划轨道 : 다만 국가의 원료 공급과 제품 판매에 의존하고, 또한 국가 계획의 궤도에 오를 수 있을 뿐이다.

13) 届时即可将这部分私人工业收归国家经济。
jièshí jíkě jiāng zhè bùfen sīrén gōngyè shōuguī guójiā jīngjì。
그때가 되면 곧바로 이 부분의 개인 공업을 국가경제로 몰수할 수 있다.

届(jiè) : (예정된 때에) 이르다. 다다르다. 1-4.
届时(jièshí) : 동 그때가 되다. 정한 기일이 되다. → 그때(에).
即可(jíkě) : 부 …하면 곧(바로) …할 수 있다. → …면 된다.
将(jiāng) : …을. …를. 〔把처럼 목적어를 동사 앞에 전치시킬 때 쓰임〕
部分(bùfen) : 1. 명 부분. 일부.
2. 명 부문. 부서.

收归(shōuguī) : 동 (소유권 등을) 몰수하다. 회수하다. 도로 찾다.

14) 同时, 准备在10~15年内将多数农民组织在农业生产合作社内, 基本上实现农业的集体化。

tóngshí, zhǔnbèi zài shí dào shí wǔ niánnèi jiāng duōshù nóngmín zǔzhī zài nóngyè shēngchǎn hézuòshè nèi, jīběnshàng shíxiàn nóngyè de jítǐhuà。

동시에, 10~15년 안에 다수 농민을 농업 생산합작사 안으로 조직하는 것을 준비하여, 농업의 집단화를 대체로 실현한다.

A) 同时, 准备在10~15年内将多数农民组织在农业生产合作社内,

tóngshí, zhǔnbèi zài shí dào shí wǔ niánnèi jiāng duōshù nóngmín zǔzhī zài nóngyè shēngchǎn hézuòshè nèi,

동시에, 10~15년 안에 다수 농민을 농업 생산합작사 안으로 조직하는 것을 준비하여,

同时(tóngshí) : 동시. 같은 시기. 동시에. 또한. 게다가. 나아가. 3-13.

准备(zhǔnbèi) : 준비하다. 1-14.

年内(niánnèi) : 명 연내. 그해 안.

多数(duōshù) : 1. 명 다수.

2. 부 대개. 대체로.

3. 명 과반수.

组织(zǔzhī) : 조직(하다). 구성(하다). 결성(하다). 3-8.

在(zài)…内(nèi) : … (안)에서. 4-16.

合作社(hézuòshè) : 합작사. 협동조합. 5-11.

生产合作社(shēngchǎn hézuòshè) : 명 생산합작사. 생산협동조합.

B) 基本上实现农业的集体化。

jīběnshàng shíxiàn nóngyè de jítǐhuà。

농업의 집단화를 대체로 실현한다.

集体(jítǐ)：집단. 단체. 2-3

化(huà)：1. 접미 …화(하다). 〔일부 명사나 형용사 뒤에 붙어 동사로 되어 어떤 성질이나 상태로 변함을 나타냄〕
2. 동 변하다. 변화하다. 변화시키다.
3. 동 감화하다. 감화시키다.
4. 동 녹다. 풀리다. 용화되다. 융화되다.
5. 동 (시간이나 돈 따위를) 소비하다. 쓰다. 들이다.

集体化(jítǐhuà)：집단화.

15) 这是党的最高领导层对过渡时期总路线的初步酝酿。

zhè shì dǎng de zuìgāo lǐngdǎocéng duì guòdù shíqī zǒnglùxiàn de chūbù yùnniàng。

이것이 중공 최고 지도층의 과도시기 총노선에 대한 초보적인 사전준비이었다.

最高(zuìgāo)：가장 높다. 최고이다. 3-12.

领导(lǐngdǎo)：영도. 지도. 영도력. 지도력. 영도자. 지도자. 2-3

层(céng)：1. 명 층. 계층. 계급. 〔중첩한 사물의 일부〕
2. 양 층. 겹. 벌. 〔중첩되거나 쌓여 있는 것에 사용함〕
3. 양 일부분. 일종. 가지. 일면. 〔항목으로 나눠는 사항 · 도리 따위에 쓰임〕
4. 양 겹. 〔물체의 표면으로부터 떼어 내거나, 지워 없앨 수 있는 물건 따위에 씀〕

领导层(lǐngdǎocéng)：지도층.

初步(chūbù)：시작 단계의 초보적이다. 대체적이다. → 초보. 1-16.

酝酿(yùnniàng)：1. 동 사전에(미리) 준비하다. 예비 토의하다. → 사전준비. (분위기나 조건을) 마련(조성)하다. (생각을) 가다듬다.
2. 동 술을 빚다. 술을 발효시키다. 술을 담그다. 양조하다.
3. 동 내포하다. 배태하다. 품다. 성숙되어 가다. 양성하다.

16) 从总路线规定的任务来看，社会主义工业化与社会主义改造是同时并举 · 齐头并进的。

cóng zǒnglùxiàn guīdìng de rènwu láikàn, shèhuìzhǔyì gōngyèhuà yǔ shèhuìzhǔyì gǎizào shì tóngshí bìngjǔ · qítóu bìngjìn de。
총노선이 규정한 임무에서 보면, 사회주의 공업화와 사회주의 개조는 동시에 병행하고 함께 추진하는 것이다.

A) 从总路线规定的任务来看,

cóng zǒnglùxiàn guīdìng de rènwu láikàn,
총노선이 규정한 임무에서 보면,

规定(guīdìng) : 1. 동 규정하다. 정하다.
2. 명 규정. 규칙.

任务(rènwu) : 임무. 책무. 3-4.

来看(láikàn) : …에서〔하여〕 보면, …에게 있어서. 2-10.

B) 社会主义工业化与社会主义改造是同时并举 · 齐头并进的。

shèhuìzhǔyì gōngyèhuà yǔ shèhuìzhǔyì gǎizào shì tóngshí bìngjǔ · qítóu bìngjìn de。
사회주의 공업화와 사회주의 개조는 동시에 병행하고 함께 추진하는 것이다.

与(yǔ) : …와〔과〕. …거나. 또는. 1-6.

并举(bìngjǔ) : 동 병행하다. 병진하다. 함께 사용하다.

同时并举(tóngshí bìngjǔ) : 동시에 병행하다. 동시에 두 가지 일을 다루다(향상시키다).

齐头(qítóu) : 1. 부 동시에. 나란히. 가지런하게.
2. 부 딱. 꼭. 바로.
3. 부 처음부터.

并进(bìngjìn) : 동 나란히 나아가다. 병진하다.

齐头并进(qítóu bìngjìn) : 1. 함께 추진하다. 한꺼번에 하다.
2. 머리(어깨)를 나란히 하고 나아가다.
3. 우열을 가릴 수 없다. 백중하다.

17) 其中，国家工业化处于主体地位；对个体农业·手工业的改造和对资本主义工商业的改造，是主体任务的“两翼”。

qízhōng, guójiā gōngyèhuà chǔyú zhǔtǐ dìwèi；duì gètǐ nóngyè·shǒugōngyè de gǎizào hé duì zīběnzhǔyì gōngshāngyè de gǎizào, shì zhǔtǐ rènwu de “liǎngyì”。

그 중에서 국가 공업화가 주체 지위에 처하고, 개체 농업과 수공업에 대한 개조 및 자본주의 상공업에 대한 개조는 주체 임무의 양익이다.

A) 其中，国家工业化处于主体地位；

qízhōng, guójiā gōngyèhuà chǔyú zhǔtǐ dìwèi；

그 중에서 국가 공업화가 주체 지위에 처하고,

其中(qízhōng)：그 중. 그 속. 5-16.

处于(chǔyú)：동 (어떤 지위나 상태)에 처하다.

主体(zhǔtǐ)：명 주체. (사물의) 주요 부분.

地位(dìwèi)：지위. 위치. 1-4.

分号(fēnhào)：명 세미콜론(semicolon). 문장기호 ‘；’로, ‘A；B’로 쓰여서, A와 B는 병렬관계를 나타냄. 5-3

B) 对个体农业·手工业的改造和对资本主义工商业的改造，是主体任务的“两翼”。

duì gètǐ nóngyè·shǒugōngyè de gǎizào hé duì zīběnzhǔyì gōngshāngyè de gǎizào, shì zhǔtǐ rènwu de “liǎngyì”。

개체 농업과 수공업에 대한 개조 및 자본주의 상공업에 대한 개조는 주체 임무의 양익이다.

两翼(liǎngyì)：1. 명 (비행기나 날짐승 따위의) 좌우 양 날개. 양익.
2. 명 중간에 있는 군대를 기준하여 좌우 양쪽에 있는 군대.

18) 在主体与两翼之间，在改造个体经济与改造私营经济之间，是彼此联系·相互促进和相互制约的。

zài zhǔtǐ yǔ liǎngyì zhījiān, zài gǎizào gètǐ jīngjì yǔ gǎizào sīyíng jīngjì zhījiān, shì bǐcǐ liánxì · xiānghù cùjìn hé xiānghù zhìyuē de。

주체와 양익의 사이는, 개체 경제의 개조와 민영 경제의 개조의 사이는, 피차 연계되고, 상호 촉진시키고, 상호 제약하는 것이다.

改造个体经济：개체 경제를 개조하다. → 개체 경제의 개조.

改造私营经济：민영 경제를 개조하다. → 민영 경제의 개조.

彼此(bǐcǐ)：1. 명 피차. 상호. 쌍방. 서로.
2. 명 피차일반입니다.〔인사말. 중첩하여 대답에 쓰임〕

联系(liánxì)：연계〔연관〕되다. 연계〔연관〕하다. 2-12.

相互(xiānghù)：명 형 상호(의). 서로(의).

促进(cùjìn)：촉진시키다. 촉진하다. 2-10.

制约(zhìyuē)：명 동 제약(하다).

19) 这体现了发展生产力和变革生产关系相统一的辩证关系。

zhè tǐxiànle fāzhǎn shēngchǎnlì hé biàngé shēngchǎn guānxi xiāng tǒngyī de biànzhèng guānxi。

이것은 생산력 발전과 생산관계 변혁의 상호 통일적인 변증법적 관계를 구현했다.

体现(tǐxiàn)：동 구현하다. 체현하다. 구체적으로 드러내다.

生产力(shēngchǎnlì)：명 생산력.

发展生产力：생산력을 발전시키다. → 생산력 발전.

变革(biàngé)：변혁(하다). 개변(하다). 4-4.

关系(guānxi)：관계. 관련. 3-13.

变革生产关系：생산관계를 변혁하다. → 생산관계 변혁.

相(xiāng)：서로. 함께. 2-4.

统一(tǒngyī)：통일. 통일된. 통일하다. 3-15.

相统一：서로 통일적이다. 상호 통일된.

辩证(biànzhèng)：1. 통 논증하다. 변증하다. → 변증. 논증.
2. 형 변증법적이다.

20) 从当时对社会主义的认识出发，党强调过渡时期总路线的实质，就是"使生产资料的社会主义所有制成为我国国家和社会的唯一的经济基础"，因而在实践指导上更注重生产关系的变革。

cóng dāngshí duì shèhuìzhǔyì de rènshí chūfā, dǎng qiángdiào guòdù shíqī zǒnglùxiàn de shízhì, jiùshì "shǐ shēngchǎn zīliào de shèhuìzhǔyì suǒyǒuzhì chéngwéi wǒguó guójiā hé shèhuì de wéiyī de jīngjì jīchǔ", yīnér zài shíjiàn zhǐdǎoshang gèng zhùzhòng shēngchǎn guānxi de biàngé。

사회주의에 대한 당시 인식에서 출발하여, 중공은 과도시기 총노선의 본질은 바로 "생산수단의 사회주의 소유제가 우리 나라 국가와 사회의 유일한 경제기초로 되게 만드는 것이다."라고 강조했고, 그래서 실천적인 지도에서 생산관계의 변혁을 더욱 중시했다.

A) 从当时对社会主义的认识出发，

cóng dāngshí duì shèhuìzhǔyì de rènshí chūfā,
사회주의에 대한 당시 인식에서 출발하여,

当时(dāngshí)：명 당시. 그 때.
认识(rènshí)：1. 명 인식.
2. 동 알다. 인식하다.
出发(chūfā)：1. 명동 출발(하다).
2. 동 …을 출발점으로 삼다. …을 견지로 삼다.

B) 党强调过渡时期总路线的实质，就是"使生产资料的社会主义所有制成为我国国家和社会的唯一的经济基础"，

dǎng qiángdiào guòdù shíqī zǒnglùxiàn de shízhì, jiùshì "shǐ shēngchǎn

zīliào de shèhuìzhǔyì suǒyǒuzhì chéngwéi wǒguó guójiā hé shèhuì de wéiyī de jīngjì jīchǔ",
중공은 과도시기 총노선의 본질은 바로 "생산수단의 사회주의 소유제가 우리 나라 국가와 사회의 유일한 경제기초로 되게 만드는 것이다."라고 강조했고,

强调(qiángdiào) : 강조하다. 강조. 1-4.
实质(shízhì) : 본질. 실질. 1-4.
就是(jiùshì) : 바로 …이다. 1-6.
使(shǐ) : (…하여금) …하게 만들다. (…에게) …하게 하다. …시키다. 5-15.
资料(zīliào) : 1. 명 자료
2. 명 (생산이나 생활의) 필수품.
生产资料(shēngchǎnzīliào) : 명 생산수단.
所有制(suǒyǒuzhì) : 소유제. 4-6.
成为(chéngwéi) : 동 …으로 되다.
唯一(wéiyī) : 유일한. 하나밖에 없는. 3-13.
基础(jīchǔ) : 기초. 토대. 기반. 5-3.
经济基础(jīngjì jīchǔ) : 경제기초. 경제제도

C) 因而在实践指导上更注重生产关系的变革。
yīnér zài shíjiàn zhǐdǎoshang gèng zhùzhòng shēngchǎn guānxi de biàngé。
그래서 실천적인 지도에서 생산관계의 변혁을 더욱 중시했다.

因而(yīnér) : 그러므로. 그래서. 그런 까닭에. 따라서. 1-11.
实践(shíjiàn) : 실천(하다). 실행(하다). 이행(하다). 2-9.
指导(zhǐdǎo) : 명 동 지도(하다). 교도(하다).
在实践指导上 : 실천적인 지도에서.
更(gèng) : 더욱. 더욱이. 일층 더. 5-3.
注重(zhùzhòng) : 명 동 중시(하다).

21) 当时设想，工业化和社会主义改造将经过一个相当长的时间逐步实现，估计需要3个五年计划的时间，加上头3年恢时期，共18年。

dāngshí shèxiǎng, gōngyèhuà hé shèhuìzhǔyì gǎizào jiāng jīngguò yíge xiāngdāng cháng de shíjiān zhúbù shíxiàn, gūjì xūyào sān gè wǔ nián jìhuà de shíjiān, jiāshàng tóu sān nián huīfù shíqī, gòng shí bā nián。

당시의 구상에 의하면, 공업화와 사회주의 개조는 장차 하나의 상당히 긴 시간을 거쳐서 점차로 실현될 것이고, 3개 5개년 계획의 시간이 필요로 하고, 초기 3년 회복시기를 더해서, 전부 18년을 예측했다.

A) 当时设想，

dāngshí shèxiǎng,

당시의 구상에 의하면,

设想(shèxiǎng)：1. 명동 구상(하다). 착상(하다).
2. 명동 상상(하다). 가상(하다).
3. 명동 배려(하다). 고려(하다).

当时设想：당시 …라고 구상하다. → 당시의 구상에 의하면.

B) 工业化和社会主义改造将经过一个相当长的时间逐步实现，

gōngyèhuà hé shèhuìzhǔyì gǎizào jiāng jīngguò yíge xiāngdāng cháng de shíjiān zhúbù shíxiàn,

공업화와 사회주의 개조는 장차 하나의 상당히 긴 시간을 거쳐서 점차로 실현될 것이고,

相当(xiāngdāng)：상당히. 무척. 꽤. 퍽. 2-10.

长(cháng)：1. 형 길다.
2. 명 길이.
3. 명 장점. 특기.
4. 형 뛰어나다. 잘 하다.

5. 명 장기간. 장시간.
6. 부 항상. 영원히.

C) 估计需要3个五年计划的时间，加上头3年恢时期，共18年。

gūjì xūyào sān gè wǔ nián jìhuà de shíjiān, jiāshàng tóu sān nián huīfù shíqī, gòng shí bā nián。

3개 5개년 계획의 시간이 필요로 하고, 초기 3년 회복시기를 더해서, 전부 18년을 예측했다.

估计(gūjì)：1. 명동 예측(하다). 예정(하다). 평가(하다).
2. 동 계산(고려)에 넣다.
3. 명동 추정(하다).

需要(xūyào)：요구되다. 필요로 하다. 수요. 필요. 요구. …해야 한다. 3-16.

加上(jiāshàng)：그 위에. 게다가. 더하다. 첨가하다. 4-17.

头(tóu)：1. 명 맨 앞. 첫머리. 시초. 처음.
2. 형 순서가 앞선. 앞장선.
3. 명 일의 처음〔시작〕. 단서.
4. 명 (물체의) 꼭대기. 앞부분. 끝부분.
5. 명 머리.
6. 명 머리카락. 머리 모양.

头3年：처음 3년. 초기 3년.

共(gòng)：전부. 모두. 도합. 5-8.*

4. 번역 과도시기 총노선의 제기

사회주의 공업화의 실현

1953년부터, 우리 나라는 "3년 준비와 10년 계획의 경제건설"의 제2 단계 발전전략을 실행하기 시작했다. 이 때문에, 중국공산당은 중공과 국가의 과도시기에서의 총노선을 제기했다. 중화인민공화국의 역사 발전은 사회주의 공업화의 실현을 목표로 삼는 대규모 경제건설에 진입했고, 또한 농업 · 수공업 · 자본주의상공업에 대한 사회주의 개조의 과도시기를 점진적으로 완성했다.

1952년 말에 이르러, 국민경제의 전면적 회복과 사회 · 경제 구조의 변화는 현실 생활 중에서 약간의 새로운 상황과 새로운 문제의 출현을 초래했다. 공업의 회복과 발전은 식량 등 주요 농산품에는 비교적 커다란 증가가 있기를 요구하였으나, 그러나 토지개혁 이후 농민 개인경제의 확대재생산의 능력은 도리어 매우 한계가 있었다. 국가의 공업화 실행은 한계가 있는 재원 · 물자 자원을 이동시켜 배치하고, 주요 공업의 건설을 확보하는 데 집중해야 하지만, 그러나 개인 자본주의 경제 생산의 맹목성은 오히려 이 요구에 적응할 수가 없었다. 이와 같이, 국영경제와 개인 자본주의 경제 · 개인경제의 사이에서 바로 모순과 충돌이 피해서 발생할 리가 없었다.

1952년 9월, 모택동은 중국공산당 중앙위원회 서기처 회의에서 우리는 현재 바로 10~15년의 시간으로써 사회주의에로의 과도를 대체로 완성하는 것을 시작해야 한다고 제기했다.

11월, 모택동은 중앙위원회 회의에서 더한층 명확히 자산계급을 소멸시키고 자본주의상공업을 소멸시켜야 한다고 말했고, 그러나 단계를 나누어야 하며, 하나는 소멸해야 하고, 하나는 여전히 잠시 부축해야 한다고 했다.

한두 번의 5개년 계획 건설을 경과하는 것을 예상하면, 민영 공업의 비중은 장차 10% 이하로 떨어질 것이고, 게다가 오직 국가의 원료 공급과 제품 판매에 의존하고, 또한 국가 계획의 궤도에 오를 수 있을 뿐이다. 그때가 되면 곧바로 이 부분의 개인 공업을 국가경제로 몰수할 수 있다. 동시에, 10~15년 안에 다수 농민을 농업 생산합작사 안으로 조직하는 것을 준비하여, 농업의 집단화를 대체로 실현한다. 이것이 중공 최고 지도층의 과도시기 총노선에 대한 초보적인 사전준비이었다.

총노선이 규정한 임무에서 보면, 사회주의 공업화와 사회주의 개조는 동시에 병행하고 함께 추진하는 것이다. 그 중에서 국가 공업화가 주체 지위에 처하고, 개체 농업과 수공업에 대한 개조 및 자본주의 상공업에 대한 개조는 주체 임무의 양익이다. 주체와 양익의 사이는, 개체 경제의 개조와 민영 경제의 개조의 사이는 피차 연계되고, 상호 촉진시키고, 상호 제약하는 것이다. 이것은 생산력 발전과 생산관계 변혁의 상호 통일적인 변증법적 관계를 구현했다. 사회주의에 대한 당시 인식에서 출발하여, 중공은 과도시기 총노선의 본질은 바로 "생산수단의 사회주의 소유제가 우리 나라 국가와 사회의 유일한 경제기초로 되게 만드는 것이다." 라고 강조했고, 그래서 실천적인 지도에서 생산관계의 변혁을 더욱 중시했다. 당시의 구상에 의하면, 공업화와 사회주의 개조는 장차 하나의 상당히 긴 시간을 거쳐서 점차로 실현될 것이고, 3개 5개년 계획의 시간이 필요로 하고, 초기 3년 회복시기를 더해서, 전부 18년을 예측했다. *

第七课

“大跃进”运动的全面展开

第七课 "大跃进"运动的全面展开

1. 원문 "大跃进"运动的奋斗目标

1958年至1960年这一段历史，我们通常称之为"大跃进"时期。"大跃进"运动是我国开始进入全面建设社会主义的历史时期所进行的探索适合中国情况的社会主义建设道路的一次尝试，是试图在社会主义建设总路线指引下迅速发展社会生产力的一次尝试。很遗憾，它是在反右的声浪席卷中国大地的形势下展开的，势必遭到严重的挫折。

"大跃进"，从字面上理解，就是超常规的高速度。"大跃进"要达到的奋斗目标，公开提法是争取在十五年或者更短的时间内，在主要工业品产量方面，赶上和超过英国。后来热情不断高涨，对完成这个目标的时间不断缩短，作为内部要求则是七年赶上英国，八年或十年赶上美国。

“大跃进”运动是中国共产党在探索中国自己的社会主义建设道路过程中的一次严重失误，其本来目的是要走出一条不同于苏联模式·适合中国情况的高速发展的新路，但最终却导致了严重的灾难。就经济上讲，其后果是严重的：

第一，积累与消费的比例失调。具体来讲，就是积累率过高，积累效果极差，在基本建设投资中，过多集中在生产性建设上，忽视了必要的非生产性建设。1960年同1957年相比，在全部国民收入使用额中，积累所占的比例由24.9%提高到39.6%。

第二，工农业比例失调，农业战线受到极大削弱，粮食产量急剧下降。1960年同1957年相比，工业总产值增长1.3倍，而农业总产值却下降了22.7%；工业和农业产值比例，由5.7：4.3变为7.8：2.2，粮食产量减少了1031亿斤，降到1951年的水平。

第三，工交内部的比例失调。1958年到1960年三年工业总产值增长1.3倍，其中占用运输量最大的生铁产量增加3.5倍，铁矿石产量增加4.8倍，煤产量增加2倍，但全国货运量只增加1.1倍。

第四，市场上社会购买力与商品可供量的比例失调。由于全力支撑“大跃进”，建设·生产又都不讲效益，1958年到1960年三年财政赤字实际达到169亿元，货币流通量也增加了82%。由于农业·轻工业大幅度减产，市场商品可供量急剧下降。

"大跃进"运动使国民经济遭到严重挫折，使人民生活受到很大影响。但是，它终究是我国探索社会主义建设新道路的失误。对"大跃进"的三年，我们也应作具体分析，要把"大跃进"运动指导思想上的错误和人民群众的奋发图强·艰苦奋斗的革命精神加以区分，要把"大跃进"运动所造成的破坏和"大跃进"期间所取得的一定成绩区分开来。

출처: 《当代中国史事略述》，杨树标 等 著，杭州：浙江人民出版社，2003. pp.281-294.

2. 발음 | dì qī kè "dàyuèjìn" yùndòng de quánmiàn zhǎnkāi

"dàyuèjìn" yùndòng de fèndǒu mùbiāo

yī jiǔ wǔ bā nián zhì yī jiǔ liù líng nián zhè yíduàn lìshǐ, wǒmen tōngcháng chēngzhīwéi "dàyuèjìn" shíqī。"dàyuèjìn" yùndòng shì wǒguó kāishǐ jìnrù quánmiàn jiànshè shèhuìzhǔyì de lìshǐ shíqī suǒ jìnxíng de tànsuǒ shìhé zhōngguó qíngkuàng de shèhuìzhǔyì jiànshè dàolù de yícì chángshì, shì shìtú zài shèhuìzhǔyì jiànshè zǒnglùxiàn zhǐyǐn xià xùnsù fāzhǎn shèhuì shēngchǎnlì de yícì chángshì。hěn yíhàn, tā shì zài fǎn yòu de shēnglàng xíjuǎn zhōngguó dàdì de xíngshì xià zhǎnkāi de, shìbì zāodào yánzhòng de cuòzhé。

"dàyuèjìn", cóng zìmiàn shang lǐjiě, jiùshì chāochángguī de gāosùdù。"dàyuèjìn" yào dádào de fèndǒu mùbiāo, gōngkāi tífa shì zhēngqǔ zài shí wǔ nián huòzhě gèng duǎn de shíjiān nèi, zài zhǔyào gōngyèpǐn chǎnliàng fāngmiàn, gǎnshàng hé chāoguò yīngguó。hòulái rèqíng búduàn gāozhǎng, duì wánchéng zhège mùbiāo de shíjiān búduàn suōduǎn, zuòwéi nèibù yāoqiú zéshì qī nián gǎnshàng yīngguó, bā nián huò shí nián gǎnshàng měiguó。

"dàyuèjìn" yùndòng shì zhōngguó gòngchǎndǎng zài tànsuǒ zhōngguó zìjǐ de shèhuìzhǔyì jiànshè dàolù guòchéng zhōng de yícì yánzhòng shīwù, qí běnlái mùdì shì yào zǒuchū yìtiáo bùtóngyú sūlián móshì · shìhé zhōngguó qíngkuàng de gāosù fāzhǎn de xīnlù, dàn zuìzhōng què dǎozhìle yánzhòng de zāinán。 jiù jīngjì shang jiǎng, qí hòuguǒ shì yánzhòng de：

dìyī, jīlèi yǔ xiāofèi de bǐlì shītiáo。 jùtǐ lái jiǎng, jiùshì jīlèilǜ guògāo, jīlèi xiàoguǒ jí chà, zài jīběn jiànshè tóuzī zhōng, guòduō jízhōng zài shēngchǎnxìng jiànshè shang, hūshìle bìyào de fēi shēngchǎnxìng jiànshè。 yī jiǔ liù líng nián tóng yī jiǔ wǔ qī nián xiāngbǐ, zài quánbù guómín shōurù shǐyòng`é zhōng, jīlèi suǒ zhàn de bǐlì yóu bǎifēnzhī èr shí sì diǎn jiǔ tígāo dào bǎifēnzhī sān shí jiǔ diǎn liù。

dìèr, gōngnóngyè bǐlì shītiáo, nóngyè zhànxiàn shòudào jídà xuēruò, liángshí chǎnliàng jíjù xiàjiàng。 yī jiǔ liù líng nián tóng yī jiǔ wǔ qī nián xiāngbǐ, gōngyè zǒngchǎnzhí zēngzhǎng yī diǎn sān bèi, ér nóngyè zǒngchǎnzhí què xiàjiàngle bǎifēnzhī èr shí èr diǎn qī；gōngyè hé nóngyè chǎnzhí bǐlì, yóu wǔ diǎn qī bǐ sì diǎn sān biànwéi qī diǎn bā bǐ èr diǎn èr, liángshí chǎnliàng jiǎnshǎole yī qiān líng sān shí yī yì jīn, jiàngdào yī jiǔ wǔ yī nián de shuǐpíng。

dìsān, gōngjiāo nèibù de bǐlì shītiáo。 yī jiǔ wǔ bā nián dào yī jiǔ liù líng nián sān nián gōngyè zǒngchǎnzhí zēngzhǎng yī diǎn sān bèi, qízhōng zhànyòng yùnshūliàng zuìdà de shēngtiě chǎnliàng zēngjiā sān diǎn wǔ bèi, tiěkuàngshí chǎnliàng zēngjiā sì diǎn bā bèi, méi chǎnliàng zēngjiā èr bèi, dàn quánguó huòyùnliàng zhǐ zēngjiā yī diǎn yī bèi。

dìsì, shìchǎngshang shèhuì gòumǎilì yǔ shāngpǐn kěgōngliàng de bǐlì shītiáo。 yóuyú quánlì zhīchēng "dàyuèjìn", jiànshè · shēngchǎn yòu dōu bùjiǎng xiàoyì, yī jiǔ wǔ bā nián dào yī jiǔ liù líng nián sān nián cáizhèng chìzì shíjì dádào yī bǎi liù shí jiǔ yì yuán, huòbì liútōngliàng yě zēngjiāle bǎifēnzhī bā shí èr。 yóuyú nóngyè · qīnggōngyè dàfúdù jiǎnchǎn, shìchǎng shāngpǐn kěgōngliàng jíjù xiàjiàng。

"dàyuèjìn" yùndòng shǐ guómín jīngjì zāodào yánzhòng cuòzhé, shǐ rénmín shēnghuó shòudào hěndà yǐngxiǎng。 dànshì, tā zhōngjiū shì wǒguó tànsuǒ shèhuìzhǔyì jiànshè xīn dàolù de shīwù。 duì "dàyuèjìn" de sān nián, wǒmen yě yīng zuò jùtǐ fēnxī, yào bǎ "dàyuèjìn" yùndòng zhǐdǎo sīxiǎng shang de cuòwù hé rénmín qúnzhòng de fènfā túqiáng · jiānkǔ fèndǒu de gémìng jīngshén jiāyǐ qūfēn, yào bǎ "dàyuèjìn" yùndòng suǒ zàochéng de pòhuài hé "dàyuèjìn" qījiān suǒ qǔdé de yídìng chéngjī qūfēn kāilá。

3. 해설 “대약진”운동의 전면적 전개

1) “大跃进”运动的全面展开
“dàyuèjìn” yùndòng de quánmiàn zhǎnkāi
“대약진”운동의 전면적 전개

跃进(yuèjìn) : 1. 동 약진하다. 매진하다. 비약적으로 발전하다.
2. 동 뛰어나가다.
大跃进(dàyuèjìn) : 1. 명 대약진. 비약적인 발전.
2. 명 대약진 운동. 〔1958년부터 1960년까지 중화인민공화국에서 전개한 대규모 건설 운동〕
运动(yùndòng) : 운동(하다). 4-3.
全面(quánmiàn) : 전면적(인). 전반적(인). 1-3.
展开(zhǎnkāi) : 전개하다. 전개되다. 4-13.

2) “大跃进”运动的奋斗目标
“dàyuèjìn” yùndòng de fèndǒu mùbiāo
“대약진” 운동의 분투 목표

奋斗(fèndǒu) : 분투(하다). 2-11.
目标(mùbiāo) : 목표. 6-5.

3) 1958年至1960年这一段历史，我们通常称之为“大跃进”时期。
yī jiǔ wǔ bā nián zhì yī jiǔ liù líng nián zhè yíduàn lìshǐ, wǒmen tōngcháng

chēngzhīwéi“dàyuèjìn”shíqī。
1958년부터 1960년까지 이 시기의 역사를 우리는 보통 “대약진” 시기라고 부른다.

年(nián) : 년. 행. 1-3.
至(zhì) : 이르다. …까지 도달하다. 2-4.
零(líng) : 1. ㊟ 영. 공. 〔숫자 속에서 빈자리를 뜻함〕
2. ㊟ 영. 제로(zero).
3. 형 영세하다. 자질구레하다. 소량이다.
4. 명 우수리. 끝수.
一段(yíduàn) : 1. 한 시기. 한 기간. 一段时期 : 어느 시기. 어느 기간.
2. (문장이나 노래 따위의) 한 단락. 한 토막. 한 절.
3. (일이나 공사의) 한 단락.
4. (장소를 몇 개로 구분할 때 어느) 한 구역.
历史(lìshǐ) : 역사. 1-1.
一段历史 : 어느 한 시기의 역사. 어느 한 단락의 역사.
这一段历史 : 이 시기(단락)의 역사.
通常(tōngcháng) : 보통. 통상. 일반. 1-3.
称之为(chēngzhīwéi) : (그것을) …라고 부르다(칭하다).
时期(shíqī) : 시기. 특정한(정해진) 때. 1-3.

4) “大跃进”运动是我国开始进入全面建设社会主义的历史时期所进行的探索适合中国情况的社会主义建设道路的一次尝试，是试图在社会主义建设总路线指引下迅速发展社会生产力的一次尝试。

“dàyuèjìn” yùndòng shì wǒguó kāishǐ jìnrù quánmiàn jiànshè shèhuìzhǔyì de lìshǐ shíqī suǒ jìnxíng de tànsuǒ shìhé zhōngguó qíngkuàng de shèhuìzhǔyì jiànshè dàolù de yícì chángshì, shì shìtú zài shèhuìzhǔyì jiànshè zǒnglùxiàn zhǐyǐn xià xùnsù fāzhǎn shèhuì shēngchǎnlì de yícì chángshì。
“대약진” 운동은 우리 나라가 사회주의의 전면적 건설로 진입하기 시작하는 역사 시기에 진행한 중국 상황에 적합한 사회주의 건설 노선을 탐색하는 한 차례의 시험이었고, 사회주의 건설 총노선의 지도 하에서 사회생산력의 신속한 발전을 시도하는 한 차례의 시험이었다.

A) “大跃进”运动是我国开始进入全面建设社会主义的历史时期所进行的探索适合中国情况的社会主义建设道路的一次尝试,

“dàyuèjìn” yùndòng shì wǒguó kāishǐ jìnrù quánmiàn jiànshè shèhuìzhǔyì de lìshǐ shíqī suǒ jìnxíng de tànsuǒ shìhé zhōngguó qíngkuàng de shèhuìzhǔyì jiànshè dàolù de yícì chángshì,

“대약진” 운동은 우리 나라가 사회주의의 전면적 건설로 진입하기 시작하는 역사 시기에 진행한 중국 상황에 적합한 사회주의 건설 노선을 탐색하는 한 차례의 시험이었고,

开始(kāishǐ) : 시작하다(되다). 개시하다. 착수하다. 1-3.

进入(jìnrù) : 들다. 진입하다. 2-7.

建设(jiànshè) : 건설(하다). 1-3.

社会主义(shèhuìzhǔyì) : 사회주의. 1-3.

所(suǒ) : A所B… : A가 B…하다. …하는. …하는 바. 2-4.

进行(jìnxíng) : 진행하다. 2-9.

探索(tànsuǒ) : 탐색〔탐구〕하다. 찾다. 1-10.

适合(shìhé) : 1. 동 (…에) 적합(부합)하다. 알맞다. 적절하다.
2. 동 우연히 서로 합치되다. 우연히 맞아 떨어지다.

中国(zhōngguó) : 중국. 중화인민공화국. 1-5.

情况(qíngkuàng) : 상황. 형편. 사정. 1-9.

道路(dàolù) : 노선. 도로. 길. 1-5.

一次(yícì) : 1회. 한 번. 한 차례.

尝试(chángshì) : 명동 시험(해 보다). 시행(해 보다).

我国开始进入… : 우리 나라가 …로 진입하기 시작하다

全面建设社会主义 : 사회주의를 전면적으로 건설하다. → 사회주의의 전면적 건설.

我国开始进入全面建设社会主义 : 우리 나라가 사회주의의 전면적 건설로 진입

하기 시작하다.

历史时期所进行 : 역사 시기가 진행하다. → 역사 시기에 진행하다.

我国开始进入全面建设社会主义的历史时期所进行 : 우리나라가 사회주의의 전면적 건설로 진입하기 시작하는 역사 시기에 진행하다.

适合中国情况 : 중국 상황에 적합하다.

适合中国情况的社会主义建设道路 : 중국 상황에 적합한 사회주의 건설 노선.

探索适合中国情况的社会主义建设道路 : 중국 상황에 적합한 사회주의 건설 노선을 탐색하다.

我国(开始进入全面建设社会主义的历史时期所进行的)探索适合中国情况的社会主义建设道路 : 우리 나라가 (사회주의의 전면적 건설로 진입하기 시작하는 역사 시기에 진행한) 중국 상황에 적합한 사회주의 건설 노선을 탐색하다.

(我国开始进入全面建设社会主义的历史时期所进行的)探索适合中国情况的社会主义建设道路的一次尝试 : (우리 나라가 사회주의의 전면적 건설로 진입하기 시작하는 역사 시기에 진행한) (중국 상황에 적합한 사회주의 건설 노선을 탐색하는) 한 차례의 시험.

B) 是试图在社会主义建设总路线指引下迅速发展社会生产力的一次尝试。

shì shìtú zài shèhuìzhǔyì jiànshè zǒnglùxiàn zhǐyǐn xià xùnsù fāzhǎn shèhuì shēngchǎnlì de yícì chángshì。

사회주의 건설 총노선의 지도 하에서 사회생산력의 신속한 발전을 시도하는 한 차례의 시험이었다.

试图(shìtú) : 1. 명 동 시도(하다). 기도(하다).
2. 명 동 (성능 따위를) 시험(하다).

在(zài)…下(xià) : …아래에서. …하에서. 2-9.

总路线(zǒnglùxiàn) : 총노선. 6-1.

指引(zhǐyǐn) : 명 동 지도(하다). 인도(하다). 안내(하다). 이끌다.

迅速(xùnsù) : 신속히. 빠르게. 3-16.

发展(fāzhǎn) : 발전(하다). 발전시키다. 확대하다. 1-5.

社会(shèhuì)：사회. 2-10.
生产力(shēngchǎnlì)：생산력. 6-19.
在社会主义建设总路线指引下：사회주의 건설 총노선의 지도 하에서.
迅速发展社会生产力：사회생산력을 신속히 발전시키다. → 사회생산력의 신속한 발전.
试图在社会主义建设总路线指引下迅速发展社会生产力：사회주의 건설 총노선의 지도 하에서 사회생산력의 신속한 발전을 시도하다.
试图在社会主义建设总路线指引下迅速发展社会生产力的一次尝试：사회주의 건설 총노선의 지도 하에서 사회생산력의 신속한 발전을 시도하는 한 차례의 시험.

5) 很遗憾，它是在反右的声浪席卷中国大地的形势下展开的，势必遭到严重的挫折。

hěn yíhàn, tā shì zài fǎn yòu de shēnglàng xíjuǎn zhōngguó dàdì de xíngshì xià zhǎnkāi de, shìbì zāodào yánzhòng de cuòzhé。

매우 유감스럽게도, 그것은 반우파의 풍조가 중국 대륙을 석권하는 형세 하에서 전개된 것이고, 심각한 좌절을 틀림없이 당했다.

A) 很遗憾，它是在反右的声浪席卷中国大地的形势下展开的，

hěn yíhàn, tā shì zài fǎn yòu de shēnglàng xíjuǎn zhōngguó dàdì de xíngshì xià zhǎnkāi de,

매우 유감스럽게도, 그것은 반우파의 풍조가 중국 대륙을 석권하는 형세 하에서 전개된 것이고,

很(hěn)：매우. 아주. 대단히. 잘. 몹시. 퍽. 정말. 5-3.
遗憾(yíhàn)：1. 혱 유감스럽다.
2. 명 유감. 유한.
很遗憾：매우 유감스럽다. → 매우 유감스럽게도.
反(fǎn)：1. 동 반항하다. 반대하다.

2. 동 배반하다.
3. 동 바꾸다. 뒤집다.
4. 동 돌아가다. 반대로 …하다.
5. 동 돌이켜 생각하다. 반성하다. 곰곰이 생각하다.
6. 형 반대 (방향)의. 거꾸로의.
7. 부 반대로. 도리어. 오히려.

右(yòu) : 1. 형 (정치 · 사상 · 학술상의) 우익이다. 보수적이다.
2. 명 우측. 오른쪽.
3. 명 (옛날, 남쪽을 향하였을 때를 기준으로) 서쪽.
4. 형 높다. 뛰어나다. 우수하다.

反右(fǎn yòu) : 반우파.

声浪(shēnglàng) : 1. 명 풍조.
2. 명 세평. 평판. 소문.
3. 명 음파의 구칭.
4. 명 많은 사람들의 함성 소리. 군중의 목소리.

席卷(xíjuǎn) : 동 석권하다. 휩쓸다. 말끔히 거두어들이다.

大地(dàdì) : 1. 명 대지. 땅.
2. 명 지구.

中国大地(zhōngguó dàdì) : 중국 대지. → 중국 대륙.

形势(xíngshì) : 상황. 형세. 정세. 형편. 지세. 2-12.

反右的声浪席卷中国大地 : 반우파의 풍조가 중국 대륙을 석권하다.

在反右的声浪席卷中国大地的形势下 : 반우파의 풍조가 중국 대륙을 석권하는 형세 하에서.

在反右的声浪席卷中国大地的形势下展开的 : 반우파의 풍조가 중국 대륙을 석권하는 형세 하에서 전개된 것.

B) 势必遭到严重的挫折。
shìbì zāodào yánzhòng de cuòzhé。
심각한 좌절을 틀림없이 당했다.

势必(shìbì) : 부 꼭. 반드시. 필연코. 틀림없이.

遭到(zāodào) : 동 (불행이나 불리한 일을) 만나다. 당하다. 입다. 부닥치다.
严重(yánzhòng) : 심각하다. 중대하다. 모질다. 2-9.
挫折(cuòzhé) : 좌절. 패배. 실패. 2-9.

6) "大跃进", 从字面上理解, 就是超常规的高速度。

"dàyuèjìn", cóng zìmiàn shang lǐjiě, jiùshì chāochángguī de gāosùdù。
"대약진"은, 문자의 표면상의 뜻에서 이해하면, 바로 초정상적인 고속도이다.

从(cóng) : …에서〔부터〕. 〔장소 · 시간의 출발점을 나타냄〕 2-4.
字面(儿)(zìmiàn(r)) : 명 (내재적으로 함축된 의미가 아닌) 문자의 표면상의 뜻.
上(shàng) : 위. 상. 1-13
上(shang) : 어떤 분야를〔방면을, 측을〕 나타냄. 〔앞에 在, 从이 오기도 함〕 1-5.
从字面上 : 문자의 표면상의 뜻에서.
理解(lǐjiě) : 명 동 이해(하다).
就是(jiùshì) : 바로 …이다. 1-6.
超(chāo) : 1. 접두 초. 〔'훨씬 뛰어난', '규정 · 범위를 벗어난', '초월한' 등의 뜻〕
2. 동 (어떤 범위 · 한계를) 넘다. 벗어나다. 초과하다. 넘어서다.
常规(chángguī) : 1. 명 정상. 평상. 정규.
2. 명 상규. 관습. 관례. 일반적인(변하지 않는) 규정(규칙).
3. 명 흔히 사용하는 처방. 일반적 조치(검사).
超常规(chāochángguī) : 초정상(적인).
高速度(gāosùdù) : 고속도. 고속. =高速(gāosù).

7) "大跃进"要达到的奋斗目标, 公开提法是争取在十五年或者更短的时间内, 在主要工业品产量方面, 赶上和超过英国。

"dàyuèjìn" yào dádào de fèndǒu mùbiāo, gōngkāi tífa shì zhēngqǔ zài shí wǔ nián huòzhě gèng duǎn de shíjiān nèi, zài zhǔyào gōngyèpǐn chǎnliàng fāngmiàn, gǎnshàng hé chāoguò yīngguó。

"대약진"이 달성하려고 하는 분투 목표는, 공개적인 표현법으로는, 15년 혹은 더 짧은 시간 안에, 주요 공산품 생산량 분야에서, 영국을 따라잡고 따라앞서는 것을 실현하기 위해 노력하는 것이다.

要(yào) : …할 것이다. …하려고 한다. …하고야 말 것이다.
〔염원이나 굳은 의지를 나타냄〕 1-4.

达到(dádào) : 동 달성하다. 도달하다.

公开(gōngkāi) : 명 동 공개(하다).

提法(tífa) : 명 제기 방식. 계통적 설명. 표현법.

公开提法 : 공개적인 표현법.

争取(zhēngqǔ) : 1. 동 …을 목표로 노력하다. …을 실현하기 위해 노력하다.
2. 동 쟁취하다. 얻다. 획득하다. 이룩하다.

在(zài)…内(nèi) : … (안)에서. 4-16.

或者(huòzhě) : 1. 접 혹은. …(이)거나. …든지. 또는. …이 아니면 …이다.
2. 부 아마. 어쩌면. 혹시 (…인지 모른다).

更(gèng) : 더욱. 더욱이. 일층 더. 5-3.

短(duǎn) : 짧다. 2-4.

时间(shíjiān) : 시간. 1-8.

在十五年或者更短的时间内 : 15년 혹은 더 짧은 시간 안에(서).

在(zài)…方面(fāngmiàn) : …분야에서. …영역에서. …방면에서. 5-7.

主要(zhǔyào) : 주로. 대부분. 주요하다. 2-9.

工业品(gōngyèpǐn) : 명 공산품. 공업 생산품.

产量(chǎnliàng) : 생산량. 5-10.

方面(fāngmiàn) : 방면. 방향. 측면. 분야. 영역. 5-7.

在主要工业品产量方面 : 주요 공산품 생산량 분야에서.

赶上(gǎnshàng) : 1. 동 따라잡다(붙다).
2. 동 시간에 대다.
3. 동 만나다.

和(hé) : …와. …과. …고. …하고. 1-15.

超过(chāoguò) : 1. 동 (뒤에 있었던 것이) 따라 앞서다. 추월하다.
2. 동 초과하다. 상회하다.

英国(yīngguó)：명 영국.

赶上和超过英国：영국을 따라잡고 따라 앞서다.

8) 后来热情不断高涨, 对完成这个目标的时间不断缩短, 作为内部要求则是七年赶上英国, 八年或十年赶上美国。

hòulái rèqíng búduàn gāozhǎng, duì wánchéng zhège mùbiāo de shíjiān búduàn suōduǎn, zuòwéi nèibù yāoqiú zéshì qī nián gǎnshàng yīngguó, bā nián huò shí nián gǎnshàng měiguó。

그 후에 열정이 끊임없이 급증하고, 이 목표의 완성에 대한 시간이 끊임없이 단축되어, 내부 요구로서는 바로 7년에 영국을 따라잡고, 8년 혹 10년에 미국을 따라잡는 것이다.

A) 后来热情不断高涨,

hòulái rèqíng búduàn gāozhǎng,

그 후에 열정이 끊임없이 급증하고,

后来(hòulái)：1. 부 (그) 후. 그 뒤에. 그 다음에.
2. 명 뒤에 온 사람. 뒤에 자란 사람.

热情(rèqíng)：1. 명 열정. 의욕. 열의. 정열.
2. 형 열정적이다. 친절하다. 마음이 따뜻하다. 정이 두텁다.

不断(búduàn)：1. 부 끊임없이. 부단히. 늘.
2. 동 끊임없다.

高涨(gāozhǎng)：1. 동 뛰어오르다. 급증하다. 고조하다. 등귀하다.
2. 명 호경기.
3. 형 드높다. 충만하다.

B) 对完成这个目标的时间不断缩短,

duì wánchéng zhège mùbiāo de shíjiān búduàn suōduǎn,

이 목표의 온성에 대한 시간이 끊임없이 단축되어,

对(duì)：…에 대하여〔관하여〕. 2-8.

完成(wánchéng)：완성하다. (예정대로) 끝내다. 완수하다. 1-3.

完成这个目标：이 목표를 완성하다. → 이 목표의 완성.

对完成这个目标的时间：이 목표의 완성에 대한 시간.

缩短(suōduǎn)：㊀ 단축하다. 단축되다. 줄이다.

C) 作为内部要求则是七年赶上英国，八年或十年赶上美国。

zuòwéi nèibù yāoqiú zéshì qī nián gǎnshàng yīngguó, bā nián huò shí nián gǎnshàng měiguó。

내부 요구로서는 바로 7년에 영국을 따라잡고, 8년 혹 10년에 미국을 따라잡는 것이다.

作为(zuòwéi)：…의 신분〔자격〕으로서. …으로 삼다. …로 여기다(간주하다). 1-5.

内部(nèibù)：내부. 5-4.

要求(yāoqiú)：요구(하다). 요망(하다). 2-12.

作为内部要求：내부 요구로서.

则是(zéshì)：1. 동 바로〔곧〕 …이다.
2. 접 오직 …뿐. 다만 …뿐. …이지만.
3. 접 만약.

或(huò)：혹은. 또는. 그렇지 않으면. 4-13.

美国(měiguó)：명 미국.

9) "大跃进"运动是中国共产党在探索中国自己的社会主义建设道路过程中的一次严重失误，其本来目的是要走出一条不同于苏联模式·适合中国情况的高速发展的新路，但最终却导致了严重的灾难。

"dàyuèjìn" yùndòng shì zhōngguó gòngchǎndǎng zài tànsuǒ zhōngguó zìjǐ de shèhuìzhǔyì jiànshè dàolù guòchéng zhōng de yícì yánzhòng shīwù, qí běnlái mùdì shì yào zǒuchū yìtiáo bùtóngyú sūlián móshì · shìhé zhōngguó

qíngkuàng de gāosù fāzhǎn de xīnlù, dàn zuìzhōng què dǎozhìle yánzhòng de zāinán。
"대약진" 운동은 중국공산당의 중국 자신의 사회주의 건설 노선을 탐색하는 과정에서의 한 차례 심각한 실수이었고, 그 본래 목적은 소련 모델과 다르고 중국 상황에 적합한 고속 발전의 새로운 길을 걸어나가려고 하는 것이었고, 그러나 최종적으로 오히려 심각한 재난을 초래했다.

A) "大跃进"运动是中国共产党在探索中国自己的社会主义建设道路过程中的一次严重失误,

"dàyuèjìn" yùndòng shì zhōngguó gòngchǎndǎng zài tànsuǒ zhōngguó zìjǐ de shèhuìzhǔyì jiànshè dàolù guòchéng zhōng de yícì yánzhòng shīwù,
"대약진" 운동은 중국공산당의 중국 자신의 사회주의 건설 노선을 탐색하는 과정에서의 한 차례 심각한 실수이었고,

中国共产党(zhōngguó gòngchǎndǎng)：중국공산당. 약칭 중공(中共). 1-5.
在(zài)…中(zhōng)：…(중)에서. …(가운데)에서. 1-18.
自己(zìjǐ)：자기. 자신. 1-10.
过程(guòchéng)：과정. 5-6.
失误(shīwù)：실수(를 하다). 수를 잘못 쓰다. 2-9.
探索中国自己的社会主义建设道路：중국 자신의 사회주의 건설 노선을 탐색하다.
(探索中国自己的社会主义建设道路)过程：(중국 자신의 사회주의 건설 노선을 탐색하는) 과정.
在探索中国自己的社会主义建设道路过程中：중국 자신의 사회주의 건설 노선을 탐색하는 과정에서.
(在探索中国自己的社会主义建设道路过程中)的一次严重失误：(중국 자신의 사회주의 건설 노선을 탐색하는 과정에서)의 한 차례 심각한 실수.
中国共产党(在探索中国自己的社会主义建设道路过程中的)一次严重失误：중국공산당의 (중국 자신의 사회주의 건설 노선을 탐색하는 과정에서의) 한 차례 심각한 실수.

B) 其本来目的是要走出一条不同于苏联模式 · 适合中国情况的高速发展的新路,

qí běnlái mùdì shì yào zǒuchū yìtiáo bùtóng yú sūlián móshì · shìhé zhōngguó qíngkuàng de gāosù fāzhǎn de xīnlù,

그 본래 목적은 소련 모델과 다르고 중국 상황에 적합한 고속 발전의 새로운 길을 걸어나가려고 하는 것이었고,

其(qí) : 1. 대 그(의). 그들(의). 그것들(의).
2. 대 그러한 것. 저러한 것.
3. 조 어찌. 〔반문의 뜻을 나타냄〕

本来(běnlái) : 1. 명 본래. 원래.
2. 부 본래. 원래.
3. 부 응당. 당연히.

目的(mùdì) : 명 목적.

走出(zǒuchū) : 1. 걸어나가다.
2. …을〔에서〕 벗어나다. …에서 빠져나오다.

条(tiáo) : 가락. 가닥. 줄기. 항목. 조목. 개. 〔가늘고 긴 것을 세는 양사〕 5-9.

一条(yìtiáo) : 한 가닥. 한 줄기.

不同(bùtóng) : 같지 않다. 다르다. 2-5.

于(yú) : …에(게). …에서. 3-9.

不同于(bùtóng yú) : …와 다르다. …와 같지 않다.

苏联(sūlián) : 명 소련. 소비에트 사회주의 공화국 연방(USSR, Union of Soviet Socialist Republics, 1917년의 10월혁명이 성공하여 생긴 최초의 사회주의 국가로, 옛 제정 러시아의 대부분과 우크라이나를 비롯한 15개 공화국으로 이루어진 다민족 국가였으나, 1991년 사회주의가 붕괴되고 연방이 해체되었다. 수도는 모스크바이었다.)

模式(móshì) : 명 모식. 표준 양식. 유형. 패턴. 모델.

高速(gāosù) : 고속도. 고속.

新路(xīnlù) : 명 새(로운) 길.

不同于苏联模式 : 소련 모델과 다르다.

适合中国情况的高速发展 : 중국 상황에 적합한 고속 발전.

不同于苏联模式·适合中国情况的高速发展的新路：소련 모델과 다르고 중국 상황에 적합한 고속 발전의 새로운 길.

(一条)不同于苏联模式·适合中国情况的高速发展的新路：소련 모델과 다르고 중국 상황에 적합한 고속 발전의 (하나의) 새로운 길.

C) 但最终却导致了严重的灾难。

dàn zuìzhōng què dǎozhìle yánzhòng de zāinán。
그러나 최종적으로 오히려 심각한 재난을 초래했다.

但(dàn)：그러나. 그렇지만. 1-10.

最终(zuìzhōng)：마지막으로. 최종적으로. 최후로. 궁극적으로. 2-9.

却(què)：오히려. 도리어. 반대로. 그러나. 4-8.

导致(dǎozhì)：야기하다. (어떤 사태를) 초래하다(가져오다). 6-6.

灾难(zāinán)：명 재난. 불운.

10) 就经济上讲，其后果是严重的：

jiù jīngjì shang jiǎng, qí hòuguǒ shì yánzhòng de：
경제적으로 말하자면, 그 최후 결과는 심각한 것이었다.

就(jiù)：…에 의하면. …에 대하여. …에 관하여. 1-6.

经济(jīngjì)：경제. 2-10.

经济上：경제적으로.

讲(jiǎng)：1. 동 이야기하다. 말하다. 〔북방에서는 주로 说를 사용함〕
2. 동 설명하다. 해석하다. 강의하다. 강설하다. 해설하다. 논술하다.
3. 동 상의하다. 의논하다. 상담하다. 흥정하다. 교섭하다. 협의하다.
4. 동 (…에 대해서) 논하다〔말하다〕.

就经济上讲：경제에 대하여 말하다. → 경제적으로 말하자면.

后果(hòuguǒ)：명 (주로 나쁜 측면의) 최후의 결과. 결과.

11) 第一，积累与消费的比例失调。

dìyī, jīlèi yǔ xiāofèi de bǐlì shītiáo。

첫째, 자본 축적과 소비의 비례가 균형을 잃었다.

第一(dìyī)：제1. 첫째. 첫 번째. 최초. 맨 처음. 1-14.

积累(jīlèi)：(자본의) 축적. 적립금.〔국민소득 중에서 확대재생산에 쓰이는 부분〕 4-18.

与(yǔ)：…와〔과〕. …거나. 또는. 1-6.

消费(xiāofèi)：명 동 소비(하다).

比例(bǐlì)：명 비례. 비율. 비중.

失调(shītiáo)：1. 동 평형(균형)을 잃다. 균형이 맞지 않다.
2. 동 (몸에 맞게) 잘 조절하지 못하다. 조리를 잘못하다.

12) 具体来讲，就是积累率过高，积累效果极差，在基本建设投资中，过多集中在生产性建设上，忽视了必要的非生产性建设。

jùtǐ lái jiǎng, jiùshì jīlèilǜ guògāo, jīlèi xiàoguǒ jí chà, zài jīběn jiànshè tóuzī zhōng, guòduō jízhōng zài shēngchǎnxìng jiànshè shang, hūshìle bìyào de fēi shēngchǎnxìng jiànshè。

구체적으로 말하자면, 바로 자본 축적율이 과도하게 높고, 자본 축적 효과는 매우 나쁘며, 기본 건설 투자에서, 생산성 건설에 너무 많이 집중했고, 필요한 비생산성 건설을 경시했다.

A) 具体来讲，就是积累率过高，积累效果极差，

jùtǐ lái jiǎng, jiùshì jīlèilǜ guògāo, jīlèi xiàoguǒ jí chà,

구체적으로 말하자면, 바로 자본 축적율이 과도하게 높고, 자본 축적 효과는 매우 나쁘며,

具体(jùtǐ)：구체(적인). → 구체적으로. 2-12.

来(lái) : 다른 동사 앞에 쓰여 어떤 일을 하려는 것을 나타냄. 1-4.

具体来讲(jùtǐ lái jiǎng) : 구체적으로 말하(자)면.

积累率(jīlěilǜ) : (자본의) 축적율.

过高(guògāo) : 형 너무(지나치게) 높다. 과도하게 높다.

效果(xiàoguǒ) : 명 효과.

极(jí) : 1. 부 아주. 극히. 지극히. 몹시. 매우.
2. 명 정점. 절정. 최고도. 극도.
3. 명 지구의 양극. (자석 · 전원의) 극.
4. 명 극.
5. 동 절정〔끝〕에 이르다. 극하다. 다하다.
6. 형 최고의. 극도의. 최종의.

差(chà) : 나쁘다. 좋지 않다. 표준에 못 미치다. 못하다. 5-3.

B) 在基本建设投资中，过多集中在生产性建设上，忽视了必要的非生产性建设。

zài jīběn jiànshè tóuzī zhōng, guòduō jízhōng zài shēngchǎnxìng jiànshè shang, hūshìle bìyào de fēi shēngchǎnxìng jiànshè。

기본 건설 투자에서, 생산성 건설에 너무 많이 집중했고, 필요한 비생산성 건설을 경시했다.

基本(jīběn) : 기본(의). 기본적인. 근본(적인). 주요한. 주된. 중요한. 1-3.

投资(tóuzī) : 투자(하다). 5-8.

过多(guòduō) : 형 너무 많다. → 너무 많이.

集中(jízhōng) : 집중하다. 집중되다. 집약하다. 5-4.

在(zài)…上(shàng) : …에 있어서. 1-8.

生产(shēngchǎn) : 생산(하다). 3-16.

性(xìng) : 명사 뒤에 붙어 사상 · 감정을 나타내거나 범위 · 방식을 한정함. 1-6.

生产性(shēngchǎnxìng) : 생산성. 생산적(인).

忽视(hūshì) : 동 소홀히 하다. 경시하다. 주의하지 않다.

必要(bìyào) : 필요(로)(하다). 5-18.

非(fēi)：…이 아니다. → 비. 5-18.
非生产性(fēi shēngchǎnxìng)：비생산성. 비생산적(인).

13) 1960年同1957年相比，在全部国民收入使用额中，积累所占的比例由24.9%提高到39.6%。

yī jiǔ liù líng nián tóng yī jiǔ wǔ qī nián xiāngbǐ, zài quánbù guómín shōurù shǐyòng`é zhōng, jīlèi suǒ zhàn de bǐlì yóu bǎifēnzhī èr shí sì diǎn jiǔ tígāo dào bǎifēnzhī sān shí jiǔ diǎn liù。

1960년은 1957년과 비교하면, 전체 국민소득 사용액 중에서 자본 축적이 차지한 비례가 24.9%에서 39.6%로 향상되었다.

同(tóng)：…와〔과〕.〔(같은지 다른지를) 비교하는 대상을 가리킴〕2-4.
相比(xiāngbǐ)：비교하다. 5-16.
全部(quánbù)：전부(의). → 전체(의). 4-7.
国民(guómín)：국민. 3-15.
收入(shōurù)：1. 명 수입. 소득.
2. 동 받다. 받아들이다. 수납하다. 수록하다. 포함하다.
国民收入(guómín shōurù)：명 국민소득.
使用(shǐyòng)：명동 사용(하다).
额(é)：1. 명 일정한 수량(분량). 일정한 액수.
2. 명 액자. 액틀.
3. 명 이마.
使用额(shǐyòng`é)：사용액.
占(zhàn)：차지하다. 점령하다. 4-6.
由(yóu)：…으로부터. …에서. 5-16.
%：百分之(bǎifēnzhī). (백분율을 나타내는 기호). 퍼센트. 백분율. 4-7.
提高(tígāo)：제고(하다). 향상(시키다). 고양(하다). 5-10.
到(dào)：…까지. …로. …에. 1-13.

14) 第二, 工农业比例失调, 农业战线受到极大削弱, 粮食产量急剧下降。

dìèr, gōngnóngyè bǐlì shītiáo, nóngyè zhànxiàn shòudào jídà xuēruò, liángshí chǎnliàng jíjù xiàjiàng。

둘째, 농공업의 비례가 균형을 잃어서, 농업 전선은 매우 커다란 약화를 당했고, 식량의 생산량은 급격하게 떨어졌다.

第二(dìèr) : 제2. 둘째. 두 번째. 1-15.

工农业(gōngnóngyè) : 농공업. 5-16.

农业(nóngyè) : 농업. 4-5.

战线(zhànxiàn) : 전선. 3-15.

农业战线(nóngyè zhànxiàn) : 농업 전선.

受到(shòudào) : 동 …을 받다(당하다).

极大(jídà) : 형 지극히(매우) 크다. 최대한도이다.

削弱(xuēruò) : 동 약화시키다. 약화되다. 약하게 하다. → 약화.

受到削弱 : 약화를 받다. 약화를 당하다.

粮食(liángshi) : 식량. 양식. 4-17.

急剧(jíjù) : 형 급격하다. 급속하다. → 급격하게. 급속히.

下降(xiàjiàng) : 1. 동 하강하다. 침강하다. 내려앉다.
2. 동 (등급 · 정도 · 수량 따위가) 줄어들다. 떨어지다. 낮아지다.

15) 1960年同1957年相比, 工业总产值增长1.3倍, 而农业总产值却下降了22.7% ;

yī jiǔ liù líng nián tóng yī jiǔ wǔ qī nián xiāngbǐ, gōngyè zǒngchǎnzhí zēngzhǎng yī diǎn sān bèi, ér nóngyè zǒngchǎnzhí què xiàjiàngle bǎifēnzhī èr shí èr diǎn qī ;

1960년은 1957년과 비교하면, 공업 총생산액은 1.3배 증가했고, 그러나 농업 총생산액은 도리어 22.7% 하강했다.

工业(gōngyè) : 공업. 5-3.

总(zǒng) : 총. 전부의. 전면적인. 전체의. 전반적인. 4-7.

产值(chǎnzhí)：생산액. 생산고. 5-16.

总产值(zǒngchǎnzhí)：총생산액. 5-16.

增长(zēngzhǎng)：증가하다. 신장하다. → 증가. 신장. 6-7.

倍(bèi)：1. 양 배. 곱절. 갑절. 〔倍는 원수(原数)와 같은 수〕
2. 동 배가하다. 갑절로 늘다.
3. 부 대단히. 매우.

而(ér)：…지만. …나. …면서. 그러나. 〔역접을 나타냄〕 1-5.

16) 工业和农业产值比例，由5. 7：4.3变为7.8：2.2，粮食产量减少了1031亿斤，降到1951年的水平。

gōngyè hé nóngyè chǎnzhí bǐlì, yóu wǔ diǎn qī bǐ sì diǎn sān biànwéi qī diǎn bā bǐ èr diǎn èr, liángshí chǎnliàng jiǎnshǎole yī qiān líng sān shí yī yì jīn, jiàngdào yī jiǔ wǔ yī nián de shuǐpíng。

공업과 농업 생산액의 비례는 5.7 : 4.3에서 7.8 : 2.2로 변했고, 식량 생산량은 1,031억 근이 감소하여, 1951년의 수준으로 떨어졌다.

A) 工业和农业产值比例，由5.7：4.3变为7.8：2.2，

gōngyè hé nóngyè chǎnzhí bǐlì, yóu wǔ diǎn qī bǐ sì diǎn sān biànwéi qī diǎn bā bǐ èr diǎn èr,

공업과 농업 생산액의 비례는 5.7 : 4.3에서 7.8 : 2.2로 변했고,

变为(biànwéi)：동 …으로 변하다.

B) 粮食产量减少了1031亿斤，降到1951年的水平。

liángshí chǎnliàng jiǎnshǎole yī qiān líng sān shí yī yì jīn, jiàngdào yī jiǔ wǔ yī nián de shuǐpíng。

식량 생산량은 1,031억 근이 감소하여, 1951년의 수준으로 떨어졌다.

减少(jiǎnshǎo)：감소하다. 적게 하다. 적어지다. 덜다. 줄(이)다. 5-12.

亿(yì)：억. 4-4.

斤(jīn)：근. 무게의 단위. 5-12.

降到(jiàngdào)：…로 떨어지다. 6-12.

水平(shuǐpíng)：1. 명 수준.
2. 명 수평.

17) 第三，工交内部的比例失调。

dìsān, gōngjiāo nèibù de bǐlì shītiáo。

셋째, 공업과 교통운수업 내부의 비례가 균형을 잃었다.

第三(dìsān)：제3. 셋째. 세 번째. 1-16.

工交(gōngjiāo)：명 工业交通运输业(공업과 교통운수업)의 준말.

18) 1958年到1960年三年工业总产值增长1.3倍，其中占用运输量最大的生铁产量增加3.5倍，铁矿石产量增加4.8倍，煤产量增加2倍，但全国货运量只增加1.1倍。

yī jiǔ wǔ bā nián dào yī jiǔ liù líng nián sān nián gōngyè zǒngchǎnzhí zēngzhǎng yī diǎn sān bèi, qízhōng zhànyòng yùnshūliàng zuìdà de shēngtiě chǎnliàng zēngjiā sān diǎn wǔ bèi, tiěkuàngshí chǎnliàng zēngjiā sì diǎn bā bèi, méi chǎnliàng zēngjiā èr bèi, dàn quánguó huòyùnliàng zhǐ zēngjiā yī diǎn yī bèi。

1958년에서 1960년까지 3년의 공업 총생산액은 1.3배 증가했고, 그 중 수송량의 점용이 가장 큰 생철의 생산량은 3.5배 증가했고, 철광석의 생산량은 4.8배 증가했고, 석탄의 생산량은 2배 증가했으며, 그러나 전국 화물운송량은 단지 1.1배 증가했다.

A) 1958年到1960年三年工业总产值增长1.3倍,

yī jiǔ wǔ bā nián dào yī jiǔ liù líng nián sān nián gōngyè zǒngchǎnzhí zēngzhǎng yī diǎn sān bèi,

1958년에서 1960년까지 3년의 공업 총생산액은 1.3배 증가했고,

B) 其中占用运输量最大的生铁产量增加3.5倍, 铁矿石产量增加4. 8倍, 煤产量增加2倍,

qízhōng zhànyòng yùnshūliàng zuìdà de shēngtiě chǎnliàng zēngjiā sān diǎn wǔ bèi, tiěkuàngshí chǎnliàng zēngjiā sì diǎn bā bèi, méi chǎnliàng zēngjiā èr bèi,

그 중 수송량의 점용이 가장 큰 생철의 생산량은 3.5배 증가했고, 철광석의 생산량은 4.8배 증가했고, 석탄의 생산량은 2배 증가했으며,

其中(qízhōng) : 그 중. 그 속. 5-16.

占用(zhànyòng) : 명 동 (남의 것을) 점용(하다).

运输(yùnshū) : 명 동 운수(하다). 운송(하다). 수송(하다).

量(liàng) : 1. 명 양. 분량. 수량.
2. 명 옛날, (되 · 말 따위의) 용량을 되는 도구.
3. 명 용량. 한도.

量(liáng) : 1. 동 (길이 · 크기 · 무게 · 넓이 · 분량 따위를) 재다. 달다. 되다.
2. 동 가늠하다. 짐작하다. 추측하다. 헤아리다.
3. 동 (미곡류 · 베 따위를 달아서) 사다(팔다).

运输量(yùnshūliàng) : 명 수송량.

最大(zuìdà) : 제일(가장) 크다. 최대이다. 4-18.

占用运输量 : 수송량을 점용하다. → 수송량의 점용.

占用运输量最大 : 수송량의 점용이 가장 크다.

生铁(shēngtiě) : 명 생철. 무쇠.

增加(zēngjiā) : 1. 동 증가하다. 더하다. 늘리다.
2. 명 증가.

铁(tiě) : 1. 명 쇠. 철(Fe).
2. 명 무기.
3. 형 (쇠처럼) 단단하다. 굳세다.
4. 동 결심하다.

铁矿(tiěkuàng) : 명 철광(석).

铁矿石(tiěkuàngshí) : 명 철광석.

矿石(kuàngshí) : 명 광석.

煤(méi) : 1. 명 석탄.
2. 명 석탄의 검댕. 숯검정.

C) 但全国货运量只增加1.1倍。

dàn quánguó huòyùnliàng zhǐ zēngjiā yī diǎn yī bèi。

그러나 전국 화물운송량은 단지 1.1배 증가했다.

全国(quánguó) : 전국. 2-3.

货运(huòyùn) : 명 화물운송.

货运量(huòyùnliàng) : 명 화물운송량.

只(zhǐ) : 단지. 다만. 오직. 겨우. 한갓. 4-8.

19) 第四, 市场上社会购买力与商品可供量的比例失调。

dìsì, shìchǎngshang shèhuì gòumǎilì yǔ shāngpǐn kěgōngliàng de bǐlì shītiáo。

넷째, 시장에서 사회구매력과 상품 공급가능량의 비례가 균형을 잃었다.

第四(dìsì) : 제4. 넷째. 네 번째. 1-17.

市场(shìchǎng) : 명 시장.

市场上(shìchǎngshang) : 시장에서.

购买(gòumǎi) : 명동 구입(구매) (하다).

力(lì) : 1. 명 힘.
2. 명 능력.

3. 명 효력.
4. 동 힘을 다하다.

购买力(gòumǎilì) : 명 구매력.

社会购买力(shèhuì gòumǎilì) : 명 사회구매력.

商品(shāngpǐn) : 명 상품. 물품.

可(kě) : 1. 허가 또는 가능을 나타냄.
2. 동의를 나타냄.
3. …할 만하다.
4. 부 대략.
5. 형 좋다. 괜찮다.
6. 역접을 나타냄.
7. 강조를 나타냄.

供(gōng) : 1. 명동 공급(하다).
2. 동 제공하다.

供(gòng) : 1. 동 (제물을) 바치다.
2. 명 공물. 제물.
3. 명동 공술(하다). 자백(하다).

可供量(kěgōngliàng) : 명 공급가능량.

20) 由于全力支撑"大跃进", 建设·生产又都不讲效益, 1958年到1960年三年财政赤字实际达到169亿元, 货币流通量也增加了82%。

yóuyú quánlì zhīchēng "dàyuèjìn", jiànshè · shēngchǎn yòu dōu bùjiǎng xiàoyì, yī jiǔ wǔ bā nián dào yī jiǔ liù líng nián sān nián cáizhèng chìzì shíjì dádào yī bǎi liù shí jiǔ yì yuán, huòbì liútōngliàng yě zēngjiāle bǎifēnzhī bā shí èr。

"대약진"을 전력으로 지탱했기 때문에, 건설 · 생산은 또한 모두 효과와 이익을 말하지 않았고, 1958년에서 1960년까지 3년의 재정 적자는 실제적으로 169억 위안에 도달했고, 화폐 유통량도 82% 증가했다.

A) 由于全力支撑"大跃进", 建设 · 生产又都不讲效益,

yóuyú quánlì zhīchēng "dàyuèjìn", jiànshè · shēngchǎn yòu dōu bùjiǎng xiàoyì,

"대약진"을 전력으로 지탱했기 때문에, 건설 · 생산은 또한 모두 효과와 이익을 말하지 않았고,

由于(yóuyú) : …때문에. …로 인하여. …로 말미암아. 3-15.

全力(quánlì) : 명 전력. 모든 힘. 혼신의 힘. → 전력으로.

支撑(zhīchēng) : 1. 동 버티다. 받치다. 지탱하다.
2. 동 지탱하다. 힘써 견디다. 가까스로 견지하다(유지하다).
3. 명 지주. 버팀목. 버팀대.

又(yòu) : 한편. 또한. 더하여. 동시에. 〔동시적 상황을 표시함〕 1-10.

都(dōu) : 모두. 다. 5-3.

效益(xiàoyì) : 명 효과와 이익.

B) 1958年到1960年三年财政赤字实际达到169亿元, 货币流通量也增加了82%。

yī jiǔ wǔ bā nián dào yī jiǔ liù líng nián sān nián cáizhèng chìzì shíjì dádào yī bǎi liù shí jiǔ yì yuán, huòbì liútōngliàng yě zēngjiāle bǎifēnzhī bā shí èr。

1958년에서 1960년까지 3년의 재정 적자는 실제적으로 169억 위안에 도달했고, 화폐 유통량도 82% 증가했다.

财政(cáizhèng) : 재정. 5-11.

赤字(chìzì) : 명 적자.

实际(shíjì) : 실제(의). 실제적이다. 현실(적이다). → 실제적으로. 1-7.

元(yuán) : 원. 위안. 5-8.

货币(huòbì) : 명 화폐.

流通(liútōng) : 1. 명 (상품 · 화폐 따위의) 유통.
2. 동 유통하다.

3. 통 널리 퍼지다.

流通量(liútōngliàng)：명 유통량.

也(yě)：(…임과 동시에) …도 또한. 그리고 또. 게다가. …조차 (…하다). 1-6.

21) 由于农业·轻工业大幅度减产，市场商品可供量急剧下降。

yóuyú nóngyè · qīnggōngyè dàfúdù jiǎnchǎn, shìchǎng shāngpǐn kěgōngliàng jíjù xiàjiàng。

농업 · 경공업이 대폭적으로 감산했기 때문에, 시장 상품의 공급가능량은 급격히 줄어들었다.

轻工业(qīnggōngyè)：명 경공업.

大幅(dàfú)：1. 부 대폭. 썩 많이. 많이. 크게. 넓게. → 대폭으로.

2. 형 (천의) 광폭의.

3. 형 (표어 · 그림 따위의) 큰 폭의. 광폭의. 대형의.

大幅度(dàfúdù)：명 형 대폭(적인). → 대폭적으로.

减产(jiǎnchǎn)：1. 통 감산하다. 생산을 줄이다. 생산이 감소하다.

2. 통 조업을 단축하다.

22) "大跃进"运动使国民经济遭到严重挫折，使人民生活受到很大影响。

dàyuèjìn" yùndòng shǐ guómín jīngjì zāodào yánzhòng cuòzhé, shǐ rénmín shēnghuó shòudào hěndà yǐngxiǎng。

"대약진" 운동은 국민경제로 하여금 심각한 좌절을 당하게 만들었고, 국민 생활로 하여금 매우 큰 영향을 받게 했다.

使(shǐ)：(…하여금) …하게 만들다. (…에게) …하게 하다. …시키다. 5-15.

国民经济(guómín jīngjì)：국민경제. 3-15.

挫折(cuòzhé)：좌절. 패배. 실패. 2-9.

人民(rénmín)：인민. 국민. 1-3.

生活(shēnghuó)：생활(하다). 6-6.

人民生活(rénmín shēnghuó) : 국민 생활. 인민 생활.
很大(hěndà) : 커다랗다. 매우 크다. 5-15.
影响(yǐngxiǎng) : 영향. 2-12.

23) 但是，它终究是我国探索社会主义建设新道路的失误。

dànshì, tā zhōngjiū shì wǒguó tànsuǒ shèhuìzhǔyì jiànshè xīn dàolù de shīwù。
그렇지만 그것은 결국 우리 나라가 사회주의 건설의 새 노선을 탐색하는 실수이었다.

但是(dànshì) : 1. 접 그러나. 그렇지만. 〔왕왕 앞에 虽然 · 尽管 등이 옴〕
2. 접 단지…이라면. 무릇…이라면.
它(tā) : 그. 저. 그것. 저것. 〔사람 이외의 것을 가리킴〕 1-6.
终究(zhōngjiū) : 부 결국. 필경.
新(xīn) : 새. 새로운. 신. 1-3.

24) 对"大跃进"的三年，我们也应作具体分析，要把"大跃进"运动指导思想上的错误和人民群众的奋发图强 · 艰苦奋斗的革命精神加以区分，要把"大跃进"运动所造成的破坏和"大跃进"期间所取得的一定成绩区分开来。

duì "dàyuèjìn" de sān nián, wǒmén yě yīng zuò jùtǐ fēnxī, yào bǎ "dàyuèjìn" yùndòng zhǐdǎo sīxiǎng shang de cuòwù hé rénmín qúnzhòng de fènfā túqiáng · jiānkǔ fèndǒu de gémìng jīngshén jiāyǐ qūfēn, yào bǎ "dàyuèjìn" yùndòng suǒ zàochéng de pòhuài hé "dàyuèjìn" qījiān suǒ qǔdé de yídìng chéngjī qūfēn kāilá。
"대약진"의 3년에 대하여, 우리는 또한 마땅히 구체적인 분석을 해야 한다. 즉 "대약진" 운동의 지도사상 상의 착오와 인민 군중의 분발하여 부강을 도모하고 각고 분투하는 혁명 정신을 구분해 내야하고, "대약진" 운동이 초래한 파괴와 "대약진" 기간에 취득한 어느 정도의 성과를 구분 지어야 한다.

A) 对"大跃进"的三年，我们也应作具体分析，

duì "dàyuèjìn" de sān nián, wǒmen yě yīng zuò jùtǐ fēnxī,

"대약진"의 3년에 대하여, 우리는 또한 마땅히 구체적인 분석을 해야 한다. 즉 …

应(yīng)：당연히(마땅히) …해야 한다. 2-11.

作(zuò)：…을 하다. …을 맡다. 하다. 2-8.

分析(fēnxī)：[명][동] 분석(하다).

作分析：분석을 하다.

B) 要把"大跃进"运动指导思想上的错误和人民群众的奋发图强·艰苦奋斗的革命精神加以区分，

yào bǎ "dàyuèjìn" yùndòng zhǐdǎo sīxiǎng shang de cuòwù hé rénmín qúnzhòng de fènfā túqiáng · jiānkǔ fèndǒu de gémìng jīngshén jiāyǐ qūfēn,

"대약진" 운동의 지도사상 상의 착오와 인민 군중의 분발하여 부강을 도모하고 각고분투하는 혁명 정신을 구분해 내야하고,

把(bǎ)：…을〔를〕.〔목적어를 동사 앞으로 전치시킬 때 씀〕1-4.

指导(zhǐdǎo)：지도(하다). 6-20.

思想(sīxiǎng)：1. [명] 사상. 의식.
2. [명] 생각. 견해. 마음. 의사.
3. [동] 생각하다. 숙고하다.

指导思想(zhǐdǎo sīxiǎng)：[명] 지도사상.

错误(cuòwù)：1. [명] 착오. 틀린 행위. 실수. 잘못.
2. [형] 잘못된. 틀린.

群众(qúnzhòng)：군중. 민중. 대중. 5-10.

奋发(fènfā)：[동] 분발하다.

图强(túqiáng)：1. 동사향상을 도모하다.
2. 동사강대해지려 하다.

奋发图强(fènfā túqiáng)：분발하여 강해지기를 꾀하다. 분발하여 국가의 부강을 꾀

하다. 분발하여 부강을 도모하다.

艰苦(jiānkǔ) : 간고하다. 고달프다. 힘들고 어렵다. 고생스럽다. 2-11.

奋斗(fèndǒu) : 분투(하다). 2-11.

艰苦奋斗(jiānkǔ fèndǒu) : 고난과 시련을 이겨내면서 있는 힘을 다하여 싸우다. 간고분투. 각고분투(하다). 2-11.

革命(gémìng) : 혁명. 1-3.

精神(jīngshén) : 1. 명 정신.
2. 명 주요 의미(의의). 주지. 요지.

精神(jīngshen) : 1. 명 원기. 활력. 기력. 정력.
2. 형 활기차다. 생기발랄하다. 원기가 있다. 정력적이다.
3. 동 기운을 내다.

加以(jiāyǐ) : 1. 동 …을 가하다. …하다.
2. 접 게다가. …한 데다가. 그 위에.

区分(qūfēn) : 명동 구분(하다).

加以区分 : 구분해 내다.

C) 要把"大跃进"运动所造成的破坏和"大跃进"期间所取得的一定成绩区分开来。

yào bǎ "dàyuèjìn" yùndòng suǒ zàochéng de pòhuài hé "dàyuèjìn" qījiān suǒ qǔdé de yídìng chéngjī qūfēn kāilá。

"대약진" 운동이 초래한 파괴와 "대약진" 기간에 취득한 어느 정도의 성과를 구분 지어야 한다.

造成(zàochéng) : 1. 동 (좋지 않은 사태 따위를) 발생시키다. 야기하다. 초래하다.
2. 동 조성하다. 만들다. 창조하다.

破坏(pòhuài) : 파괴. 5-5.

期间(qījiān) : 명 기간.

取得(qǔdé) : 취득하다. 얻다. 획득하다. 2-9.

"大跃进"期间所取得 : "대약진" 기간이 취득하다. → "대약진" 기간에 취득하다.

一定(yídìng) : 어느 정도의. 상당한. 꽤. 2-10.

成绩(chéngjī) : 명 성적. 성과. 기록.

区分开(qūfēnkāi) : 把A…区分开(B…), A를 (B로) 나누다. 나누어지다. 구분되다.

区分开来(qūfēn kāi lái) : 구분(을) 짓다.*

4. 번역 "대약진"운동의 전면적 전개

"대약진"운동의 분투 목표

1958년부터 1960년까지 이 시기의 역사를 우리는 보통 "대약진"시기라고 부른다. "대약진"운동은 우리 나라가 사회주의의 전면적 건설로 진입하기 시작하는 역사 시기에 진행한 중국 상황에 적합한 사회주의 건설 노선을 탐색하는 한 차례의 시험이었고, 사회주의 건설 총노선의 지도하에서 사회생산력의 신속한 발전을 시도하는 한 차례의 시험이었다. 매우 유감스럽게도, 그것은 반우파의 풍조가 중국 대륙을 석권하는 형세 하에서 전개된 것이고, 심각한 좌절을 틀림없이 당했다.

"대약진"은, 문자의 표면상의 뜻에서 이해하면, 바로 초정상적인 고속도이다. "대약진"이 달성하려고 하는 분투 목표는 공개적인 표현법으로는, 15년 혹은 더 짧은 시간 안에 주요 공산품 생산량 분야에서 영국을 따라잡고 따라앞서는 것을 실현하기 위해 노력하는 것이다. 그 후에 열정이 끊임없이 급증하고, 이 목표의 완성에 대한 시간이 끊임없이 단축되어, 내부 요구로서는 바로 7년 안에 영국을 따라잡고, 8년 혹 10년 안에 미국을 따라잡는 것이다.

"대약진"운동은 중국공산당의 중국 자신의 사회주의 건설 노선을 탐색하는 과정에서의 한 차례 심각한 실수이었고, 그 본래 목적은 소련 모델과 다르고 중국 상황에 적합한 고속 발전의 새로운 길을 걸어나가려고 하는 것이었고, 그러나 최종적으로 오히려 심각한 재난을 초래했다. 경제적으로 말하자면, 그 최후 결과는 심각한 것이었다.

첫째, 자본 축적과 소비의 비례가 균형을 잃었다. 구체적으로 말하자면, 바로 자본 축적율이 과도하게 높고, 자본 축적 효과는 매우 나쁘며, 기본 건설 투자에서, 생산성 건설에 너무 많이 집중했고, 필요한 비생산성 건설을 경시했다. 1960년은 1957년과 비교하면, 전체 국민소득 사용액 중에서 자본 축적이 차지한 비례가 24.9%에서 39.6%로 향상되었다.

둘째, 농공업의 비례가 균형을 잃어서 농업 전선은 매우 커다란 약화를 당했고, 식량의 생산량은 급격하게 떨어졌다. 1960년은 1957년과 비교하면 공업 총생산액은 1.3배 증가했고, 그러나 농업 총생산액은 도리어 22.7% 하강했다. 공업과 농업 생산액의 비례는 5.7 : 4.3에서 7.8 : 2.2로 변했고, 식량 생산량은 1,031억 근이 감소하여 1951년의 수준으로 떨어졌다.

셋째, 공업과 교통운수업 내부의 비례가 균형을 잃었다. 1958년에서 1960년까지 3년의 공업 총생산액은 1.3배 증가했고, 그중 수송량의 점용이 가장 큰 생철의 생산량은 3.5배 증가했고, 철광석의 생산량은 4.8배 증가했고, 석탄의 생산량은 2배 증가했으며, 그러나 전국 화물운송량은 단지 1.1배 증가했다.

넷째, 시장에서 사회구매력과 상품 공급가능량의 비례가 균형을 잃었다. "대약진"을 전력으로 지탱했기 때문에 건설 · 생산은 또한 모두 효과와 이익을 말하지 않았고, 1958년에서 1960년까지 3년의 재정 적자는 실제적으로 169억 위안에 도달했고, 화폐 유통량도 82% 증가했다. 농업 · 경공업이 대폭적으로 감산했기 때문에, 시장 상품의 공급가능량은 급격히 줄어들었다.

"대약진"운동은 국민경제로 하여금 심각한 좌절을 당하게 만들었고 국민 생활로 하여금 매우 큰 영향을 받게 했다. 그렇지만 그것은 결국 우리 나라가 사회주의 건설의 새 노선을 탐색하는 실수이었다. "대약진"의 3년에 대하여, 우리는 또한 마땅히 구체적인 분석을 해야 한다. 즉 "대약진"운동의 지도사상 상의 착오와 인민 군중의 분발하여 부강을 도모하고 각고분투하는 혁명 정신을 구분해내야 하고, "대약진"운동이 초래한 파괴와 "대약진" 기간에 취득한 어느 정도의 성과를 구분 지어야 한다. *

第八课

中苏友好关系的破裂

第八课 中苏友好关系的破裂

1. 원문 坚持独立自主地位

50年代末至60年代中期，世界局势动荡，各种力量的内部和它们相互之间的关系，发生分化和改组。中国周边的国际局势趋向紧张，中国面临来自多方面的公开的和潜在的侵略威胁·战争挑衅和军事压力。

新中国成立以来，中国共产党一向主张中苏两党两国友好，主张国际共产主义运动和社会主义各国团结。但是从50年代后期起，由于苏联领导人推行大国主义政策，把中苏两党之间的分歧扩大到国家领域，从而使两国的友好关系遭到了破坏。

1958年4月18日，苏联国防部要求在中国海岸建立特种收发报无线电台，并提出所需费用由苏联出大部分，中国出小部分。7月11日，苏联提出的协议草案中，仍坚持由中苏双方共同建设和管理，实际上还是要求中苏共有，这是中国所不能接受的。

在中苏双方关于“长波电台”问题发生争执过程中，7月21日，苏联又提出建立一支共同原子潜艇舰队的问题。10]毛泽东认为，建立联合舰队同建设长波电台一样，是一个涉及主权的政治问题。7月31日，赫鲁晓夫来到北京，就上述两个问题向毛泽东等中国领导人进行解释。但是，这两个问题上的争执，给中苏关系投下了新的阴影。

1959年 6月 苏联政府单方面撕毁了1957年10月中苏关于国防新技术的协定，拒绝向中国提供核工业的技术援助。苏联的大国主义行径，理所当然地遭到中国方面的驳斥。这些，不能不引起中苏矛盾的加深。1960年7月16日，苏联政府突然照会中国政府，单方面决定召回在华苏联专家，而且不等中国政府答，就在7月25日通知中国方面：自7月28日至9月1日期间内撤走全部的在华专家。但苏联政府不顾中国的真诚态度和实际困难，背弃国际关系的准则，在一个月的短时间内，悍然撤走了1390名苏联专家，撕毁了343个专家合同和合同补充书，废除了257个科学技术合作项目。苏联政府这种背信弃义的行动，破坏了中国国民经济的原定计划，给中国造成巨大损失，加重了当时中国的经济困难。

同时，苏联方面还挑起了中苏边境纠纷。1965年3月，此后，苏联向中苏边境不断增兵，并且向蒙古派驻苏军。1966年3月，苏共召开二十三大，中共决定不派代表出席。从此两党关系中断。

中国共产党在中苏论战中提出的一系列观点，是当时历史条件下对苏联以及国际共运状况和中国国内政治状况观察的结果。后来的历史经验证明，这些观点并不像当时认为的那样完全正确，其中反对苏联领导人在与中国和其他社会主义国家的关系中严重地存在着的大国主义和大党主义的观点，表明了中国共产党和中国政府为维护独立自主地位·国家主权和民族尊严而斗争的严正立场。

출처: 《简明中华人民共和国史》，庞松 主编，广州：广东教育出版社，2001. pp.234-238.

2. 발음 dì bā kè zhōngsū yǒuhǎo guānxi de pòliè

jiānchí dúlì zìzhǔ dìwèi

wǔ shí niándài mò zhì liù shí niándài zhōngqī, shìjiè júshì dòngdàng, gèzhǒng lìliang de nèibù hé tāmen xiānghù zhījiān de guānxi, fāshēng fēnhuà hé gǎizǔ。zhōngguó zhōubiān de guójì júshì qūxiàng jǐnzhāng, zhōngguó miànlín láizì duōfāngmiàn de gōngkāi de hé qiánzài de qīnlüè wēixié · zhànzhēng tiǎoxìn hé jūnshì yālì。

xīn zhōngguó chénglì yǐlái, zhōngguó gòngchǎndǎng yíxiàng zhǔzhāng zhōngsū liǎng dǎng liǎng guó yǒuhǎo, zhǔzhāng guójì gòngchǎnzhǔyì yùndòng hé shèhuìzhǔyì gèguó tuánjié。dànshì cóng wǔ shí niándài hòuqī qǐ, yóuyú sūlián lǐngdǎorén tuīxíng dàguózhǔyì zhèngcè, bǎ zhōngsū liǎng dǎng zhījiān de fēnqí kuòdà dào guójiā lǐngyù, cóngér shǐ liǎng guó de yǒuhǎo guānxi zāodàole pòhuài。

yī jiǔ wǔ bā nián sì yuè shí bā rì, sūlián guófángbù yāoqiú zài zhōngguó haĭ`àn jiànlì tèzhǒng shōufābào wúxiàn diàntái, bìng tíchū suǒ xū fèiyòng yóu sūlián chū dàbùfen, zhōngguó chū xiǎobùfen。qī yuè shí yī rì, sūlián tíchū de xiéyì cǎo`àn zhōng, réng jiānchí yóu zhōngsū shuāngfāng gòngtóng jiànshè hé guǎnlǐ, shíjìshang háishì yāoqiú zhōngsū gòngyǒu, zhè shì zhōngguó suǒ bùnéng jiēshòu de。

zài zhōngsū shuāngfāng guānyú "chángbō diàntái" wèntí fāshēng zhēngzhí guòchéng zhōng, qī yuè èr shí yī rì, sūlián yòu tíchū jiànlì yìzhī gòngtóng yuánzǐ qiántǐng jiànduì de wèntí。Máo Zédōng rènwéi, jiànlì liánhé jiànduì tóng jiànshè chángbō diàntái yíyàng, shì yíge shèjí zhǔquán de zhèngzhì wèntí。qī yuè sān shí yī rì, Hèlǔxiǎofū láidào běijīng, jiù shàngshù liǎngge wèntí xiàng Máo Zédōng děng zhōngguó lǐngdǎorén jìnxíng jiěshì。dànshì, zhè liǎngge wèntíshang de zhēngzhí, gěi zhōngsū guānxi tóuxiàle xīnde yīnyǐng。

yī jiǔ wǔ jiǔ nián liù yuè sūlián zhèngfǔ dānfāngmiàn sīhuǐle yī jiǔ wǔ qī nián shí yuè zhōngsū guānyú guófáng xīn jìshù de xiédìng, jùjué xiàng zhōngguó tígōng hégōngyè de jìshù yuánzhù。sūlián de dàguózhǔyì xíngjìng, lǐsuǒdāngrándi zāodào zhōngguó fāngmiàn de bóchì。zhèxiē, bùnéngbù yǐnqǐ zhōngsū máodùn de jiāshēn。yī jiǔ liù líng nián qī yuè shí liù rì, sūlián zhèngfǔ tūrán zhàohuì zhōngguó zhèngfǔ, dānfāngmiàn juédìng zhàohuí zài huá sūlián zhuānjiā, érqiě bùděng zhōngguó zhèngfǔ dáfù, jiù zài qī yuè èr shí wǔ rì tōngzhī zhōngguó fāngmiàn : zì qī yuè èr shí bā rì zhì jiǔ yuè yī rì qījiān nèi chèzǒu quánbù de zài huá zhuānjiā。dàn sūlián zhèngfǔ búgù zhōngguó de zhēnchéng tàidù hé shíjì kùnnán, bèiqì guójì guānxi de zhǔnzé, zài yíge yuè de duǎn shíjiān nèi, hànrán chèzǒule yī qiān sān bǎi jiǔ shí míng sūlián zhuānjiā, chèhuǐle sān bǎi sì shí sān gè zhuānjiā hétóng hé hétóng bǔchōngshū, fèichúle èr bǎi wǔ shí qī gè kēxué jìshù hézuò xiàngmù。sūlián zhèngfǔ zhèzhǒng bèixìn qìyì de xíngdòng, pòhuàile zhōngguó guómín jīngjì de yuándìng jìhuà, gěi zhōngguó zàochéng jùdà sǔnshī, jiāzhòngle dāngshí zhōngguó de jīngjì kùnnán。

tóngshí, sūlián fāngmiàn hái tiāoqǐle zhōngsū biānjìng jiūfēn。yī jiǔ liù wǔ nián sān yuè, cǐhòu, sūlián xiàng zhōngsū biānjìng búduàn zēngbīng, bìngqiě xiàng ménggǔ pàizhù sūjūn。yī jiǔ liù liù nián sān yuè, sūgòng zhàokāi èr shí sān dà, zhōnggòng juédìng bú pài dàibiǎo chūxí。cóngcǐ liǎng dǎng guānxi zhōngduàn。

zhōngguó gòngchǎndǎng zài zhōngsū lùnzhàn zhōng tíchū de yíxìliè guāndiǎn, shì dāngshí lìshǐ tiáojiàn xià duì sūlián yǐjí guójì gòngyùn zhuàngkuàng hé zhōngguó guónèi zhèngzhì zhuàngkuàng guānchá de jiéguǒ。hòuláide lìshǐ jīngyàn zhèngmíng, zhèxiē guāndiǎn bìngbú xiàng dāngshí rènwéi de nàyàng wánquán zhèngquè, qízhōng fǎnduì sūlián lǐngdǎorén zài yǔ zhōngguó hé qítā shèhuìzhǔyì guójiā de guānxi zhōng yánzhòngdi cúnzàizhe de dàguózhǔyì hé dàdǎngzhǔyì de guāndiǎn, biǎomíngle zhōngguó gòngchǎndǎng hé zhōngguó zhèngfǔ wèi wéihù dúlì zìzhǔ dìwèi · guójiā zhǔquán hé mínzú zūnyán ér dǒuzhēng de yánzhèng lìchǎng。

3. 해설 중 · 소 우호관계의 결렬

1) 中苏友好关系的破裂

zhōngsū yǒuhǎo guānxi de pòliè

중 · 소 우호관계의 결렬

中苏(zhōngsū) : 중국과 소련. 중 · 소. 중소.

中国(zhōngguó) : 중국. 1-5. 苏联(sūlián) : 소련. 7-9.

友好(yǒuhǎo) : 1. 명 형 우호(적이다).
2. 명 절친한 친구.

关系(guānxi) : 관계. 관련. 3-13.

破裂(pòliè) : 1. 동 (사이가) 틀어지다. 결렬하다. → 결렬.
2. 동 파열되다. 깨져(터져) 갈라지다. → 파열.

2) 坚持独立自主地位

jiānchí dúlì zìzhǔ dìwèi

독립 · 자주 지위의 견지.

坚持(jiānchí) : 동 (주장 따위를) 견지하다. 끝까지 버티다. 고수하다. 고집하다.

独立(dúlì) : 1. 명 동 독립(하다).
2. 동 홀로 서다.
3. 동 독자적으로 하다.

自主(zìzhǔ) : 명 동 자주(하다).

地位(dìwèi) : 위치. 지위. 자리. 1-4.

坚持独立自主地位 : 독립 · 자주의 지위를 견지하다. → 독립 · 자주 지위의 견지.

3) 50年代末至60年代中期，世界局势动荡，各种力量的内部和它们相互之间的关系，发生分化和改组。

wǔ shí niándài mò zhì liù shí niándài zhōngqī, shìjiè júshì dòngdàng, gèzhǒng lìliang de nèibù hé tāmen xiānghù zhījiān de guānxi, fāshēng fēnhuà hé gǎizǔ。

50년대 말에서 60년대 중기까지, 세계의 정세가 동요했고, 각종 세력의 내부와 그들 상호 간의 관계에는 분화와 개편이 발생했다.

A) 50年代末至60年代中期，世界局势动荡，

wǔ shí niándài mò zhì liù shí niándài zhōngqī, shìjiè júshì dòngdàng,

50년대 말에서 60년대 중기까지, 세계의 정세가 동요했고,

年代(niándài)：1. 명 연대. 시기. 시대.
2. 명 한 세기 중의 10년.

末(mò)：1. 명형 최후(의). 마지막(의). 맨 나중(의).
2. 명 물건의 끝(부분). 끝머리.
3. 명 여줄가리. 근본적인 것이 아닌 중요하지 않은 일. 지엽적인 일. 말초적인 일. 하찮은 일.

至(zhì)：이르다. …까지 도달하다. 2-4.

中期(zhōngqī)：1. 명 중기. 중간.
2. 명 중기. 중간 기간.

世界(shìjiè)：세계. 세상. 2-12.

局势(júshì)：명 (정치 · 군사 등의) 정세. 형세. 상태.

动荡(dòngdàng)：1. 동 동요하다.
2. 동 출렁이다.

B) 各种力量的内部和它们相互之间的关系，发生分化和改组。

gèzhǒng lìliang de nèibù hé tāmen xiānghù zhījiān de guānxi, fāshēng fēnhuà hé gǎizǔ。

각종 세력의 내부와 그들 상호 간의 관계에서 분화와 개편이 발생했다.

各种(gèzhǒng)：각종. 여러 가지. 2-5.

力量(lìliang)：1. 명 힘. 〔추상적인 힘을 포함〕

2. 명 능력. 역량. 힘.

3. 명 세력.

内部(nèibù)：내부. 5-4.

它们(tāmen)：대 그것들. 저것들.

相互(xiānghù)：상호(의). 서로(의). 6-18.

之间(zhījiān)：사이. 6-9.

相互之间：상호 간의.

相互之间的关系：상호 간의 관계.

发生(fāshēng)：발생하다. 생기다. 5-15.

分化(fēnhuà)：1. 명 동 분화(하다). 갈라지다.

2. 명 동 분열(하다, 시키다).

改组(gǎizǔ)：명 동 개조(하다). 개편(하다).

4) 中国周边的国际局势趋向紧张，中国面临来自多方面的公开的和潜在的侵略威胁·战争挑衅和军事压力。

zhōngguó zhōubiān de guójì júshì qūxiàng jǐnzhāng, zhōngguó miànlín láizì duōfāngmiàn de gōngkāi de hé qiánzài de qīnlüè wēixié · zhànzhēng tiǎoxìn hé jūnshì yālì。

중국 주변의 국제 정세는 긴장하는 경향이 있었고, 중국은 여러 방면에서 오는 공개적이고 잠재적인 침략 위협과 전쟁 도발과 군사 압력에 직면했다.

A) 中国周边的国际局势趋向紧张，

zhōngguó zhōubiān de guójì júshì qūxiàng jǐnzhāng,

중국 주변의 국제 정세는 긴장하는 경향이 있고,

中国(zhōngguó)：중국. 중화인민공화국. 1-5.

周边(zhōubiān)：1. 명 주변. 주위.
2. 명 둘레. 다변형의 각 변의 합.
3. 명 끝부분. 말단.

国际(guójì)：국제. 2-12.

趋向(qūxiàng)：동 …으로 기울어지다. …하는 경향이 있다.

紧张(jǐnzhāng)：1. 형 (정신적으로) 긴장해(긴장되어) 있다. (흥분하여) 불안하다.
2. 형 바쁘다. 긴박하다. 격렬하다.
3. 형 (경제적으로) 힘에 부치다(겹다). (물자가) 부족하다.
4. 명 긴장. 불안. 긴박. 핍박.

B) 中国面临来自多方面的公开的和潜在的侵略威胁·战争挑衅和军事压力。

zhōngguó miànlín láizì duōfāngmiàn de gōngkāi de hé qiánzài de qīnlüè wēixié · zhànzhēng tiǎoxìn hé jūnshì yālì。

중국은 여러 방면에서 오는 공개적이고 잠재적인 침략 위협과 전쟁 도발과 군사 압력에 직면했다.

面临(miànlín)：직면하다. 당면하다. 앞에 놓여 있다. 5-3.

来自(láizì)：동 (…에서) 오다. (…에서) 나오다(생겨나다).

多方面(duōfāngmiàn)：형 다방면의. 다각도의. 여러 방면을 갖추고 있는.

公开(gōngkāi)：공개(하다). 7-7.

潜在(qiánzài)：동 잠재하다.

侵略(qīnlüè)：명 동 침략(하다).

威胁(wēixié)：명 동 위협(하다).

战争(zhànzhēng)：전쟁. 4-3.

挑衅(tiǎoxìn)：명 동 (생트집을 잡아) 도전(하다). 도발(하다).

军事(jūnshì)：군사. 군대 · 전쟁에 관한 일. 3-12.

压力(yālì)：명 압력.

来自多方面：여러 방면에서 오다.

公开的和潜在的：공개적이고 잠재적인.

侵略威胁 · 战争挑衅和军事压力：침략 위협과 전쟁 도발과 군사 압력.

公开的和潜在的侵略威胁 · 战争挑衅和军事压力：공개적이고 잠재적인 침략 위협과 전쟁 도발과 군사 압력.

来自多方面的公开的和潜在的侵略威胁 · 战争挑衅和军事压力：여러 방면에서 오는 공개적이고 잠재적인 침략 위협과 전쟁 도발과 군사 압력.

5) 新中国成立以来, 中国共产党一向主张中苏两党两国友好, 主张国际共产主义运动和社会主义各国团结。

xīn zhōngguó chénglì yǐlái, zhōngguó gòngchǎndǎng yíxiàng zhǔzhāng zhōngsū liǎng dǎng liǎng guó yǒuhǎo, zhǔzhāng guójì gòngchǎnzhǔyì yùndòng hé shèhuìzhǔyì gèguó tuánjié。

신중국 수립 이래로, 중국공산당은 중 · 소 두 당과 두 나라의 우호를 줄곧 주장했고, 국제공산주의운동과 사회주의 각국의 단결을 주장했다.

A) 新中国成立以来,

xīn zhōngguó chénglì yǐlái,

신중국 수립 이래로,

新(xīn)：새롭다. 새로운. 신. 1-3.

新中国(xīn zhōngguó)：신중국. 〔1949년 10월 이후의 중국〕 3-15.

成立(chénglì)：수립(하다). 성립(하다). 창립(하다). 1-3.

以来(yǐlái)：이래. 동안. 1-1.

B) 中国共产党一向主张中苏两党两国友好,

zhōngguó gòngchǎndǎng yíxiàng zhǔzhāng zhōngsū liǎng dǎng liǎng guó yǒuhǎo,

중국공산당은 중 · 소 두 당과 두 나라의 우호를 줄곧 주장했고,

中国共产党(zhōngguó gòngchǎndǎng)：중국공산당. 1-5.

一向(yíxiàng)：1. 부 (이전부터 오늘까지) 줄곧. 내내. 종래. 본래. 원래.
2. 명 근간. 근래. 최근. 〔주로 这와 함께 쓰임〕
3. 명 지난 한때.

主张(zhǔzhāng)：1. 동 주장하다. 결정하다.
2. 명 주장. 견해. 의견.

党(dǎng)：당. 정당. 중공(중국공산당). 1-4.

两党(liǎng dǎng)：양당. 두 당.

两国(liǎng guó)：양국. 두 나라.

C) 主张国际共产主义运动和社会主义各国团结。

zhǔzhāng guójì gòngchǎnzhǔyì yùndòng hé shèhuìzhǔyì gèguó tuánjié。

국제공산주의운동과 사회주의 각국의 단결을 주장했다.

共产主义(gòngchǎnzhǔyì)：명 공산주의.

运动(yùndòng)：운동. 스포츠. 운동하다. 4-3.

国际共产主义运动(guójì gòngchǎnzhǔyì yùndòng)：명 국제공산주의운동.

社会主义(shèhuìzhǔyì)：사회주의. 1-3.

各国(gèguó)：각국. 3-13.

团结(tuánjié)：1. 명 동 단결(하다, 시키다). 연대(하다, 시키다). 결속(하다, 시키다).
2. 형 화목하다. 사이가 좋다. 우호적이다.

6) 但是从50年代后期起，由于苏联领导人推行大国主义政策，把中苏两党之间的分歧扩大到国家领域， 从而使两国的友好关系遭到了破坏。

dànshì cóng wǔ shí niándài hòuqī qǐ, yóuyú sūlián lǐngdǎorén tuīxíng dàguózhǔyì zhèngcè, bǎ zhōngsū liǎng dǎng zhījiān de fēnqí kuòdà dào guójiā lǐngyù, cóngér shǐ liǎng guó de yǒuhǎo guānxi zāodàole pòhuài。

그러나 50년대 후기부터 시작하여, 소련 지도자가 대국주의 정책을 추진했기 때문에, 중·소 두 당 사이의 의견 불일치를 국가 영역까지 확대했고, 그리하여 두 나라의 우호관계가 훼손을 당했다.

A) 但是从50年代后期起,

dànshì cóng wǔ shí niándài hòuqī qǐ,

그러나 50년대 후기부터 시작하여,

但是(dànshì) : 그러나. 그렇지만. 7-23.

从(cóng) : …부터. 2-4.

后期(hòuqī) : 1. 명 후기.

2. 동 (예정된) 기일보다 늦어지다.

起(qǐ) : 시작하다. 〔주로 从·由·打·自 등과 함께 쓰임〕 3-14.

B) 由于苏联领导人推行大国主义政策,

yóuyú sūlián lǐngdǎorén tuīxíng dàguózhǔyì zhèngcè,

소련 지도자가 대국주의 정책을 추진했기 때문에,

由于(yóuyú) : …때문에. …로 인하여. …로 말미암아. 3-15.

苏联(sūlián) : 소련. 7-9.

领导人(lǐngdǎorén) : 명 지도자. 영도자. 리더.

推行(tuīxíng) : 추진하다. 보급하다. 널리 시행하다. 밀고 나가다. 3-12.

大国主义(dàguózhǔyì) : 명 대국주의.

政策(zhèngcè) : 정책. 4-18.

C) 把中苏两党之间的分歧扩大到国家领域,

bǎ zhōngsū liǎng dǎng zhījiān de fēnqí kuòdà dào guójiā lǐngyù,

중·소 두 당 사이의 의견 불일치를 국가 영역까지 확대했고,

把(bǎ)：…을(를). 1-4.

分歧(fēnqí)：1. 명 (의견 따위의) 불일치. 상이.
2. 동 어긋나다. 엇갈리다. 갈라지다.

扩大(kuòdà)：확대하다. 넓히다. 2-6.

到(dào)：…까지. …로. …에. …에 미치다. …에 이르다. …을 해내다. 1-13.

扩大到(kuòdàdào)：…까지(으로, 에) 확대하다.

国家(guójiā)：국가. 2-11.

领域(lǐngyù)：명 영역. 분야.

D) 从而使两国的友好关系遭到了破坏。

cóngér shǐ liǎng guó de yǒuhǎo guānxi zāodàole pòhuài。
그리하여 두 나라의 우호관계가 훼손을 당했다.

从而(cóngér)：접 따라서. 그리하여. …함으로써. 〔문장의 앞부분이 원인 · 방법에 해당하고, 뒷부분이 결과 · 목적 등을 나타낼 때에, 이를 연결하는 접속사로 쓰임〕

使(shǐ)：(…에게) …하게 하다. …시키다. 5-15.

遭到(zāodào)：당하다. 입다. 부닥치다. 7-5.

破坏(pòhuài)：파괴. 훼손. 손해. 타파. 5-5.

使两国的友好关系遭到了破坏：두 나라의 우호관계로 하여금 훼손을 당하게 만들다. → 두 나라의 우호관계가 훼손을 당하다.

7) 1958年4月18日，苏联国防部要求在中国海岸建立特种收发报无线电台，并提出所需费用由苏联出大部分，中国出小部分。

yī jiǔ wǔ bā nián sì yuè shí bā rì, sūlián guófángbù yāoqiú zài zhōngguó haǐ`àn jiànlì tèzhǒng shōufābào wúxiàn diàntái, bìng tíchū suǒ xū fèiyòng yóu sūlián chū dàbùfen, zhōngguó chū xiǎobùfen。
1958년 4월 18일, 소련 국방부는 중국 해안에 특수 송수신 무선전신국을 설치하는 것을 요청했고, 또한 필요한 비용은 소련이 대부분을 지출하고, 중국은 소부분을 지출하는 것을 제의했다.

A) 1958年4月18日，苏联国防部要求在中国海岸建立特种收发报无线电台，

yī jiǔ wǔ bā nián sì yuè shí bā rì, sūlián guófángbù yāoqiú zài zhōngguó haǐ`àn jiànlì tèzhǒng shōufābào wúxiàn diàntái,

1958년 4월 18일, 소련 국방부는 중국 해안에 특수 송수신 무선전신국을 설치하는 것을 요청했고,

国防部(guófángbù)：명 국방부.

要求(yāoqiú)：요구(하다). 요망(하다). 2-12.

在(zài)：…에(서). …에 있어서. 1-8.

海岸(haǐ`àn)：명 해안.

建立(jiànlì)：설치(하다). 설립(하다). 수립(하다). 건립(하다). 1-15.

特种(tèzhǒng)：명 특종. → 특수.

收发报(shōufābào)：명 동 송수신(하다).

无线(wúxiàn)：명 형 무선(의).

电台(diàntái)：1. 명 방송국.
2. 명 무선통신기.
3. 명 无线电台(wúxiàn diàntái)：무선전신국.

收发报无线电台(shōufābào wúxiàn diàntái)：명 송수신 무선전신국.

B) 并提出所需费用由苏联出大部分，中国出小部分。

bìng tíchū suǒ xū fèiyòng yóu sūlián chū dàbùfen, zhōngguó chū xiǎobùfen。

또한 필요한 비용은 소련이 대부분을 지출하고, 중국은 소부분을 지출하는 것을 제의했다.

并(bìng)：그리고. 또. 또한. 아울러. 1-5.

提出(tíchū)：제의하다. 제기하다. 제시하다. 제출하다. 1-4.

所(suǒ)：…하는. …하는 바. 2-4.

需(xū)：필요로 하다. 요구되다. 5-3.

所需：필요한.

费用(fèiyòng)：명 비용. 지출.

所需费用：필요한 비용.

由(yóu)：…이〔가〕. 5-16.

出(chū)：1. 동 지출하다.

2. 동 (안에서 밖으로) 나가다(나오다).

3. 동 출석하다. 참가하다.

4. 동 (~의 한도를) 넘다. 초과하다.

5. 동 (밖으로) 내다. 발행하다. 발급하다. 발표하다.

大部分(dàbùfen)：대부분. 거의 다. 4-8.

由苏联出大部分：소련이 대부분을 지출하다.

8) 7月11日，苏联提出的协议草案中，仍坚持由中苏双方共同建设和管理，实际上还是要求中苏共有，这是中国所不能接受的。

qī yuè shí yī rì, sūlián tíchū de xiéyì cǎo`àn zhōng, réng jiānchí yóu zhōngsū shuāngfāng gòngtóng jiànshè hé guǎnlǐ, shíjìshang háishì yāoqiú zhōngsū gòngyǒu, zhè shì zhōngguó suǒ bùnéng jiēshòu de。

7월 11일, 소련이 제의한 협의서 초안 중에는, 여전히 중 · 소 쌍방이 공동으로 건설하고 관리하는 것을 견지했고, 실제적으로 여전히 중 · 소 공유를 요구했고, 이것은 중국이 수용할 수 없는 것이었다.

A) 7月11日，苏联提出的协议草案中，仍坚持由中苏双方共同建设和管理，

qī yuè shí yī rì, sūlián tíchū de xiéyì cǎo`àn zhōng, réng jiānchí yóu zhōngsū shuāngfāng gòngtóng jiànshè hé guǎnlǐ,

7월 11일, 소련이 제의한 협의서 초안 중에는, 여전히 중 · 소 쌍방이 공동으로 건설하고 관리하는 것을 견지했고,

协议(xiéyì)：1. 명 동 협의(하다). 합의(하다).

2. 명 합의서.

草案(cǎo`àn) : 초안. 4-9.
中(zhōng) : 중. (한)가운데. 복판. 중심. 중앙. 1-10.
仍(réng) : 여전히. 아직도. 4-11.
双方(shuāngfāng) : 명 쌍방.
共同(gòngtóng) : 공동으로. 공통으로. 공동의. 공통의. 함께. 다같이. 3-8.
建设(jiànshè) : 건설(하다). 1-3.
管理(guǎnlǐ) : 1. 명동 관리(하다). 관할(하다).
2. 명 감독. 매니저.
3. 명 보존 관리.
由中苏双方共同建设和管理 : 중 · 소 쌍방이 공동으로 건설하고 관리하다.

B) 实际上还是要求中苏共有,

shíjìshang háishì yāoqiú zhōngsū gòngyǒu,
실제적으로 여전히 중 · 소 공유를 요구했고,

实际(shíjì) : 실제(의). 실제적이다. 현실적이다. 1-7.
上(shang) : 어떤 범위 내에 있음을 나타냄. 1-5.
实际上(shíjìshang) : 사실상. 실제로. 실질적으로. 본질적으로. 2-10.
还是(háishì) : 1. 부 아직도. 여전히.
2. 부 '…하는 편이 (더) 좋다'는 뜻을 나타냄.
3. 접 또는. 아니면. 〔의문문에 쓰여 선택을 나타냄〕
共有(gòngyǒu) : 1. 명동 공유(하다).
2. 합계가 …이다.

C) 这是中国所不能接受的。

zhè shì zhōngguó suǒ bùnéng jiēshòu de。
이것은 중국이 수용할 수 없는 것이었다.

不能(bùnéng)：…할 수가 없다. …해서는 안 된다. …일〔할〕 리가 없다. 1-6.
接受(jiēshòu)：받아들이다. 수용하다. 받다. 수락하다. 3-12.
中国所不能接受的：중국이 수용할 수 없는 것.

9) 在中苏双方关于"长波电台"问题发生争执过程中，7月21日，苏联又提出建立一支共同原子潜艇舰队的问题。

zài zhōngsū shuāngfāng guānyú "chángbō diàntái" wèntí fāshēng zhēngzhí guòchéng zhōng, qī yuè èr shí yī rì, sūlián yòu tíchū jiànlì yìzhī gòngtóng yuánzǐ qiántǐng jiànduì de wèntí。

중 · 소 쌍방이 "장파 무선전신국" 문제에 관하여 논쟁이 발생한 과정 중에, 7월 21일, 소련은 공동 원자력 잠수함 함대 설치의 문제를 거듭 제의했다.

A) 在中苏双方关于"长波电台"问题发生争执过程中，

zài zhōngsū shuāngfāng guānyú "chángbō diàntái" wèntí fāshēng zhēngzhí guòchéng zhōng,

중 · 소 쌍방이 "장파 무선전신국" 문제에 관하여 논쟁이 발생한 과정 중에,

在(zài)…中(zhōng)：…(중)에서. …(가운데)에서. 1-18.
关于(guānyú)：…에 관한. …에 관해서〔관하여〕. 1-3.
长波(chángbō)：명 장파(장).
长波电台(chángbō diàntái)：명 장파 무선전신국.
问题(wèntí)：문제. 질문. 1-4.
关于"长波电台"问题："장파 무선전신국" 문제에 관하여.
争执(zhēngzhí)：1. 명 논쟁. 의견의 충돌. 고집.
2. 동 고집을 부리며 양보하지 않다(우기다).
发生争执：논쟁이 발생하다.
过程(guòchéng)：과정. 5-6.
关于"长波电台"问题发生争执："장파 무선전신국" 문제에 관하여 논쟁이 발생하다.

中苏双方关于"长波电台"问题发生争执 : 중 · 소 쌍방이 "장파 무선전신국" 문제에 관하여 논쟁이 발생하다.

中苏双方关于"长波电台"问题发生争执过程 : 중 · 소 쌍방이 "장파 무선전신국" 문제에 관하여 논쟁이 발생한 과정.

B) 7月21日，苏联又提出建立一支共同原子潜艇舰队的问题。

qī yuè èr shí yī rì, sūlián yòu tíchū jiànlì yìzhī gòngtóng yuánzǐ qiántǐng jiànduì de wèntí。

7월 21일, 소련은 공동 원자력 잠수함 함대 설치의 문제를 거듭 제의했다.

又(yòu) : 또. 다시. 거듭. 1-10.

支(zhī) : 1. 양 부대. 대오. 〔대오나 부대를 세는 단위〕

2. 양 촉. 〔촉광을 나타내는 단위〕

3. 양 곡. 〔노래나 악곡을 세는 단위〕

4. 양 번수. 〔실의 굵기를 나타내는 단위〕

5. 양 자루. 개피. 〔가늘고 긴 물건을 세는 단위〕

6. 명 갈라져 나간 것. 갈래. 지파.

7. 동 (막대기 따위로) 괴다. 받치다. 버티다. 지지하다.

8. 동 지지하다. 지탱하다. 버티다. 견디다. 참다.

原子(yuánzǐ) : 명 원자.

潜艇(qiántǐng) : 명 잠수함.

舰(jiàn) : 명 군함.

舰队(jiànduì) : 명 함대.

原子潜艇舰队(yuánzǐ qiántǐng jiànduì) : 원자력 잠수함 함대.

建立一支共同原子潜艇舰队 : 공동 원자력 잠수함 함대를 설치하다.

建立一支共同原子潜艇舰队的问题 : 공동 원자력 잠수함 함대를 설치하는 문제.

→ 공동 원자력 잠수함 함대 설치의 문제.

10) 毛泽东认为，建立联合舰队同建设长波电台一样，是一个涉及主权的政治问题。

Máo Zédōng rènwéi, jiànlì liánhé jiànduì tóng jiànshè chángbō diàntái yíyàng, shì yíge shèjí zhǔquán de zhèngzhì wèntí。
모택동의 견해에 의하면, 연합함대의 설치는 장파 무선전신국의 건설과 똑같이, 주권과 관련된 정치문제이었다.

A) 毛泽东认为，

Máo Zédōng rènwéi,
모택동의 견해에 의하면,

毛泽东(Máo Zédōng)：모택동. 마오쩌둥. Mao Zedong. 3-10.
认为(rènwéi)：1. 동 여기다. 생각하다. 보다. 인정하다.
2. 명 생각. 이해. 의견. 견해.
毛泽东认为…：모택동은 …라고 여기다. → 모택동의 견해에 의하면.

B) 建立联合舰队同建设长波电台一样，是一个涉及主权的政治问题。

jiànlì liánhé jiànduì tóng jiànshè chángbō diàntái yíyàng, shì yíge shèjí zhǔquán de zhèngzhì wèntí。
연합함대의 설치는 장파 무선전신국의 건설과 똑같이, 주권과 관련된 정치문제이었다.

联合(liánhé)：명 동 연합(결합)(하다). 단결(하다). 공동(하다).
联合舰队(liánhé jiànduì)：명 연합함대.
建立联合舰队：연합함대를 설치하다. → 연합함대의 설치.
同(tóng)：…와〔과〕. …와〔과〕 함께. 2-4.
建设长波电台：장파 무선전신국을 건설하다. → 장차 무선전신국의 건설.

一样(yíyàng)：1. 형 같다. 똑같다. 동일하다.
2. 한 종류. 한 가지.
3. 명 다른 한 가지 일. 또 다른 문제.

涉及(shèjí)：(…에 · 와) 관련되다. 미치다. 언급하다. 4-4.

主权(zhǔquán)：주권. 3-13.

政治(zhèngzhì)：정치. 2-10.

涉及主权：주권과 관련되다.

涉及主权的政治问题：주권과 관련된 정치문제.

11) 7月31日，赫鲁晓夫来到北京，就上述两个问题向毛泽东等中国领导人进行解释。

qī yuè sān shí yī rì, Hèlǔxiǎofū láidào běijīng, jiù shàngshù liǎngge wèntí xiàng Máo Zédōng děng zhōngguó lǐngdǎorén jìnxíng jiěshì。

7월 31일, 흐루쇼프가 북경에 도착했고, 상술한 두 개 문제에 대하여 모택동 등 중국 지도자에게 해명했다.

A) 7月31日，赫鲁晓夫来到北京，

qī yuè sān shí yī rì, Hèlǔxiǎofū láidào běijīng,

7월 31일, 흐루쇼프가 북경에 도착했고,

赫鲁晓夫(Hèlǔxiǎofū)：명 니키타 흐루쇼프(Nikita Sergeevich Khrushchyov, 1894-1971). 소련의 국가원수 겸 소련공산당 서기장. '후루시쵸프'로도 칭함.

来到(láidào)：동 오다. 도착하다. 닥치다.

北京(běijīng)：베이징. 북경. Beijing. 3-9.

B) 就上述两个问题向毛泽东等中国领导人进行解释。

jiù shàngshù liǎngge wèntí xiàng Máo Zédōng děng zhōngguó lǐngdǎorén jìnxíng jiěshì。

상술한 두 개 문제에 대하여 모택동 등 중국 지도자에게 해명했다.

就(jiù)：…에 대하여. …에 관하여. 1-6.

上述(shàngshù)：위에서 말하다. 상술하다. → 상술한. 4-14.

两个(liǎngge)：두 개.

向(xiàng)：…에. …에게. 〔행동의 대상을 가리킴〕 1-14.

等(děng)：등. 따위. 3-10.

进行(jìnxíng)：진행하다. 2-9.

解释(jiěshì)：1. 동 해석하다. 해설하다.
2. 동 변명하다. 해명하다. 설명하다.
3. 명 해석. 해명.

进行解释：해명을 진행하다. → 해명하다.

12) 但是，这两个问题上的争执，给中苏关系投下了新的阴影。

dànshì, zhè liǎngge wèntíshang de zhēngzhí, gěi zhōngsū guānxi tóuxiàle xīnde yīnyǐng。

그러나 이 두 문제에서의 논쟁은 중·소 관계에게 새로운 음영을 던졌다.

但是(dànshì)：그러나. 그렇지만. 7-23.

这两个问题上的争执：이 두 문제 (위)에서의 논쟁. → 이 두 문제에서의 논쟁.

给(gěi)：…에게. …를 향하여. 2-8.

投(tóu)：1. 동 던지다. 투척하다.
2. 동 집어넣다. 투입하다.
3. 동 (편지·원고 따위를) 부치다. 보내다.

投下(tóuxià)：…에 넣다. …를 던지다.

阴影(yīnyǐng)：명 음영. 그림자. 그늘.

13) 1959年6月苏联政府单方面撕毁了1957年10月中苏关于国防新技术的协定，拒绝向中国提供核工业的技术援助。

yī jiǔ wǔ jiǔ nián liù yuè sūlián zhèngfǔ dānfāngmiàn sīhuǐle yī jiǔ wǔ qī

nián shí yuè zhōngsū guānyú guófáng xīn jìshù de xiédìng, jùjué xiàng zhōngguó tígōng hégōngyè de jìshù yuánzhù。
1959년 6월 소련 정부는 1957년 10월 중 · 소의 국방 신기술에 관한 협정을 일방적으로 파기했고, 중국에 대한 핵공업 기술원조의 제공을 거절했다.

A) 1959年6月苏联政府单方面撕毁了1957年10月中苏关于国防新技术的协定,

yī jiǔ wǔ jiǔ nián liù yuè sūlián zhèngfǔ dānfāngmiàn sīhuǐle yī jiǔ wǔ qī nián shí yuè zhōngsū guānyú guófáng xīn jìshù de xiédìng,
1959년 6월 소련 정부는 1957년 10월 중 · 소의 국방 신기술에 관한 협정을 일방적으로 파기했고,

政府(zhèngfǔ) : 정부. 3-8.
单方面(dānfāngmiàn) : 1. 명 일면. 일방.
2. 형 일방적(인).
3. 부 일방적으로.
撕毁(sīhuǐ) : 1. 동 잡아 찢다. 찢어 버리다.
2. 동 (계약이나 조약 따위를 일방적으로) 파기하다.
国防(guófáng) : 명 국방.
技术(jìshù) : 기술. 5-3.
协定(xiédìng) : 명 동 협정(하다).
关于国防新技术的 : 국방 신기술에 관한.
关于国防新技术的协定 : 국방 신기술에 관한 협정.
中苏关于国防新技术的协定 : 중 · 소의 국방 신기술에 관한 협정.

B) 拒绝向中国提供核工业的技术援助。

jùjué xiàng zhōngguó tígōng hégōngyè de jìshù yuánzhù。
중국에 대한 핵공업 기술원조의 제공을 거절했다.

拒绝(jùjué)：명동 거절(하다). 거부(하다).

提供(tígōng)：제공하다. 5-7.

核(hé)：1. 명 (원자)핵.
2. 명 과실의 씨. 핵.
3. 명 사물의 핵(심).
4. 동 대조하다. 자세히 대조하여 살피다. 따져서 확인하다.

工业(gōngyè)：공업. 5-3.

核工业(hégōngyè)：명 핵공업. 핵산업. 원자력산업.

援助(yuánzhù)：명동 원조(하다). 지원(하다).

向中国提供：중국에게 …을 제공하다.

核工业的技术援助：핵공업의 기술원조.

向中国提供核工业的技术援助：중국에게 핵공업의 기술원조를 제공하다. → 중국에 대한 핵공업 기술원조의 제공.

14) 苏联的大国主义行径，理所当然地遭到中国方面的驳斥。
sūlián de dàguózhǔyì xíngjìng, lǐsuǒdāngrándi zāodào zhōngguó fāngmiàn de bóchì。
소련의 대국주의 행위는 중국측의 비난을 당연히 당했다.

行径(xíngjìng)：1. 명 행실. 행위. 거동.
2. 명 작은(좁은) 길. 소경.

理所当然(lǐsuǒdāngrán)：도리로 보아 당연하다.

地(di)：단어나 사조의 뒤에 쓰여서, 동사 · 형용사를 수식함.
〔다른 발음은 地(de)임〕1-6.

理所当然地(lǐsuǒdāngrándi)：당연히.

方面(fāngmiàn)：방면. 방향. 측면. 측. 쪽. 5-7.

驳斥(bóchì)：1. 동 반박하(여 물리치)다. 논박하다.
2. 명동 힐난(하다). 비난(하다).

15) 这些，不能不引起中苏矛盾的加深。

zhèxiē, bùnéngbù yǐnqǐ zhōngsū máodùn de jiāshēn。
이런 것들이 중·소 모순의 심화를 야기하지 않을 수 없었다.

这些(zhèxiē)：이것들. 이런 것들. 1-4.
不能不(bùnéngbù)：1. …하지 않을 수 없다. …하지 않고는 못 배기다.
2. …하지 않을 리 없다.
引起(yǐnqǐ)：동 (주의를) 끌다. 야기하다. (사건 등을) 일으키다.
矛盾(máodùn)：모순(되다). 6-9.
加深(jiāshēn)：1. 동 깊게 하다. 깊어지다. 심화하다. 심화되다.
2. 명 심화.

16) 1960年7月16日，苏联政府突然照会中国政府，单方面决定召回在华苏联专家，而且不等中国政府答复，就在7月25日通知中国方面：自7月28日至9月1日期间内撤走全部的在华专家。

yī jiǔ liù líng nián qī yuè shí liù rì, sūlián zhèngfǔ tūrán zhàohuì zhōngguó zhèngfǔ, dānfāngmiàn juédìng zhàohuí zài huá sūlián zhuānjiā, érqiě bùděng zhōngguó zhèngfǔ dáfù, jiù zài qī yuè èr shí wǔ rì tōngzhī zhōngguó fāngmiàn：zì qī yuè èr shí bā rì zhì jiǔ yuè yī rì qījiān nèi chèzǒu quánbù de zài huá zhuānjiā。
1960년 7월 16일, 소련 정부가 중국 정부에게 갑자기 외교각서를 보냈고, 주중 소련 전문가의 소환을 일방적으로 결정했고, 게다가 중국 정부의 회답을 기다리지 않고, 바로 7월 25일 중국측에게 "7월 28일부터 9월 1일 기간 안에 전체 주중 전문가를 철수시킨다."라고 통지했다.

A) 1960年7月16日，苏联政府突然照会中国政府，

yī jiǔ liù líng nián qī yuè shí liù rì, sūlián zhèngfǔ tūrán zhàohuì zhōngguó zhèngfǔ,
1960년 7월 16일, 소련 정부가 중국 정부에게 갑자기 외교각서를 보냈고,

突然(tūrán) : 1. 부 갑자기. 별안간. 돌연히.
2. 형 갑작스럽다. 돌연하다. 창졸하다. 의외(뜻밖)이다.

照会(zhàohuì) : 명 동 (외교) 각서(를 보내다).

B) 单方面决定召回在华苏联专家,
dānfāngmiàn juédìng zhàohuí zài huá sūlián zhuānjiā,
주중 소련 전문가의 소환을 일방적으로 결정했고,

决定(juédìng) : 결정하다. 결심하다. 결정. 결정 사항. 3-12.

召回(zhàohuí) : 1. 동 소환하다. 불러서 돌아오게 하다.
2. 동 리콜하다.

华(huá) : 1. 명 중국. 중화.
2. 명 중국어.
3. 명 광채. 광휘.
4. 명 (달 · 해) 무리.
5. 형 빛나다. 찬란하다. 화려하다.
6. 형 번화하다. 번성하다.

在华(zài huá) : 중국에서. 주중. 주화. 재중. 재화.

专家(zhuānjiā) : 명 전문가.

在华苏联专家 : 주중 소련 전문가.

召回在华苏联专家 : 주중 소련 전문가를 소환하다. → 주중 소련 전문가의 소환.

C) 而且不等中国政府答复,
érqiě bùděng zhōngguó zhèngfǔ dáfù,
게다가 중국 정부의 회답을 기다리지 않고,

而且(érqiě) : 게다가. …뿐만 아니라. 또한. 6-12.

等(děng) : 기다리다. 3-10.

不等(bùděng)：기다리지 않다.

答复(dáfù)：명 동 회답(하다).

D) 就在7月25日通知中国方面：

jiù zài qī yuè èr shí wǔ rì tōngzhī zhōngguó fāngmiàn：

바로 7월 25일 중국측에게 "…"라고 통지했다.

就(jiù)：곧. 즉시. 바로. 당장. 1-6.

通知(tōngzhī)：1. 동 통지하다. 알리다.

2. 명 통지. 통고서. 연락.〔특정 기관 또는 사람에게 어떤 사항을 알리는 공문〕

通知中国方面…：중국측에게 …를(라고) 통지하다.

E) 自7月28日至9月1日期间内撤走全部的在华专家。

zì qī yuè èr shí bā rì zhì jiǔ yuè yī rì qījiān nèi chèzǒu quánbù de zài huá zhuānjiā。

"7월 28일부터 9월 1일 기간 안에 전체 주중 전문가를 철수시킨다."

自(zì)：1. 개 …에서(부터).

2. 명 자기. 자신.

3. 부 몸소. 친히. 스스로.

4. 부 자연히. 저절로. 당연히.

期间(qījiān)：기간. 7-24.

内(nèi)：안. 안쪽. 속. 내부. 5-8.

撤走(chèzǒu)：동 물러나다. 철수하다(시키다). 철퇴하다(시키다).

全部(quánbù)：전부(의). 전체(의). 4-7.

17) 但苏联政府不顾中国的真诚态度和实际困难，背弃国际关系的准则，在一个月的短时间内，悍然撤走了1390名苏联专家，撕毁了343个专家合同和合同补充书，废除了257个科学技术合作项目。

dàn sūlián zhèngfǔ búgù zhōngguó de zhēnchéng tàidù hé shíjì kùnnán, bèiqì guójì guānxi de zhǔnzé, zài yíge yuè de duǎn shíjiān nèi, hànrán chèzǒule yī qiān sān bǎi jiǔ shí míng sūlián zhuānjiā, chèhuǐle sān bǎi sì shí sān gè zhuānjiā hétóng hé hétóng bǔchōngshū, fèichúle èr bǎi wǔ shí qī gè kēxué jìshù hézuò xiàngmù。

그러나 소련 정부는 중국의 진실한 태도와 실제적 곤란을 고려하지 않고, 국제 관계의 준칙을 파기했고, 1개월의 단기간 안에, 1,390명의 소련 전문가를 마음대로 철수시켰고, 343개의 전문가 계약서와 계약 보충서를 없애버렸고, 257개의 과학 기술 합작 항목을 폐기했다.

A) 但苏联政府不顾中国的真诚态度和实际困难,

dàn sūlián zhèngfǔ búgù zhōngguó de zhēnchéng tàidù hé shíjì kùnnán,

그러나 소련 정부는 중국의 진실한 태도와 실제적 곤란을 고려하지 않고,

但(dàn) : 그러나. 그렇지만. 1-10.

顾(gù) : 1. 동 뒤돌아보다. 돌이켜보다. 바라보다.
2. 동 정신을 집중하다. 주의하다. 고려하다. 돌보다.
3. 동 탐방하다. 방문하다.

不顾(búgù) : 1. 고려하지 않다. 꺼리지 않다. 상관하지 않다.
2. 돌보지 않다.

真诚(zhēnchéng) : 형 진실하다. 성실하다.

态度(tàidù) : 명 태도. 몸짓. 거동. 기색.

困难(kùnnán) : 1. 명 곤란. 어려움. 애로.
2. 형 곤란하다. 어렵다.
3. 형 (생활이) 어렵다. 곤궁하다.

B) 背弃国际关系的准则,

bèiqì guójì guānxi de zhǔnzé,

국제 관계의 준칙을 파기했고,

背弃(bèiqì) : 통 배반하여 버리다. 파기하다.

准则(zhǔnzé) : 명 준칙. 규범.

C) 在一个月的短时间内, 悍然撤走了1390名苏联专家,

zài yíge yuè de duǎn shíjiān nèi, hànrán chèzǒule yī qiān sān bǎi jiǔ shí míng sūlián zhuānjiā,

1개월의 단기간 안에, 1,390명의 소련 전문가를 마음대로 철수시켰고,

短(duǎn) : 짧다. 작다. 2-4.

短时间(duǎn shíjiān) : 명 명사 단시간. 짧은 시간.

悍然(hànrán) : 부 거리낌 없이. 서슴없이. 제멋대로. 마음대로. 난폭하게.

名(míng) : 1. 양 사람을 세는 단위.
2. 명 이름. 명칭.
3. 동 이름을 …라고 하다.
4. 명 명목. 구실.

D) 撕毁了343个专家合同和合同补充书,

chèhuǐle sān bǎi sì shí sān gè zhuānjiā hétóng hé hétóng bǔchōngshū,

343개의 전문가 계약서와 계약 보충서를 없애버렸고,

撤毁(chèhuǐ) : 동 철거하다. 제거하다. 없애다.

合同(hétóng) : 명 계약서. 계약.

补充(bǔchōng)：1. 동 보충하다. 보완하다.
2. 명 보충.
补充书(bǔchōngshū)：명 보충서.
合同补充书：명 계약 보충서.

E) 废除了257个科学技术合作项目。
fèichúle èr bǎi wǔ shí qī gè kēxué jìshù hézuò xiàngmù。
257개의 과학기술 합작 항목을 폐기했다.

废除(fèichú)：취소하다. 폐지하다. 폐기하다. 4-9.
科学(kēxué)：1. 명 과학.
2. 형 과학적이다.
合作(hézuò)：명동 합작(하다). 협력(하다).
项目(xiàngmù)：명 항목. 사항.

18) 苏联政府这种背信弃义的行动，破坏了中国国民经济的原定计划，给中国造成巨大损失，加重了当时中国的经济困难。
sūlián zhèngfǔ zhèzhǒng bèixìn qìyì de xíngdòng, pòhuàile zhōngguó guómín jīngjì de yuándìng jìhuà, gěi zhōngguó zàochéng jùdà sǔnshī, jiāzhòngle dāngshí zhōngguó de jīngjì kùnnán。
소련 정부의 이런 종류의 신의를 저버리는 행동은, 중국 국민경제의 원래 정한 계획을 파괴했고, 중국에게 거대한 손실을 야기했고, 당시 중국의 경제적 곤란을 가중시켰다.

A) 苏联政府这种背信弃义的行动，破坏了中国国民经济的原定计划，
sūlián zhèngfǔ zhèzhǒng bèixìn qìyì de xíngdòng, pòhuàile zhōngguó guómín jīngjì de yuándìng jìhuà,
소련 정부의 이런 종류의 신의를 저버리는 행동은, 중국 국민경제의 원래 정한 계획을 파괴했고,

种(zhǒng)：1. 양 종. 종류. 부류. 가지.
2. 명 (생물 분류의 기초 단위인) 종.
3. 명 종. 품종.
4. 명 인종.

背信(bèixìn)：동 배신하다. 신의를 저버리다.

弃义(qìyì)：동 정의(의리)를 (내)버리다. 포기하다.

背弃(bèiqì)：동 배반하여 버리다. 파기하다. 저버리다. 내버리다.

信义(xìnyì)：명 신의.

背信弃义：신의를 저버리다. 신의를 내버리다.

行动(xíngdòng)：1. 동 걷다. 거닐다. 움직이다. 나다니다.
2. 동 행동하다. 활동하다.
3. 명 행위. 행동. 거동.

破坏(pòhuài)：파괴(하다). 훼손(하다). 5-5.

国民(guómín)：국민. 3-15.

经济(jīngjì)：경제. 2-10.

国民经济(guómín jīngjì)：국민경제. 3-15.

原定(yuándìng)：동 원래 정하다.

计划(jìhuà)：계획(하다). 4-3.

B) 给中国造成巨大损失，
gěi zhōngguó zàochéng jùdà sǔnshī,
중국에게 거대한 손실을 야기했고,

造成(zàochéng)：(좋지 않은 사태 따위를) 발생시키다. 야기하다. 초래하다. 7-24.

巨大(jùdà)：형 거대하다.

损失(sǔnshī)：손실(하다). 손해(보다). 5-12.

C) 加重了当时中国的经济困难。
jiāzhòngle dāngshí zhōngguó de jīngjì kùnnán。
당시 중국의 경제적 곤란을 가중시켰다.

加重(jiāzhòng)：동 가중하다(시키다). 무겁게 하다. 무거워지다. 심해지다.
当时(dāngshí)：당시. 그 때. 6-20.
经济困难：경제적 곤란.

19) 同时，苏联方面还挑起了中苏边境纠纷。
tóngshí, sūlián fāngmiàn hái tiāoqǐle zhōngsū biānjìng jiūfēn。
동시에 소련측은 또한 중 · 소 국경 분쟁을 도발했다.

同时(tóngshí)：동시에. 또한. 게다가. 나아가. 3-13.
还(hái)：또. 더. 2-4.
挑起(tiāoqǐ)：1. 동 도발하다. 일으키다.
2. 동 (장대 따위에) 내걸다.
边境(biānjìng)：명 변경. 국경 지대. 변방.
纠纷(jiūfēn)：1. 명 다툼. 분쟁. 분규. 알력.
2. 동 분규하다. 옥신각신하다.

20) 1965年3月，此后，苏联向中苏边境不断增兵，并且向蒙古派驻苏军。
yī jiǔ liù wǔ nián sān yuè, cǐhòu, sūlián xiàng zhōngsū biānjìng búduàn zēngbīng, bìngqiě xiàng ménggǔ pàizhù sūjūn。
1965년 3월, 이후에, 소련은 중 · 소 국경을 향해 부단히 병력을 증가했고, 또한 몽골을 향해 소련군을 파견하여 주둔시켰다.

A) 1965年3月，此后，苏联向中苏边境不断增兵，
yī jiǔ liù wǔ nián sān yuè, cǐhòu, sūlián xiàng zhōngsū biānjìng búduàn zēngbīng,
1965년 3월, 이후에, 소련은 중 · 소 국경을 향해 부단히 병력을 증가했고,

此后(cǐhòu)：명 이후. 이다음. 금후.
向(xiàng)：…로. …을 향하여. 〔동작의 방향을 가리킴〕 1-14.
不断(búduàn)：끊임없이. 부단히. 늘. 7-8.
增兵(zēngbīng)：병력을 늘리다(증가하다). 증병(하다).

B) 并且向蒙古派驻苏军。
bìngqiě xiàng méngggǔ pàizhù sūjūn。
또한 몽골을 향해 소련군을 파견하여 주둔시켰다.

并且(bìngqiě)：또한. 그리고. 1-6.
蒙古(méngggǔ)：명 몽골.
派驻(pàizhù)：1. 동 (군대가) 진주하다. 파견되어 가서 주둔하다.
2. 동 파견하다.
苏军(sūjūn)：소련군대. 소련군.
派驻苏军：소련군을 파견하여 주둔시키다.

21) 1966年3月，苏共召开二十三大，中共决定不派代表出席。
yī jiǔ liù liù nián sān yuè, sūgòng zhàokāi èr shí sān dà, zhōnggòng juédìng bú pài dàibiǎo chūxí。
1966년 3월, 소련공산당은 제23차 대표대회를 개최했고, 중국공산당은 대표자가 출석하도록 파견하지 않는 것을 결정했다.

A) 1966年3月，苏共召开二十三大，
yī jiǔ liù liù nián sān yuè, sūgòng zhàokāi èr shí sān dà,
1966년 3월, 소련공산당은 제23차 대표대회를 개최했고,

苏共(sūgòng)：명 소련공산당.

召开(zhàokāi)：(회의를) 열다. 개최하다. 소집하다. 1-10.

二十三大(èr shí sān dà)：苏共二十三大. 소련공산당 제23차 대표대회.

B) 中共决定不派代表出席。

zhōnggòng juédìng bú pài dàibiǎo chūxí。

중국공산당은 대표자가 출석하도록 파견하지 않는 것을 결정했다.

中共(zhōnggòng)：중공. 중국공산당. 1-4.

派(pài)：1. 통 파견하다. 임명하다. 맡기다.

2. 명 파. 파별. 파벌. 분파.

3. 명 기풍. 스타일. 태도.

4. 양 파별 · 유파 따위를 셀 때 사용함.

代表(dàibiǎo)：대표자. 대표. 3-6.

出席(chūxí)：회의에 참가하다〔참석하다, 출석하다〕. 3-6.

不派代表出席：대표자가 출석하도록 파견하지 않는다.

决定不派代表出席：대표자가 출석하도록 파견하지 않는 것을 결정하다.

22) 从此两党关系中断。

cóngcǐ liǎng dǎng guānxi zhōngduàn。

이로부터 두 당의 관계는 중단되었다.

从此(cóngcǐ)：1. 부 이제부터. 지금부터. 이로부터. 그로부터.

2. 부 여기부터. 이곳부터.

中断(zhōngduàn)：명 통 중단(하다). 중단되다. 중단시키다. 끊다. 끊기다.

23) 中国共产党在中苏论战中提出的一系列观点，是当时历史条件下对苏联以及国际共运状况和中国国内政治状况观察的结果。

zhōngguó gòngchǎndǎng zài zhōngsū lùnzhàn zhōng tíchū de yíxìliè guāndiǎn, shì dāngshí lìshǐ tiáojiàn xià duì sūlián yǐjí guójì gòngyùn zhuàngkuàng hé zhōngguó guónèi zhèngzhì zhuàngkuàng guānchá de jiéguǒ。

중국공산당이 중 · 소 논쟁 중에서 제기한 일련의 관점은, 소련 및 국제공산주의운동 상황과 중국 국내정치 상황의 관찰에 대한 당시 역사 조건하에서의 결과이었다.

A) 中国共产党在中苏论战中提出的一系列观点，

zhōngguó gòngchǎndǎng zài zhōngsū lùnzhàn zhōng tíchū de yíxìliè guāndiǎn,

중국공산당이 중 · 소 논쟁 중에서 제기한 일련의 관점은,

论战(lùnzhàn)：명 동 논전(하다). 논쟁(하다).

一系列(yíxìliè)：일련의. 3-4.

观点(guāndiǎn)：명 관점. 입장.

B) 是当时历史条件下对苏联以及国际共运状况和中国国内政治状况观察的结果。

shì dāngshí lìshǐ tiáojiàn xià duì sūlián yǐjí guójì gòngyùn zhuàngkuàng hé zhōngguó guónèi zhèngzhì zhuàngkuàng guānchá de jiéguǒ。

소련 및 국제공산주의운동 상황과 중국 국내정치 상황의 관찰에 대한 당시 역사 조건하의 결과이었다.

历史(lìshǐ)：역사. 1-1.

条件(tiáojiàn)：조건. 기준. 1-14.

下(xià)：하. 아래. 밑. …아래. …하에(서). 1-13.
当时历史条件下：당시 역사 조건하에서.
对(duì)：…에 대하여〔관하여〕. 2-8.
以及(yǐjí)：및. 그리고. 아울러. 3-6.
共运(gòngyùn)：공산주의운동. 노동자운동.
国际共运(guójì gòngyùn)：국제공산주의운동.
状况(zhuàngkuàng)：상황. 형편. 상태. 2-12.
国内(guónèi)：국내. 4-3.
观察(guānchá)：명 동 관찰(하다).
结果(jiéguǒ)：1. 명 결실. 결과.
2. 부 결국. 드디어. 마침내. 끝내.
3. 동 죽이다. 없애 버리다. 해치우다.
对…的结果：…에 대한 결과.
{(苏联以及国际共运状况)和(中国国内政治状况)}观察：{(소련 및 국제공산주의운동 상황)과 (중국 국내정치 상황)}의 관찰.
对苏联以及国际共运状况和中国国内政治状况观察的结果：소련 및 국제공산주의운동 상황과 중국 국내정치 상황의 관찰에 대한 결과.
(当时历史条件下)对苏联以及国际共运状况和中国国内政治状况观察的结果：소련 및 국제공산주의운동 상황과 중국 국내정치 상황의 관찰에 대한 (당시 역사 조건하에서의) 결과.

24) 后来的历史经验证明，这些观点并不像当时认为的那样完全正确，其中反对苏联领导人在与中国和其他社会主义国家的关系中严重地存在着的大国主义和大党主义的观点，表明了中国共产党和中国政府为维护独立自主地位·国家主权和民族尊严而斗争的严正立场。

hòuláide lìshǐ jīngyàn zhèngmíng, zhèxiē guāndiǎn bìngbú xiàng dāngshí rènwéi de nàyàng wánquán zhèngquè, qízhōng fǎnduì sūlián lǐngdǎorén zài yǔ zhōngguó hé qítā shèhuìzhǔyì guójiā de guānxi zhōng yánzhòngdi cúnzàizhe de dàguózhǔyì hé dàdǎngzhǔyì de guāndiǎn, biǎomíngle

zhōngguó gòngchǎndǎng hé zhōngguó zhèngfǔ wèi wéihù dúlì zìzhǔ dìwèi · guójiā zhǔquán hé mínzú zūnyán ér dǒuzhēng de yánzhèng lìchǎng。
나중의 역사 경험은, 이들 관점이 결코 당시 생각한 것 같이 그렇게 완전히 정확하지는 않았고, 그 중에서, 소련 지도자의 중국 및 기타 사회주의 국가와의 관계 중에서 심각히 존재하고 있는 대국주의와 대당주의를 반대하는 관점이, 중국공산당과 중국 정부가 독립자주의 지위와 국가 주권과 민족 존엄을 수호하기 위해서 투쟁하는 엄정한 입장을 표명했음을 증명했다.

A) 后来的历史经验证明,

hòuláide lìshǐ jīngyàn zhèngmíng,
나중의 역사 경험은 …을 증명했다.

后来(hòulái) : 부 (그) 후. 그 뒤에. 그 다음에. 7-8.
后来的(hòuláide) : 나중의.
经验(jīngyàn) : 경험. 체험. 2-9.
证明(zhèngmíng) : 1. 명 동 증명(하다).
2. 명 증명서. 증서. 소개장.

B) 这些观点并不像当时认为的那样完全正确,

zhèxiē guāndiǎn bìngbú xiàng dāngshí rènwéi de nàyàng wánquán zhèngquè,
이들 관점이 결코 당시 생각한 것 같이 그렇게 완전히 정확하지는 않았고,

并不(bìngbú) : 부 결코 …하지 않다. 결코 …이 아니다.
像(xiàng) : 1. 동 …와 같다. 〔예를 들 때 쓰임〕
2. 동 닮다. 비슷하다. …와 공통점이 있다. 그럴듯하다.
3. 동 마치 …와 같다.

4. 명 (인물을, 혹은 인위적으로) 본뜬 형상. 본떠 그린 모양.
5. 명 (거울 따위에 반사 혹은 굴절되어 형성된) 상.
6. 형 어울리다. 적합하다.

像当时认为的：당시 생각한 것 같이.
那样(nàyàng)：대 그렇게. 저렇게. 〔성질 · 상태 · 방식 · 정도 따위를 표시함〕
完全(wánquán)：완전히. 전혀. 전적으로. 참으로. 5-2.
正确(zhèngquè)：정확하다. 틀림없다. 올바르다. 옳다. 2-9.
那样完全正确：그렇게 완전히 정확하다.

C) 其中反对苏联领导人在与中国和其他社会主义国家的关系中严重地存在着的大国主义和大党主义的观点,
qízhōng fǎnduì sūlián lǐngdǎorén zài yǔ zhōngguó hé qítā shèhuìzhǔyì guójiā de guānxi zhōng yánzhòngdi cúnzàizhe de dàguózhǔyì hé dàdǎngzhǔyì de guāndiǎn,
그 중에서, 소련 지도자의 중국 및 기타 사회주의 국가와의 관계 중에서 심각히 존재하고 있는 대국주의와 대당주의를 반대하는 관점이,

其中(qízhōng)：그 중. 그 속. 5-16.
反对(fǎnduì)：명 동 반대(하다).
与(yǔ)：…와〔과〕. …함께. …거나. 또는. 1-6.
其他(qítā)：기타. 그 외. 1-9.
社会主义(shèhuìzhǔyì)：사회주의. 1-3.
严重(yánzhòng)：심각하다. 중대하다. 모질다. 2-9.
严重地(yánzhòngdi)：심각히.
存在(cúnzài)：명 동 존재(하다). 현존(하다). 〔주로 存在着로 쓰임〕
着(zhe)：…하고 있다. …하고 있는 중이다. …해 있다. …한 채로 있다. 3-6.
存在着(cúnzàizhe)：존재하고 있다. 존재하다.
大党主义(dàdǎng zhǔyì)：명 대당주의.
在(zài)…中(zhōng)：…(중)에서. 1-18.
与中国和其他社会主义国家的关系：중국 및 기타 사회주의 국가와의 관계.

在与中国和其他社会主义国家的关系中：중국 및 기타 사회주의 국가와의 관계 중에서.

在与中国和其他社会主义国家的关系中严重地存在着：중국 및 기타 사회주의 국가와의 관계 중에서 심각히 존재하고 있다.

在与中国和其他社会主义国家的关系中严重地存在着的大国主义和大党主义：중국 및 기타 사회주의 국가와의 관계 중에서 심각히 존재하고 있는 대국주의와 대당주의.

苏联领导人在与中国和其他社会主义国家的关系中严重地存在着的大国主义和大党主：소련 지도자의 중국 및 기타 사회주의 국가와의 관계 중에서 심각히 존재하고 있는 대국주의와 대당주의.

反对苏联领导人在与中国和其他社会主义国家的关系中严重地存在着的大国主义和大党主义：소련 지도자의 중국 및 기타 사회주의 국가와의 관계 중에서 심각히 존재하고 있는 대국주의와 대당주의를 반대하다.

其中反对苏联领导人在与中国和其他社会主义国家的关系中严重地存在着的大国主义和大党主义的观点：그 중에서, 소련 지도자의 중국 및 기타 사회주의 국가와의 관계 중에서 심각히 존재하고 있는 대국주의와 대당주의를 반대하는 관점.

D) 表明了中国共产党和中国政府为维护独立自主地位·国家主权和民族尊严而斗争的严正立场。

biǎomíngle zhōngguó gòngchǎndǎng hé zhōngguó zhèngfǔ wèi wéihù dúlì zìzhǔ dìwèi · guójiā zhǔquán hé mínzú zūnyán ér dǒuzhēng de yánzhèng lìchǎng。

중국공산당과 중국 정부가 독립자주의 지위와 국가 주권과 민족 존엄을 수호하기 위해서 투쟁하는 엄정한 입장을 표명했음.

表明(biǎomíng)：표명하다. 분명하게 보이다(나타내다). 5-17.

为(wèi)：…을(하기) 위하여. 〔목적을 나타냄〕 1-11.

维护(wéihù)：지키다. 유지하고 보호하다. 옹호(수호)하다. 4-11.

民族(mínzú)：민족. 3-6.

尊严(zūnyán)：1. 명 존엄. 존엄성.
2. 형 존엄하다. 존귀하고 장엄하다.

而(ér)：…해서. …하여.〔목적 또는 원인을 나타내는 부분을 접속시킴〕1-5.

为A…而B…：A를 위해서 B하다.

斗争(dǒuzhēng)：투쟁. 분투. 2-10.

严正(yánzhèng)：1. 형 엄정하다.
2. 형 혹독하다. 신랄하다.

立场(lìchǎng)：명 입장.

维护独立自主地位·国家主权和民族尊严：독립자주의 지위와 국가 주권과 민족 존엄을 수호하다.

为维护独立自主地位·国家主权和民族尊严而斗争…：독립자주의 지위와 국가 주권과 민족 존엄을 수호하기 위해서 투쟁하다.

中国共产党和中国政府为维护独立自主地位·国家主权和民族尊严而斗争：중국공산당과 중국 정부가 독립자주의 지위와 국가 주권과 민족 존엄을 수호하기 위해서 투쟁하다.

中国共产党和中国政府为维护独立自主地位·国家主权和民族尊严而斗争的严正立场：중국공산당과 중국 정부가 독립자주의 지위와 국가 주권과 민족 존엄을 수호하기 위해서 투쟁하는 엄정한 입장.*

4. 번역 중 · 소 우호 관계의 결렬

독립 · 자주 지위의 견지

50년대 말에서 60년대 중기까지 세계의 정세가 동요했고, 각종 세력의 내부와 그들 상호 간의 관계에는 분화와 개편이 발생했다. 중국 주변의 국제 정세는 긴장하는 경향이 있었고, 중국은 여러 방면에서 오는 공개적이고 잠재적인 침략 위협과 전쟁 도발과 군사 압력에 직면했다.

신중국 수립 이래로, 중국공산당은 중 · 소 두 당과 두 나라의 우호를 줄곧 주장했고, 국제공산주의운동과 사회주의 각국의 단결을 주장했다. 그러나 50년대 후기부터 시작하여 소련 지도자가 대국주의 정책을 추진했기 때문에 중 · 소 두 당 사이의 의견 불일치를 국가 영역까지 확대했고, 그리하여 두 나라의 우호관계가 훼손을 당했다.

1958년 4월 18일, 소련 국방부는 중국 해안에 특수 송수신 무선전신국을 설치하는 것을 요청했고, 또한 필요한 비용은 소련이 대부분을 지출하고, 중국은 소부분을 지출하는 것을 제의했다. 7월 11일, 소련이 제의한 협의서 초안 중에는, 여전히 중 · 소 쌍방이 공동으로 건설하고 관리하는 것을 견지했고, 실제적으로 여전히 중 · 소 공유를 요구했고, 이것은 중국이 수용할 수 없는 것이었다.

중 · 소 쌍방이 "장파 무선전신국" 문제에 관하여 논쟁이 발생한 과정 중에, 7월 21일, 소련은 공동 원자력 잠수함 함대 설치의 문제를 거듭 제의했다. 모택동의 견해에 의하면, 연합함대의 설치는 장파 무선전신국의 건설과 똑같이, 주권과 관련된 정치문제이었다. 7월 31일, 흐루쇼프가 북경에 도착했고, 상술한 두 개 문제에 대하여 모택동 등 중국 지도자에게 해명했다. 그러나 이 두 문제에서의 논쟁은 중 · 소 관계에게 새로운 음영을 던졌다.

1959년 6월 소련 정부는 1957년 10월 중 · 소의 국방 신기술에 관한 협정을 일방적으로 파기했고, 중국에 대한 핵공업 기술원조의 제공을 거절했다. 소련의 대국주의 행위는 중국측의 비난을 당연히 당했다. 이런 것들이 중 · 소 모순의 심화를 야기하지 않을 수 없었다. 1960년 7월 16일, 소련 정부가 중국 정부에게 갑자기 외교각서를 보냈고, 주중 소련 전문가의 소환을 일방적으로 결정했고, 게다가 중국 정부의 회답을 기다리지 않고 바로 7월 25일 중국측에게 "7월 28일부터 9월 1일 기간 안에 전체 주중 전문가를 철수시킨다."라고 통지했다. 그러나 소련 정부는 중국의 진실한 태도와 실제적 곤란을 고려하지 않고 국제 관계의 준칙을 파기했고, 1개월의 단기간 안에 1,390명의 소련 전문가를 마음대로 철수시켰고, 343개의 전문가 계약서와 계약 보충서를 없어버렸고, 257개의 과학기술 합작 항목을 폐기했다. 소련 정부의 이런 종류의 신의를 저버리는 행동은, 중국 국민경제의 원래 정한 계획을 파괴했고, 중국에게 거대한 손실을 야기했고, 당시 중국의 경제적 곤란을 가중시켰다.

동시에 소련측은 또한 중 · 소 국경 분쟁을 도발했다. 1965년 3월 이후에, 소련은 중 · 소 국경을 향해 부단히 병력을 증가했고, 또한 몽골을 향해 소련군을 파견하여 주둔시켰다. 1966년 3월, 소련공산당은 제23차 대표대회를 개최했고, 중국공산당은 대표자가 출석하도록 파견하지 않는 것을 결정했다. 이로부터 두 당의 관계는 중단되었다.

중국공산당이 중 · 소 논쟁 중에서 제기한 일련의 관점은 소련 및 국제공산주의 운동 상황과 중국 국내정치 상황의 관찰에 대한 당시 역사 조건하에서의 결과이었다. 나중의 역사 경험은, 이들 관점이 결코 당시 생각한 것 같이 그렇게 완전히 정확하지는 않았고, 그중에서, 소련 지도자의 중국 및 기타 사회주의 국가와의 관계 중에서 심각히 존재하고 있는 대국주의와 대당주의를 반대하는 관점이 중국공산당과 중국 정부가 독립자주의 지위와 국가 주권과 민족 존엄을 수호하기 위해서 투쟁하는 엄정한 입장을 표명했음을 증명했다. *

第九课

文化大革命的发动

第九课 文化大革命的发动

1. 원문 文化大革命的理论和过程

从1966年5月至1976年10月，这是中国一个特殊的历史阶段—“文化大革命”时期。《关于建国以来党的若干历史问题的决议》对这段历史有一些重要的论述：历史已经判明，“文化大革命”是一场由领导者错误发动，被反革命集团利用，给党·国家和各族人民带来严重灾难的内乱。有关“文化大革命”的历史概况，可以从以下几个方面进行把握：一个理论，无产阶级专政下继续革命的理论；两个集团，林彪反革命集团和江青反革命集团；三个阶段，《决议》把“文化大革命”的过程分成三个阶段；四场斗争，党和人民在“文化大革命”中同“左”倾错误以及林彪·江青反革命集团的斗争是一直没有停止过的。

关于无产阶级专政下继续革命的理论。正式冠以"无产阶级专政下继续革命的理论"这一专用名称，并概括出其基本要点的是1967年11月6日两报一刊(即《人民日报》·《解放军报》·《红旗》杂志)编辑部文章《沿着十月社会主义革命开辟的道路前进》，但1966年5月的《五一六通知》已经包含了这个理论的重要内容。这一理论反映了毛泽东晚年关于"文化大革命"的错误思想，其核心内容是：在无产阶级夺取了政权并且建立了社会主义制度的条件下，还要进行一个阶级推翻一个阶级的政治大革命，"文化大革命"就是这种"继续革命"的最重要的方式。

关于"文化大革命"过程的三个阶段。从"文化大革命"的发动到1969年4月中国共产党第九次全国代表大会，这是第一阶段。1965年11月10日，上海《文汇报》发表姚文元的文章《评新编历史剧(海瑞罢官)》，指名批判时任北京市副市长·著名明史专家吴晗所写的京剧剧本《海瑞罢官》，称其为大毒草，这种超出学术范围的政治批判成为"文化大革命"的导火线。

从中共九大到1973年8月中共十大，这是第二阶段。1970年至1971年间，发生了林彪反革命集团阴谋夺取最高权力·策动反革命武装政变的事件。毛泽东·周恩来机智地粉碎了这次叛变。之后，在毛泽东的支持下，周恩来主持中央日常工作，使各方面的工作有了转机，但遭到江青反革命集团的反对，毛泽东也错误地认为当时的任务仍然是反对“极右”，否定了周恩来提出的要批判极左思潮的正确意见。

从中共十大到1976年10月粉碎“四人帮”，这是第三阶段。1976年9月9日，毛泽东主席逝世，江青反革命集团加紧夺取党和国家最高领导权的阴谋活动。10月上旬，中共中央政治局执行党和人民的意志，毅然粉碎江青反革命集团，结束了“文化大革命”这场灾难。

출처: 《当代中国史事略述》，杨树标 等 著，杭州：浙江人民出版社，2003. pp.371-375.

2. 발음 dì jiǔ kè wénhuà dàgémìng de fādòng

wénhuà dàgémìng de lǐlùn hé guòchéng

cóng yī jiǔ liù liù nián wǔ yuè zhì yī jiǔ qī liù nián shí yuè, zhè shì zhōngguó yíge tèshū de lìshǐ jiēduàn—"wénhuà dàgémìng" shíqī。≪guānyú jiànguó yǐlái dǎng de ruògān lìshǐ wèntí de juéyì≫ duì zhè duàn lìshǐ yǒu yìxiē zhòngyào de lùnshù : lìshǐ yǐjīng pànmíng, "wénhuà dàgémìng" shì yìchǎng yóu lǐngdǎozhě cuòwù fādòng, bèi fǎngémìng jítuán lìyòng, gěi dǎng · guójiā hé gèzú rénmín dàilái yánzhòng zāinán de nèiluàn。yǒuguān "wénhuà dàgémìng" de lìshǐ gàikuàng, kěyǐ cóng yǐxià jǐgè fāngmiàn jìnxíng bǎwò : yíge lǐlùn, wúchǎn jiējí zhuānzhèng xià jìxù gémìng de lǐlù n ; liǎngge jítuán, Lín Biaō fǎngémìng jítuán hé Jiāng Qīng fǎngémìng jítuán ; sānge jiēduàn, ≪juéyì≫ bǎ "wénhuà dàgémìng" de guòchéng fēnchéng sānge jiēduàn ; sìchǎng dǒuzhēng, dǎng hé rénmín zài "wénhuà dàgémìng" zhōng tóng "zuǒ" qīng cuòwù yǐjí Lín Biaō · Jiāng Qīng fǎngémìng jítuán de dǒuzhēng shì yìzhí méiyǒu tíngzhǐguò de。

guānyú wúchǎn jiējí zhuānzhèng xià jìxù gémìng de lǐlùn。zhèngshì guānyǐ "wúchǎn jiējí zhuānzhèng xià jìxù gémìng de lǐlùn" zhè yī zhuānyòng míngchēng, bìng gàikuò chū qí jīběn yàodiǎn de shì yī jiǔ liù qī nián shí yī yuè liù rì liǎng bào yì kān (jí ≪rénmín rìbào≫ · ≪jiěfàng jūnbào≫ · ≪hóngqí≫ zázhì) biānjíbù wénzhāng ≪yánzhuó shí yuè shèhuìzhǔyì gémìng kāibì de dàolù qiánjìn≫, dàn yī jiǔ liù liù nián wǔ yuè de ≪wǔ yī liù tōngzhī≫ yǐjīng baōhánle zhè ge lǐlùn de zhòngyào nèiróng。zhè yī lǐlùn fǎnyìngle Máo Zédōng wǎnnián guānyú "wénhuà dàgémìng" de cuòwù sīxiǎng, qí héxīn nèiróng shì：zài wúchǎn jiējí duóqǔle zhèngquán bìngqiě jiànlìle shèhuìzhǔyì zhìdù de tiáojiàn xià, hái yào jìnxíng yíge jiējí tuīfān yíge jiējí de zhèngzhì dàgémìng, "wénhuà dàgémìng" jiù shì zhè zhǒng "jìxù gémìng" de zuì zhòngyào de fāngshì。

guānyú "wénhuà dàgémìng" guòchéng de sān gè jiēduàn。cóng "wénhuà dàgémìng" de fādòng dào yī jiǔ liù jiǔ nián sì yuè zhōngguó gòngchǎndǎng dì jiǔ cì quánguó dàibiǎo dàhuì, zhè shì dìyī jiēduàn。yī jiǔ liù wǔ nián shí yī yuè shí rì, shànghaǐ ≪wénhuìbào≫ fābiǎo Yáo Wényuán de wénzhāng ≪píng xīnbiān lìshǐjù(Haǐruì bà guān)≫, zhǐmíng pīpàn shírèn běijīng shì fùshìzhǎng · zhùmíng míngshǐ zhuānjiā Wú Hán suǒ xiě de jīngjù jùběn ≪Haǐruì bà guān≫, chēngqíwéi dà dúcǎo, zhèzhǒng chāochū xuéshù fànwéi de zhèngzhì pīpàn chéngwéi "wénhuà dàgémìng" de dǎohuǒxiàn。

cóng zhōnggòng jiǔ dà dào yī jiǔ qī sān nián bā yuè zhōnggòng shí dà, zhè shì dìèr jiēduàn。 yī jiǔ qī líng nián zhì yī jiǔ qī yī nián jiān, fāshēngle Lín Biaō fǎngémìng jítuán yīnmó duóqǔ zuìgāo quánlì · cèdòng fǎngémìng wǔzhuāng zhèngbiàn de shìjiàn。 Máo Zédōng · Zhōu Ēnlái jīzhìdi fěnsuìle zhè cì pànbiàn。 zhīhòu, zài Máo Zédōng de zhīchí xià, Zhōu Ēnlái zhǔchí zhōngyāng rìcháng gōngzuò, shǐ gè fāngmiàn de gōngzuò yǒule zhuǎnjī, dàn zāodào Jiāng Qīng fǎngémìng jítuán de fǎnduì, Máo Zédōng yě cuòwùdi rènwéi dāngshí de rènwu réngrán shì fǎnduì "jíyòu", fǒudìngle Zhōu Ēnlái tíchū de yào pīpàn jízuǒ sīcháo de zhèngquè yìjiàn。

cóng zhōnggòng shí dà dào yī jiǔ qī liù nián shí yuè fěnsuì "sì rén bāng", zhè shì dìsān jiēduàn。 yī jiǔ qī liù nián jiǔ yuè jiǔ rì, Máo Zédōng zhǔxí shìshì, Jiāng Qīng fǎngémìng jítuán jiājǐn duóqǔ dǎng hé guójiā zuìgāo lǐngdǎoquán de yīnmó huódòng。 shí yuè shàngxún, zhōnggòng zhōngyāng zhèngzhìjú zhíxíng dǎng hé rénmín de yìzhì, yìrán fěnsuì Jiāng Qīng fǎngémìng jítuán, jiéshùle "wénhuà dàgémìng" zhèchǎng zāinán。

3. 해설 중 · 러 관계의 전망

1) 文化大革命的发动

wénhuà dàgémìng de fādòng
문화대혁명의 발동

文化(wénhuà) : 문화. 1-3.
大革命(dàgémìng) : 대혁명. 1-3.
文化大革命(wénhuà dàgémìng) : (无产阶级)文化大革命. (무산계급)문화대혁명. 1-3.
发动(fādòng) : 1. 명 발동. 개시.
2. 동 발동하다. 개시하(게 하)다.
3. 동 행동하기 시작하다. 행동하게 하다.
4. 동 시동을 걸다. (기계를) 돌아가게 하다.

2) 文化大革命的理论和过程

wénhuà dàgémìng de lǐlùn hé guòchéng
문화대혁명의 이론과 과정

理论(lǐlùn) : 이론. 1-5.
过程(guòchéng) : 과정. 5-6.

3) 从1966年5月至1976年10月，这是中国一个特殊的历史阶段—"文化大革命"时期。

cóng yī jiǔ liù liù nián wǔ yuè zhì yī jiǔ qī liù nián shí yuè, zhè shì zhōngguó yíge tèshū de lìshǐ jiēduàn—"wénhuà dàgémìng" shíqī。

1966년 5월부터 1976년 10월까지, 이 기간은 중국의 하나의 특수한 역사 단계 즉 "문화대혁명" 시기였다.

从(cóng)：…에서〔부터〕. 〔장소 · 시간의 출발점을 나타냄〕 2-4.

至(zhì)：이르다. …까지 도달하다. 2-4.

中国(zhōngguó)：중국. 중화인민공화국. 1-5.

特殊(tèshū)：1. 형 특수하다. 특별하다.

2. 동 특별 대우하다(대우받다). 특별 취급하다(취급받다).

历史(lìshǐ)：역사. 1-1.

阶段(jiēduàn)：단계. 계단. 1-6.

一个特殊的历史阶段：하나의 특수한 역사 단계.

时期(shíqī)：시기. 특정한(정해진) 때. 1-3.

4) ≪关于建国以来党的若干历史问题的决议≫对这段历史有一些重要的论述：

≪guānyú jiànguó yǐlái dǎng de ruògān lìshǐ wèntí de juéyì≫duì zhè duàn lìshǐ yǒu yìxiē zhòngyào de lùnshù：

≪건국 이래 중국공산당의 약간의 역사 문제에 관한 결의≫는 이 구간의 역사에 대해 약간의 중요한 논술을 가지고 있었다.

关于(guānyú)： …에 관한. …에 관해서〔관하여〕. 1-3.

建国(jiànguó)：건국. 1-1.

以来(yǐlái)：이래. 동안. 1-1.

党(dǎng)：당. 중국공산당. 중공. 1-4.

若干(ruògān)：1. 명 약간. 어느 정도. 조금.

2. 대 얼마. 〔수량을 묻거나 부정량(不定量)을 가리키는 데 쓰임〕

问题(wèntí) : 문제. 질문. 1-4.

决议(juéyì) : 결의. 1-3.

对(duì) : …에 대하여〔관하여〕. 2-8.

段(duàn) : 사물이나 시간 따위의 한 구분을 나타냄. 단락. 구분. 일정한 시간 · 공간의 거리나 구간. 2-5.

这段历史 : 이 단락의 역사. 이 구간의 역사.

一些(yìxiē) : 약간. 조금. 얼마간(의). 6-6.

重要(zhòngyào) : 중요하다. 4-9.

论述(lùnshù) : 명 동 논술(하다).

5) 历史已经判明, "文化大革命"是一场由领导者错误发动, 被反革命集团利用, 给党 · 国家和各族人民带来严重灾难的内乱。

lìshǐ yǐjīng pànmíng, "wénhuà dàgémìng" shì yìchǎng yóu lǐngdǎozhě cuòwù fādòng, bèi fǎngémìng jítuán lìyòng, gěi dǎng · guójiā hé gèzú rénmín dàilái yánzhòng zāinán de nèiluàn。

"문화대혁명"은 지도자가 착오로 발동했고, 반혁명 집단에 의해서 이용되었고, 당과 국가와 각 민족 인민에게 심각한 재난을 가져왔던 한 차례의 내란이었음을 역사는 이미 판명했다.

A) 历史已经判明,

lìshǐ yǐjīng pànmíng,

…을 역사는 이미 판명했다.

已经(yǐjīng) : 이미. 벌써. 4-13.

判明(pànmíng) : 동 판명하다.

B) “文化大革命”是一场由领导者错误发动,

“wénhuà dàgémìng” shì yìchǎng yóu lǐngdǎozhě cuòwù fādòng,
“문화대혁명”은 지도자가 착오로 발동했고,

场(chǎng) : 일의 경과 · 자연 현상 따위의 횟수를 세는 말. 번, 차례. 4-4.
一场(yìchǎng) : 한 번. 1회. 한 차례. 한 판. 한 게임. 한마당. 한바탕. 4-4.
一场内乱 : 한 차례의 내란.
由(yóu) : …이〔가〕. …께서. 〔동작의 주체를 나타냄〕 5-16.
领导者(lǐngdǎozhě) : 명 지도자. 영도자.
错误(cuòwù) : 착오. 틀린 행위. 실수. 잘못. 7-24.
错误发动 : 착오로 발동하다. 실수로 발동하다. 잘못해서 발동하다.

C) 被反革命集团利用,

bèi fǎngémìng jítuán lìyòng,
반혁명 집단에 의해서 이용되었고,

被(bèi) : 1. 개 …당하다. …에게 …당하다. 〔피동형 문장에서 동작 · 작용을 행하는 주동자가 무엇인지를 표시함. 또는 동사 앞에 쓰여서 피동을 나타냄〕
2. 명 이불.
3. 동 덮다.
4. 동 입다. 받다. 당하다.
反(fǎn) : 반. 반대 (방향)의. 거꾸로의. 반항하다. 반대하다. 7-5.
革命(gémìng) : 혁명. 1-3.
反革命(fǎngémìng) : 1. 명 반혁명 (분자).
2. 동 혁명에 반대하다.
集团(jítuán) : 1. 명 집단. 단체. 그룹.
2. 명 한 패거리. 도당.
利用(lìyòng) : 1. 명동 이용(하다). 활용(하다). 응용(하다).
2. 명동 (수단을 써서) 이용(하다).

D) 给党·国家和各族人民带来严重灾难的内乱。

gěi dǎng · guójiā hé gèzú rénmín dàilái yánzhòng zāinán de nèiluàn。
당과 국가와 각 민족 인민에게 심각한 재난을 가져왔던 한 차례의 내란이었음.

给(gěi)：…에게. …를 향하여. 2-8.
国家(guójiā)：나라. 국가. 2-11.
族(zú)：민족. 종족. 족. 2-3.
各族(gèzú)：각 민족.
人民(rénmín)：인민. 국민. 1-3.
带来(dàilái)：동 가져오다. 가져다주다.
严重(yánzhòng)：심각하다. 중대하다. 모질다. 2-9.
灾难(zāinán)：재난. 불운. 7-9.
内乱(nèiluàn)：명 내란.

6) 有关"文化大革命"的历史概况，可以从以下几个方面进行把握：

yǒuguān "wénhuà dàgémìng" de lìshǐ gàikuàng, kěyǐ cóng yǐxià jǐgè fāngmiàn jìnxíng bǎwò：
"문화대혁명"과 관련이 있는 역사 개황은 다음의 몇 개 방면에서 파악할 수 있다. 즉

有关(yǒuguān)：1. 동 관계가 있다. 관련이 있다.
2. 동 관계하다. …에 연관되다. …에 관계되다.
有关"文化大革命"："문화대혁명"과 관련이 있다.
概况(gàikuàng)：명 개황.
可以(kěyǐ)：1. 동 …할 수 있다. 〔가능이나 능력을 표시함〕
2. 동 …해도 좋다. 〔허가를 표시함〕
3. 동 …할 가치가 있다.
以下(yǐxià)：이하. 어느 한도의 아래. 그 다음(의 말). 6-12.
几个(jǐgè)：몇 개. 1-6.

方面(fāngmiàn) : 방면. 방향. 측면. 측. 쪽. 영역. 분야. 5-7.

进行(jìnxíng) : 진행하다. 2-9.

把握(bǎwò) : 1. 명동 (꽉 움켜) 쥐다. 잡다. 들다. 포착(하다). 장악(하다).
2. 명동 (추상적인 것을) 파악(하다).
3. 명 자신. 가망. 성공의 가능성.

进行把握 : 파악을 진행하다. → 파악하다.

7) 一个理论，无产阶级专政下继续革命的理论；

yíge lǐlùn, wúchǎn jiējí zhuānzhèng xià jìxù gémìng de lǐlùn ;

하나의 이론, 무산계급 독재정치 하에서의 계속혁명론이다.

无产(wúchǎn) : 1. 명 무산.
2. 동 재산이 없다.

阶级(jiējí) : 계급. 4-11.

无产阶级(wúchǎn jiējí) : 명 무산계급. 프롤레타리아트.

专政(zhuānzhèng) : 1. 명 독재정치.
2. 동 독재를 하다. 독재 정치를 하다.
3. 동 집권하다.

继续(jìxù) : 명동 계속(하다).

无产阶级专政下继续革命的理论 : 무산계급의 독재정치 하에서 혁명을 계속하는 이론. → 무산계급 독재정치 하에서의 계속혁명론.

8) 两个集团，林彪反革命集团和江青反革命集团；

liǎngge jítuán, Lín Biaō fǎngémìng jítuán hé Jiāng Qīng fǎngémìng jítuán ;

두 개의 집단, 임표 반혁명 집단과 강청 반혁명 집단이다.

两个(liǎngge) : 두 개. 8-11.

林彪(Lín Biāo)：임표. 린뱌오. Lin Biao. 〔사람 이름〕
1907년 12월 5일-1971년 9월 13일. 중국 정치가 · 군인.

江青(Jiāng Qīng)：강청. 장칭. Jiang Qing. 〔사람 이름〕
1914년 3월 19일-1991년 5월 14일. 중국 여성 예술가 · 정치가.

9) 三个阶段, ≪决议≫把"文化大革命"的过程分成三个阶段；
sānge jiēduàn, ≪juéyì≫bǎ "wénhuà dàgémìng" de guòchéng fēnchéng sānge jiēduàn；
세 개의 단계, 〈결의〉가 "문화대혁명"의 과정을 3개 단계로 나누었다.

把(bǎ)：…을〔를〕. 1-4.

分成(fēnchéng)：동 …으로 나누다.

10) 四场斗争, 党和人民在"文化大革命"中同"左"倾错误以及林彪 · 江青反革命集团的斗争是一直没有停止过的。
sìchǎng dǒuzhēng, dǎng hé rénmín zài "wénhuà dàgémìng" zhōng tóng "zuǒ" qīng cuòwù yǐjí Lín Biāo · Jiāng Qīng fǎngémìng jítuán de dǒuzhēng shì yìzhí méiyǒu tíngzhǐguò de。
네 차례의 투쟁, "문화대혁명" 중에서 당과 인민의 "좌"경 착오 및 임표 · 강청 반혁명 집단과의 투쟁은 줄곧 중지된 적이 없는 것이다.

斗争(dǒuzhēng)：투쟁(하다). 2-10.

在(zài)…中(zhōng)：…(중)에서. …(가운데)에서. 1-18.

同(tóng)：…와〔과〕. 2-4.

左(zuǒ)：1. 형 좌익이다. 급진〔혁명〕적이다.
2. 형 편벽되다. 사악하다. 비정상적이다.
3. 명 왼쪽.
4. 명 동쪽.
5. 명 옆. 가.

倾(qīng) : 1. 동 경사지다. 기울어지다.
2. 명 경향.
3. 동 (마음이 …쪽으로) 기울다(끌리다, 치우치다, 쏠리다).

左倾(zuǒqīng) : 1. 명 좌경.
2. 명 극좌적인 편향.
3. 동 좌경하다.

以及(yǐjí) : 및. 그리고. 아울러. 3-6.

"左"倾错误以及林彪 · 江青反革命集团 : "좌"경 착오 및 임표 · 강청 반혁명 집단.

同"左"倾错误以及林彪 · 江青反革命集团的斗争 : "좌"경 착오 및 임표 · 강청 반혁명 집단과의 투쟁.

在"文化大革命"中同"左"倾错误以及林彪 · 江青反革命集团的斗争 : "문화대혁명" 중에서 "좌"경 착오 및 임표 · 강청 반혁명 집단과의 투쟁.

党和人民在"文化大革命"中同"左"倾错误以及林彪 · 江青反革命集团的斗争 : 당과 인민의 "문화대혁명" 중에서 "좌"경 착오 및 임표 · 강청 반혁명 집단과의 투쟁. → "문화대혁명" 중에서 당과 인민의 "좌"경 착오 및 임표 · 강청 반혁명 집단과의 투쟁.

是(shì)…的(de) : (바로. 확실히) …인 것이다. 〔강한 긍정을 나타냄〕

一直(yìzhí) : 줄곧. 계속해서. 연속해서. 끊임없이. 내내. 2-10.

没有(méiyǒu) : 없다. 〔소유 · 존재의 부정을 뜻함〕 5-3.

停止(tíngzhǐ) : 1. 동 정지하다(되다). 중지하다(되다).
2. 동 멎다. 자다.

过(guò) : 동사 뒤에 쓰여, 지나갔음을 나타냄. 2-4.

停止过(tíngzhǐ guò) : 중지하였다(되었다). 중지한(된) 적이 있다.

没有停止过 : 중지한(된) 적이 없다.

一直没有停止过 : 줄곧 중지한(된) 적이 없다.

是一直没有停止过的 : 줄곧 중지한(된) 적이 없는 것이다.

11) 关于无产阶级专政下继续革命的理论。

guānyú wúchǎn jiējí zhuānzhèng xià jìxù gémìng de lǐlùn。

무산계급 독재정치 하에서의 계속혁명론에 관하여…

12) 正式冠以"无产阶级专政下继续革命的理论"这一专用名称，并概括出其基本要点的是1967年11月6日两报一刊(即≪人民日报≫ · ≪解放军报≫ · ≪红旗≫杂志)编辑部文章≪沿着十月社会主义革命开辟的道路前进≫，但1966年5月的≪五一六通知≫已经包含了这个理论的重要内容。

zhèngshì guānyǐ "wúchǎn jiējí zhuānzhèng xià jìxù gémìng de lǐlùn" zhè yī zhuānyòng míngchēng, bìng gàikuò chū qí jīběn yàodiǎn de shì yī jiǔ liù qī nián shí yī yuè liù rì liǎng bào yì kān (jí≪rénmín rìbào≫ · ≪jiěfàng jūnbào≫ · ≪hóngqí≫zázhì) biānjíbù wénzhāng ≪yánzhuó shí yuè shèhuìzhǔyì gémìng kāibì de dàolù qiánjìn≫, dàn yī jiǔ liù liù nián wǔ yuè de ≪wǔ yī liù tōngzhī≫ yǐjīng baōhánle zhè ge lǐlùn de zhòngyào nèiróng。

"무산계급 독재정치 하에서의 계속혁명론"이라고 정식으로 이름을 붙이는 이 전용 명칭은, 또한 그 기본 요점인 것이 1967년 11월 6일 두 신문과 한 잡지(즉 ≪인민일보≫ · ≪해방군보≫ · ≪홍기≫잡지) 편집부의 문장≪10월 사회주의 혁명이 개척한 노선에 따라서 전진하다≫라고 개괄해 냈다. 그러나 1966년 5월의 ≪5 · 16통지≫는 이미 이 이론의 중요 내용을 포함했다.

A) 正式冠以"无产阶级专政下继续革命的理论"这一专用名称,

zhèngshì guānyǐ "wúchǎn jiējí zhuānzhèng xià jìxù gémìng de lǐlùn" zhè yī zhuānyòng míngchēng,

"무산계급 독재정치 하에서의 계속혁명론"이라고 정식으로 이름을 붙이는 이 전용 명칭은,

正式(zhèngshì) : 정식으로. 3-9.

冠以(guānyǐ) : 동 앞에 …라고 이름(호칭)을 붙이다. …라고 타이틀을 붙이다.

专用(zhuānyòng) : 1. 명 동 전용(하다).
2. 동 오로지 의지(의존)하다.

名称(míngchēng) : 1. 명 (단체나 사물의) 이름. 명칭.
2. 명 명예. 영예.

专用名称(zhuānyòng míngchēng) : 명 전용 명칭. 전용 명사.

B) 并概括出其基本要点的是1967年11月6日两报一刊(即≪人民日报≫·≪解放军报≫·≪红旗≫杂志)编辑部文章≪沿着十月社会主义革命开辟的道路前进≫,

bìng gàikuò chū qí jīběn yàodiǎn de shì yī jiǔ liù qī nián shí yī yuè liù rì liǎng bào yì kān (jí≪rénmín rìbào≫·≪jiěfàng jūnbào≫·≪hóngqí≫ zázhì) biānjíbù wénzhāng≪yánzhuó shí yuè shèhuìzhǔyì gémìng kāibì de dàolù qiánjìn≫,

또한 그 기본 요점인 것이 1967년 11월 6일 두 신문과 한 잡지(즉≪인민일보≫·≪해방군보≫·≪홍기≫잡지) 편집부의 문장≪10월 사회주의 혁명이 개척한 노선에 따라서 전진하다≫라고 개괄해 냈다.

并(bìng) : 그리고. 또. 또한. 아울러. 1-5.

概括(gàikuò) : 개괄하다. 2-8.

出(chu) : 동사의 뒤에 쓰여, '동작이 안에서 밖으로 나오다' '나타나다' '완성되다'의 뜻을 나타냄.

概括出(gàikuòchū)… : …라고 개괄해 내다.

其(qí) : 그(의). 그들(의). 그것들(의). 7-9.

基本(jīběn) : 기본의. 기본적인. 근본적인. 주요한. 주된. 중요한. 1-3.

要点(yàodiǎn) : 1. 명 (말이나 문장 따위의) 중요한 곳. 요점.
2. 명 (군사적인) 중요 거점.

其基本要点的 : 그 기본 요점인 것.

报(bào) : 1. 명 신문.
2. 명 간행물.
3. 명 (문자로 쓰인) 소식. 포스터.
4. 동 알리다. 전하다. 보고하다. 신고하다.
5. 동 회답하다. 응답하다.
6. 동 보답(사례)하다.

刊(kān) : 1. 명 (정기 혹은 부정기의) 간행물. 잡지.
2. 동 (판목에) 새기다. 조각하다.
3. 동 간행하다. 발간하다. 출판하다.

即(jí) : 바로 …이다. 곧 …이다. 즉 …이다. 곧. 바로. 즉. 1-3.

日报(rìbào) : 명 (조간) 신문. 일보. 일간신문.

人民日报(rénmín rìbào) : 명 인민일보. 〔중국공산당 중앙위원회의 기관지〕

解放(jiěfàng) : 해방(하다). 3-6.

军(jūn) : 군대. 3-6.

解放军(jiěfàngjūn) : 명 해방군. 〔특히 중국 인민해방군을 가리킴〕

解放军报(jiěfàngjūn bào) : 명 해방군보. 〔중국 인민해방군의 기관지〕

红旗(hóngqí) : 적기. 붉은 깃발. 〔프롤레타리아 혁명 · 공산주의의 상징임〕 3-9.

杂志(zázhì) : 1. 명 잡지.
2. 명 잡기(杂记). 〔주로 책이름에 쓰임〕

编辑部(biānjíbù) : 명 편집부.

文章(wénzhāng) : 1. 명 글월. 문장.
2. 명 저작. 저술.
3. 명 내포된 뜻. 이유. 까닭. 속뜻. 꿍꿍이(셈).

沿着(yánzhuó) : …을 따라서(끼고).

社会主义(shèhuìzhǔyì) : 사회주의. 1-3.

十月社会主义革命(shí yuè shèhuìzhǔyì gémìng) : 10월 사회주의혁명. 러시아 10월 혁명(1917년).

开辟(kāibì) : 개척하다. (길을) 열다. 1-5.

道路(dàolù) : 노선. 도로. 길. 1-5.

前进(qiánjìn) : 전진(하다). 1-10.

十月社会主义革命开辟的道路 : 10월 사회주의 혁명이 개척한 노선.

沿着十月社会主义革命开辟的道路 : 10월 사회주의 혁명이 개척한 노선에 따라서.

沿着十月社会主义革命开辟的道路前进 : 10월 사회주의 혁명이 개척한 노선에 따라서 전진하다.

C) 但1966年5月的≪五一六通知≫已经包含了这个理论的重要内容。

dàn yī jiǔ liù liù nián wǔ yuè de ≪wǔ yī liù tōngzhī≫ yǐjīng baōhánle zhè ge lǐlùn de zhòngyào nèiróng。

그러나 1966년 5월의≪5 · 16통지≫는 이미 이 이론의 중요 내용을 포함했다.

但(dàn) : 그러나. 그렇지만. 1-10.

通知(tōngzhī) : 통지. 통고서. 연락. 8-16.

五一六通知(wǔ yī liù tōngzhī) : 5 · 16통지. 1966년 5월 16일 중공 중앙정치국 확대회의는 모택동이 주관하여 기초한 〈중국공산당 중앙위원회 통지〉(즉 5 · 16통지)를 통과했다.

包含(bāohán) : 포함하다. 2-10

内容(nèiróng) : 내용. 1-18.

13) 这一理论反映了毛泽东晚年关于"文化大革命"的错误思想，其核心内容是：在无产阶级夺取了政权并且建立了社会主义制度的条件下，还要进行一个阶级推翻一个阶级的政治大革命，"文化大革命"就是这种"继续革命"的最重要的方式。

zhè yī lǐlùn fǎnyìngle Máo Zédōng wǎnnián guānyú "wénhuà dàgémìng" de cuòwù sīxiǎng, qí héxīn nèiróng shì : zài wúchǎn jiējí duóqǔle zhèngquán bìngqiě jiànlìle shèhuìzhǔyì zhìdù de tiáojiàn xià, hái yào jìnxíng yíge jiējí tuīfān yíge jiējí de zhèngzhì dàgémìng, "wénhuà dàgémìng" jiù shì zhè zhǒng "jìxù gémìng" de zuì zhòngyào de fāngshì。

이 이론은 모택동 노년의 "문화대혁명"에 관한 착오 사상을 반영했고, 그 핵심 내용은, 무산계급이 정권을 쟁취했고 또한 사회주의 제도를 수립했던 조건하에서, 하나의 계급이 다른 하나의 계급을 전복시키는 정치 대혁명을 또 진행해야 하며, "문화대혁명"은 바로 이런 종류의 "계속혁명"의 가장 중요한 방식이었다.

A) 这一理论反映了毛泽东晚年关于"文化大革命"的错误思想，

zhè yī lǐlùn fǎnyìngle Máo Zédōng wǎnnián guānyú "wénhuà dàgémìng" de cuòwù sīxiǎng,

이 이론은 모택동 노년의 "문화대혁명"에 관한 착오 사상을 반영했고,

反映(fǎnyìng) : 반영(하다, 시키다). 2-9.

毛泽东(Máo Zédōng) : 모택동. 마오쩌둥. Mao Zedong. 3-10.

晚年(wǎnnián)：명 만년. 노년.
思想(sīxiǎng)：사상. 의식. 7-24.

B) 其核心内容是：
qí héxīn nèiróng shì :
그 핵심 내용은,

核心(héxīn)：핵심. 2-3.

C) 在无产阶级夺取了政权并且建立了社会主义制度的条件下，
zài wúchǎn jiējí duóqǔle zhèngquán bìngqiě jiànlìle shèhuìzhǔyì zhìdù de tiáojiàn xià,
무산계급이 정권을 쟁취했고 또한 사회주의 제도를 수립했던 조건하에서,

在(zài)…下(xià)：…아래에서. …하에서. 2-9.
夺取(duóqǔ)：1. 동 애써 얻다. 쟁취하다.
2. 동 (무력으로) 빼앗다. 탈취하다.
政权(zhèngquán)：정권. 3-3.
并且(bìngqiě)：또한. 그리고. 더욱이. 그 위에. 1-6.
建立(jiànlì)：수립하다. 설치하다. 설립하다. 건립하다. 1-15.
制度(zhìdù)：제도 규칙. 규정. 1-15.
条件(tiáojiàn)：조건. 1-14.

D) 还要进行一个阶级推翻一个阶级的政治大革命，
hái yào jìnxíng yíge jiējí tuīfān yíge jiējí de zhèngzhì dàgémìng,
하나의 계급이 다른 하나의 계급을 전복시키는 정치 대혁명을 또 진행해야 하며,

还(hái) : 또. 더. 여전히. 아직. 2-4.
要(yào) : …해야 한다. 마땅히. …해야만 한다. 〔당위를 나타냄〕 1-4.
推翻(tuīfān) : 1. 통 (기존의 국면을) 전복시키다. 뒤집다.
2. 통 (기존의 결정 · 계획 · 이론 등을) 뒤집다. 번복하다.
政治(zhèngzhì) : 정치. 2-10.
一个阶级推翻一个阶级 : 하나의 계급이 (다른) 하나의 계급을 전복시키다.
一个阶级推翻一个阶级的政治大革命 : 하나의 계급이 다른 하나의 계급을 전복시키는 정치 대혁명.
进行一个阶级推翻一个阶级的政治大革命 : 하나의 계급이 다른 하나의 계급을 전복시키는 정치 대혁명을 진행하다.
要进行一个阶级推翻一个阶级的政治大革命 : 하나의 계급이 다른 하나의 계급을 전복시키는 정치 대혁명을 진행해야 한다.

E) "文化大革命"就是这种"继续革命"的最重要的方式。

"wénhuà dàgémìng" jiù shì zhè zhǒng "jìxù gémìng" de zuì zhòngyào de fāngshì。
"문화대혁명"은 바로 이런 종류의 "계속혁명"의 가장 중요한 방식이었다.

种(zhǒng) : 종. 종류. 부류. 가지. 8-18.
最(zuì) : 1. 부 가장. 제일. 으뜸으로. 더없이. 대단히. 매우.
2. 명 최고. 으뜸.
方式(fāngshì) : 명 방식. 방법. 일정한 형식 · 수속.

14) 关于"文化大革命"过程的三个阶段。

guānyú "wénhuà dàgémìng" guòchéng de sān gè jiēduàn。
"문화대혁명" 과정의 3개 단계에 관하여…

15) 从"文化大革命"的发动到1969年4月中国共产党第九次全国代表大会，这是第一阶段。
cóng "wénhuà dàgémìng" de fādòng dào yī jiǔ liù jiǔ nián sì yuè zhōngguó gòngchǎndǎng dì jiǔ cì quánguó dàibiǎo dàhuì, zhè shì dìyī jiēduàn。
"문화대혁명"의 발동부터 1969년 4월 중국공산당 제9차 전국대표대회까지, 이것이 제1 단계이다.

到(dào)：…까지. …로. …에. 1-13.
共产党(gòngchǎndǎng)：공산당. 1-5.
中国共产党(zhōngguó gòngchǎndǎng)：중국공산당. 중공. 1-5.
第(dì)：1. 접두 제. 〔수사 앞에 쓰여 차례의 몇 째를 가리킴〕
2. 명 과거 급제(科举及第). 등급.
3. 명 차례. 순서. 단계.
次(cì)：차례. 번. 회. 3-11.
全国(quánguó)：전국. 2-3.
代表(dàibiǎo)：대표. 대표자. 3-6.
大会(dàhuì)：대회. 3-7.
全国代表大会(quánguó dàibiǎo dàhuì)：전국대표대회. 중국공산당 전국대표대회. 중국공산당 전국대표대회는 중국공산당의 최고 영도 기관으로, 5년마다 1회 개최되고, 전국대표대회에 의해 구성된 중앙위원회가 소집함. 그 직권은 중앙위원회의 보고서를 청취하고 심사하며, 중앙기율검사위원회의 보고서를 청취하고 심사하며, 당의 중대 문제를 토론하고 결정하며, 당의 장정을 수정하며, 중앙위원회를 선거하며, 중앙기율검사위원회를 선거함.
第一(dìyī)：제1. 첫째. 첫 번째. 최초. 맨 처음. 1-14.

16) 1965年11月10日，上海《文汇报》发表姚文元的文章《评新编历史剧(海瑞罢官)》，指名批判时任北京市副市长·著名明史专家吴晗所写的京剧剧本《海瑞罢官》，称其为大毒草，这种超出学术范围的政治批判成为"文化大革命"的导火线。

yī jiǔ liù wǔ nián shí yī yuè shí rì, shànghaǐ≪wénhuìbào≫fābiǎo Yáo Wényuán de wénzhāng≪píng xīnbiān lìshǐjù(Haǐruì bà guān)≫, zhǐmíng pīpàn shírèn běijīng shì fùshìzhǎng · zhùmíng míngshǐ zhuānjiā Wú Hán suǒ xiě de jīngjù jùběn ≪Haǐruì bà guān≫, chēngqíwéi dà dúcǎo, zhèzhǒng chāochū xuéshù fànwéi de zhèngzhì pīpàn chéngwéi "wénhuà dàgémìng" de dǎohuǒxiàn。

1965년 11월 10일, 상해≪문회보≫는 요문원의 문장≪신편 역사극 (해서파관)을 평론하다≫를 발표했고, 이름을 거론하면서 당시 현직 북경시 부시장이며 저명한 명사 전문가 오함이 쓴 경극 극본≪해서파관≫을 비판했고, 그것을 대독초라고 불렀으며, 학술 범위를 초월하는 이런 종류의 정치 비판은 "문화대혁명"의 도화선이 되었다.

A) 1965年11月10日, 上海≪文汇报≫发表姚文元的文章≪评新编历史剧(海瑞罢官)≫,

yī jiǔ liù wǔ nián shí yī yuè shí rì, shànghaǐ≪wénhuìbào≫fābiǎo Yáo Wényuán de wénzhāng≪píng xīnbiān lìshǐjù(Haǐruì bà guān)≫,

1965년 11월 10일, 상해≪문회보≫는 요문원의 문장≪신편 역사극 (해서파관)을 평론하다≫를 발표했고,

上海(shànghaǐ) : 명 상해. 상하이.

文汇报(wénhuìbào) : 명 문회보. 〔1938년 上海에서 창간된 신문으로, 1948년부터는 홍콩에서도 발행됨〕

发表(fābiǎo) : 1. 명동 발표(하다). 공표(하다). 게재(하다).
2. 동 체내의 독기를 발산시키다.

姚文元(Yáo Wényuán) : 명 요문원. 야오원위안. Yao Wenyuan. 〔사람 이름〕

评(píng) : 1. 명동 논평(하다). 비평(하다). 평론(하다).
2. 명동 판정(하다). 심사(하다).

新编(xīnbiān) : 1. 명 신편. 〔주로 책 이름에 쓰임〕
2. 동 새로 편집하다.

历史剧(lìshǐjù) : 명 사극. 역사극.

海瑞(Haǐruì) : 명 해서. 하이뢰이. Hai Rui. 〔명나라 사람으로, 중국 역대의 청백리로 유명함〕

罢(bà)：그만두다. 중지하다. 파면하다. 면직하다. 1-12.

官(guān)：1. 명 관리. 벼슬아치. 공무원.
2. 형 (옛날) 관청의. 정부의.
3. 형 공동의. 공유의.
4. 동 관직에 오르다. 임관하다.

海瑞罢官(Haǐruì bà guān)：해서파관. 해서가 관리를 그만두다.

B) 指名批判时任北京市副市长·著名明史专家吴晗所写的京剧剧本《海瑞罢官》，

zhǐmíng pīpàn shírèn běijīng shì fùshìzhǎng · zhùmíng míngshǐ zhuānjiā Wú Hán suǒ xiě de jīngjù jùběn 《Haǐruì bà guān》，

이름을 거론하면서 당시 현직 북경시 부시장이며 저명한 명사 전문가 오함이 쓴 경극 극본《해서파관》을 비판했고,

指(zhǐ)：1. 명 손가락.
2. 명 손가락 굵기.〔손가락 하나의 굵기를 一指라 하여, 깊이 · 넓이 따위를 계산할 때 쓰임〕
3. 동 (손가락이나 끝이 뾰족한 물건으로) 가리키다. 지적하다.
4. 동 지시하다. 지도하다.

名(míng)：이름. 명칭. 8-17.

指名(zhǐmíng)：이름을 가리키다. 이름을 지적하다. 이름을 거론하다. 거명하다.

批判(pīpàn)：명동 비판(하다).

指名批判…：이름을 거명하면서 …을 비판하다.

时(shí)：당대(의). 현대(의). 현재(의). 당시(의). 3-11.

任(rèn)：1. 동 (…의 일을) 맡다. 담당하다. …에 임하다.
2. 동 임명하다. 맡기다.
3. 동 감내하다. 견디다. 감당하다. 이겨 내다. 받아들이다.

时任(shírèn)：당시 …을 맡다(담당하다). → 당시 현직.

北京(běijīng)：베이징. 북경. Beijing. 3-9.

市(shì)：1. 명 (행정 구획 단위의) 시.〔直辖市(직할시)와 市로 되어 있음〕

2. 명 저자. 시장. 장.
3. 명 도시. 도회.
4. 동 사다. 팔다. 사고팔다. 매매하다.

副市长(fùshìzhǎng) : 명 부시장.

时任北京市副市长 : 당시 북경시 부시장을 맡다. → 당시 현직 북경시 부시장.

著名(zhùmíng) : 형 저명하다. 유명하다.

明史(míngshǐ) : 명 명사. 〔중국 청나라 장정옥(张廷玉) 등이 칙명에 의해 편찬된 362권으로 구성된 명나라의 역사 기록서임〕

专家(zhuānjiā) : 전문가. 8-16.

吴晗(Wú Hán) : 오함. 우한. Wu Han. 〔사람 이름〕

所(suǒ) : …하는. …하는 바. 2-4.

写(xiě) : 글씨를 쓰다. 글을 짓다. 1-18.

京剧(jīngjù) : 명 경극. 북경 오페라. Beijing Opera. Peking Opera. 〔중국 주요 전통극의 하나〕

剧本(jùběn) : 명 (연극의) 극본. 각본. 대본.

吴晗所写的京剧剧本 : 오함이 쓴 경극 극본

C) 称其为大毒草,

chēngqíwéi dà dúcǎo,
그것을 대독초라고 불렀으며,

称(chēng) : 1. 동 부르다. 일컫다. 불리다. 칭하다.
2. 명 명칭. 칭호.
3. 동 말하다. 진술하다.

称其为(chēng qí wéi) : 그것을 …으로 부르다. …라고 칭하다.

大(dà) : 1. 형 크다. 많다. 세다. 주요하다. 중요하다. 대.
2. 명 크기.
3. 동 크게 하다.

毒草(dúcǎo) : 1. 명 독초. 독풀.
2. 명 해로운 말이나 글(작품).

D) 这种超出学术范围的政治批判成为"文化大革命"的导火线。

zhèzhǒng chāochū xuéshù fànwéi de zhèngzhì pīpàn chéngwéi "wénhuà dàgémìng" de dǎohuǒxiàn。

학술 범위를 초월하는 이런 종류의 정치 비판은 "문화대혁명"의 도화선이 되었다.

这种(zhèzhǒng) : 대 이런 종류(의). 이와 같은.

超出(chāochū) : 동 (수량 · 정도 · 한도를) 넘다. 초과하다. → 초월하다.

学术(xuéshù) : 학술. 2-5.

范围(fànwéi) : 범위. 3-4.

超出学术范围 : 학술 범위를 초월하다.

超出学术范围的政治批判 : 학술 범위를 초월하는 정치 비판.

这种超出学术范围的政治批判 : 학술 범위를 초월하는 이런 종류의 정치 비판.

成为(chéngwéi : …으로 되다. …이 되다. 6-20.

导火线(dǎohuǒxiàn) : 1. 명 도화선.
2. 명 사건을 유발하는 직접 원인.

17) 从中共九大到1973年8月中共十大，这是第二阶段。

cóng zhōnggòng jiǔ dà dào yī jiǔ qī sān nián bā yuè zhōnggòng shí dà, zhè shì dièr jiēduàn。

중국공산당 제9차 전국대표대회부터 1973년 8월 중국공산당 제10차 전국대표대회까지, 이것이 제2 단계이다.

中共(zhōnggòng) : 중공. 중국공산당. 1-4.

九大(jiǔ dà) : 中国共产党 第九次 全国代表大会. 중국공산당 제9차 전국대표대회. 중공 9대. 9대.

十大(shí dà) : 中国共产党 第十次 全国代表大会. 중국공산당 제10차 전국대표대회. 중공 10대. 10대.

第二(dìèr) : 제2. 둘째. 두 번째. 1-15.

18) 1970年至1971年间，发生了林彪反革命集团阴谋夺取最高权力·策动反革命武装政变的事件。

yī jiǔ qī líng nián zhì yī jiǔ qī yī nián jiān, fāshēngle Lín Biaō fǎngémìng jítuán yīnmó duóqǔ zuìgāo quánlì · cèdòng fǎngémìng wǔzhuāng zhèngbiàn de shìjiàn。

1970년부터 1971년까지 사이에, 임표 반혁명 집단이 최고 권력의 탈취와 반혁명 무장 쿠데타의 책동을 음모하는 사건이 발생했다.

间(jiān) : 1. 명 틈. 사이.
2. 동 사이를 두다. 격(隔)하다.
3. 동 이간시키다. 불화하게 하다.

发生(fāshēng) : 발생하다. 생기다. 5-15.

阴谟(yīnmó) : 명동 음모(하다).

最高(zuìgāo) : 가장 높다. 최고이다. 3-12.

权力(quánlì) : 1. 명 권력.
2. 명 권한.
3. 명 권세와 실력.

策动(cèdòng) : 명동 책동(하다). 획책(하다).

武装(wǔzhuāng) : 1. 명 무장. 군사 장비. 무력.
2. 동 무장하다. 무장시키다.
3. 명 군대.

政变(zhèngbiàn) : 명 정변. 쿠데타.

事件(shìjiàn) : 1. 명 사건. 사태.
2. 명 일. 사항. 행사.

夺取最高权力 : 최고 권력을 탈취하다. → 최고 권력의 탈취.

策动反革命武装政变 : 반혁명 무장 쿠데타를 책동하다. → 반혁명 무장 쿠데타의 책동.

阴谋夺取最高权力 · 策动反革命武装政变 : 최고 권력의 탈취와 반혁명 무장 쿠데타의 책동을 음모하다.

林彪反革命集团阴谋夺取最高权力 · 策动反革命武装政变 : 임표 반혁명 집단이 최고 권력의 탈취와 반혁명 무장 쿠데타의 책동을 음모하다.

林彪反革命集团阴谋夺取最高权力·策动反革命武装政变的事件：임표 반혁명 집단이 최고 권력의 탈취와 반혁명 무장 쿠데타의 책동을 음모하는 사건.

19) 毛泽东·周恩来机智地粉碎了这次叛变。

Máo Zédōng · Zhōu Ēnlái jīzhìdi fěnsuìle zhè cì pànbiàn。

모택동과 주은래는 이번 반란 사건을 슬기롭게 분쇄했다.

机智(jīzhì)：1. 형 기지(가 넘치다). 영리하다. 슬기롭다. 지혜롭다.
2. 명 기지. 영리함. 슬기로움. 지혜.

地(di)：단어나 사조의 뒤에 쓰여서, 동사·형용사를 수식함.
〔다른 발음은 地(de)임〕 1-6.

机智地(jīzhìdi)：영리하게. 슬기롭게. 기지가 넘치게. 지혜롭게.

粉碎(fěnsuì)：분쇄하다. 가루로 만들다. 1-5.

叛变(pànbiàn)：1. 명 반란. 반란 사건.
2. 명동 배신(하다). 배반(하다).

20) 之后，在毛泽东的支持下，周恩来主持中央日常工作，使各方面的工作有了转机，但遭到江青反革命集团的反对，毛泽东也错误地认为当时的任务仍然是反对“极右”，否定了周恩来提出的要批判极左思潮的正确意见。

zhīhòu, zài Máo Zédōng de zhīchí xià, Zhōu Ēnlái zhǔchí zhōngyāng rìcháng gōngzuò, shǐ gè fāngmiàn de gōngzuò yǒule zhuǎnjī, dàn zāodào Jiāng Qīng fǎngémìng jítuán de fǎnduì, Máo Zédōng yě cuòwùdi rènwéi dāngshí de rènwu réngrán shì fǎnduì “jíyòu”, fǒudìngle Zhōu Ēnlái tíchū de yào pīpàn jízuǒ sīcháo de zhèngquè yìjiàn。

그 후에, 모택동의 지지 하에서, 주은래는 중앙정부의 일상 업무를 주관했고, 각 방면의 업무로 하여금 전기가 나타나게 만들었으며, 그러나 강청 반혁명 집단의 반대를 만났고, 모택동도 당시의 임무는 여전히 “극우”를 반대하는 것이라고 그릇되게 생각했고, 주은래가 제의한, 극좌 사조를 비판해야 한다는 정확한 의견을 부정했다.

A) 之后，在毛泽东的支持下，
zhīhòu, zài Máo Zédōng de zhīchí xià,
그 후에, 모택동의 지지 하에서,

之后(zhīhòu) : 1. …후. …뒤. …다음. 〔어떤 시간이나 장소의 뒤를 나타냄. 그러나 장소보다는 시간에 많이 쓰임〕
2. 그 후. 그 뒤. 그다음. 〔단독으로 문장 앞에 쓰여 앞의 문장에서 말한 사정의 뒤임을 나타냄〕

支持(zhīchí) : 1. 동 힘써 견디다. 지탱하다. → 지탱.
2. 동 지지하다. 후원하다. → 지지. 후원.
3. 동 주관하다. 주재하다. 좌지우지하다. → 주관. 주재.

B) 周恩来主持中央日常工作，使各方面的工作有了转机，
Zhōu Ēnlái zhǔchí zhōngyāng rìcháng gōngzuò, shǐ gè fāngmiàn de gōngzuò yǒule zhuǎnjī,
주은래는 중앙정부의 일상 업무를 주관했고, 각 방면의 업무로 하여금 전기가 나타나게 만들었으며,

主持(zhǔchí) : 1. 동 주관하다. 책임지고 집행하다. 주재하다.
2. 동 주장하다. 옹호(수호)하다.
3. 동 (절의) 주지를 맡다.

中央(zhōngyāng) : 정부의 최고 기관. 중앙정부. 3-8.

日常(rìcháng) : 1. 형 일상의. 일상적인.
2. 명 평소.

工作(gōngzuò) : 업무. 근무. 작업〔하다〕. 3-4.

日常工作 : 일상 업무.

使(shǐ) : (…하여금) …하게 만들다. (…에게) …하게 하다. …시키다. 5-15.

各(gè) : 각자. 각기. 각. 각각. 여러. 1-9.

有了(yǒule) : 생겼다. 있게 되었다. 나타났다. 5-17.

转机(zhuǎnjī)：1. 명 전기. 전환점이 되는 기회나 시기.
2. 동 비행기를 갈아타다.

C) 但遭到江青反革命集团的反对，
dàn zāodào Jiāng Qīng fǎngémìng jítuán de fǎnduì,
그러나 강청 반혁명 집단의 반대를 만났고,

遭到(zāodào)：(불행이나 불리한 일을) 만나다. 당하다. 입다. 부닥치다. 7-5.
反对(fǎnduì)：반대(하다). 8-24.

D) 毛泽东也错误地认为当时的任务仍然是反对"极右"，
Máo Zédōng yě cuòwùdi rènwéi dāngshí de rènwu réngrán shì fǎnduì "jíyòu",
모택동도 당시의 임무는 여전히 "극우"를 반대하는 것이라고 그릇되게 생각했고,

也(yě)：…도 또한. 그리고 또. 게다가. …조차 (…하다). 1-6.
错误地(cuòwùdi)：그릇되게. 잘못해서. 실수로.
认为(rènwéi)：여기다. 생각하다. 보다. 인정하다. 8-10
当时(dāngshí)：당시. 그 때. 6-20.
任务(rènwu)：임무. 책무. 3-4.
仍然(réngrán)：변함 없이. 여전히. 아직도. 원래대로. 4-12.
极右(jíyòu)：명 극우. 극단적인 우익(파).

E) 否定了周恩来提出的要批判极左思潮的正确意见。
fǒudìngle Zhōu Ēnlái tíchū de yào pīpàn jízuǒ sīcháo de zhèngquè yìjiàn。
주은래가 제의한, 극좌 사조를 비판해야 한다는 정확한 의견을 부정했다.

否定(fǒudìng) : 1. 명동 부정(하다). 취소(하다). 거부(하다). 반대(하다).
2. 형 부정의. 부정적인.

提出(tíchū) : 제의하다. 제기하다. 제시하다. 제출하다. 1-4.

极左(jízuǒ) : 명 극좌. 극단적인 좌익(파).

思潮(sīcháo) : 1. 명 사조.
2. 명 생각. 일련의 상념. 기분.

正确(zhèngquè) : 정확하다. 틀림없다. 올바르다. 옳다. 2-9.

意见(yìjiàn) : 의견. 1-5.

周恩来提出的 : 주은래가 제의한.

要批判极左思潮的 : 극좌 사조를 비판해야 한다는.

周恩来提出的要批判极左思潮的正确意见 : 주은래가 제의한, 극좌 사조를 비판해야 한다는 정확한 의견.

21) 从中共十大到1976年10月粉碎"四人帮", 这是第三阶段。

cóng zhōnggòng shí dà dào yī jiǔ qī liù nián shí yuè fěnsuì "sì rén bāng", zhè shì dìsān jiēduàn。

중국공산당 제10차 전국대표대회부터 1976년 10월 "4인방"의 분쇄까지, 이것이 제3 단계이다.

帮(bāng) : 1. 명 무리. 〔여럿이 모여서 한 동아리를 이룬 사람들에 대해서 쓰임〕
2. 명 결사. 집단. 〔주로 정치적 또는 경제적 목적으로 결성된 것을 가리킴〕
3. 명 향우회. 〔타 성에 거주하는 동향인의 단체를 가리킴〕
4. 동 돕다. 거들어 주다.
5. 동 삯일을 하다.
6. 동 증송(赠送)하다. 재물로 돕다.

四人帮(sì rén bāng) : 4인방. 왕홍문(王洪文) · 장춘교(张春桥) · 강청(江清) · 요문원(姚文元) 등 소위 반당집단(反党集团)을 칭함. 1-5.

第三(dìsān) : 제3. 셋째. 세 번째. 1-16.

1976年10月粉碎"四人帮" : 1976년 10월 "4인방"을 분쇄하다.
→ 1976년 10월 "4인방"의 분쇄.

22) 1976年9月9日，毛泽东主席逝世，江青反革命集团加紧夺取党和国家最高领导权的阴谋活动。

yī jiǔ qī liù nián jiǔ yuè jiǔ rì, Máo Zédōng zhǔxí shìshì, Jiāng Qīng fǎngémìng jítuán jiājǐn duóqǔ dǎng hé guójiā zuìgāo lǐngdǎoquán de yīnmó huódòng。

1976년 9월 9일, 모택동 주석이 서거했고, 강청 반혁명 집단은 당과 국가의 최고 영도권을 탈취하는 음모 활동에 박차를 가했다.

A) 1976年9月9日，毛泽东主席逝世，

yī jiǔ qī liù nián jiǔ yuè jiǔ rì, Máo Zédōng zhǔxí shìshì,

1976년 9월 9일, 모택동 주석이 서거했고,

主席(zhǔxí)：주석. 위원장. 의장. 3-10.

逝世(shìshì)：㊐ 서거하다. 세상을 뜨다.

B) 江青反革命集团加紧夺取党和国家最高领导权的阴谋活动。

Jiāng Qīng fǎngémìng jítuán jiājǐn duóqǔ dǎng hé guójiā zuìgāo lǐngdǎoquán de yīnmó huódòng。

강청 반혁명 집단은 당과 국가의 최고 영도권을 탈취하는 음모 활동에 박차를 가했다.

加紧(jiājǐn)：㊐ 다그치다. 강화하다. 박차를 가하다. 서둘러 하다. → 더욱(이). 서둘러.

领导权(lǐngdǎoquán)：㊐ 지도권. 영도권. 패권.

活动(huódòng)：활동. 2-9.

夺取党和国家最高领导权：당과 국가의 최고 영도권을 탈취하다.

夺取党和国家最高领导权的阴谋活动：당과 국가의 최고 영도권을 탈취하는 음모 활동.

加紧夺取党和国家最高领导权的阴谋活动 : 당과 국가의 최고 영도권을 탈취하는 음모 활동에 박차를 가하다.

23) 10月上旬，中共中央政治局执行党和人民的意志，毅然粉碎江青反革命集团，结束了"文化大革命"这场灾难。

shí yuè shàngxún, zhōnggòng zhōngyāng zhèngzhìjú zhíxíng dǎng hé rénmín de yìzhì, yìrán fěnsuì Jiāng Qīng fǎngémìng jítuán, jiéshùle "wénhuà dàgémìng" zhèchǎng zāinán。

10월 상순에, 중국공산당 중앙정치국은 당과 인민의 의지를 집행하여, 강청 반혁명 집단을 의연히 분쇄했고, "문화대혁명"이라는 이 한 차례의 재난을 종결했다.

A) 10月上旬，中共中央政治局执行党和人民的意志，

shí yuè shàngxún, zhōnggòng zhōngyāng zhèngzhìjú zhíxíng dǎng hé rénmín de yìzhì,

10월 상순에, 중국공산당 중앙정치국은 당과 인민의 의지를 집행하여,

上旬(shàngxún) : 명 상순. 한 달 가운데 1일에서 10일까지의 동안.

政治局(zhèngzhìjú) : 1. 명 (일부 정치단체 · 정당 내의 설치된 최고지도기구인) 정치국.
2. 명 (중국공산당 중앙위원회의) 정치국.

中共中央政治局(zhōnggòng zhōngyāng zhèngzhìjú) : 중국공산당 중앙정치국. 약칭 중공중앙정치국 혹은 중앙정치국으로, 중국공산당의 중앙영도기구 중 하나임. 중앙정치국 위원은 중앙위원회 전체회의의 선거에 의해 구성되며, 그 임기는 5년임. 중앙정치국은 중앙위원회 전체회의 폐막 기간에 중앙위원회의 직권을 행사함.

执行(zhíxíng) : 집행하다. 실행하다. 실시하다. 3-7.

意志(yìzhì) : 명 의지. 의기.

B) 毅然粉碎江青反革命集团，

yìrán fěnsuì Jiāng Qīng fǎngémìng jítuán,

강청 반혁명 집단을 의연히 분쇄했고,

毅然(yìrán)：1. 부 의연히. 결연히. 단호히.
2. 형 의연하다.

C) 结束了“文化大革命”这场灾难。

jiéshùle “wénhuà dàgémìng” zhèchǎng zāinán。
“문화대혁명”이라는 이 한 차례의 재난을 종결했다.

结束(jiéshù)：끝나다. 마치다. 종결하다. 종료하다. 마무르다. 1-5.
这场灾难：이 한 차례의 재난.
“文化大革命”这场灾难：“문화대혁명”이라는 이 한 차례의 재난.*

4. 번역 문화대혁명의 발동

문화대혁명의 이론과 과정

1966년 5월부터 1976년 10월까지, 이 기간은 중국의 하나의 특수한 역사 단계 즉 "문화대혁명" 시기였다. ≪건국 이래 중국공산당의 약간의 역사 문제에 관한 결의≫는 이 구간의 역사에 대해 약간의 중요한 논술을 가지고 있었다. "문화대혁명"은 지도자가 착오로 발동했고, 반혁명 집단에 의해서 이용되었고, 당과 국가와 각 민족 인민에게 심각한 재난을 가져왔던 한 차례의 내란이었음을 역사는 이미 판명했다. "문화대혁명"과 관련이 있는 역사 개황은 다음의 몇 개 방면에서 파악할 수 있다. 즉 하나의 이론, 무산계급 독재정치 하에서의 계속혁명론이다. 두 개의 집단, 임표 반혁명 집단과 강청 반혁명 집단이다. 세 개의 단계, 〈결의〉가 "문화대혁명"의 과정을 3개 단계로 나누었다. 네 차례의 투쟁, "문화대혁명" 중에서 당과 인민의 "좌"경 착오 및 임표 · 강청 반혁명 집단과의 투쟁은 줄곧 중지된 적이 없는 것이다.

무산계급 독재정치 하에서의 계속혁명론에 관하여… "무산계급 독재정치 하에서의 계속혁명론"이라고 정식으로 이름을 붙이는 이 전용 명칭은, 또한 그 기본 요점인 것이 1967년 11월 6일 두 신문과 한 잡지(즉 ≪인민일보≫ · ≪해방군보≫ · ≪홍기≫잡지) 편집부의 문장≪10월 사회주의 혁명이 개척한 노선에 따라서 전진하다≫라고 개괄해 냈다. 그러나 1966년 5월의≪5 · 16통지≫는 이미 이 이론의 중요 내용을 포함했다. 이 이론은 모택동 노년의 "문화대혁명"에 관한 착오 사상을 반영했고, 그 핵심 내용은, 무산계급이 정권을 쟁취했고 또한 사회주의 제도를 수립했던 조건하에서, 하나의 계급이 다른 하나의 계급을 전복시키는 정치 대혁명을 또 진행해야 하며, "문화대혁명"은 바로 이런 종류의 "계속혁명"의 가장 중요한 방식이었다.

"문화대혁명" 과정의 3개 단계에 관하여… "문화대혁명"의 발동부터 1969년 4월 중국공산당 제9차 전국대표대회까지, 이것이 제1 단계이다. 1965년 11월 10일, 상해 ≪문회보≫는 요문원의 문장 ≪신편 역사극 (해서파관)을 평론하다≫를 발표했고, 이름을 거론하면서 당시 현직 북경시 부시장이며 저명한 명사 전문가 오함이 쓴 경극 극본 ≪해서파관≫을 비판했고, 그것을 대독초라고 불렀으며, 학술 범위를 초월하는 이런 종류의 정치 비판은 "문화대혁명"의 도화선이 되었다.

중국공산당 제9차 전국대표대회부터 1973년 8월 중국공산당 제10차 전국대표대회까지, 이것이 제2 단계이다. 1970년부터 1971년까지 사이에, 임표 반혁명 집단이 최고 권력의 탈취와 반혁명 무장 쿠데타의 책동을 음모하는 사건이 발생했다. 모택동과 주은래는 이번 반란 사건을 슬기롭게 분쇄했다. 그 후에 모택동의 지지하에서, 주은래는 중앙정부의 일상 업무를 주관했고 각 방면의 업무로 하여금 전기가 나타나게 만들었으며, 그러나 강청 반혁명 집단의 반대를 만났고, 모택동도 당시의 임무는 여전히 "극우"를 반대하는 것이라고 그릇되게 생각했고, 주은래가 제의한 극좌 사조를 비판해야 한다는 정확한 의견을 부정했다.

중국공산당 제10차 전국대표대회부터 1976년 10월 "4인방"의 분쇄까지, 이것이 제3 단계이다. 1976년 9월 9일, 모택동 주석이 서거했고 강청 반혁명 집단은 당과 국가의 최고 영도권을 탈취하는 음모 활동에 박차를 가했다. 10월 상순에, 중국공산당 중앙정치국은 당과 인민의 의지를 집행하여 강청 반혁명 집단을 의연히 분쇄했고, "문화대혁명"이라는 이 한 차례의 재난을 종결했다. *

第十课

解放思想·实事求是

第十课 解放思想 · 实事求是

1. 원문 冲破“两个凡是”的束缚

1978年11月10日至12月15日，中共中央召开工作会议。各省 · 市 · 自治区和各大军区的负责人及中央党政军和群众团体负责人213人参加会议。会议的议题有三项：(1)讨论1979 · 1980年的国民经济计划安排；(2)讨论发展农业生产和制定农业问题的文件；(3)学习讨论李先念在国务院务虚会上的讲话。在开幕会上，华国锋代表中央政治局提出，在讨论这三个议题之前，先讨论一个问题，就是从明年一月起把全党工作着重点转移到现代化建设上来，这是一个关系全局的问题，是我们这次会议的中心思想。

工作着重点转移问题，最早是邓小平提出的。1978年9月邓小平视察东北时，提出要适时结束揭批“四人帮”的运动，把党和国家工作的重点转移到四个现代化建设上来。以后，他又多次提出这个问题。中央政治局常委接受了邓小平的建议。这个问题一提出，得到与会者普遍的热烈拥护。

从11月27日，会议转入对两年经济计划和李先念讲话的讨论。在这个过程中，又提出对真理标准问题讨论的评价问题。围绕这个问题，与会者对党的思想路线进行了热烈讨论。讨论中，大家进一步摆脱"两个凡是"方针的束缚，树立实事求是的思想路线，高度评价这场讨论的意义。有同志指出，真理标准问题的讨论已经不是一般理论问题。总结"文化大革命"正反两方面的经验，如果不解决这个根本观点·根本方法，用什么来判定路线·理论·思想的是非?怎样引出真正的教训?是非不清，又怎么能落实党的政策?

正是本着这样一种精神，会议充分讨论了党的工作着重点转移问题。与会者认为，工作重点转移，这是一个非常英明而有远见的决策。这一决策不是暂时的·短期的，而是战略性的，是针对一个历史阶段的主要奋斗目标而提出来的。与会者深切感到，应当结束"以阶级斗争为纲"的状况，把经济建设作为今后的中心任务，以确保工作重点转移的实现。

12月13日，邓小平在中央工作会议闭幕会上作《解放思想，实事求是，团结一致向前看》的讲话。邓小平在为这篇讲话稿起草的提纲中，列出了以下问题：(1)解放思想，开动机器；(2)发扬民主，加强法制；(3)向后看是为的向前看；(4)克服官僚主义 · 人浮于事；(5)允许一部分先好起来；(6)加强责任制。提纲还讲到对会议的评价。

邓小平的这篇讲话，既是中央工作会议的总结，又为随后召开的中国共产党十一届三中全会提供了指导思想，成为三中全会的主体报告。这次中央工作会议的成功召开，终于在中央领导层打破了“两个凡是”方针长达两年的束缚，亦即打破了“文化大革命”“左”倾错误指导思想的某种延续，从而为十一届三中全会实现中国共产党和中华人民共和国历史发展的伟大转折完成了必要的准备工作。

출처: ≪简明中华人民共和国史≫，庞松 主编，广州：广东教育出版社，2001. pp.437-443.

2. 발음 dì shí kè jiěfàng sīxiǎng · shí shì qiú shì

chōngpò “liǎngge fánshì” de shùfù

yī jiǔ qī bā nián shí yī yuè shí rì zhì shí èr yuè shí wǔ rì, zhōnggòng zhōngyāng zhàokāi gōngzuò huìyì。gè shěng · shì · zìzhìqū hé gè dàjūnqū de fùzérén jí zhōngyāng dǎng zhèng jūn hé qúnzhòng tuántǐ fùzérén èr bǎi shí sān rén cānjiā huìyì。huìyì de yìtí yǒu sān xiàng：(1)tǎolùn yī jiǔ qī jiǔ · yī jiǔ bā líng nián de guómín jīngjì jìhuà ānpái；(2)tǎolùn fāzhǎn nóngyè shēngchǎn hé zhìdìng nóngyè wèntí de wénjiàn；(3)xuéxí tǎolùn Lǐ Xiānniàn zài guówùyuàn wùxūhuì shang de jiǎnghuà。zài kāimùhuì shang, Huá Guófēng dàibiǎo zhōngyāng zhèngzhìjú tíchū, zài tǎolùn zhè sān gè yìtí zhīqián, xiān tǎolùn yíge wèntí, jiù shì cóng míngnián yī yuè qǐ bǎ quándǎng gōngzuò zhuózhòngdiǎn zhuǎnyí dào xiàndàihuà jiànshè shàng lái, zhè shì yíge guānxi quánjú de wèntí, shì wǒmen zhècì huìyì de zhōngxīn sīxiǎng。

gōngzuò zhuózhòngdiǎn zhuǎnyí wèntí, zuìzǎo shì Dèng Xiǎopíng tíchū de。yī jiǔ qī bā nián jiǔ yuè Dèng Xiǎopíng shìchá dōngběi shí, tíchū yào shìshí jiéshù jiēpī “sìrénbāng” de yùndòng, bǎ dǎng hé guójiā gōngzuò de zhòngdiǎn zhuǎnyí dào sì gè xiàndàihuà jiànshè shàng lái。yǐhòu, tā yòu duōcì tíchū zhège wèntí。zhōngyāng zhèngzhìjú chángwěi jiēshòule Dèng Xiǎopíng de jiànyì。zhègè wèntí yī tíchū, dédào yǔhuìzhě pǔbiàn de rèliè yōnghù。

cóng shí yī yuè èr shí qī rì, huìyì zhuǎnrù duì liǎng nián jīngjì jìhuà hé Lǐ Xiānniàn jiǎnghuà de tǎolùn。zài zhège guòchéng zhōng, yòu tíchū duì zhēnlǐ biāozhǔn wèntí tǎolùn de píngjià wèntí。wéirào zhège wèntí, yǔhuìzhě duì dǎng de sīxiǎng lùxiàn jìnxíngle rèliè tǎolùn。tǎolùn zhōng, dàjiā jìnyíbù bǎituō “liǎnggè fánshì” fāngzhēn de shùfù, shùlì shí shì qiú shì de sīxiǎng lùxiàn, gāodù píngjià zhèchǎng tǎolùn de yìyì。yǒu tóngzhì zhǐchū, zhēnlǐ biāozhǔn wèntí de tǎolùn yǐjīng bú shì yìbān lǐlùn wèntí。zǒngjié “wénhuà dàgémìng” zhèngfǎn liǎng fāngmiàn de jīngyàn, rúguǒ bù jiějué zhège gēnběn guāndiǎn · gēnběn fāngfǎ, yòng shénme lái pàndìng lùxiàn · lǐlùn · sīxiǎng de shìfēi?zěnyàng yǐnchū zhēnzhèng de jiàoxùn?shìfēi bùqīng, yòu zěnme néng luòshí dǎng de zhèngcè?

zhèngshì běnzhe zhèyàng yìzhǒng jīngshén, huìyì chōngfēn tǎolùnle dǎng de gōngzuò zhuózhòngdiǎn zhuǎnyí wèntí。yǔhuìzhě rènwéi, gōngzuò zhòngdiǎn zhuǎnyí, zhè shì yíge fēicháng yīngmíng ér yǒu yuǎnjiàn de juécè。zhè yī juécè bú shì zànshí de · duǎnqī de, érshì zhànlüèxìng de, shì zhēnduì yíge lìshǐ jiēduàn de zhǔyào fèndǒu mùbiāo ér tíchū lái de。yǔhuìzhě shēnqiē gǎndào, yīngdāng jiéshù "yǐ jiējí dǒuzhēng wéi gāng" de zhuàngkuàng, bǎ jīngjì jiànshè zuòwéi jīnhòu de zhōngxīn rènwu, yǐ quèbǎo gōngzuò zhòngdiǎn zhuǎnyí de shíxiàn。

shí èr yuè shí sān rì, Dèng Xiǎopíng zài zhōngyāng gōngzuò huìyì bìmùhuì shang zuò ≪jiěfàng sīxiǎng · shí shì qiú shì, tuánjié yízhì xiàngqián kàn≫ de jiǎnghuà。Dèng Xiǎopíng zài wèi zhè piān jiǎnghuà gǎo qǐcǎo de tígāng zhōng, lièchūle yǐxià wèntí : (1)jiěfàng sīxiǎng, kāidòng jīqì ; (2)fāyáng mínzhǔ, jiāqiáng fǎzhì ; (3)xiànghòu kàn shì wèide xiàngqián kàn ; (4)kèfú guānliáozhǔyì · rén fúyú shì ; (5)yǔnxǔ yíbùfen xiān hǎoqǐlái ; (6)jiāqiáng zérènzhì。tígāng hái jiǎngdào duì huìyì de píngjià。

Dèng Xiǎopíng de zhè piān jiǎnghuà, jì shì zhōngyāng gōngzuò huìyì de zǒngjié, yòu wèi suíhòu zhàokāi de zhōngguó gòngchǎndǎng shí yī jiè sān zhōngquánhuì tígōngle zhǐdǎosīxiǎng, chéngwéi sān zhōngquánhuì de zhǔtǐ bàogào。zhè cì zhōngyāng gōngzuò huìyì de chénggōng zhàokāi, zhōngyú zài zhōngyāng lǐngdǎocéng dǎpòle "liǎnggè fánshì" fāngzhēn chángdá liǎng nián de shùfù, yìjí dǎpòle "wénhuà dàgémìng" "zuǒ" qīng cuòwù zhǐdǎo sīxiǎng de mǒuzhǒng yánxù, cóngér wèi shí yī jiè sān zhōngquánhuì shíxiàn zhōngguó gòngchǎndǎng hé zhōnghuá rénmín gònghéguó lìshǐ fāzhǎn de wěidà zhuǎnzhé wánchéngle bìyào de zhǔnbèi gōngzuò。

3. 해설 사상 해방과 실사구시

1) 解放思想 · 实事求是

jiěfàng sīxiǎng · shí shì qiú shì
사상 해방과 실사구시

解放(jiěfàng) : 해방(하다). 3-6.
思想(sīxiǎng) : 사상. 생각. 생각하다. 7-24.
解放思想 : 사상을 해방하다. → 사상 해방.
实事求是(shí shì qiú shì) : 실사구시. 있는 그대로의 사실에 토대하여 진리를 탐구하다.

2) 冲破“两个凡是”的束缚

chōngpò “liǎngge fánshì” de shùfù
“양개범시”의 속박을 타파하다

冲破(chōngpò) : 동 돌파하다. 타파하다.
两个(liǎngge) : 두 개. 8-11.
凡是(fánshì) : 1. 부 대강. 대체로. 무릇.
2. 접 만약 …한다면. 〔주로 就, 便과 호응함〕
两个凡是(liǎnggè fánshì) : 양개범시. 두 개의 凡是. 〔모택동의 결정과 지시를 절대시 하는 것. 凡是毛主席作出的决策, 我们都要坚决拥护; 凡是毛主席的指示, 我们都要始终不渝地遵循.(무릇 모 주석이 한 결정을, 우리는 굳건히 옹호해야 하고, 무릇 모 주석의 지시를, 우리가 시종 변함없이 따라야 한다.)에서 온 말임〕

束缚(shùfù) : 명 동 속박(하다). 구속(하다). 제한(하다).

3) 1978年11月10日至12月15日, 中共中央召开工作会议。
yī jiǔ qī bā nián shí yī yuè shí rì zhì shí èr yuè shí wǔ rì, zhōnggòng zhōngyāng zhàokāi gōngzuò huìyì。
1978년 11월 10일부터 12월 15일까지, 중국공산당 중앙위원회가 업무회의를 개최했다.

至(zhì) : 이르다. …까지 도달하다. 2-4.
中共(zhōnggòng) : 중공. 中国共产党(zhōngguó gòngchǎndǎng, 중국공산당)의 준말임. 1-4.
中央(zhōngyāng) : 중앙위원회의 약칭. 중앙. 3-8.
中共中央(zhōnggòng zhōngyāng) : 중국공산당 중앙위원회. 중공중앙.
召开(zhàokāi) : 열다. 개최하다. 소집하다. 1-10.
工作(gōngzuò) : 업무. 근무. 작업〔하다〕. 일〔하다〕. 3-4.
会议(huìyì) : 회의. 3-5.
工作会议(gōngzuò huìyì) : 명 업무회의. 작업회의.

4) 各省 · 市 · 自治区和各大军区的负责人及中央党政军和群众团体负责人213人参加会议。
gè shěng · shi · zìzhìqū hé gè dàjūnqū de fùzérén jí zhōngyāng dǎng zhèng jūn hé qúnzhòng tuántǐ fùzérén èr bǎi shí sān rén cānjiā huìyì。
각 성 · 시 · 자치구와 각 대군구의 책임자 및 중앙 당 · 정 · 군과 군중 단체의 책임자 213명이 회의에 참가했다.

各(gè) : 각자. 각기. 각. 각각. 여러. 1-9.
省(shěng) : 성. 〔중국의 최상급 지방행정단위〕 4-16.
市(shì) : (행정 구획 단위의) 시. 〔直辖市(직할시)와 市로 되어 있음〕 9-16.

自治区(zìzhìqū) : 명 자치구. 〔소수민족이 다수 거주하는 지방의 제1급 행정단위로 성(省)에 해당함〕

大军区(dàjūnqū) : 명 대군구. 중국인민해방군의 1급 군사조직. 중국인민해방군의 7대 군구는 北京(북경)军区, 沈阳(심양)军区, 济南(제남)军区, 南京(남경)军区, 广州(광주)军区, 成都(성도)军区, 兰州(란주)军区임.

负责人(fùzérén) : 책임자. 3-15.

及(jí) : 및. 와. 과. 3-13.

中央(zhōngyāng) : 중앙. 중앙정부. 3-8.

党(dǎng) : 당. → 중국공산당. 중공. 1-4.

政(zhèng) : 1. 명 정치. 정사. → 정부.
2. 명 행정. 정무.
3. 명 가정 · 단체의 사무.

军(jūn) : 군대. 3-6.

群众(qúnzhòng) : 군중. 민중. 대중. 5-10.

团体(tuántǐ) : 단체. 3-6.

参加(cānjiā) : 1. 동 (어떤 모임이나 일에) 참가하다. 참여하다. 참석하다.
2. 동 (의견을) 제시하다. 발표하다.

5) 会议的议题有三项 : (1) 讨论1979 · 1980年的国民经济计划安排 ; (2) 讨论发展农业生产和制定农业问题的文件 ; (3) 学习讨论李先念在国务院务虚会上的讲话。

huìyì de yìtí yǒu sān xiàng : (1) tǎolùn yī jiǔ qī jiǔ · yī jiǔ bā líng nián de guómín jīngjì jìhuà ānpái ; (2) tǎolùn fāzhǎn nóngyè shēngchǎn hé zhìdìng nóngyè wèntí de wénjiàn ; (3) xuéxí tǎolùn Lǐ Xiānniàn zài guówùyuàn wùxūhuì shang de jiǎnghuà。

회의의 의제에는 3가지가 있다. (1) 1979년 · 1980년의 국민경제계획의 안배를 토론한다. (2) 농업 생산 발전과 농업 문제 제정의 문건을 토론한다. (3) 이선념의 국무원 이론학습토론회에서의 연설을 학습하고 토론한다.

A) 会议的议题有三项：

huìyì de yìtí yǒu sān xiàng：

회의의 의제에는 3가지가 있었다.

议题(yìtí)：명 의제.

项(xiàng)：가지. 항. 조목. 조항. 단위. 3-12.

B) (1) 讨论1979 · 1980年的国民经济计划安排；

(1) tǎolùn yī jiǔ qī jiǔ · yī jiǔ bā líng nián de guómín jīngjì jìhuà ānpái；

(1) 1979년 · 1980년의 국민경제계획의 안배를 토론한다.

讨论(tǎolùn)：토론(하다). 3-8.

国民(guómín)：국민. 3-15.

经济(jīngjì)：경제. 2-10.

国民经济(guómín jīngjì)：국민경제. 경제활동 전체를 국가단위로 하여 종합적으로 파악한 것. 3-15.

计划(jìhuà)：계획(하다). 4-3.

安排(ānpái)：1. 명동 안배(하다). 배치(하다). 배분(하다).
2. 명동 마련(하다).
3. 명동 처리(하다). 준비(하다).

C) (2) 讨论发展农业生产和制定农业问题的文件；

(2) tǎolùn fāzhǎn nóngyè shēngchǎn hé zhìdìng nóngyè wèntí de wénjiàn；

(2) 농업 생산 발전과 농업 문제 제정의 문건을 토론한다.

发展(fāzhǎn)：발전하다. 확대하다. 발전시키다. 발전. 1-5.

农业(nóngyè) : 농업. 4-5.
生产(shēngchǎn) : 생산(하다). 3-16.
发展农业生产 : 농업 생산을 발전시키다. → 농업 생산의 발전.
制定(zhìdìng) : (법규 · 계획 등을) 제정하다. 만들다. 세우다. 3-9.
问题(wèntí) : 문제. 1-4.
制定农业问题 : 농업 문제를 제정하다. → 농업 문제의 제정.
文件(wénjiàn) : 1. 명 공문서. 서류. 문건.
2. 명 (정치 이론이나 시사에 관한) 문헌. 문장.
3. 명 본문. 텍스트.
发展农业生产和制定农业问题的文件 : 농업 생산 발전과 농업 문제 제정의 문건.

D) (3) 学习讨论李先念在国务院务虚会上的讲话。

(3) xuéxí tǎolùn Lǐ Xiānniàn zài guówùyuàn wùxūhuì shang de jiǎnghuà。
(3) 이선념의 국무원 이론학습토론회에서의 연설을 학습하고 토론한다.

学习(xuéxí) : 명동 학습(하다). 공부(하다).
李先念(Lǐ Xiānniàn) : 이선념. 리셴녠. Li Xiannian. 1909년 6월-1992년 6월. 무산계급혁명가, 정치가, 군사전문가. 〔사람 이름〕
在(zài)…上(shang) : …에 있어서. 1-8.
国务院(guówùyuàn) : 1. 명 국무원. 〔중화인민공화국의 최고 행정기관〕
2. 명 국무원. 〔중화민국 초기의 내각〕
3. 명 (미국의) 국무성.
务虚会(wùxūhuì) : 명 이론학습토론회.
讲话(jiǎnghuà) : 1. 명 연설. 강화. 담화. 말.
2. 동 이야기하다. 말하다. 발언하다.
3. 동 질책하다. 나무라다. 비난하다.
李先念在国务院务虚会上的讲话 : 이선념의 국무원 이론학습토론회에서의 연설.

6) 在开幕会上，华国锋代表中央政治局提出，在讨论这三个议题之前，先讨论一个问题，就是从明年一月起把全党工作着重点转移到现代化建设上来，这是一个关系全局的问题，是我们这次会议的中心思想。

zài kāimùhuì shang, Huá Guófēng dàibiǎo zhōngyāng zhèngzhìjú tíchū, zài tǎolùn zhè sān gè yìtí zhīqián, xiān tǎolùn yíge wèntí, jiù shì cóng míngnián yī yuè qǐ bǎ quándǎng gōngzuò zhuózhòngdiǎn zhuǎnyí dào xiàndàihuà jiànshè shàng lái, zhè shì yíge guānxi quánjú de wèntí, shì wǒmen zhècì huìyì de zhōngxīn sīxiǎng。

개막회에서, 중국공산당 중앙정치국을 대표하는 화국봉의 제의에 의하여, 이 3개의 의제를 토론하기 이전에, 먼저 하나의 문제를 토론했는데, 바로 내년 1월부터 당 전체의 업무 중점을 현대화 건설로 이동하는 것이었고, 이것은 전체 국면과 연관되는 문제이었고, 우리 이번 회의의 중심사상이었다.

A) 在开幕会上，华国锋代表中央政治局提出，

zài kāimùhuì shang, Huá Guófēng dàibiǎo zhōngyāng zhèngzhìjú tíchū,

개막회에서, 중국공산당 중앙정치국을 대표하는 화국봉의 제의에 의하여,

开幕(kāimù)：1. 통 개막하다. 막을 열다.
2. 통 (회의 · 전람회 따위를) 시작하다. 개업하다.
3. 명 개막. 개업. 개회.

开幕会(kāimùhuì)：명 개막회.

华国锋(Huá Guófēng)：화국봉. 화궈펑. Hua Guofeng. 1921년 2월-2008년 8월. 무산계급혁명가. 정치가. 〔사람 이름〕

代表(dàibiǎo)：대표하다. 대신하다. 대리하다. 대표(자). 3-6.

政治局(zhèngzhìjú)：정치국. 9-23.

中央政治局(zhōngyāng zhèngzhìjú)：중국공산당 중앙정치국. 中共中央政治局(zhōnggòng zhōngyāng zhèngzhìjú). 9-23.

提出(tíchū)：제의하다. 제기하다. 제시하다. 제출하다. 신청하다. 1-4.

华国锋代表中央政治局提出… : 화국봉은 중국공산당 중앙정치국을 대표하여 …을 제의했다. → 중국공산당 중앙정치국을 대표하는 화국봉의 제의에 의하여.

B) 在讨论这三个议题之前，先讨论一个问题，
zài tǎolùn zhè sān gè yìtí zhīqián, xiān tǎolùn yíge wèntí,
이 3개의 의제를 토론하기 이전에, 먼저 하나의 문제를 토론했는데,

在(zài)…之前(zhīqián) : … 이전에. 3-9.
先(xiān) : 1. 부 먼저. 우선. 앞서. 미리. 처음.
2. 명 앞. 앞장. 선두. 선수.
3. 동 앞서 가다. 앞에 두다. 선행하다.
问题(wèntí) : 문제. 질문. 1-4.

C) 就是从明年一月起把全党工作着重点转移到现代化建设上来，
jiù shì cóng míngnián yī yuè qǐ bǎ quándǎng gōngzuò zhuózhòngdiǎn zhuǎnyí dào xiàndàihuà jiànshè shàng lái,
바로 내년 1월부터 당 전체의 업무 중점을 현대화 건설로 이동하는 것이었고,

就(jiù) : 곧. 즉시. 바로. 당장. 1-6.
从(cóng) : …에서〔부터〕. 2-4.
明年(míngnián) : 명 내년. 명년.
起(qǐ) : 시작하다. 〔주로 从 · 由 · 打 · 自 등과 함께 쓰임〕 3-14.
把(bǎ) : …을〔를〕. 〔목적어를 동사 앞으로 전치시킬 때 씀〕 1-4.
全党(quándǎng) : 당 전체.
着重点(zhuózhòngdiǎn) : 명 중점. 중심. 주안점.
转移(zhuǎnyí) : 1. 동 옮기다. 이동하다.
2. 동 변화하다. 변천하다.
3. 동 전이하다.

到(dào)：…까지. …로. …에. 1-13.
现代化(xiàndàihuà)：현대화(하다). 2-3.
建设(jiànshè)：건설(하다). 1-3.
转移到…来：…로 이동해 오다. …로 옮겨 오다. → …로 이동하다.
现代化建设上：현대화 건설 위.
转移到现代化建设上来：현대화 건설 위로 이동해 오다. → 현대화 건설로 이동하다.

D) 这是一个关系全局的问题，是我们这次会议的中心思想。

zhè shì yíge guānxi quánjú de wèntí, shì wǒmen zhècì huìyì de zhōngxīn sīxiǎng。
이것은 전체 국면과 연관되는 문제이었고, 우리 이번 회의의 중심사상이었다.

关系(guānxi)：…와 관계하다〔되다〕. 관련되다. 3-13.
全局(quánjú)：명 전체 국면. 전체의 판국. 대세.
我们(wǒmen)：우리(들). 5-3.
这次(zhècì)：명 이번. 금회.
中心(zhōngxīn)：1. 명 중심. 한가운데. 복판.
2. 명 중심. 사물의 주요 부분.
3. 명 중심. 중요 지역. 센터.

7) 工作着重点转移问题，最早是邓小平提出的。

gōngzuò zhuózhòngdiǎn zhuǎnyí wèntí, zuìzǎo shì Dèng Xiǎopíng tíchū de。
업무 중점 이동의 문제는 가장 이른 것은 등소평이 제의한 것이다.

最早(zuìzǎo)：가장 이른.
邓小平(Dèng Xiǎopíng)：등소평. 떵 샤오핑. 2-3.

8) 1978年9月邓小平视察东北时，提出要适时结束揭批“四人帮”的运动，把党和国家工作的重点转移到四个现代化建设上来。

yī jiǔ qī bā nián jiǔ yuè Dèng Xiǎopíng shìchá dōngběi shí, tíchū yào shìshí jiéshù jiēpī “sìrénbāng”de yùndòng, bǎ dǎng hé guójiā gōngzuò de zhòngdiǎn zhuǎnyí dào sì gè xiàndàihuà jiànshè shàng lái。

1978년 9월 등소평이 중국동북지방을 시찰할 때, “4인방”을 폭로하고 비판하는 운동을 적시에 종료해야 하는 것을 제의했고, 당과 국가의 업무 중점을 4개 현대화 건설로 이동시켰다.

A) 1978年9月邓小平视察东北时，

yī jiǔ qī bā nián jiǔ yuè Dèng Xiǎopíng shìchá dōngběi shí,

1978년 9월 등소평이 중국동북지방을 시찰할 때,

视察(shìchá)：1. 동 시찰하다.

2. 동 관찰하다. 고찰하다.

东北(dōngběi)：중국동북〔둥베이〕지방. 〔라오닝(辽宁, 요령)성 · 지린(吉林, 길림)성 · 헤이룽장(黑龙江, 흑룡강)성의 3성 및 네이멍구(内蒙古, 내몽고)자치구의 동부를 포함함〕 5-4.

时(shí)：일정한 때. 때. 시대. 시기. 3-11.

B) 提出要适时结束揭批“四人帮”的运动，

tíchū yào shìshí jiéshù jiēpī “sìrénbāng” de yùndòng,

“4인방”을 폭로하고 비판하는 운동을 적시에 종료해야 하는 것을 제의했고,

要(yào)：…해야 한다. 마땅히. …해야만 한다. 〔당위를 나타냄〕 1-4.

适时(shìshí)：1. 형 시기(시의) 적절하다. 적시의.

2. 명 이 때. 알맞은 때. 적시. → 적시에.

结束(jiéshù)：끝나다. 마치다. 종결하다. 종료하다. 마무르다. 1-5.

揭批(jiēpī)：[동] 폭로하고 비판하다. 적발하고 비판하다.

四人帮(sìrénbāng)：4인방. 왕홍문(王洪文) · 장춘교(张春桥) · 강청(江清) · 요문원(姚文元) 등 소위 반당집단(反党集团)을 칭함. 1-5.

运动(yùndòng)：운동. 4-3.

揭批"四人帮"的运动："4인방"을 폭로하고 비판하는 운동.

适时结束揭批"四人帮"的运动："4인방"을 폭로하고 비판하는 운동을 적시에 종료하다.

要适时结束揭批"四人帮"的运动："4인방"을 폭로하고 비판하는 운동을 적시에 종료해야 한다.

C) 把党和国家工作的重点转移到四个现代化建设上来。

bǎ dǎng hé guójiā gōngzuò de zhòngdiǎn zhuǎnyí dào sì gè xiàndàihuà jiànshè shàng lái。

당과 국가의 업무 중점을 4개 현대화 건설로 이동시켰다.

国家(guójiā)：나라. 국가. 2-11.

重点(zhòngdiǎn)：중점. 중요한 점. 중시해야 할 점. 5-6.

四个现代化(sì gè xiàndàihuà)：[명] 4개 현대화. 농업 · 공업 · 국방 · 과학 기술 네 부문의 현대화.

9) 以后，他又多次提出这个问题。

yǐhòu, tā yòu duōcì tíchū zhège wèntí。

그 이후에, 그는 이 문제를 또 자주 제의했다.

以后(yǐhòu)：이후. 금후. → 그 이후. 1-6.

又(yòu)：또. 다시. 거듭. 〔반복 또는 연속을 표시함〕 1-10.

多次(duōcì)：여러 번. 자주.

10) 中央政治局常委接受了邓小平的建议。
zhōngyāng zhèngzhìjú chángwěi jiēshòule Dèng Xiǎopíng de jiànyì。
중앙정치국 상무위원회는 등소평의 건의를 수용했다.

常委(chángwěi) : 1. 명 상무위원회. 상임위원회.
2. 명 상임위원. 상무위원.
接受(jiēshòu) : 받아들이다. 수용하다. 받다. 수락하다. 3-12.
建议(jiànyì) : 명동 건의(하다). 제의(하다). 제안(하다).

11) 这个问题一提出，得到与会者普遍的热烈拥护。
zhège wèntí yī tíchū, dédào yǔhuìzhě pǔbiàn de rèliè yōnghù。
이 문제는 제의하자마자, 회의참석자의 보편적인 열렬한 지지를 받았다.

一(yī) : 부 …하자마자. …하기만 하면. 〔앞의 동작이나 상황이 나타나자마자 바로 이어서 다른 동작이나 상황이 출현하는 것을 나타냄. 就 · 便 등 부사와 서로 호응함〕
得到(dédào) : 1. 동 손에 넣다. 되다. 얻다.
2. 동 받다. (이룩)되다. 〔목적어는 주로 2음절 이상의 복합어인 행위를 나타내는 명사가 쓰임〕
与会者(yǔhuìzhě) : 명 회의참석자.
普遍(pǔbiàn) : 형 보편적이다. 널리 퍼져 있다.
热烈(rèliè) : 형 열렬하다.
拥护(yōnghù) : 1. 명동 옹호(하다). 지지(하다).
2. 동 (많은 사람들이) 떼지어 둘러싸다.

12) 从11月27日，会议转入对两年经济计划和李先念讲话的讨论。
cóng shí yī yuè èr shí qī rì, huìyì zhuǎnrù duì liǎng nián jīngjì jìhuà hé Lǐ Xiānniàn jiǎnghuà de tǎolùn。
11월 27일부터, 회의는 2년의 경제계획과 이선념의 연설에 대한 토론으로 넘어갔다.

转入(zhuǎnrù)：동 (…로) 전입하다. 이월하다. 넘어가다. 들어가다.

对(duì)：…에 대하여〔관하여〕. 2-8.

对两年经济计划和李先念讲话的讨论：2년의 경제계획과 이선념의 연설에 대한 토론.

13) 在这个过程中，又提出对真理标准问题讨论的评价问题。

zài zhège guòchéng zhōng, yòu tíchū duì zhēnlǐ biāozhǔn wèntí tǎolùn de píngjià wèntí。

이 과정 중에서, 진리 표준 문제의 토론에 대한 평가 문제를 또 제의했다.

在(zài)…中(zhōng)：…(중)에서. …(가운데)에서. 1-18.

过程(guòchéng)：과정. 5-6.

真理(zhēnlǐ)：명 진리.

标准(biāozhǔn)：1. 명 표준. 기준. 표준 규격.
2. 형 표준(규범)적이다.

评价(píngjià)：명동 평가(하다).

对真理标准问题讨论的评价问题：진리 표준 문제의 토론에 대한 평가 문제.

14) 围绕这个问题，与会者对党的思想路线进行了热烈讨论。

wéirào zhège wèntí, yǔhuìzhě duì dǎng de sīxiǎng lùxiàn jìnxíngle rèliè tǎolùn。

이 문제를 둘러싸고, 회의참석자는 당의 사상노선에 대하여 열렬한 토론을 진행했다.

围绕(wéirào)：1. 동 (시간이나 일 또는 문제를) 둘러싸다. …을 중심에 놓다.
2. 동 둘러싸다. 주위(둘레)를 돌다.

路线(lùxiàn)：원칙. 방침. 계획. 방법. 노선. 6-1.

进行(jìnxíng)：진행하다. 2-9.

15) 讨论中，大家进一步摆脱"两个凡是"方针的束缚，树立实事求是的思想路线，高度评价这场讨论的意义。

tǎolùn zhōng, dàjiā jìnyíbù bǎituō "liǎnggè fánshì" fāngzhēn de shùfù, shùlì shí shì qiú shì de sīxiǎng lùxiàn, gāodù píngjià zhèchǎng tǎolùn de yìyì。

토론 중에, 모두가 추가로 "양개범시" 방침의 속박을 벗어났고, 실사구시의 사상노선을 수립했고, 이번 토론의 의의를 높게 평가했다.

中(zhōng)：중. (한)가운데. 복판. 중심. 중앙. 1-10.

大家(dàjiā)：1. 대 모두. 여러 사람. 〔일정 범위 내의 모든 사람을 가리킴〕
2. 명 대가. 권위자.
3. 명 대갓집. 명문. 명가.
4. 명 부호.

进一步(jìnyíbù)：진일보하다. 한 걸음 나아가다. → 더한층. 가일층. 추가로. 6-11.

摆脱(bǎituō)：동 (속박 · 어려운 상황 등에서) 벗어나다. 빠져나오다. 이탈하다.

方针(fāngzhēn)：방침. 3-12.

树立(shùlì)：동 세우다. 수립하다. 확립하다.

高度(gāodù)：1. 부 높이. 높게.
2. 명 고도. 높이.
3. 형 정도가 매우 높다.

场(chǎng)：일의 경과 · 자연 현상 따위의 횟수를 세는 말. 번, 차례. 4-4.

这场(zhèchǎng)：이번. 이 차례.

意义(yìyì)：의의. 가치. 뜻. 의미. 1-4.

16) 有同志指出，真理标准问题的讨论已经不是一般理论问题。

yǒu tóngzhì zhǐchū, zhēnlǐ biāozhǔn wèntí de tǎolùn yǐjīng bú shì yìbān lǐlùn wèntí。

어떤 동지는 진리 표준 문제의 토론은 이미 일반적인 이론 문제가 아니라고 지적했다.

有(yǒu) : 어느. 웬. 어떤. 3-6.
同志(tóngzhì) : 1. 명 동지.
2. 명 중화인민공화국의 인민〔국민〕 사이의 일반 호칭.
有同志(yǒu tóngzhì) : 어떤 동지. 어느 동지.
指出(zhǐchū) : 동 지적하다. 가리키다.
已经(yǐjīng) : 이미. 벌써. 4-13.
一般(yìbān) : 1. 형 보통이다. 일반적이다.
2. 형 같다. 어슷비슷하다.
3. 한 가지. 일종.
理论(lǐlùn) : 이론. 1-5.

17) 总结"文化大革命"正反两方面的经验, 如果不解决这个根本观点 · 根本方法, 用什么来判定路线 · 理论 · 思想的是非?怎样引出真正的教训?是非不清, 又怎么能落实党的政策?

zǒngjié "wénhuà dàgémìng" zhèngfǎn liǎng fāngmiàn de jīngyàn, rúguǒ bù jiějué zhège gēnběn guāndiǎn · gēnběn fāngfǎ, yòng shénme lái pàndìng lùxiàn · lǐlùn · sīxiǎng de shìfēi?zěnyàng yǐnchū zhēnzhèng de jiàoxùn? shìfēi bùqīng, yòu zěnme néng luòshí dǎng de zhèngcè?
"문화대혁명"의 정 · 반 두 방면의 경험을 총결산하면서, 만약 이 근본 관점 · 근본 방법을 해결하지 않는다면, 무엇으로써 노선 · 이론 · 사상의 시비를 판정하는가? 어떻게 진정한 교훈을 끌어내는가? 시비가 분명하지 않다면, 당의 정책을 또한 어떻게 실현할 수 있을까?

A) 总结"文化大革命"正反两方面的经验,

zǒngjié "wénhuà dàgémìng" zhèngfǎn liǎng fāngmiàn de jīngyàn,
"문화대혁명"의 정 · 반 두 방면의 경험을 총결산하면서,

总结(zǒngjié) : 총결산(하다). 2-9.

文化(wénhuà)：문화. 1-3.
大革命(dàgémìng)：대혁명. 1-3.
文化大革命(wénhuà dàgémìng)：문화대혁명. 1-3.
正反(zhèngfǎn)：명 정과 반. 긍정과 부정.
方面(fāngmiàn)：방면. 방향. 측면. 측. 쪽. 분야. 영역. 5-7.
经验(jīngyàn)：경험. 2-9.

B) 如果不解决这个根本观点·根本方法，
rúguǒ bù jiějué zhège gēnběn guāndiǎn · gēnběn fāngfǎ,
만약 이 근본 관점 · 근본 방법을 해결하지 않는다면,

如果(rúguǒ)：접 만일. 만약.
解决(jiějué)：1. 동 해결하다.
2. 동 (악인을) 소멸하다. 없애 버리다.
根本(gēnběn)：근본. 기초. 중요하다. 주요하다. 기본적이다. 근본적이다. 3-3.
观点(guāndiǎn)：관점. 입장. 8-23.
方法(fāngfǎ)：명 방법. 수단. 방식.

C) 用什么来判定路线·理论·思想的是非?怎样引出真正的教训?
yòng shénme lái pàndìng lùxiàn · lǐlùn · sīxiǎng de shìfēi?zěnyàng yǐnchū zhēnzhèng de jiàoxùn?
무엇으로써 노선 · 이론 · 사상의 시비를 판정하는가? 어떻게 진정한 교훈을 끌어내는가?

用(yòng)：…으로(써). 6-10.
什么(shénme)：1. 대 무엇. 〔단독으로 쓰여 사물을 물음〕
2. 대 어떤. 무슨. 어느. 〔명사 앞에 써서 사람이나 사물을 물음〕
3. 대 무엇(이나). 무엇(이든지). 아무 것(이나). 아무런.

〔확정적이 아닌 사물을 나타냄〕

4. 대 무엇이든지. 아무것도. 그 어떤 것이나.

〔임의로 어떤 것을 가리킴〕

5. 대 뭐. 무엇이. 〔불만이나 놀람을 나타냄〕

来(lái)：동사구〔개사구〕와 동사〔동사구〕 사이에 쓰여 전자가 방법 · 태도, 후자가 목적임을 나타냄. 1-4.

用什么来：무엇으로써.

判定(pàndìng)：동 판정하다.

是非(shìfēi)：1. 명 시비. 잘잘못. 옳음과 그름.

2. 명 시비의 표준(기준).

3. 동 시비를 구별하다(논하다).

4. 명 (옳으니 그르니 하는) 말다툼. 시비. 승강이.

怎样(zěnyàng)：1. 대 어떠하냐. 어떻게. 〔성질 · 상황 · 방식 따위를 물음〕

2. 대 어떠하다. 〔성질 · 상황 · 방식 따위를 가리킴〕

引出(yǐnchū)：동 끌어내다.

真正(zhēnzhèng)：1. 형 진정한. 참된. 진짜의.

2. 부 진실로. 참으로. 정말로.

教训(jiàoxùn)：교훈. 훈계. 2-9.

D) 是非不清，又怎么能落实党的政策?

shìfēi bùqīng, yòu zěnme néng luòshí dǎng de zhèngcè?

시비가 분명하지 않다면, 당의 정책을 또한 어떻게 실현할 수 있을까?

不清(bùqīng)：1. 형 맑지 않다. 청결하지 않다. 깨끗하지 않다.

2. 접미 분명하지〔명확하지〕 않다.

是非不清：시비가 분명하지〔명확하지〕 않다.

又(yòu)：그 위에. 또한. 더하여 오히려.

〔뜻이나 일이 차츰 깊어지거나 더해져 감을 표시함〕 1-10.

怎么(zěnme)：1. 대 어떻게. 어째서. 왜. 〔상황 · 방식 · 원인 따위를 물음〕

2. 대 어떻게 …해도. 아무리 …해도. 〔조건문에 쓰여 임의의 동작이

나 속성 · 상황 따위를 나타냄〕
3. 대 어떤. 무슨.〔명사 앞에 놓이는 경우로, 명사와의 사이에 그 명사에 대한 양사를 필요로 함〕
4. 대 어쨌다고? 뭐라고?〔문장 앞에 쓰여 놀람을 나타냄〕
5. 대 왜. (어찌) …하랴.〔반문을 나타냄〕
6. 대 그다지. 별로.〔'不' '?' 뒤에 사용되어 일정한 정도를 표시함〕

能(néng) : 1. 동 …할 수 있다. …할 힘이 있다. …할 줄 알다.〔능력을 표시함〕
2. 동 …될 수 있다. …것 같다. …할 가능성이 있다. …일 수 있다.〔가능성을 표시함〕
3. 동 응당 …해야 한다.〔당연을 표시하며, 주로 '不'를 앞에 붙여 '…해서는 안 된다'는 의미로 사용됨〕
4. 명 재능. 재간. 능력. 기능.
5. 명 인재. 재능 있는 사람.
6. 명 에너지.
7. 형 재능〔재간〕이 있다. 유능하다. 능하다.

落实(luòshí) : 1. 동 수행하다. 실시하다. 구체화하다. 실현하다.
2. 동 확실하게 하다. 확정하다.
3. 형 (계획 · 조치 · 통계 숫자 따위가 정확하여) 실행 가능하다. 실제에 적용할 수 있다. 적절하다.

政策(zhèngcè) : 정책. 4-18.

18) 正是本着这样一种精神，会议充分讨论了党的工作着重点转移问题。

zhèngshì běnzhe zhèyàng yìzhǒng jīngshén, huìyì chōngfēn tǎolùnle dǎng de gōngzuò zhuózhòngdiǎn zhuǎnyí wèntí。

바로 이런 종류의 정신에 따라, 회의는 당의 업무 중점 이동 문제를 충분히 토론했다.

A) 正是本着这样一种精神，

zhèngshì běnzhe zhèyàng yìzhǒng jīngshén,

바로 이런 종류의 정신에 따라,

正是(zhèngshì)：통 바로 …이다. 바로 그러하다.
本着(běnzhe)：개 …에 따라. 〔주로 原则, 精神, 态度 등과 함께 쓰임〕
这样(zhèyàng)：이렇다. 이와 같다. 이렇게. 이래서. 6-9.
一种(yìzhǒng)：일종(의). 한가지(의). 한 종류(의).
精神(jīngshén)：정신. 주지. 요지. 7-24.
这样一种精神：이런 (한) 종류의 정신.
本着这样一种精神：이런 종류의 정신에 따라.

B) 会议充分讨论了党的工作着重点转移问题。
huìyì chōngfēn tǎolùnle dǎng de gōngzuò zhuózhòngdiǎn zhuǎnyí wèntí。
회의는 당의 업무 중점 이동 문제를 충분히 토론했다.

充分(chōngfēn)：충분히. 완전히. 십분. 충분하다. 3-8.

19) 与会者认为，工作重点转移，这是一个非常英明而有远见的决策。
yǔhuìzhě rènwéi, gōngzuò zhòngdiǎn zhuǎnyí, zhè shì yíge fēicháng yīngmíng ér yǒu yuǎnjiàn de juécè。
회의참석자의 견해에 의하면, 업무 중점 이동 이것은 대단히 영명하면서 선견지명이 있는 의사결정이었다.

认为(rènwéi)：여기다. 생각하다. 보다. 인정하다. 생각. 이해. 의견. 견해. 8-10.
与会者认为：회의참석자는…라고 여기다. → 회의참석자의 견해에 의하면.
非常(fēicháng)：대단히. 심히. 예사롭지 않은. 비상한. 비정상적인. 특별한. 5-3.
英明(yīngmíng)：형 영명하다. 뛰어나게 슬기롭고 총명하다.
而(ér)：…면서. …(하)고(도). 그리고. …지만. …나. 그러나. 1-5.
远见(yuǎnjiàn)：명 원대한 식견. 선견. 선견지명. 통찰력. 예지. 달견.
决策(juécè)：1. 명 결책. 의사결정.
2. 명 결정된 책략이나 방법.

3. 동 방법 · 정책을 결정하다.

英明而有远见的决策 : 영명하면서 선견지명이 있는 의사결정.

20) 这一决策不是暂时的 · 短期的，而是战略性的，是针对一个历史阶段的主要奋斗目标而提出来的。

zhè yī juécè bú shì zànshí de · duǎnqī de, érshì zhànlüèxìng de, shì zhēnduì yíge lìshǐ jiēduàn de zhǔyào fèndǒu mùbiāo ér tíchū lái de。

이 의사결정은 일시적 · 단기적인 것이 아니고, 전략적인 것이며, 한 역사 단계의 주요 분투 목표에 대하여 제의해 낸 것이었다.

不是(búshì)A…而是(érshì)B… : A가 아니고, B이다.

暂时(zànshí) : 명 잠깐. 잠시. 일시.

短期(duǎnqī) : 명 단기. 단시일. 단기간.

战略(zhànlüè) : 전략. 6-3.

性(xìng) : 명사 뒤에 붙어 사상 · 감정을 나타내거나 범위 · 방식을 한정함. 1-6.

战略性(zhànlüèxìng) : 1. 형 전략적.

2. 명 전략성.

针对(zhēnduì) : 동 (…에) 겨누다. 견주다. 대하다. 맞추다. 조준하다.

针对… : …에 대하여. …에 겨누어. …에 맞추어.

历史(lìshǐ) : 역사. 1-1.

阶段(jiēduàn) : 단계. 계단. 1-6.

主要(zhǔyào) : 주요한. 주로. 2-9.

奋斗(fèndǒu) : 분투(하다). 2-11.

目标(mùbiāo) : 목표. 목적물. 표적. 6-5.

来(lái) : 동사 뒤에 쓰여 동작의 결과를 나타냄. 1-4.

提出来 : 제의해 내다.

提出来的 : 제의해 낸 것.

21) 与会者深切感到，应当结束"以阶级斗争为纲"的状况，把经济建设作为今后的中心任务，以确保工作重点转移的实现。

yǔhuìzhě shēnqiē gǎndào, yīngdāng jiéshù "yǐ jiējí dǒuzhēng wéi gāng"de zhuàngkuàng, bǎ jīngjì jiànshè zuòwéi jīnhòu de zhōngxīn rènwu, yǐ quèbǎo gōngzuò zhòngdiǎn zhuǎnyí de shíxiàn。

회의참석자는, 마땅히 "계급투쟁을 강령으로 여기다"의 상황을 끝내고, 경제건설을 이후의 중심임무로 삼으며, 이로써 업무 중점 이동의 실현을 확보해야 한다고 깊게 느꼈다.

A) 与会者深切感到，

yǔhuìzhě shēnqiē gǎndào,

회의참석자는 …한다고 깊게 느꼈다.

深切(shēnqiē) : 1. 형 따뜻하고 친절하다. (정 따위가) 깊다. → 깊은. 깊게.
2. 형 심각하고 절실하다. 깊다.
3. 형 매우 적절하다.

感到(gǎndào) : 동 느끼다. 생각하다. 여기다.

B) 应当结束"以阶级斗争为纲"的状况，把经济建设作为今后的中心任务，以确保工作重点转移的实现。

yīngdāng jiéshù "yǐ jiējí dǒuzhēng wéi gāng"de zhuàngkuàng, bǎ jīngjì jiànshè zuòwéi jīnhòu de zhōngxīn rènwu, yǐ quèbǎo gōngzuò zhòngdiǎn zhuǎnyí de shíxiàn。

마땅히 "계급투쟁을 강령으로 여기다"의 상황을 끝내고, 경제건설을 이후의 중심임무로 삼으며, 이로써 업무 중점 이동의 실현을 확보해야 한다.

应当(yīngdāng) : 동 응당〔당연히. 마땅히〕 …해야 한다. (…하는 것이) 마땅하다

〔당연하다〕. 응당 …할 것이다.

以(yǐ)A…为(wéi)B… : A를 B(으)로 하다〔삼다, 보다, 여기다, 생각하다〕. 1-4.

阶级(jiējí) : 계급. 4-11.

斗争(dǒuzhēng) : 투쟁(하다). 2-10.

纲(gāng) : 1. 명 사물의 가장 중요한 부분. 대강. 요점. 강령.
2. 명 벼리. 그물의 위쪽 코를 꿴 굵은 줄.
3. 명 강. 〔생물 분류학상의 한 단위〕

以阶级斗争为纲 : 계급투쟁을 강령으로 여기다.

状况(zhuàngkuàng) : 상황. 형편. 상태. 2-12.

作为(zuòwéi) : …로 하다. …으로 삼다. …로 여기다(간주하다). 1-5.

今后(jīnhòu) : 명 금후. 이제로부터. 이 뒤. 앞으로. 지금. 이후.

任务(rènwu) : 임무. 책무. 3-4.

以(yǐ) : …하여. …함으로써. …하기 위하여. 〔목적 · 결과를 나타냄〕 → 이로써. 2-8.

确保(quèbǎo) : 1. 동 확보하다.
2. 동 확실히 보증하다.
3. 명 확보.

实现(shíxiàn) : 실현하다. 달성하다. 1-10.

把经济建设作为今后的中心任务, 以确保工作重点转移的实现 : 경제건설을 이후의 중심임무로 삼으며, 이로써 업무 중점 이동의 실현을 확보하다.

22) 12月13日, 邓小平在中央工作会议闭幕会上作≪解放思想, 实事求是, 团结一致向前看≫的讲话。

shí èr yuè shí sān rì, Dèng Xiǎopíng zài zhōngyāng gōngzuò huìyì bìmùhuì shang zuò≪jiěfàng sīxiǎng · shí shì qiú shì, tuánjié yízhì xiàngqián kàn≫de jiǎnghuà。

12월 13일, 등소평은 중앙업무회의 폐막회에서≪사상 해방, 실사구시, 일치단결하여 미래를 바라보자≫라는 연설을 했했다.

在(zài)…上(shang) : …에 있어서. 1-8.

闭幕会(bìmùhuì) : 명 폐막회. 闭幕(bìmù) : 폐막(하다). 3-11.

作(zuò) : 실행하다. 하다. 2-8.

团结(tuánjié) : 단결(하다, 시키다). 연대(하다, 시키다). 결속(하다, 시키다). 8-5.

一致(yízhì) : 일치(하다). → 일치하여. 3-8.

团结一致 : 일치단결하다. → 일치단결하여.

向前(xiàngqián) : 1. 동 앞으로 나아가다. 전진하다.
2. 앞〔전방〕으로.

看(kàn) : 1. 동 보다. 구경하다.
2. 동 (눈으로만) 읽다.
3. 동 …라고 보다〔판단하다〕. …라고 생각하다〔여기다〕.

向前看(xiàngqián kàn) : (과거에 얽매이지 않고) 앞을 바라보다. 미래를 주시하다. 미래를 바라보다. 앞날에 눈을 돌리다.

解放思想, 实事求是, 团结一致向前看 : 사상 해방, 실사구시, 일치단결하여 미래를 바라보자.

23) 邓小平在为这篇讲话稿起草的提纲中, 列出了以下问题 : (1) 解放思想, 开动机器 ; (2) 发扬民主, 加强法制 ; (3) 向后看是为的向前看 ; (4) 克服官僚主义 · 人浮于事 ; (5) 允许一部分先好起来 ; (6) 加强责任制。

Dèng Xiǎopíng zài wèi zhè piān jiǎnghuà gǎo qǐcǎo de tígāng zhōng, lièchūle yǐxià wèntí : (1) jiěfàng sīxiǎng, kāidòng jīqì ; (2) fāyáng mínzhǔ, jiāqiáng fǎzhì ; (3) xiànghòu kàn shì wèide xiàngqián kàn ; (4) kèfú guānliáozhǔyì · rén fúyú shì ; (5) yǔnxǔ yíbùfen xiān hǎoqǐlái ; (6) jiāqiáng zérènzhì。

등소평은 이 연설문을 위해 초안을 잡는 대강 중에서, 이하 문제를 열거했다. (1) 사상을 해방하고, 머리를 쓴다. (2) 민주를 발양하고, 법제를 강화한다. (3) 과거를 살펴보는 것은 미래를 바라보기 위해서이다. (4) 관료주의 및 일에 비해 사람이 너무 많은 현상을 극복한다. (5) 일부분이 먼저 부유해지는 것을 허락한다. (6) 책임제를 강화한다.

A) 邓小平在为这篇讲话稿起草的提纲中，列出了以下问题：

Dèng Xiǎopíng zài wèi zhè piān jiǎnghuà gǎo qǐcǎo de tígāng zhōng, lièchūle yǐxià wèntí：

등소평은 이 연설문을 위해 초안을 잡는 대강 중에서, 이하 문제를 열거했다.

为(wèi)：…을(하기) 위하여. …에게. …을 위하여. 1-11.

篇(piān)：편. 〔일정한 형식을 갖춘 문장을 세는 단위임〕 1-2.

稿(gǎo)：1. 명 원고. 초안. 밑그림. 스케치.
2. 명 공문의 초고.
3. 명 심산. 복안. 생각. 계획. 궁리. 구상. 타산.

讲话稿(jiǎnghuàgǎo)：명 연설문.

起草(qǐcǎo)：동 기초하다. 초안을 잡다.

提纲(tígāng)：1. 명 대강. 제강. 제요.
2. 명 콘티뉴이티(continuity). 촬영 대본. 슈팅 스크립트(shooting script). 연출 대본.

为这篇讲话稿起草的提纲：이 연설문을 위해 초안을 잡는 대강.

列出(lièchū)：동 열거하다. 늘어놓다.

以下(yǐxià)：이하. 그 다음(의 말). 6-12.

B) (1) 解放思想，开动机器；

(1) jiěfàng sīxiǎng, kāidòng jīqì；

(1) 사상을 해방하고, 머리를 쓴다.

开动(kāidòng)：1. 동 (기계 따위를) 가동시키다〔운전하다〕.
2. 동 (군대가) 이동하다. 전진하다.

机器(jīqì)：사고. 두뇌. 5-3.

开动机器：머리를 쓰다.

C) (2) 发扬民主, 加强法制；

(2) fāyáng mínzhǔ, jiāqiáng fǎzhì；

(2) 민주를 발양하고, 법제를 강화한다.

发扬(fāyáng)：1. 동 발양하다. 발양시키다.
2. 동 발휘하다.

民主(mínzhǔ)：민주. 3-6.

加强(jiāqiáng)：강화하다. 보강하다. 2-12.

法制(fǎzhì)：명 법제.

D) (3) 向后看是为的向前看；

(3) xiànghòu kàn shì wèide xiàngqián kàn；

(3) 과거를 살펴보는 것은 미래를 바라보기 위해서이다.

向后(xiànghòu)：1. 뒤로. 뒤를 향해. 뒤로〔뒤를〕 향하다.
2. 명 이후. 향후.

向后看：뒤를〔뒤로〕 향해 보다. → 과거를 살펴보다.

为的(wèide)：为的是(wèideshì). …때문이다. …를 위해서다.

E) (4) 克服官僚主义 · 人浮于事；

(4) kèfú guānliáozhǔyì · rén fúyú shì；

(4) 관료주의 및 일에 비해 사람이 너무 많은 현상을 극복한다.

克服(kèfú)：1. 동 극복하다.
2. 동 참고 견디다.

官僚(guānliáo)：1. 명 관료.
2. 형 관료주의적이다.

主义(zhǔyì) : 1. 명 주의. 사상이나 학설 따위의 일정한 입장 · 주장.
2. 명 사회 제도나 정치 경제 체제.

官僚主义(guānliáozhǔyì) : 명 관료주의.

人(rén) : 사람. 인간. 일반인. 2-8.

浮(fú) : 1. 형 초과하다. 남다.
2. 동 뜨다. 띄우다.
3. 동 헤엄치다.
4. 형 표면(상)의. 표면에 뜬.
5. 형 유동적인.
6. 형 일시적인. 잠시의.

于(yú) : …보다 (더). 3-9

浮于(fúyú) : 1. 형 (물 위에) 떠 있다.
2. 형 …보다 많다.
3. 형 (정도가) …보다 더하다(심하다).

事(shì) : 1. 명 일.
2. 명 사고. 사건.
3. 명 직업. 일. 업무.
4. 동 모시다. 섬기다.
5. 동 종사하다. 행하다.

人浮于事(rén fúyú shì) : 일(자리)에 비해 사람이 많다〔남다〕. 사람은 많고 일거리는 적다. → 일에 비해 사람이 너무 많은 현상.

F) (5) 允许一部分先好起来；

(5) yǔnxǔ yíbùfen xiān hǎoqǐlái；

(5) 일부분이 먼저 부유해지는 것을 허락한다.

允许(yǔnxǔ) : 동 윤허하다. 허락하다. 허가하다. 응낙하다.

一部分(yíbùfen) : 일부분. 4-8.

起来(qǐlái) : 1. 동 흥기하다. 떨쳐 일어나다. 위로 날아 솟구치다.
2. 동 (잠자리에서) 일어나다.

3. 동 일어서다. 일어나 앉다.
4. 동 동사 또는 형용사 뒤에 쓰여, 어떤 동작이 시작되어 계속됨을 나타냄.
5. 동 동사 뒤에 쓰여, 위로 향함을 나타냄.
6. 동 동사 뒤에 쓰여, 어떤 동작이 완성되거나 일정한 목적이 달성됨을 나타냄.
7. 동 동사 뒤에 쓰여, 어림짐작하거나 어떤 일에 대한 견해를 나타냄.

好起来(hǎoqǐlái)：좋아지다. 나아지다. 개(이)다. → 부유해지다. 부자가 되다.

G) (6) 加强责任制。

(6) jiāqiáng zérènzhì。

(6) 책임제를 강화한다.

责任制(zérènzhì)：명 책임제.

24) 提纲还讲到对会议的评价。

tígāng hái jiǎngdào duì huìyì de píngjià。

대강은 또한 회의에 대한 평가까지 언급했다.

还(hái)：또. 더. 또한.〔증가하거나 확대되는 것을 나타냄〕2-4.

讲(jiǎng)：말하다. 논하다. 설명하다. 언급하다. 7-10.

到(dào)：…까지. …로. …에. 1-13.

讲到(jiǎngdào)：…까지 언급하다. …을 언급하다.

25) 邓小平的这篇讲话，既是中央工作会议的总结，又为随后召开的中国共产党十一届三中全会提供了指导思想，成为三中全会的主体报告。

Dèng Xiǎopíng de zhè piān jiǎnghuà, jì shì zhōngyāng gōngzuò huìyì de zǒngjié, yòu wèi suíhòu zhàokāi de zhōngguó gòngchǎndǎng shí yī jiè sān zhōngquánhuì tígōngle zhǐdǎosīxiǎng, chéngwéi sān zhōngquánhuì de zhǔtǐ bàogào。
등소평의 이 연설은, 중앙업무회의 총결산일 뿐만 아니라, 또한 뒤이어 개최하는 중국공산당 11기 3중전회를 위해서 지도사상을 제공했고, 3중전회의 주체 보고로 되었다.

A) 邓小平的这篇讲话，既是中央工作会议的总结，又为随后召开的中国共产党十一届三中全会提供了指导思想，

Dèng Xiǎopíng de zhè piān jiǎnghuà, jì shì zhōngyāng gōngzuò huìyì de zǒngjié, yòu wèi suíhòu zhàokāi de zhōngguó gòngchǎndǎng shí yī jiè sān zhōngquánhuì tígōngle zhǐdǎosīxiǎng,
등소평의 이 연설은, 중앙업무회의 총결산일 뿐만 아니라, 또한 뒤이어 개최하는 중국공산당 11기 3중전회를 위해서 지도사상을 제공했고,

既(jì)A…, 又(yòu)B… : A…하고 (또한)B…하다. A…할 뿐만 아니라 B…(도) 하다. 1-10.

为(wèi) : …을(하기) 위하여. …에게. …을 위하여. 1-11.

随后(suíhòu) : 부 뒤이어. 바로 뒤에. 그 다음에. 〔주로 뒤에 就를 연용함〕

召开(zhàokāi) : (회의를) 열다. 개최하다. 소집하다. 1-10.

中国共产党(zhōngguó gòngchǎndǎng) : 중국공산당. 약칭 중공(中共). 1-5.

届(jiè) : 회(回). 기(期). 차(次). 1-4.

中全会(zhōngquánhuì) : 중전회. 中央委员会全体会议(zhōngyāng wěiyuánhuì quántǐ huìyì, 중앙위원회 전체회의)의 준말. 1-4.

提供(tígōng) : 제공하다. 5-7.

指导(zhǐdǎo) : 지도(교도)(하다). 교도(하다). 6-20.

指导思想(zhǐdǎosīxiǎng) : 지도사상. 7-24.

随后召开的中国共产党十一届三中全会 : 뒤이어 개최하는 중국공산당 11기 3중전회.

为随后召开的中国共产党十一届三中全会：뒤이어 개최하는 중국공산당 11기 3중전회를 위해서.

为随后召开的中国共产党十一届三中全会提供了：뒤이어 개최하는 중국공산당 11기 3중전회를 위해서 제공했다.

为随后召开的中国共产党十一届三中全会提供了指导思想：뒤이어 개최하는 중국공산당 11기 3중전회를 위해서 지도사상을 제공했다.

B) 成为三中全会的主体报告。

chéngwéi sān zhōngquánhuì de zhǔtǐ bàogào。

3중전회의 주체 보고로 되었다.

成为(chéngwéi)：…으로 되다. 6-20.

主体(zhǔtǐ)：주체. (사물의) 주요 부분. 6-17.

报告(bàogào)：1. 명 보고(서). 리포트.

2. 명동 보고(하다). 진술(하다).

26) 这次中央工作会议的成功召开，终于在中央领导层打破了“两个凡是”方针长达两年的束缚，亦即打破了“文化大革命”“左”倾错误指导思想的某种延续，从而为十一届三中全会实现中国共产党和中华人民共和国历史发展的伟大转折完成了必要的准备工作。

zhè cì zhōngyāng gōngzuò huìyì de chénggōng zhàokāi, zhōngyú zài zhōngyāng lǐngdǎocéng dǎpòle “liǎnggè fánshì” fāngzhēn chángdá liǎng nián de shùfù, yìjí dǎpòle “wénhuà dàgémìng” “zuǒ” qīng cuòwù zhǐdǎo sīxiǎng de mǒuzhǒng yánxù, cóngér wèi shí yī jiè sān zhōngquánhuì shíxiàn zhōngguó gòngchǎndǎng hé zhōnghuá rénmín gònghéguó lìshǐ fāzhǎn de wěidà zhuǎnzhé wánchéngle bìyào de zhǔnbèi gōngzuò。

이번 중앙업무회의의 성공적인 개최는, 마침내 중앙지도층에서 “양개범시” 방침의 길게 2년에 달하는 속박을 타파했고, 다시 말하자면 “문화대혁명” “좌”경 착오 지도사상의 모종 연속을 타파했고, 그리하여 11기 3중전회가 중국공산당 · 중화인민공화국 역사 발전의 위대한 전환을 실현하기 위하여 필요한 준비 업무를 완성했다.

A) 这次中央工作会议的成功召开, 终于在中央领导层打破了“两个凡是”方针长达两年的束缚,

zhè cì zhōngyāng gōngzuò huìyì de chénggōng zhàokāi, zhōngyú zài zhōngyāng lǐngdǎocéng dǎpòle “liǎnggè fánshì” fāngzhēn chángdá liǎng nián de shùfù,

이번 중앙업무회의의 성공적인 개최는, 마침내 중앙지도층에서 “양개범시” 방침의 길게 2년에 달하는 속박을 타파했고,

次(cì) : 차례. 번. 회. 3-11.

成功(chénggōng) : 1. 명동 성공(하다). 완성(하다).
2. 형 성공적이다.
3. …이〔하게〕 되다. 〔동사의 뒤에 붙음〕

终于(zhōngyú) : 부 마침내. 결국. 끝내.

领导层(lǐngdǎocéng) : 지도층. 6-15.

打破(dǎpò) : 동 타파하다. 때려 부수다.

方针(fāngzhēn) : 방침. 3-12.

长(cháng) : (시간 · 거리가) 길다. 6-21.

达(dá) : 달하다. 도달하다. 이르다. 달성하다. 5-12.

长达(chángdá) : (시간이) 길게 …에 달하다.

长达两年的束缚 : 길게 2년에 달하는 속박.

“两个凡是”方针长达两年的束缚 : “양개범시” 방침의 길게 2년에 달하는 속박.

B) 亦即打破了“文化大革命” “左”倾错误指导思想的某种延续,

yìjí dǎpòle “wénhuà dàgémìng” “zuǒ” qīng cuòwù zhǐdǎo sīxiǎng de mǒuzhǒng yánxù,

다시 말하자면 “문화대혁명” “좌”경 착오 지도사상의 모종 연속을 타파했고,

亦即(yìjí) : 접 곧. 즉. 다시 말하자면.

左(zuǒ) : 좌익이다. 급진〔혁명〕적이다. 9-10.

倾(qīng)：기울어지다. 기울다. 경향. 9-10.
左倾(zuǒqīng)：좌경. 극좌적인 편향. 9-10.
错误(cuòwù)：착오. 잘못. 실수. 7-24.
某种(mǒuzhǒng)：㉧ 어떤 종류(의). 모종(의).
延续(yánxù)：계속(하다). 연장(하다). 연속. 4-10.

C) 从而为十一届三中全会实现中国共产党和中华人民共和国历史发展的伟大转折完成了必要的准备工作。

cóngér wèi shí yī jiè sān zhōngquánhuì shíxiàn zhōngguó gòngchǎndǎng hé zhōnghuá rénmín gònghéguó lìshǐ fāzhǎn de wěidà zhuǎnzhé wánchéngle bìyào de zhǔnbèi gōngzuò。

그리하여 11기 3중전회가 중국공산당 · 중화인민공화국 역사 발전의 위대한 전환을 실현하기 위하여 필요한 준비 업무를 완성했다.

从而(cóngér)：따라서. 그리하여. …함으로써. 8-6.
为(wèi)：…을 (하기) 위하여. …에게. …을 위하여. 1-11.
中华(zhōnghuá)：중화. 중국. 1-3.
人民(rénmín)：인민. 국민. 1-3.
共和国(gònghéguó)：공화국. 1-3.
中华人民共和国(zhōnghuá rénmín gònghéguó)：중화인민공화국(People's Republic of China. PRC. China). 약칭은 중국임. 1-3.
伟大(wěidà)：위대하다. 1-10.
转折(zhuǎnzhé)：(사물의 발전 방향이) 바뀌다. 전환하다. → 전환. 1-10.
完成(wánchéng)：완성하다. (예정대로) 끝내다. 완수하다. 1-3.
必要(bìyào)：필요(로)(하다). 5-18.
准备(zhǔnbèi)：준비(하다). 1-14.*

4. 번역 사상 해방과 실사구시

"양개범시"의 속박을 타파하다

1978년 11월 10일부터 12월 15일까지, 중국공산당 중앙위원회가 업무회의를 개최했다. 각 성 · 시 · 자치구와 각 대군구의 책임자 및 중앙 당 · 정 · 군과 군중 단체의 책임자 213명이 회의에 참가했다. 회의의 의제에는 3가지가 있었다. (1)1979년 · 1980년의 국민경제계획의 안배를 토론한다. (2)농업 생산 발전과 농업 문제 제정의 문건을 토론한다. (3)이선념의 국무원 이론학습토론회에서의 연설을 학습하고 토론한다. 개막회에서, 중국공산당 중앙정치국을 대표하는 화국봉의 제의에 의하여, 이 3개의 의제를 토론하기 이전에, 먼저 하나의 문제를 토론했는데, 바로 내년 1월부터 당 전체의 업무 중점을 현대화건설로 이동하는 것이었고, 이것은 전체 국면과 연관되는 문제였고, 우리 이번 회의의 중심사상이었다.

업무 중점 이동의 문제는 가장 이른 것은 등소평이 제의한 것이다. 1978년 9월 등소평이 중국동북지방을 시찰할 때, "4인방"을 폭로하고 비판하는 운동을 적시에 종료해야 하는 것을 제의했고, 당과 국가의 업무 중점을 4개 현대화 건설로 이동시켰다. 그 이후에 그는 이 문제를 또 자주 제의했다. 중앙정치국 상무위원회는 등소평의 건의를 수용했다. 이 문제는 제의하자마자 회의참석자의 보편적인 열렬한 지지를 받았다.

11월 27일부터, 회의는 2년의 경제계획과 이선념의 연설에 대한 토론으로 넘어갔다. 이 과정 중에서 진리 표준 문제의 토론에 대한 평가 문제를 또 제의했다.

이 문제를 둘러싸고 회의참석자는 당의 사상노선에 대하여 열렬한 토론을 진행했다. 토론 중에 모두가 추가로 "양개범시" 방침의 속박을 벗어났고, 실사구시의 사상노선을 수립했고, 이번 토론의 의의를 높게 평가했다. 어떤 동지는 진리 표준 문제의 토론은 이미 일반적인 이론 문제가 아니라고 지적했다. "문화대혁명"의 정 · 반 두 방면의 경험을 총결산하면서, 만약 이 근본 관점 · 근본 방법을 해결하지 않는다면, 무엇으로써 노선 · 이론 · 사상의 시비를 판정하는가? 어떻게 진정한 교훈을 끌어내는가? 시비가 분명하지 않다면, 당의 정책을 또한 어떻게 실현할 수 있을까?

바로 이런 종류의 정신에 따라, 회의는 당의 업무 중점 이동 문제를 충분히 토론했다. 회의참석자의 견해에 의하면, 업무 중점 이동 이것은 대단히 영명하면서 선견지명이 있는 의사결정이었다. 이 의사결정은 일시적 · 단기적인 것이 아니고, 전략적인 것이며, 한 역사 단계의 주요 분투 목표에 대하여 제의해 낸 것이었다. 회의참석자는, 마땅히 "계급투쟁을 강령으로 여기다"의 상황을 끝내고, 경제건설을 이후의 중심임무로 삼으며, 이로써 업무 중점 이동의 실현을 확보해야 한다고 깊게 느꼈다.

12월 13일, 등소평은 중앙업무회의 폐막회에서 ≪사상 해방, 실사구시, 일치단결하여 미래를 바라보자≫라는 연설을 행했다. 등소평은 이 연설문을 위해 초안을 잡는 대강 중에서, 이하 문제를 열거했다. (1)사상을 해방하고, 머리를 쓴다. (2)민주를 발양하고, 법제를 강화한다. (3)과거를 살펴보는 것은 미래를 바라보기 위해서이다. (4)관료주의 및 일에 비해 사람이 너무 많은 현상을 극복한다. (5)일부분이 먼저 부유해지는 것을 허락한다. (6)책임제를 강화한다. 대강은 또한 회의에 대한 평가까지 언급했다.

등소평의 이 연설은 중앙업무회의 총결산일 뿐만 아니라, 또한 뒤이어 개최하는 중국공산당 11기 3중전회를 위해서 지도사상을 제공했고, 3중전회의 주체 보고로 되었다. 이번 중앙업무회의의 성공적인 개최는, 마침내 중앙지도층에서 "양개범시" 방침의 길게 2년에 달하는 속박을 타파했고, 다시 말하자면 "문화대혁명" "좌"경 착오 지도사상의 모종 연속을 타파했고, 그리하여 11기 3중전회가 중국공

산당 · 중화인민공화국 역사 발전의 위대한 전환을 실현하기 위하여 필요한 준비 업무를 완성했다. *

단어 색인

(로마자와 성조의 순서이고, 숫자는 '해당 과 – 문장의 번호'를 표시함)

工业化(gōngyèhuà)：1-15
工业品(gōngyèpǐn)：7-7
工作(gōngzuò)：3-4
工作会议(gōngzuò huìyì)：10-3
公布(gōngbù)：4-9
公开(gōngkāi)：7-7
公顷(gōngqǐng)：4-17
公元(gōngyuán)：3-9
公元纪年(gōngyuán jìnián)：3-9
共(gòng)：5-8
共产党(gòngchǎndǎng)：1-5
共产主义(gòngchǎnzhǔyì)：8-5
共和国(gònghéguó)：1-3
共和国史(gònghéguó shǐ)：1-7
共同(gòngtóng)：3-8
共有(gòngyǒu)：8-8
共运(gòngyùn)：8-23
构成(gòuchéng)：5-15
购买(gòumǎi)：7-19
购买力(gòumǎilì)：7-19
估计(gūjì)：6-21
顾(gù)：8-17
雇农(gùnóng)：4-8
固然(gùrán)：2-10
官(guān)：9-16
官僚(guānliáo)：10-23
官僚主义(guānliáozhǔyì)：10-23
观察(guānchá)：8-23
观点(guāndiǎn)：8-23
关系(guānxi)：3-13
关于(guānyú)：1-3
冠以(guānyǐ)：9-12
管理(guǎnlǐ)：8-8
广大(guǎngdà)：5-12
广度(guǎngdù)：2-10
贯彻(guànchè)：5-17
规定(guīdìng)：6-16
规模(guīmó)：4-18
规整(guīzhěng)：1-9
归为(guīwéi)：2-3
轨道(guǐdào)：6-12
国(guó)：5-5
国都(guódū)：3-9
国防(guófáng)：8-13
国防部(guófángbù)：8-7
国歌(guógē)：3-9
国际(guójì)：2-12
国际共产主义运动(guójì gòngchǎnzhǔyì yùndòng)：8-5
国际共运(guójì gòngyùn)：8-23
国家(guójiā)：2-11
国民(guómín)：3-15
国民经济(guómín jīngjì)：3-15
国民收入(guómín shōurù)：7-13
国内(guónèi)：4-3
国旗(guóqí)：3-9
国务院(guówùyuàn)：10-5
国营(guóyíng)：5-13
过(guò)：2-4
过程(guòchéng)：5-6
过渡(guòdù)：6-1
过短(guòduǎn)：2-4
过多(guòduō)：7-12
过高(guògāo)：7-12

秘书长(mìshūzhǎng)：3-12
密植(mìzhí)：5-10
免(miǎn)：1-11
免除(miǎnchú)：4-17
面积(miànjī)：5-10
面临(miànlín)：5-3
民主(mínzhǔ)：3-6
民主党派(mínzhǔ dǎngpài)：3-6
民主主义(mínzhǔzhǔyì)：1-14
民族(mínzú)：3-6
名(míng)：8-17
名称(míngchēng)：9-12
明快(míngkuài)：2-8
明年(míngnián)：10-6
明确(míngquè)：6-11
明史(míngshǐ)：9-16
模式(móshì)：7-9
末(mò)：8-3
某种(mǒuzhǒng)：10-26
亩(mǔ)：4-17
目标(mùbiāo)：6-5
目的(mùdì)：7-9

〈N〉
纳入(nàrù)：6-12
那样(nàyàng)：8-24
内(nèi)：5-8
内部(nèibù)：5-4
内乱(nèiluàn)：9-5
内容(nèiróng)：1-18
能(néng)：10-17
能力(nénglì)：6-7
拟(nǐ)：1-11
年(nián)：1-3
年代(niándài)：8-3
年份(niánfèn)：1-9
年来(niánlái)：1-4
年内(niánnèi)：6-14
农(nóng)：5-5
农产(nóngchǎn)：5-12
农产品(nóngchǎnpǐn)：6-7
农村(nóngcūn)：4-7
农工业(nónggōngyè)：5-2
农具(nóngjù)：5-10
农民(nóngmín)：5-10
农田(nóngtián)：5-7
农业(nóngyè)：4-5
农业战线(nóngyè zhànxiàn)：7-14

〈P〉
徘徊(páihuái)：1-10
派(pài)：8-21
派驻(pàizhù)：8-20
叛变(pànbiàn)：9-19
判定(pàndìng)：10-17
判明(pànmíng)：9-5
批判(pīpàn)：9-16
篇(piān)：1-2
篇章(piānzhāng)：1-4
贫农(pínnóng)：4-8
评(píng)：9-16
评价(píngjià)：10-13
平等(píngděng)：3-13
平衡(pínghéng)：5-18

저자 소개

차성만(車城滿)

- 약력
  - 국민대학교 졸업
  - 國立政治大學(臺灣, National Chengchi University, Taiwan) 석사
  - 中國文化大學(臺灣, Chinese Culture University, Taiwan) 박사
- 현재
  - 서경대학교 국제비즈니스어학부 중어전공 교수
- 저서
  - 꽃보다시사중국어(백산출판사)
  - 경제시사중국어(백산출판사)
  - 무역시사중국어(백산출판사)
  - 정치시사중국어(백산출판사)
  - 무역중국어길잡이(백산출판사)
  - 경제중국어길잡이(백산출판사)
  - 정치중국어길잡이(백산출판사)
  - 역사중국어길잡이 -건설시기(백산출판사)

역사중국어길잡이 -건국시기-

2019년 8월 10일 초판 1쇄 인쇄
2019년 8월 15일 초판 1쇄 발행

지은이 차성만
펴낸이 진욱상
펴낸곳 (주)백산출판사
교 정 박시내
본문디자인 오행복
표지디자인 오정은

저자와의 합의하에 인지첩부 생략

등 록 2017년 5월 29일 제406-2017-000058호
주 소 경기도 파주시 회동길 370(백산빌딩 3층)
전 화 02-914-1621(代)
팩 스 031-955-9911
이메일 edit@ibaeksan.kr
홈페이지 www.ibaeksan.kr

ISBN 979-11-89740-65-8 93720
값 22,000원